RECHERCHES
SUR MOLIÈRE
ET SUR SA FAMILLE

PARIS. — IMPRIMERIE DE CH. LAHURE
Rue de Fleurus, 9

RECHERCHES
SUR MOLIÈRE

ET SUR SA FAMILLE

PAR EUD. SOULIÉ

CONSERVATEUR ADJOINT DES MUSÉES IMPÉRIAUX

Lex est quodcumque notamus
(*Devise de la Compagnie des Notaires*)

PARIS

LIBRAIRIE DE L. HACHETTE ET Cie
BOULEVARD SAINT-GERMAIN, N° 77

1863

A SON ALTESSE IMPÉRIALE

MADAME

LA PRINCESSE MATHILDE.

Madame,

Votre Altesse Impériale a daigné s'intéresser à mes recherches sur la vie de Molière et me permettre de les lui dédier. J'aurais voulu rendre plus digne d'un si grand honneur ce livre composé à l'aide de documents dont la forme n'a rien de littéraire ; tel qu'il est cependant j'ose l'offrir à Votre Altesse Impériale comme un hommage de ma profonde reconnaissance pour toutes les marques d'encouragement que je dois depuis longtemps à sa haute et bienveillante protection.

Je suis avec le plus grand respect,

Madame,

De Votre Altesse Impériale,

Le très-humble, très-obéissant et très-dévoué serviteur,

Eud. Soulié.

INTRODUCTION.

De nombreux documents concernant Molière, les familles Poquelin et Béjard, les comédiens de l'Illustre Théâtre et de l'hôtel de Bourgogne, sont conservés parmi les anciennes minutes des notaires de Paris; en publiant ceux de ces documents que j'ai pu découvrir, grâce aux facilités exceptionnelles qui m'ont été accordées, j'ai voulu tout d'abord en signaler l'origine et le caractère authentique, en prenant pour épigraphe la devise qui, dès le règne de Louis XIV, était adoptée par la Compagnie des notaires.

Depuis quelques années, les registres des anciennes paroisses ont fourni d'utiles rectifications pour la biographie de nos personnages célèbres. Les actes de baptême, de mariage et de décès donnent, outre des dates précises, les domiciles, les noms des parents, des témoins, des parrains et marraines, et ces indications, en apparence dépourvues d'intérêt, révèlent parfois des circonstances très-importantes. Beffara[1], qui, l'un des premiers, a puisé à cette source, y a découvert, relativement à Molière, toute une série de dates et de faits absolument ignorés avant lui: « C'est dans notre temps seulement, a dit M. Bazin en parlant des actes publiés par Beffara, qu'on s'est avisé d'employer, en

---

1. *Dissertation sur J. B. Poquelin-Molière*, par L. F. Beffara, ex-commissaire de police du quartier de la Chaussée d'Antin. 1821, in-8.

faveur de l'exactitude historique, les mêmes moyens dont on se sert pour établir les droits des familles [1]. » L'observation est judicieuse; cependant, si l'on s'en tenait uniquement aux indications données par les registres de l'état civil, on n'établirait que très-imparfaitement les droits des familles; et ce qui démontre, précisément à propos de Molière, l'insuffisance de ces actes dans certains cas, c'est l'incrédulité avec laquelle plusieurs historiens, M. Bazin entre autres, ont accueilli un fait constaté pourtant par l'acte de mariage de Molière, trouvé par Beffara sur les registres de Saint-Germain l'Auxerrois.

Les actes de baptême, de mariage et de décès se complètent surtout par les actes notariés qui, presque toujours, les ont précédés ou suivis : un contrat de mariage stipule les conventions antérieures à l'accomplissement des formalités civiles et religieuses; un testament fait connaître les dispositions prises avant la mort; un inventaire établit les droits des héritiers, constate la valeur des biens laissés après le décès, et donne une analyse sommaire des papiers de famille. L'espoir de retrouver quelque acte de ce genre, et d'ajouter ainsi des documents nouveaux et authentiques à la vie si peu et si mal connue de Molière, m'a conduit à faire des recherches dans les anciennes minutes des notaires; mais, pour entreprendre ces recherches, la première difficulté consistait dans le choix du point de départ. J'ai heureusement réussi à surmonter cette difficulté, et, en faisant connaître la marche que j'ai suivie, j'ai la conviction d'indiquer une méthode presque certaine pour arriver à des découvertes analogues sur d'autres personnages historiques.

D'après les actes trouvés par Beffara, Molière n'avait laissé qu'une fille, née en 1665, et par conséquent mineure, en 1673, au moment de la mort de son père; en raison de la fortune attribuée à Molière par ses biographes, un inventaire avait dû être dressé pour garantir les droits de son enfant. La fille de Molière, après avoir épousé Claude de Rachel, sieur de Montalant, s'était retirée ainsi que son mari à Argenteuil. Leurs actes de décès, publiés par M. Taschereau, constataient que Mme de Montalant était morte le 23 mai 1723, en *sa* maison d'Argenteuil, rue

---

[1] *Notes historiques sur la vie de Molière*, par A. Bazin. 1851, in-12, page 10.

Calée, et que son mari avait été inhumé en 1738 dans l'église des Augustins du même lieu, *ainsi qu'il l'avait demandé*, et ce en présence du sieur Pierre Chapuis, « exécuteur du *testament* dudit sieur de Montalant[1]. » Ces indications devaient me faire supposer que je trouverais à Argenteuil quelque acte relatif à la maison de la fille de Molière, ou le testament de M. de Montalant, et l'un ou l'autre de ces actes pouvait me mettre sur la trace de papiers plus anciens concernant la succession de Molière lui-même. Il n'y avait que deux notaires dans cette localité, et les recherches y seraient sans doute plus faciles que dans les nombreuses études de Paris.

Les minutes des anciens tabellions au bailliage d'Argenteuil, conservées aujourd'hui dans l'étude de M. Dessain, ne renfermaient aucun des actes que j'y cherchai ; j'y découvris seulement un inventaire fait après la mort de Marie-Louise de Rachel, dame des Lèzes, décédée en 1737 dans la maison de Claude de Rachel de Montalant, son oncle, rue *de Calais*. L'unique intérêt de cette pièce consistait dans le nom de la rue où demeurait M. de Montalant et où était morte la fille de Molière, nom défiguré par celui qui avait rédigé l'acte de décès de Mme de Montalant. Il y avait encore à Argenteuil une rue de Calais, et l'une des plus anciennes maisons de cette rue appartenait à M. Récappé, membre du Conseil général du département de Seine-et-Oise, et autrefois notaire à Argenteuil même. Cette coïncidence était de bon augure ; et en effet, parmi les titres de propriété de M. Récappé, qui voulut bien me les communiquer avec une extrême complaisance, se trouvait un contrat passé en 1736 devant Me Boivin, notaire au Châtelet de Paris, par lequel Claude de Rachel, sieur de Montalant, demeurant rue de Calais, paroisse Saint-Denis d'Argenteuil, donnait au couvent des Augustins de ce bourg une chapelle, sous l'invocation du Saint-Esprit, qu'il avait fait élever à côté de sa maison, en réservant par cette donation aux possesseurs futurs de sa propriété le droit d'entrée dans une tribune, construite au-dessus de la porte cochère et donnant dans la chapelle[2]. A cet acte, passé en présence du sieur Pierre

---

1. *Histoire de la vie et des ouvrages de Molière*, par M. J. Taschereau ; 3ᵉ édition, 1844, in-12, page 265.
2. Document n° LXIII.

Chapuis, était joint un ancien plan de la maison avec la chapelle y attenante. De ces deux pièces, il résultait, sans aucun doute possible, que la maison de M. Récappé était bien, sauf les modifications apportées depuis par d'autres propriétaires, celle qui avait appartenu à la fille de Molière et où elle était morte. Cette maison, située à Argenteuil, rue de Calais, porte aujourd'hui (10 avril 1862) le n° 25; quant à la chapelle du Saint-Esprit, il n'en reste pas vestige : l'emplacement en est occupé par une petite maison portant le n° 23.

Ce contrat de donation m'expliquait en outre pourquoi je n'avais pas trouvé à Argenteuil le testament de M. de Montalant; son notaire demeurait à Paris, et c'était très-probablement dans l'étude du successeur de Me Boivin qu'il fallait chercher cette pièce importante. Le nom de Pierre Chapuis, exécuteur testamentaire de M. de Montalant, d'après l'acte de décès de ce dernier, et figurant comme témoin lors de la donation faite en 1736, indiquait à peu près la date de ce testament.

Mis ainsi sur la piste que je devais suivre à Paris, je consultai le registre chronologique des notaires, imprimé en 1786 aux dépens de la Compagnie[1], et dont un exemplaire continué jusqu'à nos jours existe dans chacune des études de Paris. Le successeur de Claude Boivin, notaire en exercice de 1731 à 1741, était M. Arsène Vassal, qui consentit à me laisser prendre lecture de son répertoire. Deux testaments de M. de Montalant y étaient mentionnés, l'un du 11 janvier 1734, l'autre du 13 août 1737[2]. Dans le premier testament, Pierre Chapuis figurait comme ayant épousé une demoiselle Poquelin, cousine germaine de la fille de Molière; par son second testament, M. de Montalant nommait Pierre Chapuis non-seulement son exécuteur testamentaire, mais encore son légataire universel. Le même Claude Boivin avait dressé l'inventaire fait à Argenteuil en 1738 après le décès de M. de Montalant, et, dans l'analyse des papiers, était mentionné « le contrat de mariage dudit défunt sieur de Montalant avec damoiselle Marie-Madeleine-Esprit Poquelin de Molière, sa

---

1. *Registre des offices et pratiques des Conseillers du Roi, Notaires, gardes-notes et gardes-scel de Sa Majesté au Châtelet de Paris*, par M. de la Rue, notaire. Paris, de l'imprimerie de Monsieur, 1786, in-fol.
2. Documents n°s LXII et LXIV.

femme, passé devant Gaillardie, notaire, *qui en a minute*, et son confrère, le 29 juillet 1705[1]. »

Jusque-là je n'avais été guidé dans mes recherches que par des suppositions qui s'étaient en partie réalisées; j'allais désormais marcher à pas sûrs et avec les indications les plus positives, tant pour les dates que pour les noms des notaires. Je n'eus qu'à me présenter chez M. Robin, successeur de Gaillardie, en donnant la date du contrat de mariage dont la minute devait être conservée dans cette étude, et, au bout de quelques instants, cette pièce était entre mes mains. Au contrat de mariage de la fille de Molière[2] étaient annexés deux états des biens des futurs époux; dans le second de ces états commençaient à apparaître les noms de Molière, de son père Jean Poquelin et de Madeleine Béjard. D'après ce document, la fortune de la fille de Molière provenait d'un acte de partage passé par devant Me Guyot, le 29 novembre 1703, et d'une transaction entre elle, Guérin, son beau-père et Armande Béjard, sa mère, passée devant Me Desforges, le 26 septembre 1693.

En recherchant toujours la pièce la plus récente pour remonter ensuite à une plus ancienne, j'obtins de M. Cottin communication de l'acte passé chez son prédécesseur Guyot, le 29 novembre 1703. Cette pièce constatait un partage de biens fait entre les héritiers d'Armande Béjard[3]. Au nombre des documents signalés par cet acte se trouvaient le testament de Madeleine Béjard, reçu par les notaires Ogier et Moufle, le 9 janvier 1672; puis un prêt de onze mille livres fait par Molière à Lulli, par devant Charles et Gigault, le 14 décembre 1670; et enfin le contrat de mariage de Guérin avec Armande Béjard, passé devant Jullien et Lemaistre, le 29 mai 1677[4].

Le contrat de mariage de la veuve de Molière avec Guérin était conservé dans l'étude de M. Defresne, successeur de Lemaistre; l'inventaire fait après le décès de Molière y était mentionné, sans indication de date il est vrai, mais heureusement avec le nom du notaire qui l'avait dressé, Levasseur l'aîné. J'approchais du but avec une rapidité inespérée, et, six semaines après mes premières investigations à Argenteuil, je retrouvais

---

1. Document n° LXV, cote une. — 2. Document n° LIX.
3. Document n° LVIII. — 4. Documents n°^{s} XXXVIII, XL et LI.

parmi les minutes de M. Durant, successeur de Jean Levasseur, l'inventaire de Molière [1] en soixante-et-une pages, et tellement intact au bout de cent quatre-vingt-neuf ans, que la poudre de buis dont s'était servi le scribe adhérait encore à l'écriture.

Cette découverte devait me conduire par les mêmes procédés, d'acte en acte et d'étude en étude, jusqu'au contrat de mariage du père et de la mère de Molière. Si l'on prend la peine d'examiner les documents qui composent la seconde partie de ce livre, on reconnaîtra que presque tous s'indiquent les uns par les autres, en remontant de proche en proche depuis le dernier jusqu'au premier ; cependant il en est quelques-uns dont l'existence ne m'a été révélée que par la lecture des anciens répertoires qu'on a bien voulu me laisser consulter. Enfin, plusieurs actes notariés m'ont mis sur la trace de recherches à faire dans les minutes du Châtelet, conservées aux Archives de l'Empire, et, grâce à la communication qui m'en a été faite par ordre de M. le comte de Laborde, j'ai pu retrouver cinq pièces du plus grand intérêt pour la vie de Molière [2].

Les documents que j'ai réunis indiquent beaucoup d'autres actes à rechercher, et il en est de très-désirables que je n'ai pu encore découvrir. Je suis loin de renoncer à l'espoir de les trouver, mais si j'avais voulu faire une publication complète des actes notariés qui se rapportent directement ou indirectement à Molière, plusieurs années se seraient certainement écoulées avant cette publication.

Dans l'étude analytique qui précède ces documents, j'ai essayé de faire ressortir ce qu'ils apprennent, nient ou confirment relativement à la vie de Molière ; la teneur de ces actes m'a imposé la nécessité de me borner presque toujours à des constatations de dates et de chiffres, mais je ne pouvais avec ces seules ressources entreprendre d'écrire une nouvelle biographie de Molière. Sans les erreurs et les omissions que j'ai dû faire, malgré tout le soin que j'ai apporté à ce travail, le véritable titre de ces recherches, celui qui indiquerait le mieux la forme trop aride que j'ai été obligé d'adopter, serait : *Mémoire et pièces justificatives à consulter pour les familles Poquelin et Béjard.* Afin de justifier ce

---

1. Document n° XLV. — 2. Documents n°s VIII et XVIII à XXI.

titre, il faudrait aussi supprimer quelques hypothèses dont je n'ai pu me défendre et que de nouvelles découvertes ne confirmeront peut-être pas; mais l'épigraphe que j'ai adoptée ne s'applique qu'à la partie réellement incontestable de ce livre, aux pièces notariées qui le terminent.

L'étendue de quelques-uns de ces documents, l'insignifiance de certains détails, la forme presque identique de beaucoup de ces actes, les redites qui s'y rencontrent souvent, les formules sans intérêt, m'ont fait hésiter à les reproduire tous textuellement, et j'ai cru pouvoir faire quelques suppressions dans les pièces qui ne concernent pas directement Molière. Quant à l'orthographe de ces documents, il m'a paru inutile de la conserver et d'ajouter ainsi à la difficulté de leur lecture; je m'en suis tenu au système en usage aujourd'hui pour les textes antérieurs à la réforme introduite par Voltaire, en reproduisant seulement, telles qu'elles sont apposées au bas des actes, les signatures qui offrent souvent des différences utiles à connaître.

J'ai pris soin de mentionner pour chacun des actes que je publie l'étude dans laquelle il se trouve; mais ce serait mal remplir le devoir de la reconnaissance, que de ne pas adresser ici mes remercîments à tous ceux qui ont facilité mes recherches, même lorsqu'elles ont été infructueuses. Je dois à M. Aubry, notaire honoraire de Paris, et à MM. Delafoi et Dessain, notaires à Argenteuil, d'avoir facilité mes premières investigations. M. Benoît-Champy, président du Tribunal civil, a bien voulu me recommander auprès de MM. les Officiers publics et ministériels, en insistant sur le but exclusivement historique que je poursuivais, et je n'ai qu'à me louer de la complaisance que j'ai trouvée auprès de M. Thomas, président de la Chambre des notaires, et dans les études de MM. Acloque, Aumont-Thiéville, Beaufeu[1], Cabaret, Chapellier, Cottin, Armand et Ferdinand Courot, Defresne, Émile et Jules Delapalme, Delaporte, Desprez, Devès, Durant, Du Rousset, Faiseau-Lavanne, Fovard, Émile Jozon, Lavocat, Massion, Meignen, Mouchet, Prestat, Robin, Schelcher, Turquet, Arsène Vassal. Tous ont bien voulu ou m'aider de leurs avis, ou me permettre de consulter leurs répertoires, ou me communi-

---

1. M. Beaufeu a été remplacé, depuis mes recherches dans son étude, par M. Gatine.

quer les minutes que je leur signalais, et, dans ce dernier cas, me laisser en prendre moi-même des copies.

L'intérêt qui s'attache au grand nom et à la figure si sympathique de Molière m'a puissamment servi dans le cours de mes recherches, en me donnant accès dans des archives particulières dont les actes sont légalement la propriété des familles pour lesquelles ils ont été primitivement dressés ; il me sera bien précieux et bien nécessaire de retrouver pour continuer ce travail la bienveillance que j'ai rencontrée dès le début de mes premières démarches.

RECHERCHES
SUR MOLIÈRE

ET SUR SA FAMILLE

RECHERCHES
SUR MOLIÈRE
ET SUR SA FAMILLE.

I

(1621-1642)

Mariage de Jean Poquelin et de Marie Cressé; maison qu'ils habitaient; naissance de Molière et de leurs autres enfants. — Jean Poquelin achète de son frère Nicolas la charge de tapissier ordinaire du Roi. — Mort de Marie Cressé; tutelle de ses enfants; caractère élevé de la mère de Molière; chambre des époux Poquelin; luxe de leur intérieur; commerce prospère de Jean Poquelin; maison de Louis de Cressé à Saint-Ouen; rapports physiologiques entre Molière et sa mère. — Second mariage de Jean Poquelin; il achète une maison sous les piliers des halles. — Serment de Molière pour la survivance de la charge de tapissier valet de chambre du Roi. — Éducation de Molière; le cours de philosophie et les lettres de licencié en droit. — Probabilité du voyage de Molière à la suite de Louis XIII.

Beffara a retrouvé sur les registres de la paroisse de Saint-Eustache, aux dates des 25 et 27 avril 1621, les actes de fiançailles et de mariage de Jean Poquelin, père de Molière, avec Marie Cressé[1]; leur contrat de mariage[2] est de deux mois antérieur à la cérémonie religieuse. Cet accord entre deux familles appartenant à la bourgeoisie de Paris et exerçant toutes deux la profession de tapissier, sert à constater quelle était dans l'origine la position des futurs parents

1. *Dissertation sur Molière*, page 6. — 2. Document n° 1.

de Molière. Jean Poquelin était sans doute établi depuis peu de temps, puisque ses bénéfices ne se montent encore qu'à deux cents livres; son fonds de commerce est estimé deux mille livres, et ces deux sommes réunies sont égales à celle apportée en dot par Marie Cressé. Les parents des mariés sont presque tous des commerçants; on remarque parmi ceux de Jean Poquelin la veuve de Jean Mazuel, violon ordinaire du Roi, dont le fils avait le même emploi; et parmi ceux de Marie Cressé, son aïeule maternelle, Denise Lescacheux, qui, l'année suivante, devait être la marraine de Molière. Dans cet acte, le nom de la future est écrit *Marie de Cressé*, mais elle signe : *Marie Cressé*, et c'est ainsi qu'elle est désignée partout ailleurs; le beau-père de Jean Poquelin signe au contraire *Louis de Cressé* et conserve la particule dans tous les documents où il figure.

On doit également à Beffara la découverte de la maison qu'habitait à cette époque Jean Poquelin; elle était connue sous le nom de *Maison des Cinges*, à cause d'une très-ancienne sculpture qui la décorait, et elle se trouvait à l'angle des rues Saint-Honoré et des Vieilles-Étuves[1]. C'est dans cette maison que naquit le premier enfant de Jean Poquelin et de Marie Cressé, baptisé à Saint-Eustache, le 15 janvier 1622, sous le nom de Jean[2]; on a voulu contester que cet enfant fût Molière, mais l'inventaire fait en 1633 après la mort de Marie Cressé[3], ne laisse plus aucun doute à cet égard. Il constate que des six enfants auxquels elle avait donné le jour et dont Beffara a retrouvé les actes de baptême[4], quatre seulement lui avaient survécu : « Jean, âgé de onze ans

---

1. *Histoire de Molière* par M. Taschereau, 3ᵉ édition, page 206. Cette maison entièrement reconstruite, porte le n° 96 sur la rue Saint-Honoré et le n° 2 sur la rue des Vieilles-Étuves.

2. *Dissertation sur Molière*, page 6. — 3. Document n° II.

4. Beffara, dans la *Généalogie de Molière* placée en tête de l'édition donnée par M. Auger, indique huit enfants comme nés de Jean Poquelin et de Marie Cressé, mais il y en a deux : Jean, époux d'Anne de Faverolles, et Robert, docteur en théologie, dont il n'a pu trouver les actes de baptême et qui appartiennent évidemment à une autre branche de la famille Poquelin.

(c'est Molière), autre Jean, âgé de huit ans, Nicolas, âgé de six ans, et Madeleine Poquelin, âgée de cinq ans. » Il est vrai que Molière prit plus tard le prénom de Jean-Baptiste ; mais il est à remarquer que Racine fut aussi baptisé sous le nom de Jean et connu sous ce seul prénom, tandis que son épitaphe, rédigée par Boileau, porte « Jean-Baptiste Racine [1]. »

Jean Poquelin n'était pas encore, au moment de son mariage, tapissier du Roi, et son père n'a certainement pas exercé cette charge ; c'est en 1631, le 2 avril, ainsi que le prouve l'inventaire de Marie Cressé [2], que Nicolas Poquelin passe au profit de Jean, son frère aîné, la procuration *ad resignandum* de l'office de tapissier ordinaire du Roi, auquel le titre de valet de chambre n'était pas encore attaché. Les lettres de provisions données par Louis XIII sont du 22 avril, et deux jours après Jean Poquelin prête serment pour cet office entre les mains du comte de Souvré, gentilhomme de la chambre du Roi. Son service se faisait par quartier, c'est-à-dire pendant trois mois de l'année seulement, en avril, mai et juin, ainsi que l'indiquent deux certificats mentionnés dans le même inventaire.

Marie Cressé mourut au mois de mai 1632, âgée de trente et un ans [3]; il y en avait onze qu'elle était mariée et elle laissait, comme on l'a vu, trois fils et une fille en bas âge. Ces enfants eurent pour tuteur leur père Jean Poquelin, et pour subrogé tuteur leur grand-père maternel, Louis de Cressé, nommés tous deux par acte du Châtelet en date du 30 décembre 1632 [4]. L'inventaire, fait huit mois après le décès de Marie Cressé, donne sur la mère de Molière, dont avant Beffara on ne connaissait même pas le vrai nom, les détails les plus caractéristiques, et la présente comme une femme digne d'a-

---

1. Vie de Jean Racine, par M. l'abbé Adrien de la Roque, précédant les *Lettres inédites de Jean et de Louis Racine*, 1862, in-8, pages 14 et 166.
2. Document n° II, cote vingt-huit.
3. Elle avait été baptisée le 2 mai 1601, suivant Beffara, page 6 de sa *Dissertation*.
4. Document n° II, cote une.

voir mis au monde cet inimitable génie Dans le peu de livres qu'elle possède, se trouvent *la Vie des hommes illustres* et *la Bible;* on verra chez Molière deux exemplaires de Plutarque, l'un à Paris, l'autre à Auteuil, et une Bible ; ces livres lui venaient-ils de sa mère ? c'est ce qu'il est impossible d'affirmer ; mais il est incontestable que, tout enfant, il les eut sous les yeux, et lors même qu'on ne voudrait voir dans cette *Vie des hommes illustres* qu'un « Plutarque à mettre les rabats » de Jean Poquelin, ce fait n'en est pas moins remarquable et significatif.

Les époux Poquelin occupaient dans la maison de la rue Saint-Honoré, une boutique avec salle à la suite servant de cuisine et probablement de salle à manger, et au-dessus de cette salle une soupente ; entre le rez-de-chaussée et le premier étage se trouvait une sorte d'entresol dans lequel étaient la chambre à coucher et un cabinet ; le premier étage était transformé en magasin. La chambre au-dessus de la boutique et qui a vue sur la rue Saint-Honoré est évidemment celle des époux Poquelin, celle où a dû naître Molière. Si l'on veut se figurer l'aspect de cette chambre et se former une idée de ceux qui l'habitaient, il faut, après une visite aux musées de Cluny et du Louvre (collection Sauvageot), et après avoir feuilleté l'œuvre d'Abraham Bosse, relire l'inventaire de Marie Cressé. On distingue alors de chaque côté de la cheminée, garnie de ses grands chenets en cuivre jaune, deux petits siéges analogues à ceux que nous nommons *Causeuses* et que les bonnes bourgeoises du dix-septième siècle appelaient des *Caquetoires;* ils sont un peu usés et l'on a dû s'y asseoir souvent auprès du feu pour caqueter à son aise, comme dit Furetière. Au milieu de la chambre est « une grande table à sept colonnes, de bois de noyer, fermant par les deux bouts, garnie de son tapis vert à rosette de Tournay. » Le centre d'un panneau est occupé par un de ces meubles en forme de buffet, si recherchés aujourd'hui, dans lesquels on renfermait les objets les plus précieux et qu'on désignait sous le nom de *Cabinet;* celui de Marie Cressé est en bois de noyer marbré, à quatre portes ou guichets fermant à clef et « garni par dedans de satin de

Bruges. » Dans le milieu d'un autre panneau est le meuble fait comme un grand coffre, que nous appelons encore bahut et dont les ferrures étaient presque toujours curieusement historiées ; ce bahut, posé sur un pied de bois de noyer « marqueté et marbré, » est couvert de « tapisserie à l'aiguille, à fleurs, rehaussée de soie. » Sur ce bahut est posé un petit coffre contenant un autre coffret ; le plus petit de ces coffrets couvert « de même tapisserie » devait servir à serrer les bijoux. A côté de ces meubles et le long des murs sont rangées six grandes chaises à dossier très-élevé « couvertes de tapisserie à fleurs, rehaussée de soie. » Le lit à pente de serge de Mouy vert brun, avec des passements, des crépines et des franges de soie, est garni d'une couverture de parade ; dans la ruelle est le fauteuil ou *faudesteuil*, siége d'honneur occupé quelquefois par le médecin ou par le confesseur. Enfin la chambre des époux Poquelin est tendue d'une tapisserie de Rouen sur laquelle sont accrochés cinq tableaux et un miroir de glace de Venise.

Le mobilier que l'on vient de voir ne paraît pas trop extraordinaire chez la femme d'un tapissier, mais tout le reste dépasse d'une manière inattendue le luxe, le *comfortable* si l'on veut, de la chambre à coucher. Les habits de Jean Poquelin sont en belle serge d'Espagne noire ou grise et garnis de boutons d'or, ou en « taffetas noir à la Napolitaine. » Les cotillons de Marie Cressé sont en gros de Naples, en ratine de Florence ou en moire de couleur changeant. Leur linge de corps est en toile de fin lin ; les nappes et serviettes sont de toile damassée et ouvrée ; les belles et lourdes pièces d'argenterie ont des anses et des pieds en vermeil. Les bijoux de Marie Cressé sont en grand nombre et magnifiques ; ce sont des bracelets, colliers et pendants d'oreilles en perles fines ; une agrafe ou enseigne d'or émaillé, au milieu de laquelle est une agate entourée d'émeraudes et de rubis ; des chaînes et chaînons d'or et « deux ceintures de pièces d'or. » Dans l'aiguille pour retenir les cheveux est enchâssée une perle ; le bout de chaîne pour suspendre la montre, l'anneau pour tenir le manchon sont en or. Les « montres d'horloge » sont en or émaillé ou en argent ciselé ; les quatorze bagues sont ornées de diamants, d'émeraudes et d'opales ; l'une d'elles a pour chaton une tête de nègre en émail. Les objets de piété ne sont pas moins riches : aux chapelets en nacre de perle sont suspendus : « un petit Saint-Esprit d'or où il y a un diamant, » des croix d'or et un reliquaire en cristal ; le bouton du sinet qui sert à marquer les pages du livre d'heures est orné de perles fines ; les petits anneaux d'or donnés par la grand'mère Marie Asselin à sa petite-fille Madeleine Poquelin sont encadrés dans « une bordure de pièces d'or avec petites perles. » Il n'y a pas jusqu'aux « ustensiles de petit ménage » qui ne soient en argent. Parmi tous ces objets on aime à voir Marie Cressé conserver avec soin, dans un coffret couvert de tapisserie, le linge qui a servi à ses enfants sur les fonts de baptême.

L'énonciation des marchandises existant dans la boutique et en magasin justifie complétement ce qu'a dit M. Bazin de la profession de tapissier exercée par le père de Molière : « Il ne faut qu'avoir vu quelques débris des ameublements de ce temps-là, des tentures qui couvraient les murailles ou qui enveloppaient les lits, pour comprendre que ce n'était pas là un bas commerce, une pauvre et mesquine industrie.[1] » Les titres et papiers constatent des affaires nombreuses et florissantes qui triplent au moins le capital apporté en mariage par Jean Poquelin et la somme de deux mille livres « en pistoles, écus d'or et douzains, » représente bien la dot de Marie Cressé.

Le beau-père de Jean Poquelin, Louis de Cressé, avait à Saint-Ouen, dans la grande rue de ce village, une belle propriété avec cour, étables et jardin ; c'est là que, le dimanche, dans la belle saison, on devait conduire les enfants chez leur grand-père pour respirer un air plus pur que celui du vieux Paris. L'inventaire des objets restés dans la chambre de cette maison occupée par les époux Poquelin prouve qu'on trouvait là tout ce qui était nécessaire pour passer une nuit ; on

---

1. *Notes historiques sur la vie de Molière*, page 12.

n'y a oublié ni « les boules de buis » qui servaient sans doute de jouets aux enfants, ni la « paire de verges » destinée à les corriger.

Après avoir lu cet inventaire, si l'on se reporte à celui fait trente-sept ans plus tard chez Jean Poquelin[1], qui n'était plus alors, il est vrai, qu'un vieillard morose et solitaire, on est frappé du contraste ; en 1632 tout chez lui respire l'aisance, le bien-être, l'intelligence ; en 1669 les meubles, les vêtements, les papiers indiquent la négligence, l'abandon de soi-même, le désordre des affaires, et l'on ne trouve pas trace d'un seul volume imprimé. C'est donc de Marie Cressé que Molière tenait son esprit élevé, ses habitudes somptueuses et simples à la fois, sa santé délicate, son attrait pour la campagne hors de Paris, et désormais la mère de Molière, restée inconnue jusqu'à ce jour, aura sa place bien marquée dans les commencements de la vie de son premier-né.

Un an après la mort de Marie Cressé, Jean Poquelin contractait, le 30 mai 1633, un second mariage avec Catherine Fleurette[2], et, le 30 septembre de la même année, il achetait une maison située sous les piliers des halles[3]. Telle est l'origine de la tradition relative à la maison natale de Molière, tradition dont Beffara avait déjà victorieusement démontré l'erreur[4]. Le contrat de vente constate que la maison acquise par le père de Molière se trouvait « devant le pilori, » et qu'elle avait depuis longtemps pour enseigne l'image de saint Christophe ; la façade se trouvait du côté des halles ; le derrière de la maison aboutissait « à la *maison de la Fontaine*, » et elle était enclavée entre deux autres maisons, l'une appartenant aux héritiers Larger, l'autre désignée sous le nom de *maison du Cheval blanc*. Jean Poquelin mourut en 1669 dans cette maison, et d'après son acte de décès Beffara en a conclu qu'elle

---

1. Document n° XXXVII.
2. *Dissertation sur Molière*, par Beffara, page 7. — 3. Document n° III.
4. Page 9 de sa *Dissertation* et dans la *Revue rétrospective*, tome I, p. 394, 1833, in-8.

se trouvait « devant la fontaine, dans la partie droite du côté de la rue de la Réale et des piliers des potiers d'étain jusqu'où la rue de la Tonnellerie se continue et où était jadis le pilori. » Ces fontaine et pilori, ajoute Beffara qui publiait ces renseignements en 1821, « ont été détruits depuis plusieurs années [1]. » La maison des piliers des halles, appartenant à Jean Poquelin, circonstance que Beffara ignorait, fut démolie lors du percement de la rue de Rambuteau; mais une autre maison de la rue de la Tonnellerie, qui n'est même pas celle achetée par le père de Molière onze ans après la naissance de son fils aîné, continue à offrir sur sa façade un buste de Molière et une inscription qui perpétuent la double erreur rectifiée par Beffara relativement à la maison natale et à l'année de la naissance du grand poëte parisien. Il serait cependant bien facile de transporter ce buste et l'inscription rectifiée, à quelques pas de là, sur la maison de la rue Saint-Honoré qui porte aujourd'hui le n° 96.

On a vu Nicolas Poquelin résigner en 1631 à son frère aîné l'office de tapissier du Roi; il avait cependant fait quelques restrictions, puisqu'en 1637 intervient entre les deux frères une transaction définitive [2] par laquelle Nicolas se désiste « de toutes et chacunes les prétentions et autres droits généralement quelconques qu'il pourroit avoir, prétendre et demander sur ledit office de tapissier ordinaire de la maison du Roi, consentant et accordant en ce faisant, que ledit Jean Poquelin, son frère, jouisse, fasse et dispose d'icelui pleinement et paisiblement, ainsi qu'il avisera bon être. » En s'assurant le droit de disposer de cet office, le père de Molière avait certainement l'intention de le céder un jour à son fils aîné et de lui en faire donner immédiatement la survivance ; c'est ce qui ressort de l'inventaire de Molière où sont mentionnées « les lettres de provisions de la charge de tapissier et valet de chambre de Sa Majesté, en faveur dudit défunt sieur de

---

1. Page 12 de sa *Dissertation*. — 2. Document n° IV.

Molière, en survivance dudit sieur Poquelin, son père, en date du 14ᵉ décembre 1637, signées Louis et plus bas *de Loménie*, à côté desquelles est la prestation de serment en date du 18ᵉ des mêmes mois et an[1]. »

Voilà le jeune Poquelin installé en qualité de survivancier de son père ; son entrée au collége de Clermont est-elle postérieure à ces lettres de provisions et à ce serment ? c'est impossible, et Jean Poquelin ne dut pas attendre jusqu'à la seizième année de son fils pour le faire instruire. Peut-être le jeune Poquelin n'avait-il commencé ses études qu'après la mort de sa mère, et grâce à l'influence de Louis de Cressé, son grand-père maternel et son subrogé tuteur ; ce qui est certain, c'est qu'il reçut une éducation complète. Jusqu'à présent aucune pièce authentique ne vient confirmer ou démentir la tradition relative aux maîtres et aux condisciples qu'on lui attribue : Gassendi, le prince de Conti, Bernier, Chapelle, Hesnaut, etc., mais, selon toute probabilité, le jeune Poquelin, après avoir fait sa philosophie, étudia la théologie, puis le droit canon. « S'il fut fort bon humaniste, disent les premiers biographes de Molière, il devint encore meilleur philosophe[2] ; » Charles Perrault, de quelques années plus jeune que Molière, nous apprend dans ses *Mémoires* ce qu'était alors un cours de philosophie et son récit, qui rappelle un passage du premier chapitre de *Gil Blas*, semble écrit pour montrer le jeune Poquelin, sur les bancs du collège : « Je réussis particulièrement en philosophie, dit Perrault. Il me suffisoit souvent d'avoir attention à ce que le régent dictoit, pour le savoir et pour n'avoir pas besoin de l'étudier ensuite. Je prenois tant de plaisir à disputer en classe que j'aimois autant les jours où l'on y alloit que les jours de congé. La facilité que j'avois pour la dispute me faisoit parler à mon régent avec une liberté extraordinaire et qu'aucun autre des écoliers n'osoit prendre. Comme j'étois le plus jeune et un des plus forts de la classe, il avoit grande envie que je soutinsse une thèse

---

1. Document nº XLV, cote dix. — 2. Préface de l'édition de 1682.

à la fin des deux années ; mais mon père et ma mère ne le trouvèrent pas à propos, à cause de la dépense où engage cette cérémonie. Le régent en eut tant de chagrin qu'il me fit taire, lorsque je voulus disputer contre ceux qui devoient soutenir des thèses. J'eus la hardiesse de lui dire que mes arguments étoient meilleurs que ceux des Hibernois[1] qu'il faisoit venir, parce qu'ils étoient neufs et que les leurs étoient vieux et tout usés. J'ajoutai que je ne lui ferois point d'excuses de parler ainsi, parce que je ne savois que ce qu'il m'avoit montré. Il m'ordonna une seconde fois de me taire, sur quoi je lui dis, en me levant, que puisqu'il ne me faisoit plus dire ma leçon (car en ce temps-là les philosophes disoient leur leçon tous les jours, comme les autres écoliers, et c'est un grand abus de les en avoir dispensés), qu'on ne disputoit plus contre moi, et qu'il m'étoit défendu de disputer contre les autres, je n'avois plus que faire de venir en classe. En disant cela je lui fis la révérence et à tous les écoliers, et sortis de la classe[2]. »

A cette époque le cours de philosophie durait deux ans, ainsi que l'indique Charles Perrault, et l'usage était de le terminer en soutenant une thèse latine ; mais si le père de Perrault, qui était avocat au parlement, recula devant « la dépense où engage cette cérémonie », il dut en être de même du tapissier Jean Poquelin. Après les deux années de philosophie, on faisait une année de théologie puis une année ou deux de droit canon ; on allait ensuite à Orléans, non pas pour étudier, puisqu'on s'y rendait ordinairement à l'époque des vacances, mais pour prendre ses lettres de licencié en droit canon et civil, et enfin l'on revenait immédiatement

---

1. « J'aimois tant la dispute, dit Gil Blas, que j'arrêtois les passants connus ou inconnus, pour leur proposer des arguments. Je m'adressois quelquefois à des figures hibernoises qui ne demandoient pas mieux, et il falloit alors nous voir disputer ! quels gestes ! quelles grimaces ! quelles contorsions ! Nos yeux étoient pleins de fureur et nos bouches écumantes : on nous devoit plutôt prendre pour des possédés que pour des philosophes. » (*Livre 1, chap. 1.*)

2. *Mémoires de Charles Perrault*, 1759, in-12, pages 2 à 4.

se faire recevoir avocat à Paris[1]. Tallemant des Réaux est le seul qui ait fait allusion aux études théologiques de Molière en disant, ce qui est inexact, qu'il quitta les bancs de la Sorbonne pour suivre la Béjard et l'épouser[2]; mais il est admis par les premiers biographes de Molière qu'il suivit les écoles de droit et qu'il se fit recevoir avocat. On a souvent cité un

---

[1]. *Mémoires de Nicolas-Joseph Foucault*, publiés et annotés par F. Baudry, bibliothécaire à la Bibliothèque de l'Arsenal; 1862, in-4, pages XV, XVI, 7 et 8. Je dois à l'amitié du savant éditeur de ces *Mémoires* le programme du cours de philosophie, extrait et traduit d'après l'Édit donné en 1600 par Henri IV; on va voir que cet enseignement était bien de nature à développer chez le jeune Poquelin la vivacité du dialogue et le goût des disputes qu'on retrouve dans ses comédies, ainsi que le talent oratoire dont il faisait preuve dans ses harangues aux spectateurs.

Article 37. Le cours de philosophie sera terminé en deux ans, lequel achevé les élèves seront décorés du laurier de maître.

Art. 38.... Pendant ces deux années les professeurs de philosophie expliqueront soigneusement les livres d'Aristote, suivant l'ordre ci-dessous:

Art. 39. La première année, aux leçons du matin, ils interpréteront les livres de la Logique, en commençant par les Catégories, auxquels ils joindront le livre de l'Interprétation et les cinq premiers chapitres des premiers Analytiques; ils y ajouteront ensuite les huit livres des Topiques, afin qu'à la forme du raisonnement soit tout de suite jointe la matière du raisonnement; enfin ils interpréteront avec le plus grand soin les deux livres de la Démonstration et parcourront les Institutions de Porphyre. Aux leçons du soir ils expliqueront les livres de Morale d'Aristote.

Art. 40. La seconde année ils interpréteront le matin la Physique d'Aristote, l'après midi la Métaphysique tout entière, s'il se peut, ou au moins ils en expliqueront avec grand soin et attention, le premier, le quatrième et le onzième livres. A six heures du matin, ils feront la leçon sur la sphère avec quelques livres d'Euclide.

Art. 41. Les disputes d'Aristote contre les anciens physiciens, dans lesquelles brillent une grande subtilité d'esprit, seront examinées soigneusement, en rejetant des questions vaines que les barbares avaient introduites autrefois et que des hommes rudes et durs se sont efforcé de remettre en honneur il n'y a pas longtemps, après qu'elles avaient été rejetées par une époque plus humaine et plus polie.

Art. 42. Le contexte d'Aristote sera expliqué en philosophe et non en grammairien, de manière à élucider plutôt la science qu'il contient que le sens des mots.

Art. 43. Les élèves en philosophie seront exercés à la dispute en public et en particulier, tant dans la rue du Fouarre (*in vico Stramineo*) que dans chacun des colléges, suivant la coutume de nos ancêtres.

[2]. *Les Historiettes de Tallemant des Réaux*, 3ᵉ édition donnée par MM. de Monmerqué et Paulin Paris, tome VII, page 177.

passage d'*Elomire hypocondre* dans lequel Le Boulanger de Chalussay fait dire à Molière :

> En quarante, ou quelque peu devant,
> Je sortis du collége, et j'en sortis savant ;
> Puis venu d'Orléans, où je pris mes licences,
> Je me fis avocat au retour des vacances.
> Je suivis le barreau pendant cinq ou six mois,
> Où j'appris à plein fond l'Ordonnance et les lois.
> Mais quelque temps après, me voyant sans pratique,
> Je quittai là Cujas et je lui fis la nique [1].

Quelques pages plus loin l'auteur de ce libelle dialogué met dans la bouche d'un autre personnage une injurieuse contre-partie de ces vers qu'il faut pourtant reproduire :

> En quarante, ou fort peu de temps auparavant,
> Il sortit du collége âne comme devant ;
> Mais son père ayant su que moyennant finance,
> Dans Orléans un âne obtenoit sa licence,
> Il y mena le sien, c'est-à-dire ce fleux
> Que vous voyez ici, ce rogue audacieux.
> Il l'endoctora donc moyennant sa pécune,
> Et croyant qu'au barreau ce fils feroit fortune,
> Il le fit avocat, ainsi qu'il vous a dit,
> Et le para d'habits qu'il fit faire à crédit.
> Mais de grâce admirez l'étrange ingratitude,
> Au lieu de se donner tout à fait à l'étude
> Pour plaire à ce bon père et plaider doctement,
> Il ne fut au Palais qu'une fois seulement [2].

C'était en effet « moyennant finance » que l'on obtenait alors à Orléans ses lettres de licencié. Écoutons encore Charles Perrault, qui n'était pas plus âne que Molière, raconter comment se terminèrent ses études de droit. « Au mois de juillet de l'année 1651, j'allai prendre des licences à Orléans avec M. Varet, depuis grand vicaire de Mgr l'archevêque de Sens, et avec M. Monjot qui vit encore. On n'étoit pas en ce temps-là si difficile qu'aujourd'hui à donner des licences ni les

---

1. *Élomire hypocondre ou les Médecins vengés*, 1670, in-12, page 75.
2. *Idem*, page 82.

autres degrés de droit civil et canonique. Dès le soir même que nous arrivâmes, il nous prit fantaisie de nous faire recevoir, et ayant heurté à la porte des Écoles sur les dix heures du soir, un valet qui vint nous parler à la fenêtre ayant su ce que nous souhaitions nous demanda si notre argent étoit prêt. Sur quoi ayant répondu que nous l'avions sur nous, il nous fit entrer et alla réveiller les docteurs qui vinrent, au nombre de trois, nous interroger avec leurs bonnets de nuit sous leur bonnet carré. En regardant ces trois docteurs à la foible lueur d'une chandelle, dont la lumière alloit se perdre dans l'épaisse obscurité des voûtes du lieu où nous étions, je m'imaginois voir Minos, Æacus et Rhadamante qui venoient interroger des ombres. Un de nous à qui l'on fit une question dont il ne me souvient pas, répondit hardiment : *Matrimonium est legitima maris et fœminæ conjunctio, individuam vitæ consuetudinem continens*, et dit sur ce sujet une infinité de belles choses qu'il avoit apprises par cœur. On lui fit encore une autre question sur laquelle il ne répondit rien qui vaille. Les deux autres furent ensuite interrogés et ne firent pas beaucoup mieux que le premier. Cependant ces trois docteurs nous dirent qu'il y avoit plus de deux ans qu'ils n'en avoient interrogé de si habiles et qui en sussent autant que nous. Je crois que le son de notre argent que l'on comptoit derrière nous pendant que l'on nous interrogeoit, fit la bonté de nos réponses. Le lendemain, après avoir vu l'église de Sainte-Croix, la figure de bronze de la Pucelle qui est sur le pont, et un grand nombre de boiteux et de boiteuses parmi la ville, nous reprîmes le chemin de Paris. Le 27 du même mois nous fûmes reçus tous trois avocats[1]. » Pourquoi Perrault ne nous a-t-il pas donné une vie de Molière, même inexacte, mais écrite avec cet esprit et cet enjouement, au lieu du court éloge, très-précieux sans doute, mais un peu aigre-doux qu'il a consacré à Molière dans son livre sur les hommes illustres du dix-septième siècle?

---

1. *Mémoires de Charles Perrault*, pages 20-23.

Lorsque les documents authentiques sur Molière font défaut, on est forcé d'avoir recours tantôt à ses premiers biographes, souvent mal informés, tantôt aux ennemis de Molière et de sa femme. Suivant Grimarest, « quand Molière eut achevé ses études, il fut obligé à cause du grand âge de son père d'exercer sa charge pendant quelque temps, et même il fit le voyage de Narbonne à la suite de Louis XIII[1]. » Les découvertes de Beffara ont démontré qu'en 1642, époque de ce voyage, le père de Molière avait au plus quarante-sept ans[2], et que par conséquent ce n'est pas son grand âge qui put l'empêcher de faire son service auprès du Roi; mais il ne serait pas impossible que Molière, âgé de vingt ans, eût-été tenté de remplacer son père et de profiter de cette occasion pour parcourir une partie de la France. Ce qui est certain, c'est que Jean Poquelin ne quitta pas Paris à cette époque; d'après son inventaire, le 25 février 1642, jour où le Roi était à Valence, Jeanne Chrétien souscrit une obligation au profit du père de Molière, et le 3 juillet suivant, lors du séjour de Louis XIII à Lunel, un sieur Lebel promet de payer la somme de cent dix livres « audit Poquelin, causée pour marchandises[3] »; il n'avait donc pas cessé de s'occuper de son commerce pendant le voyage du Roi. M. Emmanuel Raymond[4] a trouvé des indications qui lui ont fait supposer que Molière était à la suite du Roi les 21 avril et 10 juin lors de son passage à Sigean, et a cru le reconnaître dans un jeune valet de chambre qui figure à Narbonne au procès-verbal de l'arrestation de Cinq-Mars; mais ces faits sont loin d'être suffisamment prouvés. Cependant il n'est pas inutile de faire remarquer qu'en étudiant l'itinéraire de Louis XIII depuis le 27 janvier 1642, jour de son départ de Saint-Germain, jusqu'au 23 juillet suivant, date de son retour à Fontainebleau, on voit le Roi s'arrêter ou séjourner dans des villes telles que

---

1. *La Vie de M. de Molière*, 1705, in-12, page 14.
2. *Dissertation sur Molière*, page 25.
3. Document n° XXXVII, cotes dix-huit et trente-deux.
4. *Histoire des pérégrinations de Molière dans le Languedoc*, 1858, in-12.

Lyon, Vienne, Nîmes, Pézénas, Béziers, Narbonne, où Molière viendra un peu plus tard jouer ses premières comédies. Rappelons-nous aussi que le second trimestre de l'année affecté au service de Jean Poquelin comme tapissier du Roi, se trouve compris dans la période de temps que dure l'absence de Louis XIII ; cette circonstance donne encore à penser que Jean Poquelin se sera fait remplacer, pendant les mois d'avril, mai et juin 1642, par son fils aîné qui avait la survivance de sa charge.

II

(1643-1657)

Proximité de la boutique de Jean Poquelin et de l'hôtel de Bourgogne. — La confrérie de la Passion et son doyen Pierre Dubout, tapissier ordinaire du Roi. — Les maîtres de la confrérie se réservaient pour leurs parents et amis une loge et le lieu appelé *le paradis*. — Comédiens de l'hôtel de Bourgogne. — Molière abandonne la profession et la charge de son père pour se joindre aux associés de l'Illustre Théâtre ; composition de cette troupe ; le jeu de paume des Métayers près de la porte de Nesle ; date de l'ouverture de l'Illustre Théâtre. — Mort de Joseph Béjard le père ; sa veuve Marie Hervé, renonce à sa succession au nom de ses cinq enfants : Joseph, Madeleine, Geneviève, Louis et une fille non baptisée. — Détails sur la famille Béjard ; époque de la naissance d'Armande, future épouse de Molière. — Les associés de l'Illustre Théâtre. — Probabilité d'une anecdote racontée par Charles Perrault. — Engagement d'un danseur ; Molière chef de la troupe. — Nicolas Desfontaines et les titres de ses tragi-comédies. — L'Illustre Théâtre entretenu par Gaston, duc d'Orléans. — Dettes contractées par les comédiens ; ils quittent le faubourg Saint-Germain pour le quartier Saint-Paul ; le jeu de paume de la Croix-Noire. — La comédie au Luxembourg et l'*Artaxerce* de Magnon. — Emprunt fait par Molière. — Responsabilité de Molière comme chef de la troupe ; il est saisi par les créanciers de l'Illustre Théâtre et détenu au grand Châtelet. — Léonard Aubry se rend caution pour Molière. — Diminution de la troupe avant son départ pour la province. — Retour momentané de Molière à Paris. — Passage de Madeleine Béjard à Montélimart, à Montpellier et à Nîmes.

Nous touchons au moment où celui qui jusqu'à présent n'aurait dû être désigné que sous le nom de Jean Poquelin l'aîné, va s'appeler désormais Jean-Baptiste Poquelin-Molière. Grimarest a prétendu que son penchant pour le théâtre lui fut inspiré dès l'enfance par son grand-père qui, aimant passionnément la comédie « y menoit souvent le petit Poquelin à l'hôtel de Bourgogne[1]. » Ici viennent se placer quelques

---

1. *La Vie de M. de Molière*, page 7.

faits de nature à faire supposer que d'autres circonstances contribuèrent à développer chez Molière ce goût naissant. La boutique et le logement de Jean Poquelin étaient au coin de la rue Saint-Honoré et de la rue des Vieilles-Étuves ; non loin de là, et près de la même paroisse de Saint-Eustache, se trouvait rue Mauconseil, à l'endroit occupé aujourd'hui par la halle aux cuirs, l'hôtel de Bourgogne construit en 1548 par l'ancienne confrérie de la Passion, sur un terrain provenant de la démolition des anciens hôtels d'Artois, de Bourgogne et de Flandre, ordonnée quelques années avant par François Ier. Immédiatement après la construction de cette salle de spectacle, le parlement avait interdit aux membres de la confrérie de continuer à jouer des mystères sacrés et, en ne leur permettant de représenter que des « jeux profanes, honnêtes et licites, » il leur avait accordé un privilége exclusif, défendant à tous autres comédiens de jouer ou représenter tant à Paris que dans les faubourgs et banlieue de cette ville, « sinon au profit de ladite confrérie et sous le nom d'icelle. » Après avoir continué pendant les années suivantes à représenter des pièces profanes, les confrères de la Passion avaient renoncé à jouer eux-mêmes et étaient devenus peu à peu de véritables entrepreneurs exploitant leur privilége et la propriété de leur salle. Ils avaient commencé par engager des acteurs à leur compte[1], puis ils avaient loué successivement à des comédiens français et étrangers. A l'époque de la jeunesse de Molière les membres de cette confrérie appartenaient à la bourgeoisie de Paris et, en 1639 leur doyen ou président était un collègue de Jean Poquelin, Pierre Dubout, tapissier ordinaire du Roi[2]. En louant leur salle les confrères de la Passion se réservaient une loge et le « lieu étant au-dessus de ladite loge appelé *le paradis* » qui devait demeurer

---

1. Document n° VI, à la date du 22 juillet 1578.
2. Vingt-trois ans plus tard parmi les témoins de Geneviève Béjard lors de son premier mariage, on trouve une Marguerite Batelet, femme de Pierre Dubout, bourgeois de Paris. (Document n° XXXIII.) Cette circonstance est à noter dès à présent. On prononçait et on écrivait Dubourg, au lieu de Dubout.

« aux maîtres de ladite confrérie, tant pour eux que pour leurs parents et amis, sans qu'ils en puissent abuser, ni en prendre argent[1]. » C'est dans cette loge ou au *paradis* que Molière put être conduit d'abord par son grand-père Louis de Cressé, puis par le collègue de son père, Pierre Dubout, et surtout, tenté par le voisinage, suivre de lui-même et avec assiduité les représentations données par la Fleur dit Gros-Guillaume, Fléchelles dit Gautier Garguille, Belleville dit Turlupin, Bellerose, Saint-Martin, Saint-Jacques dit Guillot-Gorju, d'Orgemont, Montfleury, etc. Il dut s'y lier avec quelques auteurs dramatiques et quelques comédiens, et se trouver entraîné peu à peu à son penchant naturel pour le théâtre. L'inventaire des titres et papiers de l'hôtel de Bourgogne[2] dressé peu d'années avant le parti pris par Molière de se faire comédien, et l'état des recettes et dépenses de la confrérie de la Passion[3], qui donne sur cette corporation les détails les plus curieux, se rattachent ainsi à l'histoire des premières années de Molière et complètent en outre sur beaucoup de points l'*Histoire du Théâtre françois* par les frères Parfaict.

C'est à l'âge de vingt et un ans, qui n'était pas alors celui de la majorité, que Molière, déjà lié sans doute avec les « enfants de famille » qui allaient être ses camarades de théâtre, renonce à la profession et à la charge de son père. Le 6 janvier 1643, il reconnaît par une lettre et par une quittance avoir reçu de son père « pour l'employer à l'effet y mentionné, » la somme de six cent trente livres en avance « tant de ce qui lui pouvoit appartenir de la succession de sa mère qu'en avancement d'hoirie future de sondit père, qu'il auroit prié et requis de faire pourvoir de ladite charge de tapissier du Roi dont il avoit la survivance, tel autre de ses enfants qu'il lui plairoit, et se seroit démis de tout droit qu'il y pourroit prétendre, pour en disposer par sondit père ainsi qu'il verroit bon être[4]. » A la fin de la même année Jean-

---

1. Document n° V. — 2. Document n° VI. — 3. Document n° VII.
4. Document n° XXXVII, cote quatre. Molière avait retrouvé dans les

Baptiste Poquelin était au nombre des comédiens qui, « sous le titre de *l'Illustre Théâtre* », allaient sans doute paraître pour la première fois en public dans un jeu de paume situé près de la porte de Nesle et appelé, du nom des propriétaires, *le jeu de paume des métayers*.

Le 28 décembre 1643, « Denis Beys, Germain Clérin, Jean-Baptiste Poquelin, Joseph Béjard, Georges Pinel et Nicolas Bonenfant, damoiselles Madeleine Béjard, Madeleine Malingre, Catherine des Urlis, Geneviève Béjard et Catherine Bourgeois, tous associés pour faire la comédie sous le titre de l'Illustre Théâtre, demeurant faux-bourgs Saint-Germain des Prés lès Paris, proche la porte de Nesle », passent un marché avec Léonard Aubry, paveur des bâtiments du Roi, pour faire et parfaire douze toises de long sur trois toises de large de pavé « au devant du jeu de paume où ils vont jouer la comédie, sis aux faux-bourgs Saint-Germain, proche la porte de Nesle » et pour « esplanader » les approches de ce jeu de paume « afin que les carrosses y puissent aller facilement; à commencer à travailler auxdits ouvrages dès demain et y travailler et faire travailler sans discontinuer, et le tout rendre bien et dûment fait et parfait dans jeudi prochain venant, pourvu que le temps le permette. » Ce marché est fait moyennant le prix de deux cents livres tournois que « lesdits Beys, Clérin et consorts » promettent, l'un pour l'autre, de payer : « moitié au jour et fête de la Chandeleur prochain, et l'autre moitié dans le jour de la mi-carême ensuivant. » Beys et consorts élisent leur domicile « audit tripot sus-déclaré », mais l'acte est passé « ès maisons des parties[1]. » Le 28 décembre 1643 tombant un lundi, l'ouverture de l'Illustre Théâtre au jeu de paume des Métayers peut être fixée au jeudi 31 décembre 1643, si les conditions du marché ont été remplies.

L'année 1643 fait époque dans la vie de Molière; il la

---

papiers de son père cette quittance et d'autres pièces relatives à sa démission; elles sont indiquées dans la cote dix de son inventaire. (Document n° XLV.)

1. Document n° IX.

commence en se séparant de sa famille, se lie ensuite avec les Béjard dont l'existence sera désormais inséparable de la sienne, et la termine en paraissant pour la première fois sur un théâtre. Enfin l'année 1643 est très-probablement aussi celle de la naissance d'Armande Béjard qui, destinée à devenir la femme de Molière, servira un jour de prétexte aux ennemis du poëte pour faire peser sur sa mémoire la plus odieuse calomnie.

Nous avons laissé un peu en arrière un document de la même année 1643, qui concerne la famille Béjard, mais c'est ici le moment d'entrer dans quelques détails sur cette famille; nous examinerons ensuite quels sont les autres compagnons de théâtre de Jean-Baptiste Poquelin.

Joseph Béjard, à qui certains actes donnent le titre d'écuyer, mais qui est le plus souvent désigné comme procureur au Châtelet, était, en dernier lieu, « huissier des eaux et forêts de France à la table de marbre de Paris. » Il avait été fiancé à la paroisse de Saint-Paul, le 7 septembre 1615, à Marie Hervé, et le mariage fut célébré dans la même église le 6 octobre suivant[1]. De ce mariage naquirent onze ou douze

1. Je dois ce renseignement et quelques-uns de ceux qui vont suivre, à mon bon et ancien ami M. A. Jal qui, tout en exerçant les fonctions d'historiographe de la Marine et de conservateur des archives de ce ministère, a compulsé, depuis vingt ans, non-seulement les documents dont il avait le soin, mais encore une foule d'autres, déposés dans des archives publiques ou privées : au ministère de la Guerre, à la préfecture de la Seine et à la préfecture de Police, aux Archives de l'Empire, dans les études des notaires, etc. De cet immense travail est résulté un volumineux et très-curieux Dictionnaire historique, rectifiant les plus graves erreurs accréditées par les anciens biographes et invariablement reproduites depuis par leurs continuateurs. Ce complément indispensable de tous les recueils biographiques ajoute à nos illustrations françaises un grand nombre de personnages, célèbres à l'époque où ils vivaient, et qui, faute de renseignements précis, n'ont trouvé place dans aucune biographie générale ou spéciale.

Tous les écrivains dont la principale occupation est d'étudier avec soin tantôt un savant, un littérateur ou un artiste, tantôt une figure de femme distinguée par son esprit, son talent ou sa beauté, tournent leurs regards vers le manuscrit de M. Jal, à qui on ne peut vraiment demander sans indiscrétion de se dessaisir à l'avance des parties les plus piquantes de son livre; aussi se borne-t-on le plus souvent à hâter de tous ses vœux l'impression d'un travail que l'on voudrait avoir toujours à portée de sa main.

enfants[1], dont cinq seulement étaient vivants au moment de la mort de Joseph Béjard; mais il n'est pas inutile de faire remarquer, dès à présent, que l'un des enfants qui ne vécurent pas, une fille baptisée en 1639 sous les noms de Bénigne-Madeleine, vint au monde vingt-quatre ans après le mariage de Marie Hervé. On ne trouve pas sur les registres de l'église Saint-Paul l'acte de décès ou d'inhumation de Joseph Béjard; sa famille avait pourtant droit de sépulture dans cette église, comme le constate le testament de Madeleine Béjard[2], dont le corps fut inhumé à Saint-Paul, ainsi que celui de son frère aîné, décédé en 1659. Joseph Béjard dut mourir au commencement de 1643, car le 10 mars de cette année, Marie Hervé, sa veuve, se présente devant le lieutenant civil Antoine Ferrand, « au nom et comme tutrice de Joseph, Madeleine, Geneviève, Louis, et une petite non baptisée, mineurs dudit défunt et elle, » pour remontrer « que la succession dudit défunt son mari est chargée de grandes dettes, et que n'y a aucuns biens en icelle pour les acquitter. » La veuve Béjard, craignant que cette succession ne soit plus onéreuse que profitable à ses enfants, demande à y renoncer en leur nom et à ce que « les parents et amis desdits mineurs » s'assemblent pour donner leur avis à cet égard. Le conseil de famille, comme on dirait aujourd'hui, réuni aux termes de cette requête, est assisté de Gabriel Renard, sieur de Sainte-Marie, et de deux procureurs au Châtelet, maîtres Pierre Pillon et Bérenger; il est composé de Pierre Béjard, aussi procureur au Châtelet, oncle paternel, de Simon Bedeau, maître sellier et carrossier, subrogé tuteur, et de trois bourgeois de Paris, amis de la famille. L'avis des parents est favorable à l'abandon de l'héritage, le lieutenant civil approuve cette décision, et le 10 juin Marie Hervé comparaît devant ce magistrat pour renoncer au nom de ses enfants « à la succession dudit défunt leur père[3]. » La famille

1. Note de Beffara, dans l'*Histoire de Molière*, par M. Taschereau; 3ᵉ édition, page 215, et note manuscrite de M. A. Jal.
2. Document nº XL. — 3. Document nº VIII.

Béjard se composait donc, à la fin de l'année 1643, de la mère, Marie Hervé, veuve Béjard, et de cinq enfants.

Marie Hervé, mariée en 1615, devait avoir alors plus de quarante-cinq ans; elle ne figure pas parmi les associés de l'Illustre Théâtre et paraîtra seulement à la fin de 1644, comme caution de ses filles et de Molière; la veuve Béjard ne dut jamais jouer la comédie, et cependant ne pas quitter ses enfants, avec lesquels on la retrouve jusqu'aux derniers moments de sa vie.

Joseph Béjard fils, qui est certainement l'aîné des enfants de Marie Hervé, puisqu'il est nommé le premier dans l'acte de comparution devant le lieutenant civil et qu'il porte, suivant l'usage, le prénom de son père, était probablement né en 1616 ou 1617, un ou deux ans avant sa sœur Madeleine; ni Beffara, ni M. Jal n'ont trouvé son acte de baptême. On a toujours donné à l'aîné des comédiens de cette famille le prénom de Jacques, mais tous les documents qui le concernent, y compris son acte de décès, le nomment Joseph. Béjard l'aîné paraît avoir quitté momentanément les associés de l'Illustre Théâtre pendant l'année 1644, mais il s'était de nouveau réuni à eux l'année suivante, peu de temps avant leur départ pour la province.

Madeleine Béjard, baptisée à la paroisse de Saint-Paul, le 8 janvier 1618[1], avait vingt-cinq ans lors de son entrée dans la troupe de l'Illustre Théâtre, mais elle avait commencé beaucoup plus tôt sa carrière aventureuse. En 1636, à l'âge de dix-huit ans, elle était déjà « fille émancipée d'âge, procédant sous l'autorité de Simon Courtin, bourgeois de Paris, » et achetait dans le quartier du Temple « une petite maison sise au cul-de-sac de Thorigny[2]. » Deux ans après elle donnait le jour à une fille naturelle née d'elle et d'Esprit de Raimond, comte de Modène, « chambellan des affaires de Monseigneur, frère unique du Roi[3]. » Enfin tous les bio-

---

1. Notes de Beffara et de M. A. Jal. — 2. Note du document n° VIII.
3. *Dissertation sur Molière*, par Beffara, page 13. On verra la suite des

graphes de Molière assurent que c'est par amour pour elle que le jeune Poquelin se fit comédien.

Geneviève Béjard, baptisée à la même paroisse de Saint-Paul, le 2 juillet 1624[1], n'avait pas vingt ans à la fin de 1643; vingt-neuf ans après les débuts de l'Illustre Théâtre, elle devait épouser le fils de ce Léonard Aubry, paveur des bâtiments du Roi qui s'était chargé de rendre accessibles les abords du jeu de paume des Métayers.

Louis Béjard, baptisé le 4 décembre 1630 à Saint-Merry[2], avait à peine treize ans au moment de la mort de son père, et ce n'est que plus tard qu'on doit le comprendre parmi les comédiens qui suivirent la fortune de Molière.

Le dernier enfant de l'huissier ou procureur Joseph Béjard et de Marie Hervé est cette « petite non baptisée » qui figure à la suite de ses quatre frères et sœurs dans l'acte de comparution devant le lieutenant civil Ferrand. L'extrait de baptême de cette fille a jusqu'à présent échappé à toutes les recherches, mais on ne doit plus douter désormais que ce ne soit la même qu'Armande-Grésinde-Claire-Élisabeth Béjard, désignée dans le contrat de mariage de Molière comme fille de feu Joseph Béjard et de Marie Hervé, âgée en 1662 de « vingt ans ou environ[3]. » Si cette dernière fille était née après la mort de son père, elle serait très-probablement indiquée dans l'acte émanant du lieutenant civil comme enfant posthume, mais sa naissance dut précéder de bien peu le décès de Joseph Béjard, et c'est sans doute cette circonstance qui, contre l'usage, fit retarder son baptême[4].

---

relations de M. de Modène avec Madeleine Béjard, au moment de la mort de cette dernière.

1. Notes de Beffara et de M. A. Jal.
2. Note de Beffara dans l'*Histoire de Molière*, par M. Taschereau, 3ᵉ éd., p. 215.
3. Document nº XXX.
4. Parmi les autres enfants de Joseph Béjard et de Marie Hervé, il y avait déjà eu une Élisabeth, née en 1620 (*Notes de Beffara et de M. Jal*) ce qui prouve que c'était un prénom de famille; quant au nom de Grésinde qui a paru si étrange, je le retrouve la même année 1643 dans un acte du Châtelet du 30 juin, où figure un enfant nommé François-Cresinde (*Archives de*

Armande Béjard est donc née au commencement de 1643 ou à la fin de l'année 1642, et elle était bien sœur et non fille de Madeleine Béjard, malgré ce qu'en ont dit Grimarest et tous ceux qui, depuis lui, ont donné gain de cause à la tradition, même en présence de l'acte de mariage du 20 février 1662, publié par Beffara[1] d'après les registres de Saint-Germain l'Auxerrois. On verra plus loin d'autres documents où la femme de Molière figure constamment et dans les circonstances les plus solennelles comme sœur de Madeleine Béjard, mais aucun n'est antérieur au mariage de Molière et, pour lever toute incertitude, il ne fallait pas moins qu'un acte authentique remontant jusqu'à l'époque même de la naissance d'Armande Béjard.

Le premier nom qui, dans le marché du 28 décembre 1643, se présente à la tête des associés de l'Illustre Théâtre, est celui de Denis Beys. On connaissait jusqu'à présent sous les noms de Charles Beys ou de Beys, l'auteur de deux tragi-comédies données en 1635 à l'hôtel de Bourgogne, et d'une comédie, l'*Hôpital des fous*, jouée l'année suivante sur le même théâtre, et reprise en 1658 sous le titre des *Illustres fous*[2]; il est impossible que ce Charles Beys ne soit pas le même que le Denis Beys de l'Illustre Théâtre. M. Paulin Paris a retrouvé dans un *Recueil de diverses poésies* imprimé en 1646, et a communiqué à M. Bazin des *Stances adressées à monseigneur le duc de Guise sur les présents qu'il a fait de ses habits aux comédiens de toutes les troupes*. L'auteur anonyme de ces stances finit, dit M. Bazin[3], « par demander pour lui-même une part de la glorieuse défroque, » et après avoir nommé « ceux qui en avaient été déjà nantis, savoir : de la troupe du Marais, Floridor; de celle du Petit-Bourbon (la

---

l'Empire, Y 3912). Enfin il a paru singulier que Marie Hervé ait encore eu un enfant après-vingt-huit ans de mariage, mais la naissance de sa fille Bénigne-Madeleine en 1639 prouve la fécondité de Marie Hervé jusqu'à un âge assez avancé.

1. Page 7 de sa *Dissertation*.
2. *Histoire du Théâtre François*, par les frères Parfaict, tome V, page 123.
3. *Notes sur la vie de Molière*, page 24.

troupe italienne), le Capitan ; de celle de l'hôtel de Bourgogne, Beauchâteau, » il passe à une quatrième troupe qu'il ne désigne pas, et termine ainsi ses stances :

> La Béjart, Beys et Molière,
> Brillants de pareille lumière
> N'en paroissent plus orgueilleux,
> Et depuis cette gloire extrême
> Je n'ose plus m'approcher d'eux,
> Si ta rare bonté ne me pare de même [1].

La circonstance à laquelle ces vers font allusion ne doit pas être postérieure à l'année 1644, car en 1645 Denis Beys ne faisait plus partie de l'Illustre Théâtre. On connaît du même Beys un sonnet à la louange du pâtissier Ragueneau [2] qui s'enrôla plus tard dans la troupe de Molière.

Le nom de famille de Germain Clérin qui vient après Beys, est celui d'une comédienne du théâtre du Marais, Élisabeth-Edmée Clérin, femme de Henri Cotton ; suivant les frères Parfaict, cette comédienne se retira en 1670 [3] ; elle devait être parente, peut-être sœur de Germain Clérin qui se trouve encore parmi les associés de l'Illustre Théâtre en 1645, et dût suivre Molière en province.

Après Jean-Baptiste Poquelin et Joseph Béjard, le cinquième des associés de l'Illustre Théâtre est Georges Pinel, et grâce à l'inventaire fait après le décès du père de Molière, nous avons sur ce personnage un renseignement bien curieux. Le 25 juin 1641, Georges Pinel, maître écrivain à Paris, reconnaît devoir à Jean Poquelin une somme de cent soixante-douze livres, et le 1er août 1643, le même Pinel et Anne Pernay, sa femme, souscrivent une obligation de cent soixante livres, également au profit du père de Molière [4]. Cette profession de maître écrivain exercée par Georges Pinel

---

1. M. Paul Lacroix a publié deux strophes de cette pièce de vers dans *La jeunesse de Molière*, 1859, in-16, page 56.
2. Dans les *OEuvres poétiques de Beys ;* 1652, in-4, page 133.
3. *Histoire du Théâtre François*, tome XI, page 301.
4. Document XXXVII, cote neuf.

cinq mois avant de se trouver parmi les comédiens de l'Illustre Théâtre, fait tout de suite penser à une anecdote racontée par Charles Perrault et dénaturée par Grimarest. Le père de Molière, dit Perrault, fâché du parti que son fils avait pris de se faire comédien, le fit solliciter par tout ce qu'il avait d'amis de quitter cette pensée; ni les prières ni les remontrances de ces amis ne purent rien sur son esprit; son père lui envoya ensuite « le maître chez qui il l'avoit mis en pension pendant les premières années de ses études, espérant que par l'autorité que ce maître avoit eue sur lui pendant ces temps-là, il pourroit le ramener à son devoir. Mais bien loin que le maître lui persuadât de quitter la profession de comédien, le jeune Molière lui persuada d'embrasser la même profession, et d'être le Docteur de leur comédie, lui ayant représenté que le peu de latin qu'il savoit le rendroit capable d'en bien faire le personnage, et que la vie qu'ils mèneroient seroit plus agréable que celle d'un homme qui tient des pensionnaires [1]. » Au lieu d'un maître de pension on a dans l'Illustre Théâtre un maître écrivain, et le récit de Perrault devient très-vraisemblable; seulement Georges Pinel dut se dégoûter bien vite du théâtre et en revenir à ses leçons d'écriture, car on ne le retrouve plus en 1645 parmi les associés de Molière.

Nicolas Bonenfant, le sixième des « enfants de famille » associés avec Molière, était un jeune clerc de procureur qui avait perdu son père et dont la mère s'était remariée à un maître fourbisseur [2]. Le 26 juin 1642, ses tuteurs avaient convoqué une assemblée de parents dans laquelle ils avaient exposé qu'après l'avoir mis en pension chez le procureur Bérenger [3], ils l'avaient employé « au recouvrement de quelques droits. » Le conseil de famille avait décidé que Nicolas

---

1. *Les Hommes Illustres qui ont paru en France pendant ce siècle*, 1696, in-fol., tome I, page 79.
2. *Archives de l'Empire*, minutes du *Châtelet*, Y 3910.
3. Le même qui figure dans l'avis des parents Béjard. (Document n° VIII.)

Bonenfant retournerait en pension chez un autre procureur, mais il avait quitté son étude pour se joindre un moment à la troupe de l'Illustre Théâtre; six mois après ses débuts il n'en faisait déjà plus partie.

Les comédiennes de la troupe sont, outre Madeleine et Geneviève Béjard, Madeleine Malingre, Catherine des Urlis et Catherine Bourgeois. Madeleine Malingre était très-probablement la fille d'un maître menuisier nommé Adrien Malingre qui demeurait en 1643, rue des Vieux-Augustins, paroisse Saint-Eustache [1]; elle avait dû se trouver entraînée par le double voisinage de l'hôtel de Bourgogne et de la boutique de Jean Poquelin. En 1645, Madeleine Malingre ne faisait plus partie de la troupe de Molière.

Catherine des Urlis, qui n'apparaît qu'une fois parmi les associés de l'Illustre Théâtre, s'engagea ensuite dans la troupe du Marais où, disent les frères Parfaict [2], elle resta jusqu'en 1673. Tallemant des Réaux parle incidemment de cette comédienne [3] qui passe pour avoir eu un duel sur la scène avec la Beaupré, mais Sauval, spectateur de ce duel, ne les nomme ni l'une ni l'autre. « J'étois, dit-il seulement, aux petits comédiens du Marais, lorsque deux comédiennes se battirent tout de même sur le théâtre après s'être querellées à la farce [4]. » Jean des Urlis, frère de Catherine, fit aussi partie de la troupe du Marais, et prenait en 1661 le titre de comédien de l'électeur prince de Liége; sa sœur Étiennette des Urlis fut la femme de Brécourt [5].

Catherine Bourgeois figure jusqu'en 1645 dans la troupe de l'Illustre Théâtre, et dut la suivre en province; elle était fille d'un sieur Robert Bourgeois, dont la profession n'est pas indiquée, et que l'on voit toujours demeurer avec elle.

---

1. Minutes de M. Turquet, à la date du 17 mai 1643.
2. *Histoire du Théâtre François*, tome XI, page 301.
3. Tomes V, page 475, et VII page 175 et 455 de la 3ᵉ édition donnée par M. Paulin Paris.
4. *Antiquités de Paris*, 1724, in-fol. Tome II, page 578.
5. Document n° XXXI.

Six mois après l'ouverture de l'Illustre Théâtre, Molière est déjà le chef de cette troupe; désormais son nom précède toujours ceux de ses associés, et l'on verra bientôt que cet honneur n'était pas sans inconvénients. Son nom de théâtre paraît pour la première fois dans l'acte du 28 juin 1644[1], par lequel Daniel Mallet, danseur de Rouen, s'engage à servir la troupe « tant en comédie que ballets tous les jours qu'ils la représenteront » et à les suivre « partout où ils iront tant en visite que campagne » le tout moyennant trente-cinq sous par jour, « jouant ou non, » et cinq sous de plus les jours « qu'il jouera rôle à ladite comédie. » Daniel Mallet avait probablement quelque engagement antérieur avec un autre directeur nommé Cardelin, contre lequel ses nouveaux camarades promettent de le protéger; son engagement indique aussi qu'il avait déjà reçu d'eux de grandes assistances « en ses extrémités et maladies. » Cette pièce est la première et jusqu'à présent la seule connue qui soit signée : DE MOLIÈRE.

Un nouvel associé, Nicolas Desfontaines, figure dans le même document. Plus fécond que Beys et cependant moins connu encore (on n'a même pas pris la peine de lui fabriquer un faux prénom), Desfontaines avant d'entrer dans la troupe de Molière avait composé, dès 1637, une tragi-comédie, *Eurymédon ou l'illustre Pirate*, suivie de six autres, dont il est inutile de reproduire les titres. Les frères Parfaict[2] mentionnent du même auteur, à la date de 1644, *Perside ou la suite de l'illustre Bassa*, *Saint Alexis ou l'illustre Olympie*, et en 1645, *l'illustre Comédien ou le martyre de Saint-Genest*. Ces trois dernières tragi-comédies durent être jouées par les nouveaux associés de Desfontaines, et l'on conviendra que les titres de ces œuvres dramatiques sont bien faits pour eux. Ainsi s'explique ce nom d'*Illustre Théâtre;* le mot était alors à la mode et la qualification d'*illustre* s'employait surtout à la scène. Le nom

---

1. Document n° X.
2. *Histoire du Théâtre François*, tome V, page 338.

de Molière lui-même n'a peut-être pas d'autre origine que celle d'être un nom à la mode.

Le 17 septembre 1644, un des associés de Molière, Germain Clérin, demeurant rue et proche la porte Dauphine, se dit « comédien de la troupe de l'Illustre Théâtre, entretenu par Son Altesse Royale [1]. » On désignait alors sous ce titre Gaston-Jean-Baptiste de France, duc d'Orléans, frère du feu roi Louis XIII et oncle du jeune Louis XIV. Gaston était parti de Paris le 16 mai précédent pour aller commander l'armée de Picardie, et, le 29 juillet, s'était emparé de Gravelines. Cette conquête avait été célébrée, le 10 août, au palais du Luxembourg, sa résidence, par un feu d'artifice accompagné d'une pantomime dont la *Gazette*[2] nous a conservé tous les détails. La troupe de l'Illustre Théâtre établie au faubourg Saint-Germain fournit peut-être pour cette pantomime quelques comparses, le danseur Daniel Mallet entre autres. Lors du retour de Gaston à Paris vers la fin d'août, elle put donner des représentations au Luxembourg (c'est ce que les comédiens appelaient aller en visite) et obtenir ainsi la protection du prince. Le comte de Modène, dont on a vu les relations avec Madeleine Béjard et qui ne cessa jamais d'être en rapport avec elle, avait été élevé comme page auprès de Gaston et était devenu l'un de ses chambellans; il dut servir en cette occasion les intérêts de la troupe dans laquelle était entrée Madeleine.

La protection de Gaston ne put compenser le peu de succès de l'Illustre Théâtre dans le faubourg Saint-Germain; Molière et ses associés ne tardèrent pas à tenter la fortune dans un autre quartier, mais ils avaient des dettes auxquelles il fallait parer avant de déménager. Le 17 décembre 1644 les comédiens reconnaissent d'abord, par une première obligation notariée, devoir à un sieur François Pommier la somme de trois cents livres, remboursable sur « les premiers de-

---

1. Document nº XI. — 2. *Gazette* de 1644, pages 658-660.

niers qui leur reviendront de la comédie, tant des chambrées visites que autrement[1]; » puis, par une seconde obligation du même jour, ils lui empruntent dix-sept cents livres payables « dans le jour de la mi-carême prochain venant, » c'est-à-dire le 23 mars suivant. Pour faciliter le payement de cette somme, les comédiens autorisent Pommier à percevoir leurs bénéfices « tous les jours de comédies ou visites qu'ils feront, les frais préalablement payés, » jusqu'à concurrence, non-seulement de ces dix-sept cents livres, mais en outre de « la somme de six cents livres qui est due au sieur Baulot, restant de plus grande somme[2]. » A cette date, les comédiens devaient donc en tout aux sieurs Pommier et Baulot deux mille six cents francs, et ce n'étaient pas là leurs seuls créanciers, comme on en aura bientôt la preuve. Afin de donner plus de garantie à Pommier, les associés cherchèrent des répondants. Marie Hervé, mère de Madeleine et de Geneviève Béjard, se rend caution pour ses deux filles et pour Molière, et dépose comme nantissement une obligation de cinq cents livres à son nom; Clérin, Pinel, les demoiselles Malingre et Bourgeois ont également leurs répondants; Desfontaines et Beys sont les seuls qui ne fournissent pas de caution. En outre, comme dernière sûreté, exigée sans doute par Pommier, les comédiens passent entre eux un « accord » par lequel ils s'engagent mutuellement à ne rien partager de leurs bénéfices jusqu'à ce que leurs dettes soient entièrement payées[3]. Enfin le même jour, François Pommier emprunte dix-huit cents livres à Louis Baulot, déjà créancier des comédiens, en donnant à son tour pour garantie l'obligation de dix-sept cents livres souscrite par Molière et ses associés, celle de cinq cents livres appartenant à Marie Hervé, et en outre la caution de Jean Buot, écuyer[4]. En cherchant à éclaircir tous ces actes passés le même jour, on se rappelle involontairement ce que dit la Flèche à Cléante : « Mais,

---

1. Document n° XII. — 2. Document n° XIII.
3. Document n° XIV. — 4. Document n° XV.

comme ledit prêteur n'a pas chez lui la somme dont il est question, et que pour faire plaisir à l'emprunteur il est contraint lui-même de l'emprunter d'un autre sur le pied du denier cinq, il conviendra que ledit premier emprunteur paye cet intérêt, sans préjudice du reste, attendu que ce n'est que pour l'obliger que ledit prêteur s'engage à cet emprunt[1]. » Les documents qui suivent semblent en effet indiquer une entente usuraire entre Pommier et Louis Baulot, bien que ce dernier ait le titre d'écuyer et la charge de maître d'hôtel ordinaire du Roi.

Quoi qu'il en soit, leurs affaires réglées tant bien que mal, Molière et ses associés font marché trois jours après avec Antoine Girault, maître charpentier, pour transporter leur théâtre du jeu de paume des Métayers au jeu de paume de la Croix-Noire, situé rue des Barrés, près du couvent de l'*Ave Maria*, et ayant issue sur le quai des Ormes, au port Saint-Paul[2]. Les travaux à exécuter consistent à démonter les loges, portes, barrières et tous les bois formant l'ancienne salle, à les remonter dans la nouvelle, y faire deux rangs de loges « de la façon de celles du Marais, » et à rétablir le jeu de paume des Métayers dans son état primitif ; le tout doit être terminé pour le 8 janvier 1645. Le même charpentier avait déjà été employé à l'installation de leur premier théâtre, car dans le prix de six cents livres stipulé par le marché du 20 décembre 1644 se trouve compris ce qu'Antoine Girault pouvait prétendre contre les comédiens « pour autres ouvrages qu'il a ci-devant faits pour eux. » C'est encore François Pommier qui est chargé de payer cette dépense « tant des deniers qu'il a en ses mains, à eux appartenant, que de ceux qu'il recevra pour eux, de leurs comédies, chambrées et visites. »

Au commencement de 1645 la troupe était installée dans sa nouvelle salle et, malgré son changement de quartier, continuait à être entretenue par Gaston. L'Illustre Théâtre dut figurer le 7 février 1645 dans « la grande assemblée en l'hô-

---

1. *L'Avare*, acte II, scène I. — 2. Document n° XVI.

tel de Luxembourg où Mgr le duc d'Orléans donna la comédie, le bal et ensuite une superbe collation à tous les princes, princesses, grands seigneurs et dames » de la cour¹. C'est à la même époque, dans la salle du port Saint-Paul qui avait dû être choisie par Madeleine Béjard comme ayant longtemps habité ce quartier, que dut être joué l'*Artaxerce* de Magnon, imprimé pour la première fois le 20 juillet 1645 et représenté sur l'Illustre Théâtre². Molière logeait alors au coin de la rue des Jardins-Saint-Paul « en la maison où est demeurant un mercier » ainsi que le constate une obligation souscrite par lui, le 31 mars³, par laquelle il reconnaît que « Jeanne Levé, marchande publique, lui a fait prêt ci-devant de la somme de deux cent quatre-vingt-onze livres tournois, pour nantissement et sûreté de laquelle il lui auroit déposé deux rubans en broderie d'or et argent. » Ces rubans d'une si grande valeur provenaient sans doute de la part que Molière avait eue dans les présents faits par le duc de Guise aux comédiens de Paris, et dont il a été question à propos de Denis Beys. Par la même obligation, Molière qui n'avait pu payer à l'échéance stipulée la somme prêtée lors du dépôt, autorise Jeanne Levé à se défaire de ce nantissement, et, dans le cas où la vente ne couvrirait pas la dette, il s'engage à rembourser, les frais préalablement déduits, « ce qui s'en défaudra. » Le produit de la vente et les frais dépassèrent la valeur du gage, car le 20 juin 1645 Jeanne Levé obtint une sentence contre Molière, et ce n'est que quatorze ans plus tard⁴ qu'il put rembourser les intérêts, frais et « loyaux coûts » qui s'étaient accumulés pendant cet espace de temps. Dans l'acte du 31 mars 1645, Molière continue à se qualifier de tapissier et valet de chambre du Roi ; malgré sa démission, il n'abandonna jamais entièrement ce titre⁵, mais, tout en le conser-

1 *Gazette* de 1645, page 124.
2. *Histoire du Théâtre François*, par les frères Parfaict, tome VI, page 376.
3. Document n° XVII. — 4. Document n° XXVIII.
5. En 1651, Molière tient à Narbonne un enfant sur les fonts de baptême, et il est désigné dans l'acte comme valet de chambre du Roi. (*Histoire*

vant ici, il a soin de faire ajouter, en marge de l'obligation souscrite à Jeanne Levé, son nom de comédien.

En devenant le chef des comédiens de l'Illustre Théâtre, en signant le premier les obligations souscrites par eux, et nous n'en connaissons encore qu'un petit nombre, Molière assumait sur lui une lourde responsabilité. Les recettes étaient insuffisantes, les fournisseurs n'étaient pas payés, les obligations n'étaient pas remboursées au terme stipulé, et Molière, répondant pour tous, se vit un jour saisi et emprisonné au grand Châtelet. Cette épreuve, subie par le poëte au commencement de sa carrière, semble avoir été pressentie, et, s'il en était besoin, justifiée à l'avance par M. Sainte-Beuve qui a dit, en citant comme des génies exceptionnels, Shakspeare, Cervantes, Rabelais, Molière : « Ces hommes ont des destinées diverses, traversées ; ils souffrent, ils combattent, ils aiment. Soldats, médecins, comédiens, captifs, ils ont peine à vivre ; ils subissent la misère, les passions, les tracas, la gêne des entreprises. Mais leur génie surmonte les liens, et, sans se ressentir des étroitesses de la lutte, il garde le collier franc, les coudées franches [1]. »

Les documents qui constatent l'emprisonnement de Molière ne permettent pas de préciser la durée de sa détention [2]; Molière était au grand Châtelet le 2 et le 4 août 1645 ; il était libre le 13 du même mois, mais à quelle date avait-il été arrêté ? quel jour avait-il été mis en liberté ? Fut-il incarcéré une première fois, relâché, puis saisi de nouveau ? cette dernière hypothèse est la plus probable.

Le 2 août Molière était au grand Châtelet en vertu d'une sentence donnée par les juges consuls, par défaut, contre lui, « au profit de Antoine Fausser, maître chandelier, faute

---

des pérégrinations de Molière dans le Languedoc, par M. Emm. Raymond, page 49).

1. *Critiques et Portraits littéraires*, 1836, in-8, tome III, page 132.

2. Les registres du greffe de la geôle du grand Châtelet de Paris, conservés aux Archives de la Préfecture de police, ne remontent pas plus haut que l'année 1651.

de payement de la somme de cent-quinze livres d'une part et vingt-sept livres d'autre[1]. » C'est évidemment le fournisseur de chandelles de l'Illustre Théâtre qui avait fait saisir le chef des comédiens, et ce détail jette un peu de comique sur la pénible situation dans laquelle nous le trouvons. La requête présentée au lieutenant civil Dreux d'Aubray par André de Lamarre, procureur des comédiens, décline la compétence du tribunal devant lequel Molière avait été condamné par défaut et nie en son nom la dette qui sans doute existait, mais dont il ne devait pas être seul responsable. D'après cette requête le magistrat ordonne la mise en liberté de Molière « à sa caution juratoire pour six mois (c'est-à-dire sur le simple serment de représenter sa personne pendant cet espace de temps), en cas qu'il ne soit détenu que pour cent-quinze livres d'une part et vingt-sept livres d'autre; » mais une saisie plus importante s'opposait à l'exécution de cet arrêt.

Les obligations souscrites envers Pommier, et dont la principale avait été remise par lui comme nantissement à Louis Baulot, n'avaient pas été payées ; les bénéfices abandonnés d'avance par les comédiens avaient été nuls ou à peu près, et Pommier n'avait pu à son tour tenir ses engagements vis-à-vis de Baulot avec qui il s'entendait peut-être pour exploiter par l'usure l'état de gêne des comédiens et pour les poursuivre à outrance. Dès le 19 mai il y avait eu « sentence donnée par les sieurs des requêtes du Palais » pour ordonner une comparution des parties, dans laquelle Pommier avait affirmé qu'il n'avait reçu « aucunes choses sur lesdites obligations[2]; » le lendemain les comédiens avaient, sur leur demande, obtenu du lieutenant civil des lettres de répit et le 24 mai des « défenses » de ce magistrat contre les poursuites exercées envers Molière. Enfin le 2 août le procureur de Lamarre, qui ce jour même avait rédigé la requête de Molière relative au marchand de chandelles, comparaît devant le lieutenant civil en son

---

1. Document n° XVIII. — 2. Document n° XIX.

hôtel « sis rue des Petits-Champs » au nom des « comédiens de Son Altesse Royale, sous le titre de l'Illustre Théâtre » pour demander que « Jean Baptiste Poquelin dit Molière soit mis hors des prisons à sa caution juratoire. » De son côté le procureur de François Pommier soutient au nom de son client « qu'à la prière desdits comédiens, il s'est obligé pour eux envers le sieur Baulot d'une somme de deux mille livres, faute de payement de laquelle il a fait arrêter et recommander ledit Poquelin, pour laquelle somme il soutient qu'il doit tenir prison jusques en fin de payement de ladite somme, ou lui apporter acquit et décharge dudit Baulot. » Les parties entendues le lieutenant civil réduit la demande de Pommier de deux mille livres à trois cent vingt[1] et ordonne « qu'en baillant par ledit Poquelin bonne et suffisante caution de payer par semaine quarante livres pendant deux mois, il sera mis hors des prisons. » Ce n'était plus sur le serment de représenter sa personne que cette fois Molière pouvait être rendu à la liberté; il fallait trouver un répondant solvable. Léonard Aubry, ce paveur des bâtiments du Roi que l'on a vu employé dès les débuts de l'Illustre Théâtre, lui rendit ce service en comparaissant le même jour au greffe de la chambre civile du Châtelet et en se rendant « pleige caution répondant pour Jean-Baptiste Poquelin de Molière prisonnier ès prisons du grand Châtelet[2]. »

Cette caution rendit-elle momentanément la liberté à Molière et fut-il saisi le lendemain par un autre fournisseur, ou bien sa détention se prolongea-t-elle pendant quelques jours? Ce qui est certain c'est que le 4 août il se trouve encore au grand Châtelet « en vertu d'un décret de prise de corps » obtenu par un linger nommé Dubourg « faute de payement de la somme de cent cinquante livres contenus en une obligation[3]. » La requête porte que le « suppliant ne doit et n'est pas seul obligé par corps » et qu'il demande, vu la modicité

---

1. Document n° XXII. — 2. Document n° XX.
3. Document n° XXI.

de la somme, à être « mis hors des prisons pour trois mois, à sa caution juratoire. » Le lieutenant civil fait droit à cette nouvelle requête « en cas qu'il ne soit détenu que pour cent cinquante livres. » On peut espérer que c'était en effet la dernière dette qui retenait Molière en prison, car neuf jours après cet arrêt il était réuni à ses associés.

Le 13 août 1645 Jean-Baptiste Poquelin, Joseph Béjard, qui depuis 1643 n'a pas figuré parmi les comédiens, Germain Clérin, Germain Rabel, qui paraît pour la première fois, Madeleine Béjard, Catherine Bourgeois et Geneviève Béjard, sont assemblés au jeu de paume de la Croix-Noire afin de s'obliger solidairement, l'un pour l'autre, « envers honorable homme Léonard Aubry.... de l'acquitter, garantir et indemniser du cautionnement par lui pour eux fait envers le nommé Pommier de la somme de trois cent vingt livres.... d'autant que ce qu'en a fait ledit sieur Aubry n'a été qu'à leur pure requête et pour leur faire plaisir, et pour tirer hors des prisons du grand Châtelet ledit Poquelin[1]. » La reconnaissance des comédiens pour celui qui les avait aidés à sortir d'un si grand embarras et leur affection pour Molière se font jour à travers les formules inséparables d'un acte notarié; mais malgré leur bonne volonté, on verra qu'ils ne purent tenir immédiatement ce nouvel engagement et que Léonard Aubry n'en resta pas moins en bonnes relations avec eux jusqu'à la fin de sa vie. Les frères Parfaict nous ont conservé sur ce paveur des bâtiments du Roi, l'inestimable témoignage d'un contemporain qui a dit de Léonard Aubry « qu'il avoit toujours fait paroître beaucoup de probité dans son emploi, qu'il a vécu avec assez d'honneur selon sa condition, et qu'il est mort dans l'estime de tous ceux de sa connoissance[2]. »

Combien de temps Molière et ses associés restèrent-ils au jeu de paume de la Croix-Noire et à Paris? Est-ce à la fin de 1645 qu'ils quittèrent le port Saint-Paul pour retourner de

---

1. Document n° XXII.
2. *Histoire du Théâtre François*, tome XIII, page 175.

nouveau dans le faubourg Saint-Germain, au jeu de paume de la Croix-Blanche, rue de Buci? Nos documents ne nous apprennent rien à cet égard. L'obligation du 13 août 1645 constate que des onze fondateurs de l'Illustre Théâtre, il ne restait plus, après le découragement qu'avait dû produire la détention de leur chef, que Molière, Germain Clérin, Joseph Béjard, ses deux sœurs et Catherine Bourgeois ; leur nombre total se trouvait réduit à sept en y comprenant Germain Rabel, récemment engagé dans la troupe. Denis Beys, Georges Pinel, Nicolas Bonenfant, Nicolas Desfontaines, Catherine des Urlis, Madeleine Malingre, les avaient successivement quittés ; leur protecteur Gaston leur faisait peut-être aussi défaut, car dans l'acte du 13 août, les comédiens ne se disent plus entretenus par Son Altesse Royale. L'Illustre Théâtre dut cependant rester à Paris jusqu'à la fin de 1646, car le 4 novembre de cette année, Catherine Bourgeois, accompagnée de son père, payait ou faisait payer par Charles Prieur qui avait répondu pour elle [1], les cent vingt livres qu'elle devait pour sa part dans l'obligation de dix-sept cents livres souscrite le 17 décembre 1644 envers Pommier. A la fin de la même année 1646, le 24 décembre, Jean Poquelin promet à Léonard Aubry de lui payer en l'acquit de son fils aîné « la somme de trois cent vingt livres, en cas que sondit fils ne la lui payât pas [2]. » Catherine Bourgeois en s'acquittant de sa dette et Molière en faisant garantir par son père le payement de la somme dont Aubry s'était rendu caution pour lui [3], semblent bien sur le point de quitter tous deux Paris. L'inventaire des papiers de Molière ne fournit malheureusement aucune indication antérieure à 1659 ; rien de

---

1. Document n° XXIII. — 2. Document n° XXXVII, cote quatre.

3. La dette contractée envers cet honnête homme fut complétement remboursée trois ans après, ainsi que le reste des obligations faites à Pommier qui fut probablement payé à sa veuve. L'inventaire de Jean Poquelin mentionne la quittance de Léonard Aubry, en date du 1er juin 1649, et « une « lettre missive dudit sieur Molière, fils aîné audit défunt son père, non « datée, par laquelle il le prioit de payer pour lui une somme y mentionnée, « au dos de laquelle lettre sont écrits ces mots de la main dudit défunt :

plus incertain que la date de son départ pour la province, la composition de sa troupe et l'itinéraire qu'elle suivit pendant douze années. Pour préciser les faits qui se rapportent à cette période de la vie de Molière, il faudra rechercher dans les départements des documents analogues à ceux que renferment les études des notaires de Paris; en effet, la troupe de Molière a dû semer sur son passage des obligations et des quittances, des marchés avec des entrepreneurs et des fournisseurs, des baux pour la location des salles, des contrats d'associations entre comédiens, etc.

On a voulu contester le retour momentané de Molière à Paris pendant cette période de douze ans; ce fait est prouvé et la date en est précisée par un passage de l'inventaire de Jean Poquelin où se trouvent « deux feuilles de papier liées ensemble, commençant par ces mots : *Mémoire de ce que j'ay déboursé pour mon fils aisné, tant à luy qu'à ceux à qui il m'a ordonné*, au bas duquel mémoire est une reconnoissance passée par devant Leroux et Levasseur, notaires au Châtelet, le 14ᵉ jour d'avril 1651, faite par Jean Poquelin, fils aîné dudit défunt, que ledit mémoire est véritable, et que les sommes y contenues, revenant ensemble à dix-neuf cent soixante-cinq livres, ont été par lui reçues en partie, et le surplus payé en son acquit et décharge[1]. » Molière était donc à Paris le 14 avril 1651; mais avec cette seule indication et sans le texte de cette « reconnoissance » il est impossible de savoir si, lors de ce passage, il était accompagné de sa troupe, et si c'est à cette époque que l'on doit rapporter les représentations données au jeu de paume de la rue de Buci.

L'inventaire de Madeleine Béjard[2] ne donne que trois dates relatives à l'itinéraire de la troupe de Molière dans le midi de la France. Le 18 février 1655, Antoine Baralier, conseiller du

---

« *Le quatriesme aoust j'ay payé pour mon fils pour l'affaire de la femme à* « *Paulmier cent vingt cinq livres à sa pricre.* » (Document nº XXXVII, cote quatre.)

1. Document nº XXXVII, cote quatre.
2. Document nº XLII, cote deux.

Roi, receveur des tailles en l'élection de Montélimart[1], reconnaît, par une obligation passée devant le « notaire royal delphinal héréditaire de Montélimart », devoir à Madeleine Béjard la somme de trois mille deux cents livres « pour les causes et à payer au terme y déclaré ». Le 22 du même mois, un noble habitant de la ville de Brioude cautionne, par-devant un notaire de Montpellier, le receveur de Montélimart pour son obligation « envers la dite damoiselle Béjard ». Deux ans après, le 12 avril 1657, Madeleine obtient du juge en la cour de Nîmes une commission relative à la même créance.

1. M. Harpin, amant de la comtesse d'Escarbagnas, est receveur des tailles à Angoulême.

III

(1651-1656)

La famille Poquelin. — Mariage de Madeleine Poquelin avec André Boudet. — Le frère puîné de Molière a le titre de tapissier valet de chambre du Roi; il achète le fonds de commerce de Jean Poquelin et prend à loyer la maison des piliers des halles. — Mariage de Jean Poquelin le jeune avec Marie Maillard. — Prise de voile de Catherine Poquelin, sœur utérine de Molière et d'une autre de ses parentes, aux Visitandines et aux Bénédictines de Montargis; question soulevée par cette circonstance à propos des derniers moments de Molière.

Pendant que Molière court la province, il n'est pas indifférent de connaître ce qui se passe dans sa famille, dont les intérêts se trouvent naturellement liés avec les siens. Jean Poquelin avait eu de son second mariage avec Catherine Fleurette, deux filles dont une seule survécut à sa mère, décédée le 12 novembre 1636. Le troisième fils de Jean Poquelin et de sa première femme, Marie Cressé, nommé Nicolas, et âgé de six ans lors de l'inventaire de sa mère, était mort quelques années après. Au moment du départ de son fils aîné, il ne restait donc plus à Jean Poquelin, deux fois veuf, que quatre enfants : Molière, Jean dit le jeune et Madeleine, nés du premier lit, et Catherine Poquelin, fille du second lit.

Madeleine Poquelin, baptisée le 13 juin 1628 sous le nom de Marie[1], était dans sa vingt-troisième année lors de son

---

1. *Généalogie de Molière*, donnée par Beffara en tête de l'édition de M. Auger. Dans cette généalogie, Beffara a confondu quelques dates relatives aux enfants de Jean Poquelin. A propos de Madeleine Poquelin, il n'est pas inutile de faire remarquer que Molière, baptisé sous le nom de Jean, prend plus tard le prénom de Jean-Baptiste et que, sa sœur, baptisée sous le nom de Marie, est appelée Madeleine dans tous les actes notariés qui la concernent.

mariage, le 14 février 1651, avec André Boudet, marchand tapissier[1]. Elle apportait en dot une somme de cinq mille livres, dont la majeure partie provenait des « droits successifs, mobilier et immobilier, fruits et revenus d'iceux, à elle appartenant par le décès de défunte Marie Cressé, sa mère; » mais, en mariant sa fille, Jean Poquelin ne voulut ou ne put donner qu'une partie de cette somme, et n'acheva de payer la dot de Madeleine qu'en 1667[2].

Jean Poquelin le jeune, second fils de Marie Cressé, baptisé le 1er octobre 1624, avait suivi la profession de son père, et, sur la démission de Molière, était devenu survivancier de la charge de tapissier et valet de chambre ordinaire du Roi. A l'âge de trente ans, il était établi dans la maison des piliers des halles avec son père qui, le 14 septembre 1654, lui cède son fonds de commerce[3]. Les marchandises étant évaluées à cinq mille deux cent dix-huit livres dix sous cinq deniers, Poquelin le père déduit de cette somme les cinq mille livres qui revenaient à chacun de ses enfants de la succession de leur mère Marie Cressé, et a soin de stipuler que « ledit sieur Poquelin fils ne pourra demander aucun compte ni partage des biens de la succession de sadite mère, ains en laisser jouir sondit père sa vie durant, le semblable étant observé par sa sœur, cohéritière de ladite défunte leur mère; et le surplus de ladite somme totale de cinq mille deux cent dix-huit livres dix sols cinq deniers, montant à deux cent dix-huit livres dix sols cinq deniers, dont partant ledit sieur Poquelin fils est seulement redevable vers sondit père, il sera tenu et s'oblige de les bailler et payer.... à la volonté d'icelui sieur son père. » Cette somme est en effet payée le 28 novembre suivant. En lui vendant son fonds de commerce, Poquelin père loue en outre à son fils la maison des piliers des halles[4], moyennant six cents livres par an, et en se réservant « la

---

1. *Dissertation sur Molière*, par Beffara, page 8, et document n° XXXVII cote cinquante-cinq.
2. Document n° XXXIV. — 3. Document n° XXIV.
4. Document n° XXV.

chambre au second étage sur le devant de ladite maison, jusqu'à ce que ledit preneur son fils soit pourvu par mariage, lors duquel, pendant et après icelui, il la délaissera à icelui son fils pour son logement, lequel, réciproquement, sera tenu de livrer à sondit père une autre chambre telle qu'il plaira à icelui sondit père choisir et retenir sur le devant de ladite maison;.... ledit bailleur se réserve encore la communauté de la cuisine et du grenier de ladite maison, ensemble le passage libre pour lui et les siens par la boutique d'icelle maison. » Le caractère du père de Molière se dessine nettement dans ces deux actes ; il était plus que rigide en affaires, et dut chercher pour son second fils un mariage très-avantageux. En effet, le 15 janvier 1656, Jean Poquelin le jeune signait son contrat de mariage[1] avec Marie Maillard, orpheline encore mineure, dont l'éducation avait dû être fort négligée, puisqu'elle déclare « ne savoir écrire ne signer, » mais qui apportait une dot évaluée à onze mille cinq cents livres, somme qui de nos jours représenterait environ cinquante-sept mille cinq cents francs[2]. Hubert Guilminault, oncle et curateur de la future était commis au greffe de la chambre des Comptes ; ses autres parents appartenaient au commerce, et l'un d'eux exerçait aussi la profession de tapissier, mais parmi les témoins et amis de Marie Maillard figurent Charles Bourlon, évêque de Césarée, coadjuteur et depuis évêque de Soissons, et plusieurs conseillers du Roi remplissant des fonctions élevées à la chambre des Comptes, au Parlement, au grand Conseil, au Châtelet, etc.

Un an avant ce mariage, Catherine Poquelin, baptisée le 15 mars 1634, fille de Jean Poquelin « et de défunte Catherine Fleurette, jadis sa femme, de laquelle défunte elle est fille unique et seule héritière, » après être entrée comme novice au couvent des religieuses de la Visitation Sainte-Marie de Montargis, avait pris le voile dans ce monastère en

---

1. Document n° XXVII.
2. *Lettres, Instructions et Mémoires de Colbert*, publiés par M. Pierre Clément. 1861, in-8, tome I, page CLIV.

apportant comme dot la même somme de cinq mille livres attribuée à tous les enfants de Jean Poquelin. Déjà en 1634, une cousine de Marie Cressé, Agnès Asselin, s'était retirée au monastère des Bénédictines de Montargis, « voulant prendre l'habit en ladite religion[1]. » Les registres des Visitandines et des Bénédictines de Montargis ne se trouvent ni au greffe du Tribunal civil de cette ville, ni aux archives de la préfecture du Loiret à Orléans ; peut-être ces registres auraient-ils donné les dates de mort de la sœur utérine et de la petite cousine de Molière ; peut-être auraient-ils indiqué si ces couvents avaient pour habitude d'envoyer des sœurs quêteuses jusqu'à Paris[2]. Ces questions se présentent à l'esprit lorsqu'on se reporte aux derniers moments de Molière racontés par Grimarest d'après le témoignage de Baron : « Il resta, dit-il, assisté de deux sœurs religieuses, de celles qui viennent ordinairement à Paris, quêter pendant le carême et auxquelles il donnoit l'hospitalité. Elles lui donnèrent à ce dernier moment de sa vie tout le secours édifiant que l'on pouvoit attendre de leur charité, et il leur fit paroître tous les sentiments d'un bon chrétien, et toute la résignation qu'il devoit à la volonté du Seigneur. Enfin il rendit l'esprit entre les bras de ces deux bonnes sœurs ; le sang qui sortoit par sa bouche en abondance l'étouffa[3]. » Cette circonstance est confirmée dans la requête adressée par la veuve de Molière à l'archevêque de Paris[4]. Il ne serait donc pas impossible que

1. Document n° XXVI et note du même document.
2. M. Maupré, archiviste du département du Loiret, a bien voulu me répondre à ce sujet que les documents provenant du couvent de la Visitation de Montargis, conservés aux Archives d'Orléans, ne sont que des titres de rente ou de propriétés foncières. La seule supposition permise par ces papiers est que les dames de la Visitation, ayant, vers 1660, étendu à grands frais la clôture de leur monastère de Montargis tandis qu'elles fondaient un couvent à Melun, elles purent sortir alors pour réclamer les secours de la charité. Les actes de professions, vêtures et sépultures conservés au greffe du Tribunal civil de Montargis ne sont pas antérieurs à 1737. Il n'y a plus de couvents à Montargis et le bâtiment des filles de la Visitation est occupé aujourd'hui par la sous-préfecture.
3. *La vie de M. de Molière*, 1705, in-12, page 291.
4. *Histoire de Molière*, par M. Taschereau, 3e édit., page 260.

Molière eût été assisté à ses derniers moments par une religieuse de sa famille ou par des dames quêteuses appartenant à l'un des couvents de Montargis où s'étaient retirées ses parentes. On s'expliquerait ainsi l'hospitalité donnée par un comédien à des religieuses de province, et le silence gardé sur le nom de ces religieuses et sur celui de leur couvent, lors des difficultés élevées par le clergé à propos de l'enterrement de Molière.

IV

(1658-1672)

Retour de la troupe de Molière à Paris. — Molière acquitte sa dette envers Jeanne Levé. — Mort du comédien Joseph Béjard et de Jean Poquelin le jeune; Molière reprend le titre de tapissier valet de chambre du Roi. — Mariage de Molière avec Armande Béjard. — Animosité des comédiens de l'hôtel de Bourgogne contre Molière; ils le calomnient et lui enlèvent Brécourt. — Engagements de comédiens de campagne. — Mariage de Geneviève Béjard avec Léonard de Loménie; Mignard, ami des Béjard. — Mort de Madeleine Poquelin. — Désintéressement de Molière vis-à-vis de son père; il lui abandonne sa part de la succession de Marie Cressé et se sert de l'entremise de Rohault pour aider Jean Poquelin à reconstruire la maison des piliers des halles. — Mort de Jean Poquelin le père; contestations entre ses héritiers; caractère du père de Molière. — Prêt fait par Molière à Lulli. — Mort de Marie Hervé, veuve Béjard. — Maladie et mort de Madeleine Béjard; ses fondations pieuses; son amitié pour sa sœur Armande; fortune de Madeleine Béjard; ses relations avec MM. de Modène et de l'Hermite. — Second mariage de Geneviève Béjard avec Jean-Baptiste Aubry.

Après une absence de douze ou treize ans, interrompue peut-être par une courte apparition en 1651, la troupe de Molière qui avait en chemin perdu son titre d'Illustre Théâtre et renouvelé son personnel, était à la fin de 1658 sur le point de rentrer définitivement à Paris. A son premier protecteur Gaston, duc d'Orléans, avait succédé Armand de Bourbon, prince de Conti, qui avait appelé les comédiens dirigés par son ancien condisciple du collége de Clermont à venir donner des représentations à Pézenas et à Béziers, pendant la tenue des états de Languedoc en 1655 et 1656. Cette troupe ne devait pas tarder à trouver pour la protéger un troisième prince du sang, et allait bientôt s'appeler « troupe de Monsieur, frère unique du Roi. »

Au commencement de septembre 1658 la Cour était à Fontainebleau et y prenait, suivant l'usage, les divertissements de la chasse, des collations, des concerts et de la comédie française. Les temps de la Fronde étaient passés ; la Reine mère, Anne d'Autriche, le jeune roi et son frère Philippe de France, alors duc d'Anjou, recevaient à la fois dans la royale résidence Mlle de Montpensier, son père Gaston, le prince de Conti et le cardinal Mazarin[1]. Quelques mois avant, Molière était venu s'établir à Rouen avec sa troupe afin, disent ses premiers biographes, « de profiter du crédit que son mérite lui avoit acquis auprès de plusieurs personnes de considération, qui s'intéressant à sa gloire, lui avoient promis de l'introduire à la Cour.... Après quelques voyages qu'il fit à Paris secrètement, il eut l'avantage de faire agréer ses services et ceux de ses camarades à Monsieur, frère unique du Roi, qui, lui ayant accordé sa protection et le titre de sa troupe, le présenta en cette qualité au Roi et à la Reine mère[2]. » Cette présentation eut peut-être lieu à Fontainebleau pendant que Gaston et le prince de Conti s'y trouvaient réunis ; quoi qu'il en soit, les camarades de Molière « qu'il avoit laissés à Rouen, en partirent aussitôt, et le 24 octobre 1658, cette troupe commença de paroître devant Leurs Majestés et toute la Cour, sur un théâtre que le Roi avoit fait dresser dans la salle des gardes du vieux Louvre[3]. »

A la suite de ce début, le Roi avait accordé à la troupe de Molière, « pour y représenter la comédie alternativement avec les comédiens italiens, » la salle du Petit-Bourbon. L'hôtel appelé *le Petit-Bourbon* se trouvait entre Saint-Germain l'Auxerrois et le vieux Louvre ; Molière est logé non loin de là, sur le quai de l'École, « en la maison de l'image Saint-Germain, » lorsqu'il s'acquitte enfin de la dette contractée en 1645 envers Jeanne Levé[4]. Dans la quittance du

1. *Gazette* de 1658, pages 868, 891 et 892.
2. Préface de l'édition de 1682.
3. Cette salle est désignée aujourd'hui sous le nom de *Salle des Caryatides*. (*Description des Musées de sculpture antique et moderne du Louvre*, par le conte de Clarac ; 1847, in-12, 1re partie, page 192.
4. Documents n°s XVII, XXVIII et XLV, cote treize.

13 mai 1659, Molière prend le titre de « comédien de la troupe de Monsieur, frère unique du Roi, et ci-devant valet de chambre du Roi; » l'obligation de 1645 lui donnait ce dernier titre qui depuis avait passé à son frère. Joseph Béjard, l'aîné des comédiens de cette famille, demeurait aussi sur le quai de l'École lors de sa mort, arrivée dans le même mois de mai 1659[1]. L'année suivante, Molière put reprendre son titre de tapissier valet de chambre du Roi, qui devenait précieux pour lui, en le rapprochant de la personne de Louis XIV; Jean Poquelin le jeune, mourut le 6 avril 1660 à l'âge de trente-cinq ans[2].

Le contrat de mariage de Molière avec Armande Béjard précède d'un mois l'acte inscrit sur les registres de l'église Saint-Germain l'Auxerrois à la date du lundi 20 février 1662 et publié par Beffara[3]. L'hôtel du Petit-Bourbon ayant été démoli pour faire place à la colonnade de Claude Perrault et la troupe de Monsieur occupant alors la salle de spectacle construite au Palais-Royal sous le cardinal de Richelieu, Molière était venu loger rue Saint-Thomas du Louvre. Marie Hervé, mère d'Armande Béjard, demeurait sur la place du Palais-Royal. La future, « âgée de vingt ans ou environ, » étant encore mineure, c'est Marie Hervé, « veuve de feu Joseph Béjard, vivant écuyer, sieur de Belleville, » qui stipule pour « Armande-Grésinde-Claire-Élisabeth Béjard, sa fille, et dudit défunt sieur de Belleville. » C'est la première et la seule fois qu'on donne à Béjard père ce titre de sieur de Belleville qui rappelle le nom de théâtre d'un des anciens acteurs de l'hôtel de Bourgogne, Henri le Grand. Les témoins sont les mêmes que dans l'acte religieux; du côté de Molière, son

---

1. M. A. Jal a bien voulu me communiquer un extrait de l'acte d'inhumation de Joseph Béjard; il porte que le lundi 26 mai 1659 fut fait le convoi de « Joseph Beygar, comédien, pris sur le quay de l'Escholle et porté en carrosse à Saint-Paul. »

2. *Généalogie de Molière*, par Beffara, dans l'édition de M. Auger.

3. Documents n°s XXX et XLV, cote une, et page 7 de la *Dissertation* de Beffara.

père Jean Poquelin, tapissier et valet de chambre du Roi, et son beau-frère André Boudet, marchand, bourgeois de Paris ; du côté d'Armande Béjard, sa sœur Madeleine « fille usante et jouissante de ses biens et droits, » et son frère Louis Béjard, qui n'est point nommé dans le contrat, mais qui le signe. La dot apportée par la future est de dix mille livres et son douaire est fixé à quatre mille ; le survivant des deux époux doit prendre, « par préciput, des biens de leur communauté, tels qu'il voudra choisir réciproquement jusques à la somme de mille livres, suivant la prisée de l'inventaire et sans crûe, ou ladite somme en deniers, à son choix. » A la suite du contrat est mentionnée la quittance de la dot remise le 24 juin suivant à Molière par Marie Hervé. Il est à remarquer que Geneviève Béjard ne figure ni dans ce contrat de mariage, ni dans la cérémonie religieuse célébrée un mois après à Saint-Germain l'Auxerrois, et que, restée fille jusqu'à l'âge de quarante ans, elle ne se maria que deux ans après sa sœur cadette. Bien qu'on n'ait jamais parlé de relations entre Molière et la seconde fille de Marie Hervé, ces circonstances donneraient lieu de penser que l'opposition faite, suivant Grimarest, au mariage de Molière, pût venir de Geneviève et non de Madeleine. Peut-être même la liaison de Molière avec Geneviève remontait-elle jusqu'à son parti pris de se faire comédien, et ne fut-il jamais l'amant de Madeleine ? Geneviève Béjard, désignée au théâtre sous le nom de Mlle Hervé, était à peine connue avant les découvertes de Beffara, et les biographes de Molière ont pu la confondre avec sa sœur aînée ; mais c'est là une hypothèse dont il serait bien difficile de trouver des preuves.

Les comédiens de l'hôtel de Bourgogne voyaient avec envie les succès de la troupe de Molière et les faveurs dont elle était l'objet ; leur haine ne tarda pas à éclater. Boursault avait commencé l'attaque par le *Portrait du Peintre ou la Contre-critique de l'École des femmes*, « comédie représentée sur le théâtre royal de l'hôtel de Bourgogne » et dédiée au duc d'Enghien. Molière répliqua vertement par *l'Impromptu de Versailles;* de Villiers et Montfleury fils répondirent par *la Vengeance des Marquis* et *l'Impromptu de l'hôtel de Condé.* Avant la représentation de cette dernière comédie, Montfleury père ne craignit pas d'adresser au Roi une requête, dans laquelle, écrit Racine en novembre 1663, « il accuse Molière d'avoir épousé sa propre fille; mais, ajoute Racine, Montfleury n'est point écouté à la Cour. » En effet, Montfleury ne fut point écouté à la Cour, puisque Louis XIV et Madame, duchesse d'Orléans, firent tenir sur les fonts de baptême le premier enfant de Molière et d'Armande Béjard[1], mais il fut écouté par les ennemis de Molière et de sa femme, et cette calomnie, perpétuée jusqu'à nos jours, ne devait tomber que devant les preuves les plus convaincantes.

A la même époque, l'hôtel de Bourgogne enlevait à Molière le comédien Brécourt, marié à Étiennette des Urlis, sœur de cette Catherine des Urlis qu'on a vue figurer au début de l'Illustre Théâtre. On retrouve dans le contrat de société signé par Brécourt[2] Josias de Soulas, dit Floridor, le compère de Gédéon Tallemant, frère de Tallemant des Réaux[3], et que Molière avait épargné dans *l'Impromptu de Versailles;* puis ceux dont il avait ridiculisé le jeu, Montfleury, Beauchâteau et sa femme, Hauteroche, de Villiers, puis tous ceux dont

---

1. Le fils aîné de Molière, né le 19 janvier 1664, fut baptisé à Saint-Germain l'Auxerrois le 28 février suivant, tenu par Charles, duc de Créquy, premier gentilhomme de la chambre du Roi, « tenant pour Louis quator-« zième, roi de France et de Navarre », et par Colombe le Charron, maréchale du Plessis-Praslin, dame d'honneur de Madame, « tenante pour Madame Henriette d'Angleterre, duchesse d'Orléans. » (*Dissertation sur Molière,* par Beffara, page 14.)

Le 11 novembre suivant, fut fait à Saint-Germain l'Auxerrois, le convoi de « Louys, fils de Jean-Baptiste Molière, comédien de S. A. R., pris rue Saint-« Honoré. » Je dois à l'obligeance de M. Parent de Rosan, la communication de ce dernier acte, qui avait échappé aux recherches de Beffara. Ardent et érudit investigateur des Archives de Paris et du département de Seine-et-Oise, M. Parent de Rosan, comme M. A. Jal, a bien voulu se dessaisir en ma faveur de quelques-unes de ses découvertes.

2. Document n° XXXI.

3. Tome VI, page 250 de l'édition donnée par M. Paulin Paris.

Mlle de Brie dit à Molière : « Il y en a quelques-uns d'entre eux, je crois, que vous auriez peine à contrefaire. » L'engagement de Brécourt commence au lundi de Pâques prochain venant (14 avril 1664) et doit subsister tant qu'il restera dans la troupe ; aucuns gages ne sont stipulés, le nouvel associé aura une part égale aux autres « dans tous les émoluments qui proviendront de leurs représentations. » Si une des actrices vient à se retirer ou à mourir, elle sera remplacée par la femme de Brécourt, aussi à part égale, mais à condition, en cas de retraite, de faire une pension de mille livres à celle qui se sera retirée, et, en cas de décès, de servir la même pension à la femme du comédien de Villiers, qui a déjà pris sa retraite. Les associés conviennent encore que si l'un d'eux vient à cesser de jouer « par le défaut de l'âge, ou par quelque longue maladie, ou par l'impuissance de représenter la comédie, » tous ceux qui resteront lui serviront une pension viagère de mille livres, excepté le cas où ils seraient obligés d'interrompre leurs représentations « par quelque accident extraordinaire, comme guerre, peste ou famine. » Mais le payement de cette pension doit recommencer à partir du jour de la réouverture de leur théâtre. S'il entre de nouveaux associés, ils seront tenus « de ratifier les présentes; » si quelqu'un d'eux se retire, il ne pourra disposer de sa place au profit d'aucun autre, et nul ne pourra se retirer de sa propre volonté s'il est encore jugé utile et nécessaire. Enfin si, par ordre du Roi, l'un des associés est remplacé et forcé de quitter la troupe, celui qui entrera sera tenu de payer mille livres de pension au comédien sortant, à moins que ce dernier ne s'engage « dans une autre troupe, soit à Paris, soit à la campagne. »

Deux contrats passés à la même époque entre des comédiens de campagne [1] montrent comment se recrutaient les troupes qui parcouraient la province. Dans le premier contrat le di-

---

1. Document n° XXXII.

recteur d'une troupe séjournant à Arras, Nicolas Ozou, sieur de la Plesse, envoie sa femme et son fils à Paris pour « s'accorder avec autres comédiens pour faire comédies avec ledit sieur de la Plesse en telles villes qu'il sera trouvé convenir. » Les acteurs et actrices engagés promettent de se rendre « dans la ville d'Abbeville en Picardie avec leurs hardes, bagages et paquets pour commencer la représentation des pièces qui seront convenues entre eux du jour des fêtes de Pâques prochain jusqu'au mercredi des Cendres aussi prochain, » c'est-à-dire pendant près d'un an. Le théâtre et les décorations appartiennent au directeur la Plesse et doivent être fournis par lui. Parmi les signataires de cet acte se trouve une parente de Brécourt, Marie Marcoureau, fille de Pierre Marcoureau, sieur de Beaulieu, et de Marie Boullanger[1]. Par le second contrat passé le même jour et chez le même notaire, un autre directeur de troupe de province, Nicolas le Roy, dit la Marre, s'associe avec des comédiens et des comédiennes du Roi pour jouer à la campagne « et partout ailleurs où ils se trouveront, pendant une année qui finira au jour des Cendres 1665. » L'un des acteurs promet de jouer les rôles comiques et de « travailler aux décorations desdites pièces pour les peintures qu'il y conviendra faire. » Ce peintre-comédien adopte le même nom de théâtre qu'un des acteurs de l'hôtel de Bourgogne et se fait appeler Belleroche.

Si Molière ne trouva pas dans ses anciens souvenirs de province le type de *M. de Pourceaugnac*, ce fut peut-être le mari de Geneviève Béjard qui lui suggéra l'idée de mettre sur la scène un gentillâtre limousin. Léonard de Loménie, premier mari de Geneviève, était fils d'un bourgeois de Limoges et portait le même nom qu'une famille célèbre de secrétaires d'État, également originaire de la ville de Limoges. Le 22 novembre 1664[2]

---

1. Document n° XXXI, note 2.
2. Le *British Museum* possède un document notarié, daté du 25 janvier 1664, et que je n'ai pu rattacher à aucune des pièces correspondant à cette année. C'est un certificat par lequel J. B. Molière et Jacques Martin, bourgeois de Paris, affirment que défunte Françoise Rousseau, fille majeure

Geneviève Béjard fait à son futur époux une donation de tous ses biens, en considération de « la bonne amitié qu'elle a toujours porté et porte encore à présent à M. Léonard de Loménie », dit l'acte notarié ; mais c'est là une formule usitée pour les donations. Dans une pièce jointe à ce contrat, Léonard de Loménie reconnaît la nullité des « causes y portées » et ajoute : « Néanmoins la vérité est que c'est en faveur du mariage proposé entre elle et moi, lequel ne s'effectuant pas, icelle donation n'aura pas lieu, et consens qu'elle demeure nulle. » Trois jours après, le contrat de mariage est signé[1], et Geneviève apporte une dot estimée à quatre mille livres, dont cinq cents en deniers comptants et le reste en habits, linge et meubles. Dans cet acte, Léonard de Loménie ne prend pas encore le titre de sieur de la Villaubrun sous lequel il figure plus tard ; Geneviève est désignée comme fille « de défunt M⁰ Joseph Béjard, vivant procureur au Châtelet de Paris, » et de Marie Hervé, sa veuve, avec laquelle elle demeure vis-à-vis la place du Palais Royal. Les témoins de Geneviève sont : Louis Béjard, son frère, « Jean-Baptiste Poquelin, sieur de Molière, bourgeois de Paris, beau-frère à cause de damoiselle Grésinde Béjard, son épouse, » Madeleine Béjard, qui signe le contrat sans y être nommée, Marguerite Batelet, peut-être femme ou belle-fille de Pierre Dubout, autrefois doyen de la confrérie de la Passion[2], et « Pierre Mignard, peintre, bourgeois de Paris. » L'auteur des peintures du Val de Grâce paraît avoir été plus lié encore avec la famille Béjard qu'avec Molière ; son nom figurera plus loin comme un des exécuteurs testamentaires de Madeleine Béjard.

On a vu le beau-frère de Molière, André Boudet, lui servir de témoin lors de son mariage ; l'année suivante Armande

---

usante et jouissante de ses biens et droits, ne laisse pour ses héritiers que Jean-François Loiseau, bourgeois de Paris, et, autres. Cet acte passé par devant Gigault et de Beauvais, est signé : J. B. P. Molière et Jacques Martin. J'en dois la communication à mon ami M. le comte Clément de Ris.

1. Document n° XXXIII. — 2. Document n° VI.

Béjard avait été marraine d'un des fils de Boudet[1] et ces deux circonstances prouvent la liaison qui existait entre Molière et sa sœur Madeleine. Il la perdit au mois de mai 1665 et il est à remarquer que les enfants de Marie Cressé avaient tous hérité de la faible constitution de leur mère, morte à trente et un ans : trois de ses enfants étaient décédés en bas âge ; Jean Poquelin, frère cadet de Molière n'avait pas atteint sa trente-sixième année ; Madeleine, femme de Boudet, s'éteignait dans sa trente-septième, et Molière l'aîné de tous, souvent malade, devait être enlevé à l'âge de cinquante et un ans. Après la mort de sa femme, André Boudet s'absente pendant deux ans et charge son beau-père de gérer son fonds de marchand tapissier. Le compte arrêté entre eux à son retour[2] constate qu'à cette époque Jean Poquelin n'avait pas encore achevé de payer la dot de sa fille, qu'après la mort de son second fils, il avait loué à Boudet la maison des piliers des halles et qu'il était venu demeurer rue Comtesse d'Artois. Il semble qu'en rendant ses comptes à son gendre, Jean Poquelin aurait dû avoir à lui remettre l'argent des bénéfices faits pendant son absence, mais c'est le contraire ; les dépenses avaient de beaucoup surpassé les recettes, puisque c'est Boudet qui redoit treize cent cinquante neuf livres à Jean Poquelin, tout en se trouvant payé des trois mille deux cents livres qui lui restaient à toucher sur la dot de sa femme. Les marchandises achetées par Jean Poquelin compensaient peut-être cette différence considérable, cependant cet arrêté de compte semble plutôt indiquer une situation commerciale très-embarrassée.

Les relations d'affaires et d'intérêts entre Molière et son père se déduisent clairement par un examen minutieux des documents qui les constatent ; pour les faire bien comprendre, il est nécessaire de recourir aux formes de la comptabilité, mais si ces chiffres sont absolument indispensables, ils trou-

---

[1]. Beffara, *Dissertation sur Molière*, page 12.
[2]. Document n° XXXIV.

veront leur excuse dans la conclusion, qui est toute à la louange de Molière :

Le 6 janvier 1643 Molière avait touché sur la succession de sa mère	630ᵗᵇ
De 1646 à 1649, Jean Poquelin avait payé à Léonard Aubry	320ᵗᵇ
et à la femme de Pommier.	125ᵗᵇ
En 1651, Molière avait reçu de son père. .	890ᵗᵇ
et donné pour ces quatre sommes réunies une reconnaissance générale de[1]	1965ᵗᵇ
En 1660 et 1664, Jean Poquelin avait fait pour son fils divers payements et fournitures, montant ensemble à [2]	1512ᵗᵇ 7ˢ
Total.	3477ᵗᵇ 7

Molière avait donc reçu en tout de son père près de trois mille cinq cents livres; et, pour être traité comme les autres enfants de Jean Poquelin, il lui restait à toucher quinze cents livres comme complément des cinq mille qui lui revenaient de la succession de Marie Cressé, sa mère. Non-seulement Molière ne réclame pas ces quinze cents livres, mais encore, aussitôt que sa position s'améliore, il rembourse à son père tout ce qu'il lui avait avancé depuis l'âge de vingt-et un ans, et ne lui demande ni reçu ni quittance. Aussi, lorsqu'après la mort de son père, il se trouve en discussion avec les autres héritiers de Jean Poquelin, ceux-ci ont peine à admettre, en ce qui concerne la quittance de 1651, « qu'une somme baillée par un père à son fils pour les mêmes causes énoncées par ladite quittance, se rende et rapporte par ledit fils à sondit père [1], » mais ils ne font pas les mêmes difficultés pour reconnaître le remboursement fait

---

1. Document n° XXXVII, cote quatre. — 2. Idem, cote quarante-quatre.
3. Idem, suite de la cote quatre.

par Molière des sommes payées en 1660 et 1664 par Jean
Poquelin, et les pièces non acquittées sont « au même instant, du mutuel consentement des parties, lacérées comme nulles[1]. »

Molière ne se contenta pas d'abandonner peu à peu à son père ses droits sur la succession de Marie Cressé, il vint encore à son secours dans une circonstance difficile et le fit avec une délicatesse admirable. La maison des piliers des halles, acquise depuis plus de trente-cinq ans, menaçait ruine et l'argent manquait à Jean Poquelin pour la rééditier. Molière connaissant l'embarras de son père, et voulant ménager sa susceptibilité, lui procure la somme nécessaire, mais en employant l'intermédiaire du célèbre physicien Jacques Rohault. Les contrats[2] par lesquels Rohault remet en deux fois à Jean Poquelin la somme de dix mille livres dont les intérêts doivent produire une rente de cinq cents livres par an, et ceux constatant que Rohault n'a fait, en cette occasion, que prêter son nom à Molière, ne figurent pas dans l'inventaire de Jean Poquelin, bien qu'il y soit fait mention[3] des quittances d'ouvriers qui ont travaillé à la reconstruction de la maison des piliers des halles, quittances qui, aux termes des contrats passés avec Rohault, auraient dû être remises au prêteur comme garantie. Molière garde à ce sujet le plus profond silence lors des discussions qui s'élèvent entre lui et les autres héritiers de Jean Poquelin; il conserve ces pièces chez lui[4], ne réclame rien des intérêts stipulés, ne fait valoir aucun droit hypothécaire sur la maison paternelle ; et ce n'est qu'après la mort de Molière que sa veuve, trouvant ces contrats parmi les papiers de son mari, les rapporte, le 18 mars 1673, au notaire qui les a rédigés, afin d'exercer son recours contre les héritiers Poquelin. Il est donc bien évident que Molière voulut, sans se faire con-

1. Document n° XXXVII; suite de la cote quarante-quatre.
2. Documents n°s XXXV et XXXVI.
3. Document n° XXXVII, cotes quarante-huit et quarante-neuf.
4. Document n° XLV, cote quatre.

naître, rendre à son père un service entièrement désintéressé et que cette action serait restée ignorée, sans la fin prématurée de l'homme de génie, qui était aussi un homme simple et bon.

Voltaire, dans sa notice sur Molière, dit que Jean Poquelin était marchand fripier ; cette assertion est presque justifiée, au moins pour les derniers temps, par l'inventaire fait après le décès du père de Molière[1]. Jean Poquelin était revenu mourir, le 25 février 1669, dans cette maison des piliers des halles, reconstruite sans qu'il s'en doutât des deniers de son fils le comédien, que dans ses derniers comptes il appelle amèrement : *Monsieur Molière*[2]. Les divers objets et les papiers trouvés chez Jean Poquelin avaient été transportés au domicile de sa belle-fille, Marie Maillard, et ne furent inventoriés qu'au mois d'avril 1670, en présence de Molière, héritier pour un tiers, d'André Boudet, tuteur de ses deux fils André et Jean, héritiers pour un autre tiers, et de Marie Maillard, tutrice de son fils Jean-Baptiste Poquelin, héritier du dernier tiers. Dès le commencement de l'inventaire, Boudet et la veuve Poquelin protestent contre la qualité de tapissier et valet de chambre du Roi reprise par Molière après la mort de son frère. Jean Poquelin laissait cette charge vacante et les tuteurs de ses petits-fils, s'appuyant sans doute sur la démission donnée par Molière en 1643, voulaient évidemment la réserver pour l'un d'eux. La prisée de tous les objets, en y comprenant les meubles, les habits, le linge, les tableaux, l'argenterie estimée soixante-sept livres, et l'argent comptant montant à huit cent soixante-dix livres, est loin d'atteindre, même en faisant la part de la dépréciation, la somme de deux mille deux cents livres que Jean Poquelin avait apportée en 1631, lors de son premier mariage[3]. Les pièces et les morceaux de tapisserie et de velours, les « méchants » siéges et matelas,

---

1. Document n° XXXVII. — 2. Idem, cote quarante-quatre.
3. Document n° I.

les meubles, les habits, le linge « tels quels », les vingt-cinq tableaux qui paraissent avoir quelque valeur, mais dont l'un est cassé, et qui sont presque tous sans bordure, semblent en effet, sortir de la boutique d'un fripier. Les nombreux « titres et papiers » dont la quantité finit par lasser la patience des héritiers et des notaires[1], remontent jusqu'en 1632, date de la mort de Marie Cressé, et permettent de suivre Jean Poquelin, pour ainsi dire année par année, d'abord comme marchand tapissier avec sa clientelle de la Cour, de la ville et des environs de Paris ; puis, après la cession de son fonds de commerce, comme associé avec les trois autres tapissiers de la maison du Roi ; et enfin dans ses affaires très-ardues avec ses frères, ses sœurs et ses enfants ; cependant les pièces relatives à son second mariage avec Catherine Fleurette n'y sont pas mentionnées. L'analyse de ces actes nous a révélé bien des faits précieux pour les commencements de la vie de Molière, et s'il était possible de retrouver tous les papiers, même insignifiants en apparence, énoncés dans cet inventaire, ils fourniraient encore beaucoup d'éclaircissements sur le même sujet. Jean Poquelin avait déposé chez son notaire d'autres actes dont Molière ne put se procurer que l'inventaire ; c'est aussi Molière qui se chargea de tous ces documents en s'engageant à les représenter, s'il en était besoin. Mais il ne conserva que ceux relatifs à la charge de tapissier valet de chambre du Roi[2], qui avaient d'abord été remis au frère de Marie Maillard, rendit en 1670 à Boudet les papiers qui concernaient la succession de Marie Cressé[3], et déposa sans doute tout le reste chez un notaire ou chez un procureur. L'inventaire de Jean Poquelin terminé, les héritiers se partagèrent entre eux, et emportèrent chacun la « tierce portion » de cette succession qui ne devait pas beaucoup les enrichir.

Il ne faudrait cependant pas se figurer que le père de Mo-

---

1. Documents n° XXXVII, cotes cinquante-deux et cinquante-trois.
2. Document XLV, cote dix. — 3. Idem, cote huit.

lière mourut pauvre ; il suffit, pour bien juger sa position, de comparer avec M. Pierre Clément[1] la différence de la valeur de l'argent dans la seconde moitié du dix-septième siècle et au moment présent ; cette valeur a quintuplé. Ainsi les huit cent soixante-dix livres trouvées chez Jean Poquelin après son décès, représenteraient de nos jours quatre mille trois cent cinquante francs ; la maison qu'il possédait, et pour la reconstruction de laquelle Molière lui avait fourni une somme équivalant à cinquante mille francs, était louée en 1654 six cents livres, c'est-à-dire trois mille francs. On doit donc plutôt se représenter le père de Molière, dans les dernières années de son existence, comme un vieillard morose, un peu avare, n'ayant pas réussi dans ses affaires, ne pouvant pardonner à son fils aîné d'avoir quitté son nom et sa profession pour devenir comédien, rejetant les offres que dut lui faire ce fils à plusieurs reprises et enfin le réduisant à se cacher pour lui venir en aide.

Si la noble conduite de Molière envers son père n'était pas suffisamment constatée par les documents qui précèdent, on en trouverait une nouvelle preuve dans la différence qui existe entre le prêt de dix mille livres fait par Molière à son père sous le nom de Rohault et celui de onze mille qu'il fait directement à Lulli[2]. Molière avait gardé chez lui, contre toutes les habitudes reçues, les minutes des contrats passés entre lui, Rohault et Jean Poquelin, tandis que la minute de l'acte passé avec Lulli reste déposée, suivant l'usage, chez le notaire qui l'a dressé. Lulli avait acquis, les 28 mai et 13 juin 1670, un terrain « faisant l'une des encoignures des rues des Petits-Champs et de Sainte-Anne » et, le 25 juillet suivant, avait passé avec Jean-Baptiste Predo, « architecte et maître maçon à Paris », un devis et marché pour la construction d'une maison sur ce terrain, moyennant quarante-cinq mille livres[3]. Le « surintendant et compositeur de la musique de

---

1. *Lettres, Instructions et Mémoires de Colbert*, pages CLI-CLIV.
2. Documents n°ˢ XXXVIII et XLV, cote deux.
3. Cette maison qui existe encore porte le n° 45 du côté de la rue Neuve-

la chambre du Roi » redevait onze cent cinquante livres sur l'acquisition du terrain et vingt-trois mille sur les bâtiments commencés ; il venait de composer la musique du *Bourgeois gentilhomme*, lorsqu'il demanda à Molière une partie de la somme qui lui était nécessaire. Ce prêt de onze mille livres constituait, au profit de Molière, une rente de cinq cent cinquante livres affectée sur la maison en construction et sur « les autres biens meubles et immeubles présents et à venir » de Lulli et de Madeleine Lambert, sa femme ; néanmoins la rente demeurait rachetable, et elle fut en effet rachetée par Lulli à la veuve de Molière le 22 mai 1673[1].

Dans le courant de l'année 1670, Louis Béjard s'était retiré de la troupe de Molière[2] qui s'appelait alors « troupe des comédiens du Roi » ; Marie Hervé, veuve depuis environ vingt-sept ans de l'huissier Joseph Béjard, dut mourir vers la fin de la même année, car, le 14 février 1671, Molière et sa femme, Louis et Geneviève Béjard s'accordent entre eux pour autoriser Madeleine Béjard à poursuivre une instance intentée au Châtelet et au parlement de Paris par feue Marie Hervé, leur mère[3]. Madeleine joignait en effet, à sa qualité d'excellente comédienne, une grande aptitude aux affaires et c'est sur elle que reposaient depuis longtemps les intérêts pécuniaires de la troupe dont Molière était le chef, lorsqu'elle fut atteinte, à l'âge de cinquante quatre ans, d'une maladie mortelle.

Près de six semaines avant de succomber, Madeleine Béjard, « gisante au lit, malade de corps » mais saine « d'esprit, mémoire et jugement », dicte aux notaires qu'elle avait fait appeler ses dernières volontés[4]. En présence de la mort Madeleine rachète ses fautes passées par des fondations pieu-

---

des-Petits-Champs, et le n° 47 du côté de la rue Sainte-Anne ; elle est décorée de pilastres d'ordre composite, de masques comiques et d'un bas-relief représentant des instruments de musique. M. Édouard Fournier donne quelques détails sur cette maison dans *Paris démoli*, page 191, et *Corneille à la butte Saint-Roch*, page cliij.

1. Document n° LVIII.
2. *Histoire de Molière*, par M. Taschereau, 3ᵉ édit., page III.
3. Document n° XXXIX. — 4. Document n° XL.

ses et par d'abondantes aumônes. Après avoir recommandé son âme à Dieu et demandé que son corps privé de vie soit inhumé « en l'église Saint-Paul, dans l'endroit où sa famille a droit de sépulture », la testatrice fonde à perpétuité dans la même église ou dans le monastère que choisiront son frère et ses sœurs, deux messes basses de *Requiem* par semaine, et stipule en outre le prélèvement sur ses biens d'un revenu en rentes ou en terres, pour être payé chaque jour, à perpétuité, à cinq pauvres « cinq sols en l'honneur des cinq plaies de Notre-Seigneur, qui sera un sol à chacun desdits pauvres, auxquels la distribution de cette aumône sera faite de semaine en semaine » par le curé de la paroisse de Saint-Paul et par ses successeurs. S'il restait quelque doute sur le degré de parenté de Madeleine avec la femme de Molière, et sur l'amitié qu'elle portait à sa plus jeune sœur, amitié que la tradition a transformée en jalousie furieuse, les dispositions qui suivent ces œuvres pies achèveraient de convaincre les plus incrédules. Madeleine ne lègue particulièrement à Louis Béjard que la moitié d'un terrain situé dans le faubourg Saint-Antoine ; elle lui laisse ensuite ainsi qu'aux « damoiselles de la Villaubrun et de Molière, ses sœurs » quatre cents livres de rente viagère à chacun ; mais c'est la femme de Molière et après elle « Madeleine-Esprit Poquelin, sa nièce » que la testatrice nomme ses légataires universels. Dans le cas où la fille de Molière décéderait sans enfants, Madeleine lègue sa fortune « à l'aîné des autres enfants dudit sieur de Molière et de ladite damoiselle Grésinde Béjard, » à la charge « qu'en chacune famille depuis ladite Madeleine-Esprit Poquelin, décédée, les aînés mâles seront toujours préférés aux femelles ; et en cas que lesdits sieur et damoiselle de Molière décédassent sans enfants nés d'eux, lesdits héritages retourneront aux enfants du sieur Louis Béjard et de ladite damoiselle de la Villaubrun, chacun par moitié ; voulant et entendant ladite damoiselle testatrice qu'à chacun changement d'héritier ou légataire, suivant ce qui a été sus expliqué, il soit pris une année du revenu pour être employée en fonds et les revenus dudit fonds distribués aux pauvres par ledit héritier. » Pierre Mignard, dit *le Romain*, peintre ordinaire du Roi, est chargé de recueillir les deniers comptants qui se trouveront appartenir à Madeleine, lors de son décès, et d'en surveiller le placement en rentes ou en terres; M. de Châteaufort, « conseiller du Roi, auditeur en sa chambre des Comptes » est nommé exécuteur testamentaire. Par un codicille ajouté trois jours avant sa mort, Madeleine remplace comme exécuteur testamentaire M. de Châteaufort par Charles Cardé, trésorier de la chancellerie de Paris, et laisse à la libre disposition de sa sœur Grésinde l'usufruit de son héritage qu'elle avait d'abord grevé de quelques autres œuvres pies. Bien qu'elle puisse à peine signer ce codicille, Madeleine Béjard se fait relire encore une fois son testament et conserve assez de présence d'esprit pour indiquer quelques corrections de noms propres; mais après cette lecture, elle déclare « ne pouvoir plus écrire ne signer, sa foiblesse et son mal augmentant toujours, qui l'en empêchent entièrement. » Conformément à ses dernières dispositions, le corps de Madeleine Béjard, après avoir été présenté à l'église de Saint-Germain l'Auxerrois, sa paroisse, « par permission de monseigneur l'archevêque » fut « porté en carrosse en l'église de Saint-Paul » et inhumé le 19 février 1672 « sous les charniers de ladite église[1]. »

Le 12 mars 1672, Molière donne une procuration à sa femme[2] pour assister en son nom à l'inventaire de Madeleine Béjard, commencé le même jour et clos le 17 mars suivant[3]. Madeleine demeurait avec ses deux sœurs et leurs maris dans une maison de la rue Saint-Thomas-du-Louvre, où elle occupait, au quatrième étage, un petit logement composé d'une antichambre et d'une chambre à coucher; aussi les ustensiles et les meubles trouvés chez elle sont-ils peu nombreux. Les habits de théâtre, renfermés dans six coffres,

---

1. *Dissertation sur Molière*, par Beffara, page 22.
2. Document n° XLI. — 3. Document n° XLII.

se distinguent par le luxe des étoffes et des broderies, malheureusement l'inventaire ne mentionne pas les rôles auxquels servaient ces costumes. L'argenterie et les bijoux ont aussi une grande valeur, et le tout représente, en s'en tenant à la prisée, une somme d'environ trois mille livres ; mais l'article le plus considérable consiste dans les deniers comptants « en espèces de louis d'or, pistoles et pièces de quatre pistoles d'Espagne, louis blancs de trente sols, » valant dix-sept mille huit cent neuf livres, c'est-à-dire près de quatre-vingt dix mille francs de notre monnaie actuelle.

Les papiers de Madeleine Béjard sont moins nombreux qu'on ne pourrait le croire d'après sa position et son caractère ; cependant ils complètent, sur certains points, la biographie de celle qui tint une si grande place dans la vie de Molière et éclaircissent quelques faits mal appréciés jusqu'à présent, faute de documents authentiques. Les relations de Madeleine avec les familles de Modène et de l'Hermite ont donné lieu a beaucoup de fausses interprétations ; un aperçu de ces relations, commencées bien avant que Molière ne connût les Béjard, et qui se prolongèrent jusqu'à la fin de l'existence de Madeleine, ne pouvait trouver place qu'ici et va nous forcer de remonter pour un instant en arrière.

Il a déjà été question d'une fille naturelle, née en 1638 d'Esprit de Raimond, seigneur de Modène, et de Madeleine Béjard. A cette époque, M. de Modène était veuf de sa première femme, Marguerite de la Baume, dont il avait eu un fils, tenu sur les fonts de baptême par Monsieur, duc d'Orléans, et nommé, comme son parrain, Gaston-Jean-Baptiste ; M. de Modène était donc libre de contracter un second mariage et dut s'engager à épouser Madeleine. La preuve de cette résolution semble résulter de l'acte de baptême de leur fille naturelle, inscrit sur les registres de Saint-Eustache à la date du 11 juillet 1638[1]. Le parrain de cette fille, nommée Françoise, est « Jean-Baptiste de l'Hermite, écuyer, sieur de

---

1. *Dissertation sur Molière*, par Beffara, page 13.

Vauselle, la tenant lieu de messire Gaston-Jean-Baptiste de Raimond; » la marraine est « damoiselle Marie Hervé, femme de Joseph Béjard, écuyer. » M. de Modène, en faisant tenir par un ami, au nom de son fils légitime, l'enfant naturel de Madeleine, paraît bien avoir l'intention de régulariser par le mariage la position de la mère et de la fille; et Marie Hervé, en consentant à servir de marraine à cette petite-fille naturelle, devait croire à une réparation prochaine. La mort de Françoise, fille naturelle de M. de Modène et de Madeleine Béjard, contribua sans doute bientôt à la rupture de cet engagement. Après le départ de la troupe de l'Illustre Théâtre pour la province, M. de Modène quitta la France et suivit le duc de Guise dans son aventureuse expédition de Naples. Ce n'est qu'en 1658 qu'Esprit de Raimond et Madeleine Béjard purent se retrouver de nouveau à Paris, ainsi que leur ami commun Jean-Baptiste de l'Hermite, qui avait figuré vingt ans auparavant dans l'acte de baptême de leur fille. Ceux qui n'avaient pas vécu dans l'intimité de la famille Béjard confondirent alors dans un vague souvenir la fille de Madeleine Béjard avec la jeune sœur qu'elle avait élevée, son premier amant, M. de Modène, avec Molière, qui lui avait succédé, et la calomnie ne tarda pas à profiter de cette confusion de faits et de dates pour accuser Molière d'avoir épousé sa propre fille.

Le 7 juin 1661, Madeleine Béjard achetait de « Jean-Baptiste de l'Hermite, écuyer, sieur de Vauselle, chevalier de l'ordre de Saint-Michel, gentilhomme servant chez le Roi, et de damoiselle Marie Courtin de la Dehors, son épouse, » une grange appelée *la Souquette*, située dans le territoire de Saint-Pierre de Vassol (Comtat Venaissin), moyennant deux mille huit cent cinquante livres[1]. Cette vente, dont M. le marquis de Fortia n'a pu retrouver le contrat, lui a servi d'argument dans ses *Lettres sur la femme de Molière*[2] pour contester

---

1. Documents n°˚ XXIX et XLII, cote quatre.
2. *Supplément aux diverses éditions des OEuvres de Molière*, 1825, in-8.

la validité de l'acte de mariage de Molière publié par Beffara. Il serait bien long et bien inutile de reprendre ici la discussion soutenue à ce sujet par M. de Fortia contre M. Taschereau[1], qui avait judicieusement adopté, dès le principe, les découvertes de Beffara. Il suffit, pour terminer cette discussion, de donner le texte de l'acte inutilement cherché chez un notaire nommé *Le Pin* ou *Le Fouin*, et qui se trouvait chez le successeur de *Pain*.

Madeleine Béjard conservait dans ses papiers « un écrit signé Rocquemartene, daté du 7 janvier 1662, contenant le soussigné avoir reçu pour et au nom de M. de Modène, de Daniel Brillard[2], chapelier, la somme de mille livres pour employer aux affaires dudit sieur de Modène et promis ledit faire rendre par ledit sieur de Modène, ou de payer de ses propres deniers, dans le temps de deux mois prochains[3]. » Il est bien évident que c'était Madeleine qui avait rendu cette somme au créancier de M. de Modène, puisque la pièce constatant le prêt se trouve entre ses mains. Six autres pièces relatives à deux créances de M. de Modène, l'une de trois mille livres, l'autre de deux mille, sont aussi gardées par Madeleine Béjard[4]; dans un de ces actes, daté du 10 août 1671, elle est désignée comme ayant pris pour prête-nom un sieur Romain Toubel. Toutes ces affaires d'intérêt, dont il serait difficile de chercher à percer l'obscurité, servent pourtant à comprendre que « messire Esprit de Raimond, marquis de Modène, » et Madeleine Béjard aient tenu sur les fonts de baptême, le 4 août 1665, Esprit-Madeleine Poquelin, fille de Molière[5]. C'est en octobre 1666 seulement que M. de Modène contracta un second

---

[1]. *Lettre à M. le marquis de Fortia d'Urban, en réponse à ses dissertations sur Molière et sur sa femme*, 1824, in-8.

[2]. Le 29 novembre 1661, Molière tient sur les fonts de baptême une fille de Marin Prévost, bourgeois de Paris, et d'Anne Brillart; le 16 février 1664, Louis Béjard, et la femme de Molière, sont parrain et marraine de Grésinde-Louise, également fille de Marin Prévost et d'Anne Brillart. (*Beffara*, page 20.)

[3]. Document n° XLII, cote six. — [4]. Idem, cote trois.

[5]. *Dissertation sur Molière*, par Beffara, page 15.

mariage avec Madeleine de l'Hermite de Souliers, fille de son ancien ami Jean-Baptiste de l'Hermite et de Marie Courtin de la Dehors[1], à qui Madeleine Béjard avait acheté la grange de la Souquette. Esprit de Raimond ne survécut pas longtemps à son ancienne maîtresse, qui était devenue son amie et avait le soin de ses affaires embarrassées; il mourut le 1er décembre 1672.

Les autres papiers de Madeleine Béjard sont relatifs à l'obligation souscrite à son profit, en 1655, par un receveur des tailles de Montélimart[2], dont il a été parlé à l'époque du séjour de la troupe de Molière dans le midi de la France, et à des sommes prêtées par Madeleine à un avocat en parlement et à Louis Bertelin, sieur de Lisle[3]. Tous ces papiers restèrent entre les mains de la légataire; et le 19 mars 1672 l'argent trouvé chez Madeleine fut remis, suivant ses dernières volontés, à Pierre Mignard, excepté la somme de deux cents livres retenue par Molière et sa femme « pour être employée aux dépenses menues et plus pressantes, faites et à faire au sujet du décès de ladite défunte. »

La mort de Madeleine Béjard fut presque immédiatement suivie de celle de son beau-frère, Léonard de Loménie. Geneviève, bien qu'âgée de quarante-huit ans, ne tarda pas à se remarier avec Jean-Baptiste Aubry, paveur des bâtiments du Roi, qui prenait le titre de sieur des Carrières. Par son contrat de mariage[4], Geneviève apporte à la future communauté le « contenu en l'inventaire qu'elle a fait faire à sa requête après le décès dudit défunt son mari », plus le quart d'un terrain situé dans le faubourg Saint-Antoine et quatre cents livres de rente viagère qui lui avaient été léguées par sa sœur Madeleine; elle stipule en outre que « Jean-Baptiste de Loménie, fils d'elle et dudit défunt, sera nourri, instruit et en-

---

1. J'ai trouvé l'indication de leur contrat de mariage dans l'étude de M. Émile Jozon, sur le répertoire du notaire Moufle qui a rédigé le testament et dressé l'inventaire de Madeleine Béjard.
2. Document n° XLII, cote deux. — 3. Idem, cotes une et cinq.
4. Document n° XLIV.

tretenu aux dépens de ladite communauté jusques à l'âge de quinze ans, sans lui en faire payer aucune chose. » Les père et mère du futur époux « pour les services qu'il leur a rendus et leur rendra en l'exercice de paveur des bâtiments du Roi et autres ouvrages toisés, et écritures qu'il a faites et fait encore à présent » lui garantissent cinq cents livres par an, « pendant qu'il travaillera, par forme de pension, nourriture et entretenement. » Les témoins d'Aubry sont ses parents, deux officiers de la maison du duc d'Orléans et un garde de la prévôté de l'hôtel; Geneviève est assistée de son beau-frère Molière, et de son frère Louis qui, depuis sa retraite du théâtre, prenait le titre d'ingénieur du Roi. Armande Béjard ne figure pas dans ce contrat; elle aussi devait se remarier quelques années plus tard, mais cette réflexion n'est pas la seule que fait naître l'acte passé le 15 septembre 1672 chez le notaire Jean Levasseur. Son étude réunissait ce jour-là quatre personnes qui s'étaient rencontrées, vingt-neuf ans auparavant, dans des circonstances bien différentes. Le père du futur époux était ce Léonard Aubry employé, dès leurs débuts, par les associés de l'Illustre Théâtre[1], et qui ensuite s'était porté caution de Molière pour le faire sortir du grand Châtelet[2]; Molière et Geneviève, les seuls survivants de l'ancienne troupe, s'alliaient avec celui qui les avait secourus dans leur détresse, et le notaire Jean Levasseur qui, dès cette époque, avait prêté son concours lors des marchés et des emprunts faits dans les moments de crise[3], rédigeait encore le contrat de mariage de Geneviève Béjard. Le même notaire, après avoir vu les commencements du jeune Poquelin, comédien obscur, pauvre et prisonnier, allait être appelé bientôt à inventorier les biens du poëte qui depuis avait rendu immortel le nom de Molière.

---

1. Document n° IX. — 2. Documents nᵒˢ XX et XXII.
3. Documents nᵒˢ IX, X, XII, XIII, XIV, XV, XVI, XXII et XXIII.

V

(1672-1675.)

Molière va demeurer rue Richelieu; sa mort; le confesseur de Molière et de Léonard de Loménie. — Enterrement de Molière. — Tutelle de sa fille mineure. — Intérieur de Molière; ses servantes; sa chambre; son appartement de parade; ses habits de théâtre; ses tableaux; son argenterie; son appartement d'Auteuil. — Bibliothèque de Molière; ses papiers de famille et d'affaires; ses nombreux prêts d'argent. — La veuve de Molière quitte la rue Richelieu pour demeurer au faubourg Saint-Germain. — Troupe de l'hôtel Guénégaud. — Exécution du testament de Madeleine Béjard. — Mort de Geneviève Béjard.

En quittant la maison de la rue Saint-Thomas-du-Louvre qu'il occupait avec Madeleine Béjard, Geneviève et son premier mari Léonard de Loménie, Molière était allé demeurer provisoirement rue Saint-Honoré; la mort de Madeleine Béjard et le second mariage de Geneviève le laissaient libre de se créer une installation en rapport avec sa position et sa fortune. Il ne tarda pas à louer la plus grande partie d'une maison appartenant à un tailleur nommé Réné Baudellet, qui remplissait chez la Reine le même office de valet de chambre que Molière avait auprès du Roi. La maison de Baudellet, située rue Richelieu, sur la paroisse de Saint-Eustache, se composait d'un rez-de-chaussée sur caves, de trois étages avec entresols et de greniers. Molière prend les premier et second étages, quatre entresols, et les dépendances consistant en caves, cuisine au rez-de-chaussée, écurie (dans laquelle le propriétaire se réserve la place d'un cheval), remise de carrosse, communauté de la cour, puits, etc.; le tout moyennant treize cents livres de loyer par an. Le bail est signé le

26 juillet 1672 par Molière dans son logement d'Auteuil et par sa femme « en leur demeure à Paris [1]. » C'est dans cette maison que naquit, le 1ᵉʳ octobre suivant, le second fils de Molière, tenu sur les fonts de baptême par Pierre Boileau-Puymorin, frère de Boileau-Despréaux, et par Catherine Mignard, depuis comtesse de Feuquières. Cet enfant ne vécut que onze jours et fut inhumé le 12 octobre 1672 « dans l'église de Saint-Eustache, en présence de Boudet et Aubry, ses oncles [2]. »

Le vendredi 17 février 1673, Molière rapporté chez lui après la quatrième représentation du *Malade imaginaire* qu'il avait eu peine à achever, expirait dans la maison de Baudellet [3]. C'est encore dans une pièce signée du notaire Levasseur, et sans doute rédigée par lui, que se trouve le récit le plus saisissant et le plus vrai des derniers moments de Molière. La requête présentée à l'archevêque de Paris, au nom de la veuve de Molière, par son beau-frère Aubry et par le notaire de la famille [4], constate que, sur les neuf heures du soir, Molière s'étant trouvé mal de la maladie dont il décéda environ une heure après « voulut dans le moment témoigner des marques de repentir de ses fautes et mourir en bon chrétien, à l'effet de quoi, avec instances, il demanda

1. Document n° XLIII
2. *Dissertation sur Molière*, par Beffara, page 16.
3. L'acte d'inhumation de Molière constate qu'il demeurait rue Richelieu « proche l'Académie des Peintres » et Beffara (page 17) en a conclu que la maison dans laquelle mourut Molière, devait être celle qui porte aujourd'hui le n° 34; lors de l'érection de la fontaine Molière, à l'angle de la rue Richelieu et de la rue Traversière, une plaque commémorative a été placée sur la façade de cette maison. Dans une lettre sur l'enterrement de Molière citée plus loin, il est dit que le corps de Molière « fut pris rue de Richelieu, devant l'hôtel de Crussol. » Enfin, M. Édouard Fournier, à qui j'ai communiqué le bail passé par Molière avec Baudellet, croit, d'après un plan manuscrit en sa possession « qui donne les noms des propriétaires de la rue Richelieu à cette époque, maison par maison » que la maison où mourut Molière est celle qui porte le n° 42 et qui fait face à la maison neuve située à l'angle des rues Villedo et Richelieu. (*Corneille à la butte Saint-Roch*, comédie précédée de *Notes sur la vie de Corneille*, 1862, in-12, page cliij.)
4. Cette requête, publiée pour la première fois en 1800 dans *le Conservateur* ou recueil de morceaux inédits tirés des portefeuilles de M. François de Neufchâteau, est reproduite par M. Taschereau dans son *Histoire de Molière*, 3ᵉ édition, page 260.

un prêtre pour recevoir les sacrements et envoya par plusieurs fois son valet et servante à Saint-Eustache, sa paroisse, lesquels s'adressèrent à MM. Lenfant et Lechat, deux prêtres habitués en ladite paroisse, qui refusèrent plusieurs fois de venir, ce qui obligea le sieur Jean Aubry d'y aller lui-même pour en faire venir, et de fait fit lever le nommé Paysant, aussi prêtre habitué audit lieu ; et comme toutes ces allées et venues tardèrent plus d'une heure et demie, pendant lequel temps ledit feu Molière décéda, et ledit sieur Paysant arriva comme il venoit d'expirer ; et comme ledit sieur Molière est décédé sans avoir reçu le sacrement de confession, dans un temps où il venoit de représenter la comédie, M. le curé de Saint-Eustache lui refuse la sépulture, ce qui oblige la suppliante de vous présenter la présente requête pour lui être sur ce pourvu. » La requête ajoute que Molière « est mort dans le sentiment d'un bon chrétien, ainsi qu'il a témoigné en présence de deux dames religieuses, demeurant en la même maison, d'un gentilhomme nommé M. Couthon, entre les bras de qui il est mort, et de plusieurs autres personnes ; et que M. Bernard, prêtre habitué en l'église Saint-Germain, lui a administré les sacrements à Pâques dernier. » L'abbé Bernard était le confesseur de la famille ; c'était sans doute lui qui avait assisté Madeleine Béjard à ses derniers moments, et il est nommé dans l'inventaire de Léonard de Loménie, comme prêtre de Saint-Germain l'Auxerrois, « confesseur dudit défunt[1]. » Si Molière était mort sur la paroisse où il avait fait ses Pâques 'année précédente, ses obsèques n'auraient souffert aucune difficulté. Mais les prêtres de l'église de Saint-Eustache, située près de l'hôtel de Bourgogne, se plaignaient depuis un siècle de leurs voisins les comédiens[2] ; Molière enlevé subitement n'avait pu, comme Madeleine Béjard, appeler à temps un confesseur, et dicter, suivant l'usage, quelques dispositions expiatoires ;

---

1. Note du document n° XLIV.
2. Document n° VI, à la date du 6 novembre 1574.

aussi la veuve de Molière se vit-elle refuser par l'archevêque la permission qui avait été accordée un an auparavant pour sa sœur Madeleine. Le corps de Molière ne put entrer dans l'église où il avait reçu le baptême ; il fut seulement permis au curé de Saint-Eustache « de donner la sépulture ecclésiastique au corps du défunt Molière, dans le cimetière de la paroisse, » à condition néanmoins que ce serait sans aucune pompe, et avec deux prêtres seulement, et hors des heures du jour et qu'il ne se ferait aucun service solennel pour lui « ni dans ladite paroisse Saint-Eustache, ni ailleurs. » Quatre jours après la mort de Molière, le mardi 21 février 1673, l'on fit sur les neuf heures du soir, dit une relation du temps, « le convoi de Jean-Baptiste Poquelin Molière, tapissier valet de chambre, illustre comédien, sans autre pompe, sinon de trois ecclésiastiques ; quatre prêtres ont porté le corps dans une bière de bois, couverte du poêle des tapissiers, six enfants bleus portant six cierges dans six chandeliers d'argent, plusieurs laquais portant des flambeaux de cire blanche allumés. Le corps pris rue de Richelieu, devant l'hôtel de Crussol, a été porté au cimetière de Saint-Joseph, et enterré au pied de la croix. Il y avoit grande foule de peuple et l'on a fait distribution de mille à douze cents livres aux pauvres qui s'y sont trouvés, à chacun cinq sols[1]. »

Des trois enfants de Molière, il ne restait qu'une fille âgée de sept ans et demi au moment de la mort de son père. Par acte du Châtelet, en date du 4 mars 1673, Armande Béjard avait été nommée tutrice de sa fille, et André Boudet, oncle paternel de l'enfant, subrogé tuteur. Le 13 mars suivant, fut commencé en leur présence l'inventaire fait à la conservation des droits de la veuve et de la fille mineure par les notaires Levasseur et Beaufort, et par l'huissier-priseur Jacques

---

1. Cette relation sans signature, faite *Pour monsieur Boyvin, prêtre, docteur en théologie à Saint-Joseph* a été publiée par M. Benjamin Fillon dans ses *Considérations historiques et artistiques sur les monnaies de France*, 1851, in-8, page 193.

Taconnet[1]. Il ne fallut pas moins de six journées pour répertorier « tous les biens meubles, ustensiles d'hôtel, or et argent monnoyé, lettres, papiers et enseignements, » délaissés après le décès de Molière. Trois séances sont remplies par la description et l'estimation des objets « trouvés et étant ès lieux que lesdits sieur et damoiselle occupoient, » rue Richelieu; une quatrième vacation est employée à inventorier « les meubles étant en une maison » sise au village d'Auteuil, appartenant au sieur de Beaufort « et en laquelle ledit feu sieur Molière occupoit un appartement; » les deux dernières journées sont consacrées à analyser les papiers et à constater les créances et les dettes de la communauté. Dans cet inventaire, les titres et papiers ne sont pas les seuls « enseignements, » et le moindre ustensile peut avoir son utilité pour les biographes de Molière. On éprouve, en lisant cette longue énumération, le même sentiment de curiosité et de tristesse à la fois qui vous saisit, lorsque, un catalogue de vente à la main, on entre dans une maison où sont mis à l'encan, dans un désordre pénible à voir, les meubles, les objets de toute sorte à l'usage intime de celui qu'on aimait ou qu'on admirait. Dès les premiers pas qu'on fait chez Molière, on rencontre la servante populaire, Renée Vannier, dite *Laforêt*, qui demeure avec la veuve « comme elle faisoit avant le décès dudit défunt; » elle et une autre fille de chambre, Catherine Lemoyne, sont chargées de montrer et de mettre en évidence tout ce qui passe sous les yeux de l'huissier-priseur; les pauvres servantes ne savent, bien entendu, ni écrire, ni signer. L'inventaire de Molière n'apprend pas, il est vrai, si le poëte était aussi malheureux dans son intérieur que le veut la tradition, mais que d'aperçus nouveaux résultent de cette visite familière et même indiscrète; quelques pages de plus dans l'inventaire, une analyse moins rapide de certains articles, des livres surtout, et l'enseignement serait complet. Depuis la cuisine jusqu'au grenier on regarde

1. Document n° XLV.

les ustensiles, on admire les meubles, on ouvre les tiroirs, les bahuts et les coffres, on feuillette les livres, on examine les tableaux, on touche le linge, les habits de ville et de théâtre, on pèse l'argenterie, on estime les bijoux; enfin on lit les papiers qui malheureusement ne concernent que des affaires d'intérêt. Il est pourtant une circonstance à laquelle il faut prendre garde tout d'abord, c'est que cet inventaire est celui de la communauté qui a existé entre Molière et Armande Béjard, et il faut tâcher de distinguer ce qui appartient à l'un et à l'autre. Si tout était resté en place comme au moment de la mort, la distinction serait plus facile; mais beaucoup d'objets de même nature ont été transportés d'une pièce ou même d'un étage à un autre, pour être réunis en un seul article, et il n'est pas toujours facile de se rendre compte de l'appartement dans lequel on se trouve. Il faut donc suivre avec précaution l'huissier-priseur dans l'itinéraire capricieux qu'il a adopté.

Au rez-de-chaussée, « en la cuisine » sont les nombreux ustensiles qui indiquent une maison large et souvent ouverte aux amis. Les grandes fontaines de cuivre rouge, comme Chardin les peignait encore un siècle plus tard, les marmites, cuvettes, tourtières, chaudrons, poëlons, alambics, tous en cuivre rouge et jaune, la vaisselle d'étain sonnant et commun, reluisent le long des murailles et sur la longue table de chêne; puis viennent d'autres objets de ménage, les platines pour faire sécher le linge, les bassinoires, et, dans son étui, l'instrument de M. Fleurant, qui a peut-être servi à poursuivre M. de Pourceaugnac.

On monte ensuite au grenier où sont déposés les meubles hors d'usage, puis on redescend dans les entresols où couchent sans doute les deux servantes et la petite fille. Dans l'un de ces entresols est le berceau de l'enfant né à la fin de l'année précédente et qui n'a vécu que quelques jours; trois estampes vernies décorent cette chambre, deux représentent l'une des protectrices de Molière, la reine-mère Anne d'Autriche, à qui il avait dédié *la Critique de l'École des femmes*;

la troisième estampe est le portrait du maréchal de Turenne. Dans un autre entresol est une boîte à perruque, en peau de senteur, et la « chaire à porter, garnie de damas rouge par dedans, avec les bâtons, » qui est peut-être la chaise du marquis de Mascarille, et très-certainement celle dans laquelle Molière fut rapporté du théâtre le jour de sa mort[1].

Des entresols on descend « sous un hangard dans la cour; » c'est la remise de carrosse louée à Baudellet, mais il n'y a ni carrosse dans la remise, ni chevaux dans l'écurie. Molière se contentait, pour le moment, de la chaise à porteurs.

On remonte ensuite « dans l'une des chambres de l'appartement de ladite damoiselle veuve. » Ici nous sommes, à n'en pas douter, au second étage, chez Molière, dans les pièces qu'il habitait avec sa femme, et où probablement il a rendu le dernier soupir[2]. Le lit bas, en bois de noyer, avec ses rideaux de serge d'Aumale, est celui où il a dû s'étendre pour toujours; la « grande chaire de repos, à crémaillère par les bras, » comme celle d'Argan, le coffre-fort, la petite table basse, le paravent, d'autres objets encore, indiquent bien la chambre du poëte laborieux, souffrant, et dont la caisse est ouverte aux amis. La pièce est tendue d'une « tapisserie de toile peinte et à bandes de brocatelle à fond bleu. » Les deux clavecins qui sont là marquent la présence d'Armande qui, au dire de ses contemporains, avait la voix extrêmement jolie et chantait avec un grand goût le français et l'italien[3].

---

1. Baron, dit Grimarest, envoya chercher les porteurs de Molière « pour le « porter promptement chez lui, et il ne quitta point sa chaise de peur qu'il « ne lui arrivât quelque accident du Palais-Royal dans la rue de Richelieu « où il logeoit. » (La vie de M. de Molière, 1705, in-12, page 289.)

2. Suivant le récit de Grimarest, quand Molière fut dans sa chambre et couché, il « envoya demander à sa femme un oreiller rempli d'une drogue « qu'elle lui avoit promis pour dormir. » Un instant après il commença à cracher le sang et dit à Baron : « Allez dire à ma femme qu'elle monte; » et quand « sa femme et Baron remontèrent, ils le trouvèrent mort. » (Ibid. pages 290 à 292.)

3. « Voyez l'article du Parisien sous l'année 1682 » disent à ce sujet les frères Parfaict dans leur Histoire du Théâtre François, tome XI, page 323.

Les deux chambres décrites à la suite font aussi partie de l'appartement de Molière et de sa femme au second étage. Dans la première pièce à côté de la chambre à coucher, on remarque « un cabinet de racine de noyer, sur son pied, à six colonnes, garni de tiroirs, » deux pendules des bons horlogers de l'époque, Claude Raillart et Gavelle, un thermomètre qui devait être un présent du physicien Rohault à son ami Molière, et un grand miroir avec sa bordure « entièrement garnie de cuivre doré. » Sept tableaux décorent cette pièce, dont les murs sont tendus d'une « tapisserie de camelot, façon de la Chine, à bandes de damas vert rayé. » On verra plus loin que le vert et le jaune étaient les couleurs favorites de Molière. Dans une autre chambre « du présent appartement » est une armoire ou bibliothèque « en bois d'Allemagne, garnie de fer, de cuivre et de tablettes ; » ce meuble ne contient que la moitié des livres de Molière ; d'autres livres se retrouveront dans la suite de l'inventaire, et lorsqu'ils seront tous réunis on jugera mieux dans son ensemble cette bibliothèque si précieuse à connaître. Nous ferons de même pour les tableaux, dont un surtout mérite une attention particulière.

En commençant sa seconde vacation, le mardi 14 mars, l'huissier-priseur néglige de nous dire dans quelle pièce et à quel étage il procède à la continuation de son inventaire ; mais il est permis de penser qu'il a estimé, la veille, les meubles et ustensiles de moindre valeur, placés au rez-de-chaussée et dans les étages supérieurs, et qu'il en est maintenant au premier étage, où se trouvent rassemblés et entassés confusément des objets de toute sorte et du plus grand prix. Avant de lire ce qui va suivre, il faut se rappeler que Molière occupait, depuis quelques mois seulement, la maison de la rue Richelieu ; il avait dû s'installer d'abord, avec ses anciens meubles, dans le logement du second étage, pendant qu'on terminait au-dessous la décoration de l'appartement de réception ou de parade, comme on disait alors. Ces travaux avaient été interrompus par la mort de Molière, et les riches étoffes, les meubles magnifiques destinés à cet appartement allaient être inventoriés avant qu'on eût achevé de les compléter et de les mettre en place.

On s'étonnera peut-être de rencontrer un si grand luxe chez Molière, mais en cela il se conformait au goût régnant; peut-être aussi suivait-il une inclination naturelle qu'il tenait de sa mère; enfin, si l'on s'en rapporte à Grimarest, Armande Béjard, en épousant Molière, avait cru « être au rang d'une duchesse. » Le Boulanger de Chalussay n'était pas mal renseigné sur l'intérieur de Molière, lorsqu'en plaçant la première scène de sa comédie « dans la chambre d'Élomire, qui doit être fort parée, » il faisait dire à Molière :

> ....Nous verrions-nous une chambre si belle :
> Ces meubles précieux sous de si beaux lambris,
> Ces lustres éclatants, ces cabinets de prix,
> Ces miroirs, ces tableaux, cette tapisserie,
> Qui seule épuisa l'art de la Savonnerie;
> Enfin tous ces bijoux qui te charment les yeux,
> Sans ce divin talent seroient-ils en ces lieux ? [1].

Ces vers de l'envieux auteur d'*Elomire hypocondre* sont en partie justifiés par la suite de notre inventaire où l'on retrouve les meubles précieux, les cabinets, les miroirs, les tableaux, les tapisseries reprochés à Molière.

En cherchant à se rendre compte de l'ameublement projeté pour le premier étage de l'appartement de la rue Richelieu, on est conduit à penser que cet appartement devait se composer de deux chambres à coucher, l'une pour Molière, l'autre pour sa femme, et de plusieurs autres pièces servant de salons et de salle à manger. On doit rassembler, comme devant faire partie de la chambre de Molière, les meubles en bois doré « à pieds d'aiglon feints de bronze » et recouverts d'étoffes où les couleurs dominantes sont le vert et l'aurore. Ces meubles sont d'abord, le lit « à pieds d'aiglon feints de bronze » avec dossier peint et doré, surmonté d'un dôme

---

[1]. *Élomire hypocondre ou les Médecins vengés*, 1670, in-12, acte Ier, scène 1re, page 8.

touchant au plafond, orné à l'extérieur de sculptures représentant quatre aigles et quatre vases en relief, le tout peint et doré. L'intérieur du dôme est peint de couleur d'azur et garni de taffetas aurore et vert. De ce dôme pendent des rideaux formant le tour du lit, également en taffetas aurore et vert avec des franges de même couleur. Dans cette chambre doivent encore se placer les deux petits lits de repos ou canapés « à pieds d'aiglon, feints de bronze » avec dossiers de sculpture dorée et recouverts de « satin à fleurs et à fond vert, » puis « deux guéridons de sculpture à trois pieds d'aiglon feints de bronze, de bois doré, et le haut exagone, » et encore deux fauteuils de bois entièrement doré, garnis de coussins et dossiers « de pareil satin à fond vert » et quatre carreaux de brocatelle de Venise à fond vert. A la même chambre doivent également appartenir la « tenture de tapisserie de pareil satin à fond vert que celui ci-dessus, à bordures aussi de satin à fond blanc et fleurs aurore, » les devants de porte et de cheminée « avec leurs pentes de taffetas vert et blanc céladon » et probablement les rideaux de fenêtre de taffetas blanc.

Le lit d'Armande Béjard, inventorié avec celui de Molière, est surmonté d'un dôme plus petit, également sculpté et doré et dont les ornements sont en forme de campanes ou de clochettes. Les rideaux figurant une tente ou pavillon, sont en « taffetas gris de lin, brodé d'un petit cordonnet d'or, avec frange et mollet d'or et soie, et doublé d'un petit taffetas d'Avignon; ledit dôme garni dedans de pareil taffetas et frange. Une courte pointe de pareil taffetas, frange et mollet, et brodée avec chiffres » recouvre ce lit.

Il est inutile de chercher plus longtemps à grouper tous les autres meubles entassés dans cet appartement du premier étage; il serait d'ailleurs impossible de se reconnaître dans ces ameublements, l'un de brocart à fleurs et fond violet, l'autre de satin incarnat, l'autre de taffetas cramoisi, l'autre de taffetas d'Angleterre à fond bleu. Signalons seulement les objets les plus caractéristiques : les chaises en bois verni et doré, les tapis de table et de pied venant de Turquie, les tapisseries de Flandre et d'Auvergne dont une très-ancienne, les tables et les guéridons en bois de rapport figurant des fleurs, les fauteuils ornés de sphinx entièrement dorés, les porte-miroirs avec leurs plaques de fonte dorée et les tableaux avec leurs bordures. Il est à remarquer que parmi tous ces objets on ne trouve pas « les lustres éclatants » signalés par l'auteur d'*Elomire hypocondre* et cette circonstance prouve bien que l'ameublement n'était pas encore complet. Les prix d'estimation attribués aux objets qui remplissent cette partie de l'inventaire dépassent au total quatre mille six cents livres, et l'article dans lequel sont compris les lits de Molière et de sa femme entre dans cette somme pour deux mille livres. C'est donc plus de vingt mille francs de notre monnaie actuelle que représente la prisée de l'huissier et il faut au moins doubler cette somme pour se figurer la dépense déjà faite dans ce somptueux appartement.

Nous passerons rapidement sur le chapitre consacré au linge, comprenant le linge de corps en toile de Hollande et en toile blanche fine, le linge de table en toile damassée, les rabats, cravates et manchettes en points de France, de Paris et d'Aurillac, pour arriver aux « habits de théâtre. » Cette partie de l'inventaire sera désormais un guide sûr pour les comédiens du Théâtre-Français qui cherchent aujourd'hui, avec le zèle le plus louable, à faire revivre les traditions de costumes trop longtemps délaissées. La description des habits de théâtre servira d'annotation aux listes de personnages qui se trouvent en tête de chaque comédie de Molière, et complétera l'indication des rôles remplis par lui. Nous avons dit que les couleurs adoptées par Molière étaient le vert et le jaune; on connaissait déjà l'habit jaune et vert du *Médecin malgré lui*, les rubans verts du *Misanthrope* et la camisole de velours vert du *Bourgeois gentilhomme*; mais M. Jourdain a encore une robe de chambre doublée aurore et vert et un chapeau de plumes aux mêmes couleurs. Que Molière représente un personnage antique ou moderne, Sosie ou

Pourceaugnac, Sganarelle ou Clitidas, le vert et le jaune se retrouvent dans ses costumes, lorsque le rôle le comporte. Dans *les Fâcheux*, on croyait que Molière faisait Éraste, l'amant d'Orphise qui est toujours en scène, attendant l'heure du rendez-vous, et qui est constamment dérangé par les importuns ; l'inventaire rectifie cette erreur et prouve que Molière représentait plusieurs des interlocuteurs d'Éraste : un marquis, c'est-à-dire Lisandre le danseur, Alcandre le duelliste ou Alcippe le joueur, et peut-être tous trois avec quelques modifications dans le costume ; puis Caritidès le correcteur d'enseignes et Dorante le chasseur, personnage ajouté à la comédie par ordre de Louis XIV, et que Molière devait tenir à jouer lui-même. Toutes les œuvres de Molière ne sont pas mentionnées dans l'énumération de ses costumes, mais il y a dans l'inventaire plusieurs habits de théâtre sans désignation de rôles et dont il n'est pas impossible de reconnaître la destination. L'habit d'espagnol est évidemment celui du malheureux *Don Garcie* dont le nom même était oublié depuis 1661 ; les costumes antiques décrits plus loin doivent être ceux de Moron dans *la Princesse d'Élide* et de Zéphyre dans *Psyché*. L'habit du dernier rôle de Molière, du *Malade imaginaire*, ne s'y trouve pas. Suivant une ancienne édition de cette comédie, Argan doit être vêtu en malade avec « de gros bas, des mules, un haut de chausses étroit, une camisole rouge avec quelque galon rouge ou dentelle, un mouchoir de cou à vieux passements, négligemment attaché, et un bonnet de nuit avec la coiffe à dentelle. » C'est en effet sous ce costume qu'Argan est figuré dans la planche gravée en 1676 par Lepautre, et qui reproduit une représentation du *Malade imaginaire* donnée à Versailles le 19 juillet 1674, plus d'un an après la mort de Molière. Dans la gravure de P. Brisart qui accompagne l'édition de 1682, Argan a également la camisole et non la robe de chambre. Aussi doit-on tenir pour très-suspecte l'anecdote racontée par le président Hénault dans ses *Mémoires*[1] :

---

1. Publiés par son arrière-neveu M. le baron de Vigan, 1855, in-8°, page 5.

« Mon père, dit-il, donna à Molière pour son *Malade imaginaire* la robe de chambre et le bonnet de nuit de M. Foucault, son parent, l'homme le plus chagrin et le plus redouté de sa famille et qui travailloit toute la journée en robe de chambre. » L'emprunt de la robe de chambre de Foucault n'est pas plus vraisemblable que l'intention attribuée par Grimarest à Molière de se procurer un vieux chapeau de son ami Jacques Rohault pour le donner à du Croisy, qui devait représenter le professeur de philosophie dans *le Bourgeois gentilhomme*[1].

On ne peut lire sans en être touché le passage de l'inventaire où sont mentionnés « les habits de ville à usage dudit défunt. » On croit voir Molière dans la rue, vêtu de drap noir ou de droguet brun, ou bien chez le Roi en rhingrave de drap de Hollande musc, avec la veste de satin de la Chine, les bas de soie et les jarretières garnies de satin, ou chez lui en robe de chambre de brocard rayé.

Les habits de théâtre d'Armande Béjard sont bien moins nombreux que ceux de Molière, et l'inventaire n'indique leur destination que pour cinq rôles seulement. Ce sont d'abord les quatre costumes « pour la représentation de *Psyché* », l'un en toile d'or, l'autre en moire verte, l'autre en taffetas d'Angleterre bleu, tous garnis de dentelles et de broderies d'or et d'argent, puis la mante de crêpe avec laquelle Psyché descend aux enfers, et plus loin « trois bouquets de plumes, l'un noir et les deux autres de différentes couleurs servant aux habits de Pysché. » Le tout est estimé deux cent soixante-dix livres.

La fille de Molière devait, dès l'âge de cinq ou six ans, figurer parmi les petits amours du prologue de *Psyché*; car immédiatement après, on trouve dans l'inventaire : « Un petit habit d'enfant pour la même pièce, consistant en une jupe couleur de rose et un corps de taffetas vert, garni de dentelle fausse. »

Les autres costumes de la femme de Molière sont ceux de

---

1. *La Vie de M. de Molière*, page 257.

la Princesse d'Élide, de Lucinde dans *le Médecin malgré lui*, d'une Égyptienne dans *le Mariage forcé*, et d'une Arménienne qui est peut-être l'esclave grecque du *Sicilien*.

La troisième vacation se termine par l'inventaire de beaucoup d'autres objets, ustensiles, meubles, livres, tapisseries, porcelaines, fayences de Hollande, tableaux, et par l'estimation de l'argenterie et des bijoux. Dans les dix-huit tableaux mentionnés tant au second qu'au premier étage, on ne rencontre pas un seul portrait de famille ; et pourtant il devait y en avoir plusieurs chez l'ami de Pierre Mignard; mais la veuve de Molière les avait sans doute retirés pour ne pas grossir l'inventaire déjà très-volumineux. Parmi ces tableaux représentant : une sainte Famille, deux figures de la Vierge, une sainte Catherine, sept paysages ou marines et six portraits des anciens ducs et duchesses de Bourgogne, il en est cependant un qui peut être considéré comme tableau de famille; c'est celui placé au premier étage sous cette désignation : « un autre tableau de *l'École des maris*. » Molière avait évidemment voulu conserver ainsi le souvenir de la comédie dans laquelle il avait joué pour la première fois avec la jeune Armande, un an avant de l'épouser, et cette peinture devait les représenter tous deux. On retrouvera le tableau de *l'École des maris* en 1705, chez la fille de Molière[1], et en 1738 à Argenteuil[2]; il est permis d'espérer que cette toile existe encore, et si l'on a jamais le bonheur de la découvrir, on possédera le véritable portrait de Molière représenté sur la scène à l'âge de trente-neuf ans, et celui de sa femme qui en avait à peine dix-neuf. C'est en présence de cette peinture qu'il faudrait pouvoir relire l'appréciation faite par M. Nisard des sentiments éprouvés alors par Molière, appréciation tellement fidèle, qu'on la croirait inspirée par la vue même du tableau signalé dans l'inventaire du poëte : « On reconnaissait Molière, même de son temps, dans Ariste de *l'École des maris*; Ariste, homme déjà mûr, qui doit épouser, comme lui, une fille de

---

1. Document n° LV. — 2. Document n° LX.

seize ans ; comme lui tendre et indulgent, avec une certaine inquiétude de caractère ; comme lui s'étudiant à contenter les goûts innocents de celle qu'il aime, à gagner son cœur par la facilité et la confiance ; comme lui se flattant de se rajeunir à ses yeux par les soins délicats et les bienfaits. On donnait la pièce en 1661. L'année suivante, Armande Béjard devait être la femme de Molière. Elle jouait le rôle de Léonor, et Molière se servait de l'aimable Ariste pour lui faire les promesses les plus touchantes[1]. »

L'argenterie de Molière est en rapport avec le reste du mobilier, et l'on y remarque les deux chandeliers d'étude du poëte. Les deux cent quarante marcs que pèse cette argenterie, et les cent soixante et un louis d'or trouvés en deniers comptans représenteraient de nos jours environ quarante mille francs.

Les bijoux ne consistent qu'en un collier de perles, deux bagues et un écrin rempli de pierreries fausses pour jouer la comédie ; il est difficile de croire que ce soient là les seuls joyaux d'Armande.

L'inventaire de l'appartement que Molière occupait à Auteuil aurait, ainsi que celui fait à Paris, beaucoup plus d'intérêt si tous les objets étaient à leur place ; mais là aussi, tous les meubles sont rassemblés dans trois pièces : la cuisine, une salle et une chambre. Cet appartement devait être bien plus grand, puisque Molière le louait quatre cents livres par an. Le mobilier de la maison de campagne, sans être comparable à celui de Paris, offre encore une certaine recherche, et l'on retrouve dans les tentures les mêmes couleurs affectionnées par Molière. Mais ce qu'il y a de plus précieux à Auteuil, c'est le complément de la bibliothèque de Molière ; et bien qu'une partie de ses livres soit à Paris et l'autre à la campagne, nous allons les rassembler tous ici sous la forme de catalogue sommaire, en ayant soin d'indiquer leur place dans l'inventaire.

---

1. *Histoire de la littérature française*, par D. Nisard, 1849, in-8°, tome III, page 137.

La sainte Bible, et figures d'icelle. Deux vol. in-fol. à Paris.
Plutarque. Trois vol. in-fol., un à Paris et deux à Auteuil[1].
Hérodote. Un vol. in-fol., à Auteuil.
Diodore de Sicile. Deux vol. in-fol., à Auteuil.
Dioscoride. Deux vol. in-fol., à Paris.
Lucien. In-4°, à Paris.
Héliodore? Un vol. in-fol., à Paris.
Térence. Deux vol. in-fol., à Paris.
César. Les Commentaires. Un vol. in-4°, à Auteuil.
Virgile. Trois vol. in-fol., à Paris.
Horace. Un vol. in-4°, à Auteuil.
Sénèque. Deux vol. in-fol., à Paris.
Tite Live. Deux vol. in-fol., à Paris.
Ovide. Les Métamorphoses. Un vol. in-fol., à Auteuil.
Juvénal. Un vol. in-fol., à Paris.
Valère le Grand. Un vol. in-fol., à Auteuil.
Cassiodore? Un vol. in-fol., à Paris.
Montaigne. Les Essais. Un vol. in-fol., à Auteuil.
Balzac. Les œuvres. Deux vol. in-fol., à Auteuil.
La Mothe le Vayer. Deux vol. in-fol., à Paris.
Georges de Scudéry. Alaric ou Rome vaincue. Un vol. in-fol., à Paris.
Pierre Corneille. Deux vol. in-fol., à Paris.
Rohault. Traité de physique. Un vol. in-4°, à Auteuil.
Comédies françoises, italiennes et espagnoles. Deux cent quarante vol., à Paris.
Poésies. Quelques volumes à Paris.
Dictionnaire et traités de philosophie; environ vingt vol., à Paris.
Histoires d'Espagne, de France et d'Angleterre. Quelques vol. à Paris.
Valdor. Les triomphes de Louis XIII. Un vol. in-fol., à Paris.

---

1. Il faut mettre en première ligne ces deux ouvrages, qu'on se rappelle avoir vu dans l'inventaire de Marie Cressé, et que Molière eut sous les yeux avant l'âge de dix ans.

Voyage du Levant. Un vol. in-4°, à Auteuil.

Voyages. Environ huit vol. in-4°, à Paris.

Calepin. Dictionnaire des langues latine, italienne, etc. Deux vol. in-fol., à Paris.

Claude Paradin? Alliances généalogiques? Un vol. in-fol., à Paris.

Antiquités Romaines. Un vol. in-fol., à Paris.

Un livre italien. In-fol., à Paris.

Trois cents volumes environ à Paris et une quarantaine à Auteuil, tel est le résultat de cet inventaire; mais on doit croire que, pour l'abréger, beaucoup de livres considérés comme sans valeur par la veuve de Molière et par l'huissier-priseur, ont été passés sous silence. Malgré son laconisme, cette liste confirme et précise l'idée qu'on se faisait de la bibliothèque de Molière, et il faut rendre à M. Aimé-Martin la justice d'avoir deviné autant que possible les livres qui la composaient. Ce qu'il en a dit dans sa préface des *OEuvres de Molière*[1] mérite d'être rappelé ici et sera le meilleur commentaire et le meilleur complément de notre catalogue. « Pour entendre Molière, je me plais à le répéter, il faut connaître sa vie, ses habitudes, ses sociétés et son siècle; il faut même pénétrer dans son cabinet, examiner ses livres, se mettre, s'il se peut, dans la confidence de ses lectures; voir si à côté des pièces de Plaute, de Térence, et du théâtre italien et espagnol, on ne trouvera pas les canevas embellis par Scaramouche et Mezzetin, ainsi que les comédies de Bruno Nolano, de l'Aveugle d'Adrie, etc.; jeter un regard curieux sur une tablette qui doit être chargée de quelques centaines de volumes tout pétillants d'une gaieté un peu grivoise, et auxquels les amateurs donnent le nom de *facéties;* se saisir en passant des *Quinze joies du mariage,* livre qui rappelle quelquefois le naturel et le génie comique de Molière; des *Serées* de Bouchet, et des *Baliverneries* d'Eutrapel, joyeux recueils de ces

1. 1ʳᵉ édition, 1824, 8 vol. in-8°, tome Iᵉʳ, page xiij.

bons mots et de ces bons contes qui faisaient rire nos pères; enfin ne pas oublier le *Francion*, ouvrage vraiment remarquable, qui parut trente ans avant le *Roman comique*, et qui a le double mérite d'avoir fourni plus d'un trait à l'auteur du *Cocu imaginaire* et à celui de *Gil Blas*. On verrait encore sur les mêmes tablettes quelques livres chargés de remarques et sans cesse feuilletés, tels que Rabelais, Boccace, Cervantes, Scarron, Beroald de Verville, la Satire Ménippée, les Essais de Montaigne et les Provinciales. L'histoire de la bibliothèque d'un homme de lettres n'est point une chose indifférente. C'est là seulement que nous pouvons saisir à leur source les premières inspirations du génie, retrouver la page, la ligne, le mot qui les ont éveillées, et sentir tout-à-coup comment une pensée qui nous eût semblé indigne de notre attention a pu faire naître une pensée sublime. »

Nous serions trop heureux si, en inventoriant les papiers de Molière, les notaires chargés de ce soin avaient pu nous donner un aperçu, même plus sommaire encore que celui des livres, des manuscrits et des correspondances qui devaient se trouver à Paris et à Auteuil; mais ils se sont bornés, suivant l'usage, à analyser les titres destinés à être gardés dans les archives de famille. Les papiers inventoriés chez Molière sont peu nombreux, mais, en ne voyant à la fin de la première journée consacrée à les analyser que seize liasses ou cotes, il est permis de penser qu'on détruisait au fur et à mesure, et après lecture faite, tous ceux qu'il n'était pas absolument nécessaire de conserver. Les plus anciens de ces titres sont les lettres de provisions de la charge de valet de chambre tapissier du Roi obtenues par Molière à l'âge de quinze ans, la lettre par laquelle il s'était démis de cette charge, en 1643, et deux autres pièces relatives à la même affaire[1]. A l'exception de cette liasse, les autres papiers ne remontent pas au delà du retour de Molière à Paris en 1658. L'année même où il s'acquitte d'une vieille dette envers Jeanne Levé[2], Molière

---

1. Cote dix. — 2. Cote treize et document n° XXVIII.

commence déjà à prêter de l'argent; le 23 novembre 1659, un sieur de Fontraelles confesse, par écrit sous seing privé, devoir à Molière cent cinquante livres[1]. Le contrat de mariage de Molière vient ensuite accompagné de la quittance de la dot[2]. Quelques années plus tard, le 18 avril 1667, « Jacques Crosnier, sieur du Perche, et damoiselle Catherine Bidault, sa femme, » souscrivent solidairement, au profit de Molière, une obligation notariée de mille livres « pour prêt, pour employer à leurs affaires, payable au temps y porté, pour sûreté de laquelle somme ils lui auroient mis en sa possession les meubles et choses déclarées en ladite obligation[3]. » A la fin de l'inventaire, la veuve de Molière déclare « que sur les mille livres dues par le sieur du Perche et sa femme, contenues en leur obligation sous la cote six, elle en a reçu, du vivant de sondit mari, deux cents livres, dont elle n'a donné quittance, et que partie des meubles qui ont été donnés en nantissement ne sont plus en pareil état qu'ils ont été donnés. » Molière prêtant sur gage et ne prenant aucun soin des meubles qu'il a acceptés comme nantissement, Armande Béjard recevant un à-compte sans en rien dire à son mari; voilà tout ce que nous pouvons constater en l'absence de la pièce originale dont malheureusement la minute manque chez les successeurs des notaires qui l'ont rédigée. On a déjà vu et l'on va voir surabondamment combien ce fait est peu en harmonie avec le caractère de Molière, et lors même qu'on n'en aurait pas un jour l'explication, on peut affirmer dès à présent qu'il n'en résulte aucune tache pour sa mémoire et qu'il y a là-dessous quelque circonstance impossible à deviner, mais qui tournerait sans doute, si elle était connue, à l'honneur de Molière. En effet, la pièce qui suit est celle qui constate le prêt ou, si l'on veut, le don caché fait par Molière à son père, et Armande Béjard s'en empare immédiatement pour la porter chez le notaire le jour même où elle vient d'être trouvée dans les papiers de son

1. Cote sept. — 2. Cote une et document n° XXX. — 3. Cotes ix.

mari[1]. Le 9 août 1669, c'est encore Molière qui paye de ses deniers une dette de son père, mort quelques mois avant, dette que ni son frère Jean Poquelin le jeune, ni son beau-frère Boudet, engagés avec Poquelin le père, n'avaient pu acquitter[2]. Après le contrat souscrit par Lulli pour les onze mille livres qu'il a empruntées à Molière[3] et le testament de Madeleine Béjard[4], viennent les papiers qui correspondent à la dernière année de la vie de Molière. Ce sont : une quittance donnée, le 3 avril 1672, par Vouet, procureur au Châtelet, qui a reçu de Molière « trente-trois livres pour produire contre les héritiers Anne Tassin[5]; » puis les quittances des propriétaires des maisons d'Auteuil, de la rue Saint-Thomas du Louvre et de la rue Richelieu[6]; puis encore un prêt de onze cents livres fait au beau-frère Boudet par écrit sous seing privé[7]; puis un autre prêt de deux cents livres fait à Pierre Battas, huissier de salle du prince de Condé et demeurant à Auteuil[8]; puis un autre prêt de sept cents livres au libraire Jean Ribou, qui avait publié plusieurs comédies de Molière[9], et encore un autre prêt de huit cent trente livres à Mlle de Brie[10]; puis enfin des quittances de fournitures et ouvrages faits pour Molière et sa femme, et « un extrait tiré des tablettes dudit défunt contenant plusieurs articles de ce que ledit feu sieur Molière a déboursé pour ses meubles[11]. » Mais on n'en a pas encore fini avec tout l'argent prêté par Molière; Baron lui doit trente livres, le comédien Beauval et sa femme lui en doivent cent dix, et il n'est pas jusqu'à la jardinière d'Auteuil, *la Raviguotte*, à qui Molière n'ait prêté aussi cent dix livres. On voit avec quelle facilité le poëte dispose de son argent, souvent même sans reçu, et il n'y a rien d'extraordinaire à ce qu'on ne trouve pas chez lui les trente mille livres de rente

---

1. Cote quatre et document n° XXXV. — 2. Cote trois.
3. Cote deux et document n° XXXVIII.
4. Cote dix-huit et document n° XL. — 5. Cote douze.
6. Cotes dix-sept, onze et quinze. — 7. Cote huit. — 8. Cote cinq.
9. Cote neuf. — 10. Cote dix-neuf.
11. Cotes quatorze et vingt.

que Grimarest lui attribuait. C'était sans doute ce qu'il gagnait par année, mais il était loin d'en avoir le capital.

Les dettes de la comunauté déclarées par Armande Béjard à la fin de l'inventaire, s'élèvent à près de trois mille livres; mais parmi ces dépenses une grande partie doit être attribuée à la veuve de Molière, qui avait dû manquer d'argent après la mort de son mari, puisqu'elle déclare devoir à sa sœur une centaine de livres et à Boudet « ce qu'il justifiera par ses mémoires. » Il y a d'abord les frais du deuil, puis une longue suite de fournisseurs et de marchands : épicier, pâtissier, rôtisseur, franger, lingère, tailleurs, brodeur, couturière, perruquière, serrurier, ébéniste, etc. Parmi ces créanciers nous distinguerons seulement, « la damoiselle Laforêt, tapissière » dont le nom rappelle le sobriquet donné à la servante de Molière, et les sieurs « Frapin et Dupré, apothicaires » que Molière avait dû appeler souvent chez lui, malgré le rôle que jusqu'au dernier moment il faisait jouer à leur corporation sur son théâtre. Il est dû aussi « à Catherine et Laforêt, les servantes, le reste de leurs gages. »

Si l'on cherche à résumer cet inventaire en s'en tenant aux chiffres qu'il renferme, on trouve que Molière laisse en meubles, linge, habits, livres, argenterie, deniers comptants, etc., une valeur d'environ.................... 18 000 lb

Il est dû à la succession, en y comprenant les dix mille livres réclamées par la veuve aux héritiers Poquelin, un peu plus de.............. 25 000

Total......... 43 000

Les dettes s'élèvent à près de............. 3 000

L'actif de la succession est donc de......... 40 000 lb

ou deux cent mille francs d'aujourd'hui et, si l'on tient compte de la dépréciation, cette somme peut s'élever à trois cent mille francs.

L'inventaire de Molière est terminé le 20 mars et tout le contenu en est confié à ladite damoiselle veuve Molière qui s'en est chargée pour le tout représenter à qui et quand besoin sera. » Il nous reste maintenant à connaître le sort de cette succession, mais les documents qui vont nous servir à la suivre pendant plus de soixante ans n'offriront guère que des affaires d'intérêt où le nom de Molière ne figurera qu'incidemment. Néanmoins, ces documents apporteront encore des rectifications et des renseignements utiles à connaître, et sans eux le hasard seul aurait pu révéler les pièces beaucoup plus importantes que nous avons examinées jusqu'à présent.

Lulli avait profité de la mort de Molière pour obtenir de Louis XIV la salle du Palais Royal afin d'y établir l'Opéra ; les comédiens privés de leur chef n'avaient pu résister et Lulli rendit alors à la veuve de Molière, les onze mille livres qui lui avaient été prêtées trois ans auparavant[1]. Le lendemain de cette restitution, le 23 mai 1673, Armande Béjard et ses camarades louaient une salle construite « dans le jeu de paume situé dans la rue de Seine, au faubourg Saint-Germain, ayant issue dans ladite rue et dans celle des Fossés de Nesle (rue Mazarine), vis-à-vis la rue Guénégaud[2]. » L'illustre Théâtre avait débuté non loin de là trente ans auparavant et des premiers associés de Molière il ne restait plus que Geneviève Béjard ; la troupe dont elle continuait à faire partie, réunie par ordre du Roi à celle du Marais, allait désormais s'appeler « troupe de l'hôtel Guénégaud. » Le 26 juillet, Armande Béjard cède l'appartement dans lequel Molière était mort, en transportant le bail fait à Baudellet pour une partie de sa maison, au comte de la Marck, maréchal de camp et colonel du régiment de Picardie[3]. Le 16 août suivant la veuve de Molière, Jean-Baptiste Aubry et Geneviève Béjard, louent pour y demeurer ensemble une maison « sise rue de Seine, appelée l'*hôtel d'Arras* » en se réservant le

---

1. Document n° XXXVIII.
2. *Histoire du Théâtre François*, par les frères Parfaict, tome XI, page 296.
3. Document n° XLVI. Cet appartement fut ensuite occupé par la marquise de Saint-Germain Beaupré. (Note du document n° XLIII.)

droit d'ouvrir une porte « sur la montée du corps de logis de derrière » pour avoir communication « au théâtre où l'on représente maintenant la comédie, dans le jeu de paume vis-à-vis la rue de Guénégaud; » ce bail est fait moyennant douze cents livres par an[1].

Louis Béjard demeurait aussi rue de Seine l'année suivante et s'était probablement réuni à ses sœurs; le 12 février 1674 il signe avec elles le contrat d'une acquisition de rente[2] destinée à accomplir une des conditions du testament de Madeleine Béjard. Les fondations pieuses stipulées par Madeleine, en faveur des pauvres de l'église Saint-Paul, furent exécutées en partie trois ans plus tard[3].

Après une longue maladie Geneviève Béjard mourut dans l'hôtel d'Arras, le 3 juillet 1675[4], à l'âge de cinquante et un ans. André Boudet, beau-frère de Molière et subrogé-tuteur de sa fille, dut aussi mourir vers la même époque; Armande Béjard lui avait prêté le 14 juillet 1673 les onze mille livres rendues par Lulli, et Boudet les lui avait remboursées les 3 septembre et 26 octobre 1675; deux ans après on donne à la fille de Molière un autre subrogé tuteur, ce qui semble bien indiquer que Boudet n'existait plus alors[5].

1. Document n° XLVII. — 2. Documents n° XLVIII.
3. Documents n°s XLIX et L.
4. *Dissertation sur Molière*, par Beffara, page 22.
5. Documents n°s LI et LVIII.

VI

(1677-1738)

Second mariage d'Armande Béjard avec Guérin du Tricher. — Contestations entre la fille de Molière, sa mère et son beau-père. — La maison des piliers des halles. — Mort d'Armande Béjard. — Guérin du Tricher et son fils. — Mariage de la fille de Molière avec Claude de Rachel, sieur de Montalant. — Les manuscrits et la bibliothèque de Molière. — Contestations entre la fille de Molière et les héritiers de Jean Poquelin. — Mme de Montalant achète une propriété à Argenteuil; mort de la fille de Molière. — Relations de M. de Montalant avec la famille de sa femme; il fonde une chapelle destinée à prier pour le repos de son âme et de celles de ses proches, et en fait donation aux Augustins d'Argenteuil. — Mort de M. de Montalant. — Restes de la succession de Molière.

Armande Béjard était restée seule après la mort de sa dernière sœur Geneviève; Jean-Baptiste Aubry s'était remarié, et la veuve de Molière ne tarda pas à épouser un des comédiens qui, depuis cinq ans, était venu avec la troupe du Marais, se réunir à la société de l'hôtel Guénégaud. Le 29 mai 1677 elle signait son contrat de mariage [1] avec Isaac-François Guérin, dont le père, Charles Guérin, avait été aussi comédien et dont la mère, Françoise d'Estriché ou de Trichet de Bradam, s'était retirée à Marseille après la mort de son mari. Guérin fils était connu au théâtre sous le nom de sa mère et se faisait appeler du Tricher ou d'Estriché. Jean-Baptiste Aubry et sa seconde femme, Anne de Boismartin, sont les seuls parents d'Armande Béjard qui signent son contrat de mariage et qui assistent à la cérémonie religieuse célébrée dans l'église basse de la Sainte-Chapelle deux jours après [2].

1. Document n° LI.
2. *Dissertation sur Molière*, par Beffara, page 17.

Louis Béjard ne figure ni au contrat, ni à l'acte de mariage ; il ne mourut pourtant que l'année suivante (29 septembre 1678).

La veuve de Molière s'engage à entrer dans la nouvelle communauté avec « tous les meubles, ustensiles d'hôtel, linge, habits, vaisselle d'argent et d'étain, titres, papiers et effets contenus en l'inventaire fait à la requête de ladite damoiselle future épouse, après le décès dudit sieur de Molière, par Levasseur l'aîné et son collègue ». Après vérification de cet inventaire « ledit sieur futur époux s'en chargera tant envers ladite damoiselle future épouse qu'envers damoiselle Marie-Madeleine-Esprit Poquelin, fille mineure dudit défunt sieur de Molière et de ladite damoiselle sa veuve, dont ladite damoiselle veuve a la tutelle, et de laquelle ledit sieur futur époux se fera aussi élire tuteur conjointement avec elle, aussitôt que leur mariage aura été célébré. » Plus loin il est dit que la fille de Molière « sera nourrie, entretenue et fait instruire selon sa condition, jusqu'à l'âge de vingt ans, aux dépens de ladite communauté, sur le revenu de son bien, sans lui en faire aucun autre profit jusqu'audit âge de vingt ans. »

On vient de voir les stipulations faites en se remariant par Armande Béjard relativement à l'enfant de son premier lit. Le sort de la fille unique laissée par Molière est digne d'intérêt, et le peu de détails que la tradition nous a conservés en ce qui la concerne est aussi inexact que certains faits allégués à propos de son père et de ses parrain et marraine. On se rappelle en effet que Esprit-Madeleine Poquelin, fille de Molière et d'Armande Béjard, avait été tenue sur les fonts de baptême le 4 août 1665 par Esprit de Raimond, marquis de Modène, et par Madeleine Béjard[1]. Devenue orpheline dès sa huitième année, Madeleine Poquelin n'avait, du côté de son père, d'autre parent pour la protéger, qu'André Boudet, veuf de la sœur de Molière, qui avait été nommé son su-

---

1. *Dissertation sur Molière*, par Beffara, page 15.

brogé tuteur. Ce dernier appui venait de lui manquer et c'était un beau-père qui désormais allait être chargé des intérêts de la fille de Molière. « Elle se trouvait au couvent, dit M. Taschereau[1], lors du second mariage de sa mère ; » elle avait alors près de douze ans. La tradition ajoute qu'elle était grande, bien faite, peu jolie, mais qu'elle réparait ce défaut par beaucoup d'esprit, et que « lasse d'attendre un parti du choix de sa mère, elle se laissa enlever par le sieur Claude Rachel, écuyer, sieur de Montalant, » puis que des amis communs accommodèrent l'affaire[2]. M. Taschereau a placé la date du mariage de Madeleine Poquelin vers 1685 ou 1686[3].

Les contestations survenues entre la fille de Molière, sa mère Armande Béjard et son beau-père Guérin ; les transactions qui précédèrent et suivirent la mort de la veuve de Molière, servent à rectifier la plus grande partie des faits qui précèdent. Le 9 mars 1691, Guérin et sa femme « auparavant veuve du sieur de Molière » avaient rendu devant Jacques Baudelot, « commissaire enquêteur et examinateur au Châtelet, » leurs comptes de tutelle et de communauté concernant les successions de Molière et de Madeleine Béjard, à Esprit-Madeleine Poquelin, fille majeure, usante et jouissante de ses biens et droits, « fille unique et seule héritière du défunt sieur Jean-Baptiste Poquelin de Molière, son père, et légataire substituée de damoiselle Madeleine Béjard, sa tante[4]. » Peut-être la fille de Molière était-elle restée jusqu'à sa majorité chez sa mère, et voulait-elle désormais vivre indépendante avec ce qui pouvait lui revenir de son père et de sa tante ; ce qui est certain, c'est que Madeleine Poquelin ne se trouva pas satisfaite de la manière dont sa fortune avait été gérée et que, trois mois après ce compte de tutelle, elle demeurait « comme pensionnaire, au couvent des dames religieuses de la Conception, rue Saint-Honoré[5]. » Elle se

---

1. *Histoire de Molière*, 3ᵉ édit., page 194.
2. *Histoire du Théâtre François*, par les frères Parfaict, tome XI, p. 320
3. *Histoire de Molière*, 3ᵉ édit., page 194.
4. Document n° LV. — 5. Document n° LII.

trouvait encore dans cette maison au commencement de 1692 lorsqu'elle chargea son procureur Dupré, de poursuivre les débats et contestations survenus entre elle et les Guérin[1]. Madeleine Poquelin avait, dès le 30 juin 1691, renoncé à la continuation de la communauté qui s'était prolongée après la mort de son père entre elle et Armande Béjard, « comme lui étant icelle continuation de communauté plus onéreuse que profitable, » et elle n'acceptait « ladite communauté » qu'en l'état où elle était au 20 mars 1673, jour où l'inventaire de Molière avait été terminé. Les Guérin avaient réclamé et les parties se trouvaient renvoyées, par sentence du Châtelet du 30 décembre 1692, devant « maître François Pillon l'aîné, procureur audit Châtelet de Paris, demeurant rue Grenier-Saint-Lazare, paroisse Saint-Nicolas-des-Champs. » Ces contestations se prolongèrent pendant plus de deux ans, et la fille de Molière était venue se loger près du procureur Pillon, rue du Temple, paroisse Saint-Nicolas-des-Champs, lorsqu'enfin elle signa le 26 septembre 1693, avec son beau-père et sa mère, une transaction conforme à l'avis et expédient donné par maître Pillon[2], le 9 du même mois. Par cette transaction, les Guérin remettent à la fille de Molière huit cents livres en deniers comptants, un titre de rente de deux cent soixante-quinze livres, provenant du remploi d'une partie des onze mille livres remboursées par Lulli, et les titres constatant l'hypothèque de cinq cents livres de rente sur la maison des piliers des halles, à condition que Madeleine Poquelin payera sur les loyers de cette maison deux cent cinquante livres par an à sa mère, « jusques au jour de son décès. » Ainsi l'argent que Molière avait voulu donner à son père, devait être, vingt-cinq ans plus tard, une des ressources mises à la disposition de sa fille unique et héritière, par ceux qui avaient si mal gouverné les riches successions de Madeleine Béjard et de Molière.

1. Document n° LIII. — 2. Documents n°ˢ LIV et LV.

Par la cession des titres constatant le prêt de dix mille livres hypothéqué sur la maison des piliers des halles, Madeleine Poquelin était devenue propriétaire de cette maison pour un tiers. Les deux autres tiers appartenaient l'un à Jean-Baptiste Poquelin, avocat au Parlement, fils de Jean Poquelin le jeune, frère puîné de Molière, et de Marie Maillard; André et Jean-Baptiste Boudet, fils du beau-frère de Molière, avaient hérité de l'autre tiers. C'est au nom de ces propriétaires, tous les quatre cousins-germains, que sont passés les deux baux de la maison des piliers des halles, faits les 24 janvier 1695 et 21 mai 1700 à Pierre Gaubert, « marchand fripier[1]. » La maison est louée d'abord sept cent cinquante livres, et cinq ans après, neuf cents; on se rappelle que Poquelin père la louait six cents, et cette progression rapide dans le prix des loyers vaut la peine d'être remarquée. Une autre observation résulte encore de la lecture de ces deux baux et de la profession du locataire; elle est relative à la tradition qui a fait naître Molière en 1620, sous les piliers des halles. Grimarest, qui allait publier quelques années plus tard la *Vie de Molière*[2], put savoir qu'à l'époque où il écrivait, la maison de Jean Poquelin avait pour propriétaires les deux frères Boudet, et il dut en conclure que la mère de Molière se nommait aussi Boudet. Mais Grimarest n'avait pas donné de prénom à la mère supposée de Molière, et quant à la maison des piliers des halles, il s'était contenté de dire qu'elle appartenait « en propre » à la famille Poquelin, sans s'avancer jusqu'à y faire naître Molière et sans même fixer la date de sa naissance[3]. Voltaire, qui a la prétention d'être plus vrai que Grimarest, voit ensuite la maison des piliers des halles occupée par un fripier, et il ajoute immédiatement quatre erreurs au texte de celui qu'il censure si aigrement : il fait naître Molière en 1620, « dans une maison qui subsiste encore sous les piliers des halles, » fait de son père un mar-

---

1. Documents n°ˢ LVI et LVII.
2. L'approbation signée de Fontenelle est du 15 décembre 1704.
3. *La vie de M. de Molière*, 1705, page 5.

chand fripier et baptise la mère Anne Boutet. La tradition continuant à s'éloigner de la vérité, ce n'est bientôt plus la maison du père de Molière qui passe pour celle où est né le poëte, et dès 1747, les frères Parfaict écrivent : « On prétend que la maison où naquit Molière est la troisième en entrant par la rue Saint-Honoré[1]. » Enfin en 1799, Alexandre Lenoir consacre cette tradition en plaçant un buste de Molière sur la façade de cette dernière maison, et malgré les preuves apportées par Beffara, ce buste induit encore en erreur, comme nous l'avons déjà dit, presque tous ceux qui s'arrêtent aujourd'hui devant le n° 3 de la rue de la Tonnellerie.

Armande-Grésinde-Claire-Élisabeth Béjard mourut à Paris, rue de Touraine, le 30 novembre 1700, « âgée de cinquante-cinq ans, » dit l'acte inscrit sur les registres de Saint-Sulpice[2]. Il y a évidemment erreur dans cette dernière énonciation qui a servi de base pour faire naître en 1645 la fille de Joseph Béjard et de Marie Hervé. Nous avons vu que son père était mort au commencement de 1643[3], et qu'Armande Béjard, lors de son mariage en 1662 était « âgée de vingt ans ou environ[4] ; » elle avait donc, au moment de sa mort, cinquante-sept ou cinquante-huit ans. De son second mariage avec Guérin du Tricher, la veuve de Molière avait eu un fils, né en 1678, et nommé Nicolas-Armand-Martial Guérin ; les biens qu'elle laissait furent partagés le 29 novembre 1703, trois ans après la mort d'Armande, entre Madeleine Poquelin, sa fille, et Guérin père et fils[5]. Sur les diverses rentes acquises par Armande Béjard avec les deniers provenant de sa sœur et de Molière, Madeleine Poquelin put obtenir environ deux mille livres de rente sur les aides et gabelles et sur le clergé, et deux mille deux cents livres en deniers comptants. A l'époque de son second mariage, la veuve de Molière avait acheté à Meudon une maison avec jardin ; il

---

1. *Histoire du Théâtre François*, tome X, page 68.
2. *Histoire de Molière*, par M. Taschereau, 3ᵉ édition, page 236.
3. Document n° VIII. — 4. Document n° XXX. — 5. Document n° LVIII.

fut décidé par ses héritiers que cette propriété serait vendue pour en partager le prix entre eux, « suivant les parts et portions à eux appartenantes. » En outre, Guérin et sa femme avaient en commun une part « dans le fond et superficie de l'hôtel de la Comédie, rue des Fossés-Saint-Germain, » part provenant d'une association faite entre les comédiens du Roi qui, en 1687, avaient dû quitter l'hôtel Guénégaud et faire construire une nouvelle salle sur l'emplacement d'un autre jeu de paume dit *de l'Étoile*[1], situé rue des Fossés-Saint-Germain (aujourd'hui rue de l'Ancienne-Comédie). Cette part n'étant exigible « que lorsque ledit sieur Guérin sortira de la troupe des comédiens ou après son décès, » les héritiers d'Armande Béjard conviennent qu'il n'en sera fait pour le moment aucun partage. Les titres et papiers concernant la succession de Madeleine Béjard sont rendus à la fille de Molière, ainsi que les trois quarts des papiers et effets de l'ancienne communauté de biens entre Molière et sa femme, « desquels effets moitié appartient à ladite damoiselle Molière, comme héritière dudit défunt sieur de Molière, et moitié de l'autre moitié, comme héritière de ladite défunte sa mère. ».

La *Vie de Molière*, par Grimarest, parut en 1705; l'auteur de ce livre demeurait alors rue du Four-Saint-Germain[2] et la fille de Molière habitait aussi depuis quelques années le même quartier; elle logeait rue du Petit-Lion, paroisse Saint-Sulpice. Grimarest dut tenter d'obtenir d'elle quelques renseignements, et les termes dans lesquels il s'exprime sur son compte semblent bien indiquer qu'il était en relation avec elle. « Mademoiselle Poquelin, dit-il, fait connoître par l'arrangement de sa conduite, et par la solidité et l'agrément de sa conversation, qu'elle a moins hérité des biens

---

1. *Histoire du Théâtre François* par les frères Parfaict, tome XIII, pages 101 à 127.
2. Voyez sa lettre au président de Lamoignon publiée par M. Taschereau, *Histoire de Molière*, 3ᵉ édit., p. 252.

de son père que de ses bonnes qualités[1]. » Il serait bien extraordinaire que Grimarest eût osé faire l'éloge de la conduite de Madeleine Poquelin si, comme on le prétend, elle s'était fait enlever par M. de Montalant, avec qui elle n'était pas encore mariée au moment où parut la *Vie de Molière*. C'est le 29 juillet 1705 seulement que la fille de Molière, âgée de quarante ans, signe son contrat de mariage avec M. de Montalant qui en avait plus de cinquante-neuf. La cérémonie religieuse fut célébrée à Saint-Sulpice le 5 août suivant[2]. Claude de Rachel, écuyer, sieur de Montalant, était fils de Jean de Rachel, écuyer, sieur de Montalant, conseiller du Roi, commissaire ordinaire des guerres, et de dame Marie Dugats; il était né dans le Forez, à Saint-Martin de l'Étré ou d'Estréaux, le 23 février 1646. Sa nièce, Marie-Louise de Rachel de Montalant s'était mariée en 1696, à Toulon, avec Jean Picon, écuyer, seigneur des Lèzes et de Chasseneuil, président trésorier général de France au bureau des finances de la généralité de Limoges[3]. M. de Montalant appartenait donc à une bonne famille, mais il était pauvre. D'un premier mariage avec Anne-Marie Alliamet il avait eu quatre enfants, baptisés à Saint-André-des-Arcs de 1679 à 1684[4], et M. Auger prétend que M. de Montalant « fut quelque temps organiste de la paroisse Saint-André-des-Arcs[5]. » M. de Montalant demeurait encore sur la paroisse de Saint-André-des-Arcs, rue Christine, lors de son mariage avec la fille de Molière; ses témoins sont Gilles le Masson, caissier général des États de Bretagne, un sieur de Trohéou-Musnier et le procureur de Madeleine Poquelin, Claude Dupré. La fille de Molière a pour

---

1. *La vie de M. de Molière*, page 293.
2. Documents n°˙ LIX, LX et LXV, cote une.
3. L'inventaire de M. de Montalant mentionne encore deux religieuses de sa famille, l'une Marie-Madeleine de Rachel, dite de Mareuil, est religieuse au couvent du Saint-Sacrement de Saint-Augustin sur Loir, et l'autre Marie de Rachel, dite de Mareuil, est religieuse au couvent de Saint-Laurent, diocèse de Comminges. (Document n° LX, cotes 24 à 26.
4. *Histoire de Molière*, par M. Taschereau, 3ᵉ édition, p. 264.
5. *Vie de Molière* en tête de son édition, tome I, p. cxxiv.

témoins et amis : Marie le Camus, marquise de Flamanville, femme d'un lieutenant général des armées du roi, Pierre d'Argouges, écuyer, sieur de Saint-Malo, et sa femme, Louise Largillier-Dalencey.

Le contrat de mariage de Madeleine Poquelin diffère notablement des autres actes de ce genre. La première stipulation est « qu'il n'y aura aucune communauté de biens entre lesdits sieur et damoiselle futurs époux, nonobstant la coutume de cette ville de Paris et toutes autres coutumes contraires, auxquelles est expressément dérogé et renoncé pour ce regard. » Plus loin, il est convenu que la « future épouse tiendra à loyer la maison qui sera convenable pour leur habitation commune, et fera la dépense du ménage de ses deniers et à ses frais, pour raison de quoi ledit sieur futur époux lui payera une pension annuelle, telle qu'elle sera convenue et arbitrée entre eux. » En outre, « pour éviter la confusion des biens et droits appartenant à chacun desdits sieur et damoiselle futurs époux, il en a été fait et dressé deux états séparés, l'un de ceux appartenant audit sieur futur époux, l'autre de ceux appartenant à ladite damoiselle future épouse » lesquels états « sont demeurés annexés à ces présentes. » Le douaire est fixé à dix mille livres, « et pour l'étroite et singulière amitié que ladite damoiselle future épouse porte audit sieur futur époux, voulant lui en donner des marques certaines, » elle lui fait une donation irrévocable de tous les biens meubles et immeubles qui se trouveront lui appartenir « au jour du décès de ladite damoiselle future épouse. » Cette donation doit cependant demeurer nulle, si M. de Montalant décède avant Madeleine Poquelin ou s'il naît des enfants de leur mariage.

La fille de Molière et d'Armande Béjard avait appris à ses dépens les inconvénients de la communauté, et, en faisant annexer à son contrat des actes constatant la différence de fortune qui existait entre elle et M. de Montalant, elle prenait une précaution dictée par l'expérience du second mariage de sa mère. En effet, M. de Montalant ne possédait que cinq cents livres de rente viagère, tandis que « tous les effets certains contenus » dans l'état des biens appartenant à Madeleine Poquelin sont évalués à près de soixante mille livres; c'était tout ce que la fille de Molière avait pu recueillir des héritages de sa tante, de son père et de sa mère.

Parmi les meubles placés dans l'appartement de la fille de Molière, on retrouve beaucoup d'objets déjà mentionnés dans l'inventaire de son père. Les portraits de famille au nombre de quinze, qui sont placés dans la salle à manger, la chambre à coucher, le salon et le cabinet de toilette de Madeleine Poquelin ne sont malheureusement pas désignés sous les noms des personnages qu'ils représentent; l'état annexé à son contrat de mariage, dit laconiquement : « un portrait de famille; » ou « un autre tableau d'enfant, portrait de famille; deux autres petits tableaux, miniatures, représentant deux femmes; deux autres petits portraits, miniatures, avec leurs bordures dorées. » Ces portraits de famille devaient venir en grande partie de Madeleine Béjard et de Molière, bien qu'on ne les retrouve pas dans leurs inventaires. Il n'en est pas de même du « tableau peint sur toile représentant une scène de *l'École des Maris*, avec sa bordure, » qui est dans le salon de Madeleine Poquelin; on se rappelle l'avoir vu chez Molière ainsi que les « sept tableaux peints sur toile, représentant des paysages. » D'autres objets, le grand miroir à bordure de glace, la pendule de Claude Raillart, viennent aussi de l'appartement habité par Molière et probablement encore la « tenture de tapisserie, verdure de Flandre, à petits personnages, très-fine » et prisée onze cents livres. Ce prix est bien en rapport avec la « tenture de tapisserie de verdure de Flandre, » estimée huit cents livres dans l'inventaire de Molière.

Il n'y a chez Madeleine Poquelin que « soixante volumes de livres traitant de plusieurs sujets. » La majeure partie de la bibliothèque de Molière était probablement restée, ainsi que ses manuscrits, entre les mains de Guérin père et fils. On s'est longtemps appuyé pour expliquer la disparition des manuscrits de Molière, sur le témoignage de Grimarest qui dit :

« J'avois fort à cœur de recouvrer les ouvrages de Molière qui n'ont jamais vu le jour. Je savois qu'il avoit laissé quelques fragments de pièces qu'il devoit achever : je savois aussi qu'il en avoit quelques-unes entières, qui n'ont jamais paru. Mais sa femme, peu curieuse des ouvrages de son mari, les donna tous, quelque temps après sa mort, au sieur de la Grange, comédien, qui connoissant tout le mérite de ce travail, le conserva avec grand soin jusqu'à sa mort. La femme de celui-ci ne fut pas plus soigneuse de ces ouvrages que la Molière ; elle vendit toute la bibliothèque de son mari, où, apparemment, se trouvèrent les manuscrits qui étoient restés après la mort de Molière[1]. » L'auteur de la *Vie de Molière* se trompe, et, sur ce point, comme sur beaucoup d'autres, il a été mal renseigné. Grimarest n'était pas l'ami des comédiens, Baron excepté ; on le voit dans son livre lorsque, parlant de Molière, il prétend que « s'il revenoit aujourd'hui, il ne reconnoîtroit pas ses ouvrages dans la bouche de ceux qui les représentent[2]. » En 1699, sept ans après la mort du comédien la Grange, les manuscrits de Molière étaient consultés, étudiés par Guérin fils qui, à l'âge de dix-neuf ans, avait voulu refaire et terminer la pastorale de *Mélicerte* laissée inachevée par Molière. M. Paul Lacroix[3] a déjà signalé ce fait très-important, et voici comment Guérin fils s'exprime dans sa préface[4] : « Monsieur de Molière avoit commencé *Mélicerte* : lecteur avide des moindres productions de ce grand homme, je me suis étonné cent fois de ce qu'il n'avoit pas donné la dernière main à un ouvrage, dont l'heureux commencement nous

---

1. *La vie de M. de Molière*, pages 309-11.
2. *Ibidem*, page 209. Louis XIV était de l'avis de Grimarest, car Dangeau nous apprend que le 9 octobre 1700, le Roi qui n'avait paru à aucune comédie depuis longtemps vit, dans la tribune de la duchesse de Bourgogne, les trois premiers actes de la comédie de *l'Avare* ; « mais il ne trouva pas que les « comédiens la jouassent bien. Madame la duchesse de Bourgogne le pressa « fort de demeurer jusqu'à la fin, mais il ne pût s'y résoudre. » (*Journal du marquis de Dangeau*, tome VII, page 391.)
3. *La Jeunesse de Molière*, 1859, in-16, page 182.
4. *Myrtil et Mélicerte*, pastorale héroïque, 1699, in-12.

promettoit une suite aussi parfaite.... et ce fut dans ces moments que je formai le dessein de le continuer....

« J'avouerai en tremblant que le troisième acte est mon ouvrage, et que je l'ai travaillé sans avoir trouvé dans ses papiers, ni le moindre fragment, ni la moindre idée. Heureux, s'il m'eût laissé quelque projet à exécuter! Tout ce que je pus conjecturer, ce fut qu'il avoit tiré *Mélicerte* de l'histoire de Timarette et de Sésostris qui est dans Cyrus. Je le lus avec attention, et là-dessus je traçai mon sujet. » Il faut donc ajouter *le Grand Cyrus* de Madeleine de Scudéry à l'*Alaric* de son frère, que nous avons déjà vu dans la bibliothèque de Molière.

Guérin fils mourut, suivant les frères Parfaict vers la fin de l'année 1707 ou au commencement de 1708, sans laisser d'enfants de la nièce d'un curé qu'il avait épousée[1]; Guérin du Tricher survécut à son fils jusqu'en 1728. On trouve dans le premier testament de M. de Montalant[2] un legs de deux cent cinquante livres de rente fait à deux demoiselles Poquelin « pour en jouir lorsque le douaire de la damoiselle Guignard, veuve en premières noces du sieur Guérin et en secondes du sieur Belin sera éteint. » M. de Montalant, avait hérité de cette rente après la mort de Guérin père et le titre en existe parmi ses papiers[3]. On n'a jamais dit que Guérin du Tricher se soit remarié et il est probable que cette demoiselle Guignard, veuve Guérin, est la femme de Guérin fils; suivant les frères Parfaict, elle vivait encore en 1748. C'est chez cette veuve Guérin et non chez la veuve de la Grange, comme le prétend Grimarest, que devaient se trouver en dernier lieu les papiers de Molière s'ils existaient encore.

Les cousins germains de Madeleine Poquelin ne figurent pas à son contrat de mariage. Molière en gardant par devers lui les titres constatant le prêt fait à son père avait été cause

---

1. *Histoire du Théâtre François*, tome XIV, page 367.
2. Document n° LXII. — 3. Document n° LXV, cote vingt-sept.

d'un procès entre ses héritiers et ceux de Jean Poquelin, à propos de la maison des piliers des halles. La veuve de Molière avait obtenu en 1690, contre les héritiers Poquelin une sentence du Châtelet les condamnant à payer les arrérages des intérêts échus depuis l'année 1668; on a vu qu'elle avait cédé, trois ans après, ces titres peu fructueux à sa fille et que celle-ci s'était accordée avec Jean-Baptiste Poquelin, l'avocat en Parlement et les frères Boudet, pour louer la maison qu'ils possédaient en commun. De nouvelles contestations étaient survenues entre eux au sujet de cette maison, et avaient motivé, en 1710, une autre sentence du Châtelet confirmant les droits de la fille de Molière[1]. L'année suivante elle signait avec ses cousins une transaction définitive relativement à la maison des piliers des halles; depuis le bail de 1700, Jean-Baptiste Boudet était mort, et son frère André, après avoir servi à Cayenne comme lieutenant d'une compagnie de milices, demeurait alors à Courbevoie[2].

Le 1er octobre 1713, Mme de Montalant, achetait des héritiers d'André Baudouin, gentilhomme servant de la duchesse douairière d'Orléans, « deux maisons joignant l'une l'autre et jardin derrière, rue de Calais » à Argenteuil, moyennant la somme de quatre mille livres[3]. La fille de Molière mourut dans la plus grande de ces maisons, le 23 mai 1723, et fut inhumée le lendemain, sans aucune pompe, dans l'église de Saint-Denis d'Argenteuil[4]. Aux termes de son contrat de mariage, Madeleine Poquelin étant décédée sans enfants, M. de Montalant entrait en possession de tous les biens de la fille de Molière. Il ne tarda pas à se défaire de la part qu'il avait comme héritier de sa femme dans la propriété de la maison des piliers des halles; il la vendit, le 12 janvier 1724, à Pierre

1. Document n° LXV, cote trente-deux. — 2. Document n° LXI.
3. Document n° LXV, cote vingt-neuf.
4. *Histoire de Molière*, par M. Taschereau, 3e édition, page 265. Le seul témoin mentionné dans l'acte de décès est « André Pothron, maçon de la maison » Un descendant de la famille Pothron habite encore (avril 1862) la rue de Calais à Argenteuil. L'église dans laquelle la fille de Molière avait été inhumée vient d'être démolie.

Gagnat, procureur au Parlement¹. M. de Montalant fit ensuite construire, à la place de la plus petite maison de la rue de Calais, à côté de celle dans laquelle la fille de Molière était morte, une chapelle sous l'invocation du Saint-Esprit, et obtint de l'archevêque de Paris la permission « de dire la messe dans ladite maison². » On peut supposer que M. de Montalant voulut ainsi consacrer un pieux souvenir à celle qui avait reçu, lors de son baptême les prénoms d'Esprit-Madeleine, et qui s'était unie à lui malgré son âge avancé et sa position précaire. La donation de deux contrats de rente faite de son vivant, le 11 janvier 1726³, par M. de Montalant à Philippe de Loménie, « porte manteau de S. A. R. Mgr le duc d'Orléans », aurait été inspirée par un sentiment analogue s'il était prouvé, comme cela paraît probable, que ce Philippe de Loménie était un parent, peut-être le petit-fils du premier mari de Geneviève Béjard⁴.

Il y avait eu aussi rapprochement entre M. de Montalant et quelques-uns des membres de la famille Poquelin. Dans un testament fait en 1734, Claude de Rachel « donne et lègue à la damoiselle Poquelin, femme du sieur Pierre Chapuis, bourgeois de Paris, une action et trois dixièmes d'action sur la compagnie des Indes, avec le grand portrait de la défunte femme dudit sieur testateur qui étoit cousine germaine de ladite damoiselle Chapuis, » et il fait encore un autre legs « à la dite damoiselle Chapuis et à la damoiselle Poquelin, sa sœur, fille majeure⁵. » Ces deux personnes étaient sans doute les filles de Jean-Baptiste Poquelin, avocat en Parlement et neveu de Molière. Par le même testament, après divers legs parmi lesquels on remarque celui du « portrait de feu M. Molière » donné à un sieur de Saint-Gelais, M. de Montalant, nommait pour sa légataire universelle « la dame veuve des Lèzes, sa nièce. »

Le 5 juillet 1736. M. de Montalant, afin d'assurer la con-

---

1. Document n° LXV, cote neuf.
2. Documents nᵒˢ LXIII et LXV, cote vingt-neuf. — 3. *Idem*, cote huit.
4. Documents n° XXXIII et XLIV. — 5. Document n° LXII.

servation de la chapelle qu'il avait fait construire à côté de sa maison, en fait donation aux Augustins déchaussés d'Argenteuil, en fondant à perpétuité dans cette chapelle une messe basse et un *De profundis* « à l'intention dudit sieur de Montalant, et après son décès pour le repos de son âme et de celles de ses proches[1]. » L'année suivante Mme des Lèzes étant morte chez son oncle à Argenteuil, Claude de Rachel prend de nouvelles dispositions testamentaires[2]. Il prélève à la vérité une somme d'environ quarante mille livres destinée à être répartie entre ses domestiques, ses amis et des parents collatéraux qui se trouvent dans une position inférieure, mais il laisse le surplus de tous ses biens à son exécuteur testamentaire et légataire universel, Pierre Chapuis, désigné, dans le testament de 1734 comme ayant épousé une demoiselle Poquelin. M. de Montalant rendait ainsi à un allié de la famille de Molière les restes encore considérables d'une fortune provenant de la succession du poëte.

Claude de Rachel, sieur de Montalant, bien que de vingt ans plus âgé que sa femme, lui survécut pendant l'espace de quinze ans. Il était dans sa quatre-vingt-treizième année, lorsqu'il mourut dans la maison de la rue de Calais, le 4 juin 1738[3], et il fut inhumé, suivant ses dernières volontés, dans l'église des Augustins déchaussés. Mais l'on chercherait vainement aujourd'hui à Argenteuil l'église où fut enterrée la fille de Molière, celle qui reçut le corps de son époux, et la chapelle du Saint-Esprit, dans laquelle on devait prier à perpétuité pour le repos des âmes de Molière et de ses proches.

On reconnaît dans l'inventaire fait à Argenteuil, après le décès de M. de Montalant[4], bien des débris du mobilier et des effets de Molière, entre autres les vieilles tapisseries d'Auvergne, dont une est en partie pourrie; cependant la belle tenture prisée huit cents livres chez Molière, puis onze

---

1. Document n° LXIII. — 2. Document n° LXIV.
3. *Histoire de Molière*, par M. Taschereau, 3ᵉ éd., page 265.
4. Document n° LXV.

cents chez sa fille en 1705, se trouve encore en 1738 dans la chambre de Mme de Montalant, avec son prix d'estimation, qui est réduit à cinq cent cinquante livres; mais cette fois nous connaissons le sujet que représentent les figures; c'est l'histoire de Persée et d'Andromède. Viennent ensuite les fayences de Hollande, le vieux cabinet de bois d'ébène, puis la courte-pointe jaune, les rideaux à bandes de panne verte, le lit à colonnes, avec ses pommes et ses plumes sur l'impériale qui rappellent les couleurs affectionnées par Molière et un peu le luxe de son dernier appartement; puis la robe de satin bleu et argent, le jupon piqué de satin vert qui font penser aux costumes de *Psyché;* puis le grand clavecin d'Armande Béjard et ses cahiers de musique. La chaise à porteurs qui est sous le vestibule est peut-être celle de Molière, bien que l'étoffe ne soit plus la même.

Il y a chez M. de Montalant une soixantaine de tableaux parmi lesquels on reconnaît les sept paysages venant de chez Molière. Les portraits de famille sont mis à part, sans description ni prisée, attendu qu'ils ne doivent pas être vendus, cependant ceux de Mme de Montalant et de la nièce de son mari, Mme des Lèzes, sont désignés par leurs noms. Quatre autres tableaux, l'un « représentant *l'École des maris*, » et les trois autres des portraits, « tous dans leurs bordures dorées, » sont relégués au second étage.

On est satisfait de trouver dans le cabinet de M. de Montalant les *OEuvres de Molière*; mais dans le lot de deux cent cinquante volumes, « pour la plupart dépareillés et qui ne méritent description, » dont elles font partie, il ne peut y avoir ni la Bible, ni le Plutarque de Marie Cressé, ni aucun des livres que Molière possédait, soit à Paris, soit à Auteuil.

Les papiers de M. de Montalant prouvent qu'il avait bien administré les biens de la fille de Molière; aux modestes contrats de rentes viagères de Claude de Rachel viennent se joindre les titres d'héritages que Madeleine Poquelin avait pu successivement recouvrer, puis d'autres pièces constatant des placements d'argent faits après la mort de Mme de Montalant, et enfin quelques prêts de sommes peu importantes. M. de Montalant conservait aussi avec soin une liasse de cinquante et une pièces concernant sa généalogie[1]. Le « petit livre contenant l'état et la recette des revenus dudit feu sieur de Montalant, » constate que dans l'année qui avait précédé sa mort, ces revenus s'étaient élevés à plus de trente mille livres. Il est à remarquer que le mari de la fille de Molière jouissait alors d'une fortune dont le chiffre est précisément celui que l'on avait attribué à Molière lui-même[2].

D'après une note manuscrite de Beffara publiée par M. Taschereau[3], la famille Poquelin s'éteignit vers 1780; celle de Pierre Chapuis, qui recueillait, il y a plus d'un siècle, les restes de la fortune et du mobilier de Molière a-t-elle également disparu? c'est probable. Pourtant il ne serait pas impossible que quelque descendant de cette famille possédât encore, sans en connaître la source, quelque revenu, quelque vieux meuble, quelque portrait de famille, peut-être même le tableau de *l'Ecole des maris*, transmis d'héritier en héritier jusqu'à nos jours.

---

1. Document n° LXV, cote trente-quatre.
2. Les trente mille livres de rente de M. de Montalant ne représentent cependant pas la fortune attribuée à Molière. La valeur de l'argent avait déjà doublé depuis 1673, ainsi que le prouve un passage de la *Vie de Molière*, publiée en 1734 par Voltaire. « Ce qu'il retirait du théâtre, avec ce qu'il avait placé, dit Voltaire, allait à trente mille livres de rente; somme qui en ce temps-là faisait presque le double de la valeur réelle de pareille somme d'aujourd'hui. »
3. *Histoire de Molière*, 3° éd., page 267.

VII

CONCLUSION.

Lorsqu'en 1705 Grimarest publia son livre, tant dénigré malgré son utilité réelle et le soin que l'auteur avait apporté à se procurer des « mémoires » qu'il croyait « très-assurés, » l'auteur disait dès le début : « Il y a lieu de s'étonner que personne n'ait encore recherché la vie de M. de Molière pour nous la donner. On doit s'intéresser à la mémoire d'un homme qui s'est rendu si illustre dans son genre; » puis Grimarest se hâtait d'ajouter trois pages plus loin : J'ai écarté « beaucoup de faits domestiques, qui sont communs à toutes sortes de personnes; mais je n'ai point négligé ceux qui peuvent réveiller mon lecteur[1]. » Malgré cette malencontreuse précaution prise par Grimarest d'écarter beaucoup de faits domestiques, l'on trouva qu'il avait encore donné trop de détails de ce genre, et, l'un de ses contemporains le lui reproche dans une lettre imprimée en 1706 ; voici comment s'exprime ce critique anonyme : « L'auteur s'étonne qu'on n'ait point encore donné la vie de Molière ; pour moi je ne m'en étonne point du tout, et je ne vois pas même qu'il y ait lieu de s'en étonner. Nous avons de Molière tout ce qui doit nous toucher, ce sont ses ouvrages, et je me mets fort peu en peine de ce qu'il a fait dans son domestique, ou dans son commerce avec ses amis ; nous nous passons de la vie de bien d'autres personnes illustres dans les lettres, nous

---

1. *La vie de M. de Molière*, pages 1 à 4.

nous serions aussi bien passés de la sienne ; et, content de l'admirer dans ses ouvrages, je m'embarrassois peu ni qui il étoit, ni d'où il étoit. L'État n'est nullement intéressé dans sa naissance ni dans ses actions[1]. »

A la même époque, Boileau, en parlant du livre de Grimarest se contentait, sans y apporter une seule rectification, d'écrire à Brossette : « Pour ce qui est de la *Vie de Molière*, franchement ce n'est pas un ouvrage qui mérite qu'on en parle ; il est fait par un homme qui ne savoit rien de la vie de Molière, et il se trompe dans tout, ne sachant pas même les faits que tout le monde sait[2]. »

L'indifférence, la légèreté, l'inexactitude volontaire apportées par les écrivains du dix-huitième siècle dans leurs publications historiques n'ont été signalées que de nos jours. L'abbé de Monville en faisait, dès 1730, le naïf aveu dans la préface de la *Vie de Pierre Mignard*, dont la fille avait tenu sur les fonts de baptême le dernier enfant de Molière. Catherine Mignard, devenue comtesse de Feuquières, avait remis à l'abbé de Monville des papiers de famille avec lesquels il aurait pu rester dans la stricte vérité des faits, mais il s'en garda bien, et s'en vantait en ces termes : « J'ai suivi l'ordre des temps avec le plus de régularité qu'il m'a été possible, sans cependant m'assujettir à marquer toujours la date précise des morceaux dont je fais mention ; plus d'exactitude eût un peu trop senti le Journal. Renfermé dans mon sujet, je ne m'en suis écarté qu'avec retenue, et seulement pour délasser le lecteur des descriptions trop fréquentes de tableaux et de portraits[3]. »

C'est encore la même manière de voir qui inspire Voltaire, lorsqu'en 1734 il commence ainsi la vie de Molière : « Le goût de bien des lecteurs pour les choses frivoles, et

---

1. *Lettre critique écrite à M. de*** sur le livre intitulé la Vie de M. de Molière*, 1706, in-12. Cette lettre est attribuée à de Visé.
2. *Correspondance entre Boileau et Brossette*, publiée par M. Laverdet, 1858, in-8°, page 214.
3. *La Vie de Pierre Mignard*, premier peintre du Roi ; 1730, in-12, page xliij.

l'envie de faire un volume de ce qui ne devrait remplir que peu de pages, sont cause que l'histoire des hommes célèbres est presque toujours gâtée par des détails inutiles.[1] »

Ce dédain pour les dates, pour l'exactitude des faits, pour les détails intimes, se prolongea jusque dans les premières années de notre siècle, et l'on s'explique ainsi la facilité avec laquelle furent perpétuées et accueillies, sans la moindre tentative de critique, de prétendues traditions sur Molière et des anecdotes d'une origine plus que douteuse, mais destinées à réveiller ou à délasser le lecteur, comme disaient autrefois Grimarest et l'abbé de Monville.

Beffara, en publiant, ainsi qu'il le dit lui-même, cent quatre-vingt-dix-neuf ans après la naissance de Molière, les documents qui devaient démentir des faits acceptés jusqu'à lui, trouva d'abord des incrédules et des contradicteurs, entre autres Picard, qui, comme Molière, avait d'abord été comédien, puis auteur dramatique, et le marquis de Fortia d'Urban. Un commentateur de Molière, Louis-Simon Auger, tout en acceptant les rectifications que Beffara venait de mettre au jour, n'y attachait qu'une valeur secondaire et disait en 1825 : « Ces découvertes ont en soi peu d'importance; elles n'ajoutent rien à la gloire de Molière, que rien ne peut augmenter; mais cette gloire même les protége de son éclat et elle doit en rehausser le prix à tous les yeux[2]. » Plus loin, à propos d'une erreur reprochée à Grimarest, Auger termine ainsi une de ses notes : « A Dieu ne plaise que je méprise les recherches, mais il y a un point où il est bien ridicule de les pousser, et où il est bien plus ridicule encore d'en être fier[3]. »

Entre le langage tenu par le critique de Grimarest en 1705 et l'appréciation des découvertes de Beffara, faite par Auger à plus d'un siècle d'intervalle, il y a déjà quelque progrès; mais pour juger de la distance qui nous sépare de ces épo-

---

1. *OEuvres de Voltaire*, édition Beuchot, tome XXXVIII, page 387.
2. *Vie de Molière*, en tête de son édition, tome I, page LXXXV.
3. *Idem*, page CLV.

ques décourageantes, il suffit de citer ce qu'écrivait récemment M. Sainte-Beuve [1] :

« Avec les Anciens, on n'a pas les moyens suffisants d'observation. Revenir à l'homme, l'œuvre à la main, est impossible dans la plupart des cas avec les véritables Anciens, avec ceux dont nous n'avons la statue qu'à demi brisée. On est donc réduit à commenter l'œuvre, à l'admirer, à rêver l'auteur et le poëte à travers. On peut refaire ainsi des figures de poëtes ou de philosophes, des bustes de Platon, de Sophocle ou de Virgile, avec un sentiment d'idéal élevé ; c'est tout ce que permet l'état des connaissances incomplètes, la disette des sources, et le manque de moyens d'information et de retour. Un grand fleuve, et non guéable dans la plupart des cas, nous sépare des grands hommes de l'Antiquité. Saluons-les d'un rivage à l'autre.

« Avec les modernes, c'est tout différent ; et la critique qui règle sa méthode sur les moyens, a ici d'autres devoirs. Connaître et bien connaître un homme de plus, surtout si cet homme est un individu marquant et célèbre, c'est une grande chose et qui ne saurait être à dédaigner.

. . . .

« S'agit-il d'étudier un homme supérieur ou simplement distingué par ses productions, un écrivain dont on a lu les ouvrages et qui vaille la peine d'un examen approfondi ? Comment s'y prendre, si l'on veut ne rien omettre d'important et d'essentiel à son sujet, si l'on veut sortir des jugements de l'ancienne rhétorique, être le moins dupe possible des phrases, des mots, des beaux sentiments convenus, et atteindre au vrai comme dans une étude naturelle ?

« Il est très-utile d'abord de commencer par le commencement, et, quand on en a les moyens, de prendre l'écrivain supérieur ou distingué, dans son pays natal, dans sa race. Si l'on connaissait bien la race physiologiquement, les ascen-

---

1. Dans *le Constitutionnel* du 22 juillet 1862. — *Chateaubriand jugé par un ami intime en* 1803.

dants et ancêtres, on aurait un grand jour sur la qualité secrète et essentielle des esprits; mais le plus souvent cette racine profonde reste obscure et se dérobe. Dans les cas où elle ne se dérobe pas tout entière, on gagne beaucoup à l'observer.

« On reconnaît, on retrouve à coup sûr l'homme supérieur, au moins en partie, dans ses parents, dans sa mère surtout, cette parente la plus directe et la plus certaine; dans ses sœurs aussi, dans ses frères, dans ses enfants mêmes. Il s'y rencontre des linéaments essentiels qui sont souvent masqués, pour être trop condensés ou trop joints ensemble dans le grand individu; le fond se retrouve, chez les autres de son sang, plus à nu et à l'état simple : la nature toute seule a fait les frais de l'analyse. Cela est très-délicat et demanderait à être éclairci par des noms propres, par quantité de faits particuliers. »

Tel est l'enseignement, tels sont les conseils que nous recevons aujourd'hui de nos maîtres, de nos amis, conseils que nous sommes fiers de suivre en étudiant Molière dans sa race, dans sa mère, dans ses parents, dans ses sœurs, dans sa fille, et en apportant, pour aider à préciser la vérité des faits, non pas des mots ou des sentiments convenus, mais des preuves matérielles d'un caractère incontestable.

On doit à M. J. Taschereau, aujourd'hui directeur et administrateur général de la Bibliothèque impériale, d'avoir adopté, dès le principe et sans aucune restriction, les découvertes de Beffara, et d'avoir soutenu leur authenticité contre les attaques réitérées du marquis de Fortia. Dans les trois éditions de son *Histoire de la vie et des ouvrages de Molière* sont entrés successivement les nouveaux documents ajoutés par Beffara à ses premières recherches, et quelques années après la mort de cet investigateur passionné pour la mémoire de Molière, M. Taschereau lui a rendu un juste et dernier témoignage de reconnaissance : Les notes que Beffara nous a léguées, dit M. Taschereau dans la préface de sa troisième édition donnée en 1844, « nous ont servi à bien déterminer plus d'un point indécis, à compléter plus d'un renseignement imparfait, à éviter, à relever plus d'une erreur. La mort a pu frapper ce travailleur infatigable et consciencieux, mais elle n'a pu l'empêcher d'être, encore après elle, utile à l'histoire littéraire. »

Les *Notes historiques sur la vie de Molière*, par M. Bazin, publiées d'abord dans la *Revue des Deux Mondes*, puis par M. Paulin Paris, qui avait hérité, en 1850, du manuscrit corrigé et augmenté par l'auteur, ont, depuis leur apparition, exercé une profonde influence sur tous les écrivains qui se sont occupés de Molière. Le travail de M. Bazin a eu surtout pour résultat de condamner à jamais certaines allégations que l'on avait continué à adopter avec trop de crédulité ; mais en prenant pour base de la vie de Moliere la préface de l'édition de 1682 attribuée à la Grange et Vinot, qu'il considère comme des biographes « en quelque sorte testamentaires, » M. Bazin a conclu d'une manière trop absolue en disant de cette préface : « Là et presque nulle part ailleurs se trouvent encore aujourd'hui les seuls renseignements certains que l'on puisse accepter, les seuls peut-être, et cette conjecture est sérieuse, que Molière ait voulu laisser au public. »

La brochure de M. Péricaud, *Molière à Lyon*, les découvertes faites à Vienne, à Narbonne, etc., *l'Histoire des pérégrinations de Molière dans le Languedoc*, par M. Emmanuel Raymond, ont prouvé qu'il n'était pas impossible de retrouver les traces laissées par Molière dans les anciennes provinces de la France.

Le *Lexique comparé de la langue de Molière*, par M. Génin, les travaux de MM. Truinet et Paringault sur Molière avocat, et sur la langue du droit dans son théâtre, le livre de M. Maurice Raynaud, *les Médecins au temps de Molière*, ont apporté des éclaircissements spéciaux pour comprendre et pour annoter les œuvres du poëte.

L'histoire de la troupe de Molière s'est augmenté de beaucoup de faits intéressants, grâce aux travaux publiés par MM. Taschereau, Paul Lacroix et Soleirol.

D'autres publications relatives à Molière et à ses œuvres sont sur le point de voir le jour : M. Édouard Fournier annonce qu'il réunira et qu'il complétera bientôt sous le titre de *Molière au théâtre et chez lui* les articles pleins d'ingénieux aperçus et de piquantes révélations qu'il a disséminés depuis plusieurs années dans les journaux et dans les revues. L'intelligent administrateur général du Théâtre-Français, M. Édouard Thierry, nous fait espérer l'impression prochaine des manuscrits de la Grange et de la Thorillière, conservés dans les archives de la comédie française. Plusieurs éditions de Molière vont suivre celles qui ont été données récemment par MM. Charles Louandre, Philarète Chasles, Félix Lemaistre et Brière. Les recherches dont se compose le présent volume ont le même but ; elles ne sont que le commencement d'un travail approfondi destiné à figurer dans *Les Grands Ecrivains de la France*, cette sérieuse et correcte collection de nos classiques, publiée sous la savante et paternelle direction de M. Adolphe Regnier, membre de l'Institut. Tout fait donc espérer que, grâce au mouvement d'émulation qui se fait de plus en plus autour du nom de Molière, il sera enfin possible, moins de deux siècles après la mort de notre grand poëte comique, de résumer en quelques pages ou d'apprécier dans toute son étendue l'histoire de sa vie et de ses œuvres, en ne s'appuyant que sur des faits positifs et soumis au contrôle de la plus scrupuleuse critique.

DOCUMENTS

DOCUMENTS.

I

1621. — 22 février.

CONTRAT DE MARIAGE ENTRE JEAN POQUELIN ET MARIE CRESSÉ.

Minutes de M⁰ Chapellier.

Par devant Nicolas Jolly et Vincent Collé, notaires gardenotes du Roi notre sire en son Châtelet de Paris, soussignés, furent présents et comparurent personnellement : honorable homme Jean Poquelin[1], marchand tapissier à Paris, y demeurant, rue Saint-Honoré, paroisse Saint-Eustache, assisté de Jean Poquelin, son père, aussi marchand tapissier, bourgeois de Paris, et Agnès Mazuel[2], sa femme, demeurant rue de la Lingerie, dite paroisse, pour lui et en son nom, d'une part; et honorable homme Louis de Cressé, aussi marchand tapissier, bourgeois de Paris, et Marie Asselin, sa femme, de lui autorisée pour l'effet qui ensuit, demeurant au marché aux Poirées, dite paroisse Saint-Eustache, stipulant en cette partie pour Marie de Cressé[3], leur fille, à ce présente de son vouloir et consentement d'autre part. Lesquelles parties, volontairement, en la présence et par l'avis de leurs parents et amis ci-après nommés, pour ce assemblés de part et d'autre, savoir : de la part dudit Jean Poquelin fils, de sesdits père et mère, Daniel Crespy, marchand plumassier, bourgeois

---

1. Il était né en 1595, suivant la *Généalogie de Molière*, publiée par M. Auger, d'après Beffara.
2. Suivant Beffara, ils avaient été fiancés et mariés les 19 juin et 11 juillet 1594; le grand-père de Molière mourut le 14 avril 1626.
3. Elle avait été baptisée à la paroisse de Saint-Eustache, le 2 mai 1601, dit Beffara, p. 6, de sa *Dissertation*.

de Paris, oncle maternel; Toussaint Périer, marchand linger à Paris, beau-frère à cause de sa femme [1]; honorable homme Marin Gamard, maître tailleur d'habits à Paris, aussi beau-frère à cause de sa femme [2]; et de honorable femme Claude le Vasseur, veuve de feu Jean Mazuel, vivant violon ordinaire du Roi [3], tante à cause dudit Mazuel, son mari; et de la part de ladite damoiselle fille : de honorable homme Jean Autissier, juré du Roi en œuvres de maçonnerie, oncle maternel à cause de sa femme; Noël Mestayer, marchand bonnetier à Paris; honorable homme Sébastien Asselin, marchand tapissier à Paris, oncles paternels à cause de leurs femmes; Denise Lescacheux, aïeule maternelle [4]; Louise Asselin, veuve de feu Simon Lescacheux, tante; Denis Tosteré, marchand lapidaire, bourgeois de Paris; et de Thomas Dupont, marchand de fer, cousins; reconnurent, confessèrent et confessent avoir fait, firent et font entre elles de bonne foi, les actes de mariage, dons, douaires, conventions, promesses et obligations qui ensuivent : c'est à savoir ledit Louis de Cressé et sadite femme avoir promis et promettent bailler et donner ladite Marie de Cressé, leur fille, audit Jean Poquelin fils, par nom et loi de mariage, et icelui faire et solenniser en face de notre mère sainte Église, le plus tôt que faire se pourra, avisé et délibéré sera entre eux, si Dieu et notre mère sainte Église s'y consentent et accordent, etc. Seront les futurs époux communs en tous biens, meubles et conquêts immeubles, au desir de la coutume de Paris; toutefois ne seront tenus des dettes l'un de l'autre, faites et créées auparavant la consommation dudit futur mariage, ainsi si aucunes y a se payeront par celui qui les aura faites et sur son bien; en faveur duquel mariage lesdits Louis de Cressé et Marie Asselin, sa femme, de lui autorisée comme dit est, ont promis, seront tenus, promettent et s'obligent l'un pour l'autre et chacun d'eux seul pour ce faire, sans division ne discussion, renonçants, etc., bailler et donner auxdits futurs époux, dedans la veille de leurs épousailles, la somme de deux mille deux cents livres tournois, savoir dix-huit cents livres en deniers comptants et le surplus en meubles, habits et linge à l'usage de leurdite fille, et ce en avancement d'hoirie venant par elle à leurs successions futures; de laquelle somme en entrera en leur future communauté la moitié, et le surplus demeurera propre à ladite future épouse et aux siens de son côté et ligne; comme aussi lesdits Jean

---

1. Il avait épousé en 1615 Jeanne Poquelin, fille de Jean et d'Agnès Mazuel. (*Généalogie de Molière*, publiée par M. Auger, d'après Beffara.)

2. Il avait épousé en 1618 Marie Poquelin, autre fille de Jean et d'Agnès Mazuel. (*Ibid.*)

3. Son fils, Jean Mazuel, était aussi violon ordinaire de la chambre du Roi, en 1624. (*Minutes de M⁰ Turquet.*)

4. Elle fut la marraine de Molière. (*Dissertation sur Molière*, par Beffara, page 6.)

Poquelin et Agnès Mazuel, sa femme, de lui autorisée pour l'effet des présentes, père et mère dudit futur époux, ont certifié et certifient appartenir audit futur époux la somme de deux mille deux cents livres, desquelles il y a deux mille livres dont ils ont fait don audit futur époux en avancement d'hoirie de leurs successions futures et deux cents livres provenant du gain fait par ledit futur époux, lesquelles deux mille deux cents livres consistent à présent en la marchandise et meubles qu'il a en sa boutique, et dont sera fait état et inventaire auparavant la célébration dudit mariage, en la présence et si bon semble audit de Cressé et sadite femme; de laquelle somme de deux mille deux cents livres pareillement en entrera en ladite communauté la moitié, et l'autre demeurera propre audit futur époux. Et partant a ledit futur époux doué et doue ladite fille sa future épouse de la somme de sept cent cinquante livres tournois en douaire préfix pour une fois payée, ou du douaire coutumier à son choix et option, à l'avoir et prendre etc., sur tous et chacuns les biens dudit futur époux qu'il en a chargés, affectés, obligés et hypothéqués à fournir et faire valoir ledit douaire préfix, etc., duquel elle jouira à ses cautions juratoires, sans qu'elle soit tenue bailler autres cautions, encore qu'elle convolât en secondes ou autres noces. Le survivant desdits futurs époux aura et prendra par préciput, et avant aucun partage être fait avec les héritiers du premier décédé, des biens de leur communauté qu'ils font réciproquement, jusques à la somme de trois cents livres, selon la prisée de l'inventaire et sans crue, ou ladite somme en deniers au choix dudit survivant. S'il est vendu, aliéné ou racheté quelques héritages ou rentes propres auxdits futurs époux ou [à] l'un d'eux, les deniers en provenant seront remployés en autres héritages ou rentes, pour sortir pareille nature de propre à celui duquel ils seront procédés; et si, au jour de la dissolution dudit mariage, il ne se trouvoit fait, les deniers seront repris sur les biens de ladite communauté, et, s'ils ne suffisent, pour le regard de ladite future épouse seront repris sur le propre dudit futur époux. Sera loisible et permis à ladite future épouse d'accepter ou renoncer à ladite communauté, et, en cas de renonciation, reprendre par elle franchement et quittement tout ce qui se trouvera avoir été par elle apporté à sondit futur époux, sondit douaire et préciput et propre ci-desssus, et tout ce qui lui sera advenu et échu par succession, donation ou autrement, sans être tenue d'aucunes dettes ou hypothèques, encore qu'elle y eût parlé et s'y fût obligée, dont les héritiers dudit futur époux seront tenus l'acquitter et garantir; et de plus a été ledit futur époux par sesdits père et mère certifié et déclaré franc et quitte de toutes dettes et hypothèques jusques au jour de ses épousailles. Car ainsi a été accordé entre lesdites parties, promettant, etc.

Fait et passé en la maison desdits de Cressé et sa femme, dessus déclarée, après midi, l'an mil six cent vingt-un, le vingt-deuxième jour de février, et ont signé :

	Louys de Cressé[1].	Jehan Poquelin.
	Marie Asselin.	Agnes Mazuet.
Crespy.	Jehan Poquelin[2].	Marie Cressé.
	M. Gamard.	
T. Perier.	Denise Lescacheux.	Autissier.
Asselin.	N. Mestayer.	
Tosteré.	Dupont.	Claude Le Vasseur.
		Louyse Asselin.
Jolly.		Collé.

Lesdits Jean Poquelin et Marie Cressé, sa femme, de lui autorisée pour ce faire, ont reconnu et confessé avoir eu et reçu desdits Louis de Cressé et Marie Asselin, sa femme, etc., la somme de deux mille deux cents livres tournois, savoir : dix-huit cents livres en deniers comptans, etc. Fait et passé en la présence desdits Jean Poquelin et Agnès Mazuel, sa femme, etc., en la maison desdits de Cressé et sa femme, etc., l'an mil six cent vingt-un, le vingt-sixième jour d'avril, après midi, et ont signé :

Jehan Pocquelin.	Marie Cressé.
Louys de Cressé.	Marie Asselin.
Jehan Poquelin.	
Jolly.	Collé.

II

1633. — 19-31 janvier.

INVENTAIRE FAIT APRÈS LE DÉCÈS DE MARIE CRESSÉ.

Minutes de Me Thomas.

L'an mil six cent trente-trois, le mercredi avant midi, dix-neuvième jour de janvier et autres jours suivants, à la requête de honorable homme Jean Poquelin, marchand maître tapissier et bour-

---

1. Le père de la future signe *de Cressé* et la future *Marie Cressé*.
2. Cette signature est celle du père du futur époux; ils signent tous deux *Poquelin*. Dans le reçu de la dot qui est au-dessous, Poquelin père signe *Pocquelin*.

Ces deux remarques sans grande importance ont faites uniquement pour rappeler que toutes les signatures seront exactement reproduites dans les documents suivants.

geois de Paris, tapissier ordinaire de la maison du Roi[1], y demeurant rue Saint-Honoré, paroisse Saint-Eustache, tant en son nom, à cause de la communauté de biens qui a été entre lui et défunte Marie Cressé[2], jadis sa femme, que comme tuteur de Jean, âgé de onze ans, autre Jean, âgé de huit ans, Nicolas, âgé de six ans, et Madeleine Poquelin, âgée de cinq ans, enfants mineurs dudit Poquelin, comparant, et de ladite défunte Cressé, par acte donné au Châtelet de Paris, en date du trentième jour de décembre mil six cent trente-deux dernier passé, et en la présence de honorable homme Louis de Cressé[3] l'aîné, ayeul maternel desdits mineurs, marchand tapissier à Paris, y demeurant, subrogé tuteur auxdits mineurs par ledit acte devant écrit, quant à la confection du présent inventaire, reddition de comptes, partage et autres actions que lesdits mineurs ont et peuvent avoir ci-après contre leurdit père et tuteur, à la conservation des droits de qui il appartiendra, par les notaires garde-notes du Roi notre sire au Châtelet de Paris soussignés, fut et a été fait inventaire et description de tous les biens meubles et marchandises, ustensiles d'hôtel, or et argent monnoyé et non monnoyé, lettres, titres, papiers et enseignements demeurés après le décès de ladite défunte Cressé, etc., décédée le quinzième jour de mai mil six cent trente-deux[4], en la maison où ledit Poquelin est demeurant; lesdits biens trouvés en ladite maison, montrés et enseignés par ledit Poquelin, par Marie la Roche, sa servante, et mis en évidence pour être rédigés au présent inventaire, et ont promis les représenter sans aucuns cacher ne latiter[5] sur les peines de droit en tel cas introduites, à eux exprimées et données à entendre par l'un des notaires soussignés en la présence de l'autre, qu'ils ont dit bien entendre; lesdits biens et marchandises prisés et estimés par honorable homme François Rozon[6], sergent à verge, juré priseur vendeur de biens en cette ville, prévôté et vicomté de Paris, appelé avec lui pour faire la prisée de ladite marchandise, honorable homme Louis Cressé le jeune, marchand tapissier, bourgeois de Paris, y demeurant ès halles de Paris, qui ont promis faire ladite prisée en leur conscience, eu égard au cours du temps présent, et ce fait les ont prisés et estimés aux sommes de deniers selon et ainsi qu'il s'ensuit, et ont signé :

J. Pocquelin.	Louys de Cressé.
Rozon.	Louys de Cressé le jeune.
Ogier.	Lemercier.

1. Tapissier ordinaire du Roi, est ajouté en marge.
2. Il y avait, ainsi que plus loin, Marie de Cressé; *de* est rayé.
3. Il y avait Louis Cressé, *de* est ajouté.
4. M. Taschereau dit, d'après Beffara, que Marie Cressé fut inhumée le 11 mai. (*Histoire de Molière*, 3e édition, p. 208.)
5. *Latiter*, terme de Palais, qui se dit des choses cachées et recelées. (*Furetière*.)
6. François Rozon est indiqué dans la *Généalogie de Molière*, donnée par

En la cave de ladite maison s'est trouvé ce qui ensuit :

Premièrement deux chantiers de bois, une voie de bois flotté, prisés ensemble. . . . . vi^{lt}.

En la salle servant de cuisine a été trouvé ce qui ensuit :

Item. Deux chenets de fer garnis chacun d'une pomme de cuivre; deux petites chevrettes, une pelle, une paire de pincettes, une crémaillère de fer, un soufflet et une salière de bois, le tout prisé ensemble. . . . . xlv^s.

Item. Deux fontaines de cuivre jaune, l'une sans couvercle, de moyenne grandeur, prisées ensemble. . . . . xxxii^{lt}.

Item. Deux cuvettes, l'une de moyenne grandeur, de cuivre jaune et l'autre grande, de cuivre rouge, prisées ensemble. . . . . xx^{lt}.

Item. Trois marmites de pareilles grandeurs, de cuivre rouge, garnies de leurs couvercles et anses de fer, prisées ensemble. xii^{lt}.

Item. Une marmite de fer garnie de son couvercle; deux grils, l'un grand et l'autre petit; une cuiller, un réchaud, deux broches, quatre poêles, deux léchefrites, le tout de fer, prisé ensemble. . . . . viii^{lt}.

Item. Trois chaudrons tant grands que petits, un écumoir, quatre poêlons, une passoire, sept chandeliers de potain de diverses grandeurs, et une platine[1], une cloche de fer garnie de son bassin de cuivre jaune, le tout prisé ensemble. . . . . xxi^{lt}.

Item. Un chaudron en ovale, de cuivre rouge, un coquemar de cuivre rouge et une bassinoire, et trois cuillers de cuivre jaune, le tout prisé ensemble. . . . . viii^{lt}.

Item. En pots, plats, écuelles et autres ustensiles d'étain, a été trouvé la quantité de cent vingt-deux livres d'étain sonnant, prisé la livre douze sols, revenant le tout audit prix à la somme de... [2].

Item. Deux petites tables, l'une ployante, de bois de noyer, et l'autre de bois de sapin, prisées ensemble. . . . . xlii^s.

Item. Une grande paire d'armoire à vaisselle, de bois de chêne, à quatre guichets fermant à clef, prisée. . . . . l^s.

Item. Une autre paire d'armoire, aussi de bois de chêne, à trois guichets l'un sur l'autre, fermant à clef, prisée. . . . . viii^{lt}.

Item. Une forme[3] de bois de noyer couverte de moquette; six chaires caqueterres[4] de bois de noyer couvertes de tapisserie au petit point de Hongrie, prisées ensemble. . . . . xx^{lt}.

Auger, d'après Beffara, comme ayant épousé en 1625 Agnès Poquelin, tante de Molière.

1. Ustensile qui servait à sécher le linge. Voir l'inventaire de Molière, document n° XLV, p. 264.
2. Cette somme n'est pas remplie.
3. *Forme*, siége sans dossier. (*Furetière*). — 4. Voir la note, p. 134.

Item. Un bahut rond de moyenne grandeur, fermant à une serrure, prisé. . . . . xxxii^s.

En la soupente[1], *étant au dessus de ladite salle*, s'est trouvé ce qui ensuit :

Item. Deux paires de chenets de fer, l'une grande, garnie de quatre pommes de cuivre, et l'autre moyenne de deux pommes aussi de cuivre, prisées ensemble. . . . . viii^{tt}.

Item. Une table de bois de noyer, assise sur son chassis, prisée. . lx^s.

Item. Un coffre de bahut carré de trois pieds de long ou environ, à deux serrures fermant à clef, avec son marchepied, prisé. . vii^{tt}.

Item. Un bois de lit de hêtre, à hauts piliers, garni de son enfonçure[2], une paillasse, trois matelas de futaine des deux côtés, un traversin rempli de plume et deux couvertures de laine blanche, le tout prisé ensemble. . . . . xxv^{tt}.

En la première chambre étant sur ladite rue Saint-Honoré, au dessus de ladite soupente :

Item. Une grande paire de chenets de cuivre jaune, à pommes rondes et en olive, prisé. xxxii^{tt}.

Item. Une autre petite paire de chenets de fer garnis, et chenets de cuivre à une pomme, garnis de leur feu, et une grille, prisé le tout ensemble. . . . . xii^{tt}.

Item. Une grande table à sept colonnes, de bois de noyer, fermant par les deux bouts, garnie de son tapis vert à rosette de Tournay, prisé le tout ensemble. . . . . x^{tt}.

Item. Un cabinet de bois de noyer marbré à quatre guichets fermant à clef, et une layette coulisse, garni par dedans de satin de Bruges, prisé. . . . . xxxii^{tt}.

Item. Un grand coffre de bahut carré, à une serrure fermant à clef, couvert de tapisserie à l'aiguille à fleurs, rehaussée de soie, garni de son châssis et pied de bois de noyer marqueté et marbré. Un autre coffre plus petit, carré aussi, à une serrure fermant à clef, assis sur son pied de même le précédent, dans lequel est un autre petit coffre d'un pied en carré, fermant à clef et couvert de même tapisserie que le premier sus-inventorié, et une grande layette aussi fermant à une clef et couverte de tapisserie, le tout prisé ensemble. . . . . vii^{xx}x^{tt}.

Item. Six chaires de bois noyer, à haut dessus, à vertugadin, couvertes de tapisserie à fleurs rehaussée de soie, garnies de leurs toilettes, prisées ensemble. . . . . iiii^{xx}x^{tt}.

---

1. Le juré-priseur écrit *sous-pendue*, suivant la prononciation de l'époque.

2. L'*enfonçure* est ce qu'on met pour soutenir les paillasses. (*Furetière*.)

Item. Deux chaires caqueterres[1] de bois de noyer, couvertes de tapisserie, telles quelles[2], prisées ensemble. . . . . l^s.

Item. Une couche de bois de noyer, garnie de son enfonçure fermant, avec paillasse, lit de plume et traversin [de] coutil, matelas de futaine, deux couvertures de Catalogne, l'une verte et l'autre blanche, et le lit à pente de serge de Mouy vert brun, avec la couverture de parade, le tout garni de passement de soie, les crépine, mollettes et franges de soie, avec le fauteuil[3], prisées ensemble. vi^{xxlt}.

Item. Une tenture de tapisserie de sept pièces, de façon de Rouen, prisée ensemble. . . . . xxxii^{lt}.

Item. Cinq tableaux de plusieurs grandeurs et un miroir, glace de Venise, le tout garni de leurs châssis, prisés ensemble. . . . xxvii^{lt}.

Dans une garde robe attenant dans la chambre.

Item. Une grande paire d'armoire à habits, de bois de noyer, fermant à quatre guichets et deux coulisses, prisée. . . . . . . xx^{lt}.

Item. Un bahut carré, fermant à deux serrures, et une petite cassette de cuir, le tout prisé ensemble. . . . . viii^{lt}.

Item. Une couche à hauts piliers, de bois de hêtre, avec une paillasse, un matelas, un traversin, un oreiller, deux couvertures blanches, prisé. . . . . xii^{lt}x^s.

Item. Une autre couchette à bas piliers, une paillasse, un matelas, un traversin, deux Catalognes blanches, prisé. . . . . . xii^{lt}.

Item. Un damier garni de ses dames, prisé. . . . . c^s.

Item. Un bahut, façon de Flandre, avec une petite armoire de bois de noyer fermant à un guichet, et un petit miroir, prisé ensemble. . . . . iiii^{lt}.

Item. Deux livres, l'un intitulé *la Vie des hommes illustres* et l'autre une *Bible*[4], et plusieurs autres petits livres, prisés ensemble. . vi^{lt}.

Dudit jour de relevée.

Item. Six couteaux à manche d'ivoire prisés ensemble avec deux douzaines de vaisselle de fayence. . . . . viii^{lt}.

Ensuivent les habits à usage dudit Poquelin.

Item. Deux habits, l'un de serge à deux aunes, noir, et l'autre de

---

1. *Chaire caqueterre*, Furetière écrit *caquetoire*, et dit que c'est un petit fauteuil qui sert à se mettre auprès du feu et où on caquète à son aise.

2. Cette expression indique que les objets ont beaucoup servi.

3. Le juré-priseur écrit *fosteuille* suivant la prononciation d'alors. « On disoit autrefois *faudesteuil* et *faudesteuf*, d'où, par contraction, on a fait fauteuil. Ce mot vient de *faldistorium*, qui est une chaire épiscopale ou de l'officier célébrant, posée à côté de l'autel. » (*Furetière.*)

4. Il y a littéralement : Deux liures, l'un intitulé la vie des homme illustre, et l'autre vne Bibe.

serge d'Espagne, gris, garni de boutons d'or. Un autre habit de taffetas noir à la Napolitaine. Un manteau de drap de Sedan, doublé de même taffetas et un autre manteau de drap d'Espagne, noir, doublé de revesche¹, et trois paires de bas d'estame²; le tout prisé ensemble avec deux chapeaux, l'un de feutre et l'autre de castor. . . . . xl^{tt}.

Item. Une robe de chambre, à usage dudit Poquelin, de serge à deux aunes, doublée de revesche, le tout couleur de pensée, prisé le tout ensemble. . . . . vii^{tt}x^s.

Ensuivent les habits à usage de ladite défunte.

Item. Deux manteaux, les corps d'iceux plissés à petits plis, l'un d'estamine et l'autre de petite serge; une hongreline³ de camelot noir moucheté et la jupe de même, le tout prisé ensemble à la somme de. . . . . xxxii^{tt}.

Item. Trois cotillons de gros de Naples, l'un rouge cramoisi, le second couleur amarante et le troisième changeant, chamarrés de passement, prisés ensemble. . . . . lx^{tt}.

Item. Quatre autres cotillons, l'un de ratine⁴ de Florence, un de moucayart⁵ changeant, un de camelot et l'autre de serge vert, chamarrés de passement, doublés de serge de diverses couleurs, et un petit manteau de camelot blanc moucheté, doublé de revesche blanche, prisé ensemble. . . . . xxxiiii^{tt}.

Item. Deux paires de bas de chausse de diverses couleurs, l'un gris et l'autre incarnat, deux chaperons de drap d'Espagne avec des carreaux de chaperons; un manchon tel quel et un vertugadin, le tout prisé ensemble. . . . . iiii^{tt}x^s.

Ensuit le linge à usage dudit Poquelin.

Item. Une douzaine de chemises de lin, garnies de leurs collets, prisées ensemble. . . . . xvi^{tt}.

Item. Six caleçons de toile de chanvre, prisés ensemble. . vi^{tt}.

Item. Quinze paires de bas de toile de chanvre neufs, prisés ensemble. . . . . viii^{tt}.

---

1. *Revesche*, étoffe de laine qui n'est point croisée; la meilleure vient d'Angleterre. (*Furetière*.)

2. *Bas d'estame*, bas de laine tricotée. (*Idem*.)

3. *Hongreline*, habillement de femme fait en manière de chemisette et qui a de grandes basques. (*Idem*.)

4. *Ratine*, espèce d'étoffe de laine qui jette un poil frisé, qui sert à doubler des habits et à tenir chaudement. La ratine de Florence est la plus estimée. (*Idem*.)

5. *Moucayart*, c'est l'étoffe que nous appelons *moire*. Furetière, au mot *mohere*, dit que Ménage l'écrit *mouaire* et le dérive de l'anglais *moer* ou de *mojacar*, mot levantin qui signifie *camelot*.

Item. Une douzaine de mouchoirs de toile de fin lin, avec des blancs aux coins, prisés ensemble. . . . . iiii^{lt}.

Item. Six coiffes de nuit[1], six collets, le tout prisé ensemble. lx^s.

Ensuit le linge à usage de ladite défunte.

Item. Vingt-une chemises de toile de fin lin, les fines garnies de divers passements, prisées ensemble. . . . . lx^{tt}.

Item. Quarante collets de plusieurs toiles à passements, l'un de point coupé, prisé le tout ensemble. . . . . cx^{tt}.

Item. Une douzaine de cornettes de grand point coupé fin, de Flandre, prisées ensemble. . . . . x^{tt}.

Item. Vingt-sept mouchoirs de toile de fin lin, servant au col, garnis de grand passement de point coupé, prisés ensemble l'un comme l'autre. . . . . c^{tt}.

Item. Une douzaine de coiffes, cornettes de toile de fin lin, garnies de passement fin et point coupé, prisées ensemble. . . xxxvi^{tt}.

Item. Neuf tours de col de toile de fin lin, garnis de petit passement de point coupé, avec une paire de bouts de manches de même toile et passement, prisé le tout ensemble. . . . . xxv^{tt}.

Item. Deux grandes manches de fin lin à usage de ladite défunte, garnies de passement, prisées ensemble . . . . lx^s

Item. Un grand drap de toile neuf, de fin lin, garni de passement fin de Flandre, contenant six aunes, de deux lés de large, prisé. xxv^{tt}.

Item. Deux grandes bavettes, deux tayes d'oreiller, cinq testières[2], le tout de fine toile de lin, avec petit passement, le tout ensemble. . . . . vi^{tt}.

Item. Dans un petit coffret couvert de tapisserie s'est trouvé le linge servant aux petits enfants étant aux fonts de baptême, prisé le tout ensemble. . . . . xxv^{tt}.

Item. Une demi-douzaine de coiffes de futaine et deux bonnets aussi de futaine, prisés ensemble. . . . . lx^s.

Item. Trois paquets de diverses sortes de menu linge à usage de ladite défunte, où il y a quelque passement, le tout de toile de fin lin, prisé le tout ensemble avec un morceau de toile de lin neuf. . . . . viii^{tt}.

Item. Trois collets de nuit, de toile de fin lin, six bandeaux aussi de nuit et de toile de lin, et un paquet d'autre menu linge, prisé le tout ensemble. . . . . lx^s

Item. Vingt-six draps de toile de chanvre, de deux lés et de lé et demi, prisés ensemble, tant neuf que demi-usés. . . . . xxxii^{tt}.

---

1. *Coiffe de nuit*, garniture de bonnet de nuit qui est de linge et qu'on change, dit Furetière, quand elle est sale.
2. *Testière*, béguin d'enfant en maillot.

Item. Six nappes de moyenne grandeur et deux douzaines de serviettes, le tout de toile de chanvre, prisé ensemble. . . . vi^{lt}.

Item. Deux douzaines de touailles¹ et torchons, prisés ensemble. . . . . xx^s

Item. Sept grands draps de toile de fin lin, de deux lés chacun, prisés ensemble. . . . . xxxii^{lt}.

Item. Douze draps de toile de chanvre neufs, savoir : six de deux lés et six de lé et demi, prisés ensemble. . . . . xxv^{lt}.

Item. Une douzaine de grandes nappes de toile de chanvre neuves, prisées ensemble. . . . . xxv^{lt}.

Item. Quatre douzaines de serviettes de toile neuve de chanvre, prisées ensemble. . . . . xx^{lt}.

Item. Une douzaine de torchons et une douzaine de touailles, neuves, prisés ensemble. . . . . iiii^{lt}x^s.

Item. Dix nappes, grandes, de toile de fin lin, six serviettes aussi de fin lin, prisé le tout ensemble. . . . . xxx^{lt}.

Item. Quatre grandes nappes damassées et ouvrées et quatre douzaines de grandes serviettes aussi damassées et ouvrées, le tout prisé ensemble. . . . . c^{lt}.

Item. Quatre paires de brassières de toile de lin, piquées, neuves, avec deux aunes de toile de coton de la Rochelle, prisé le tout ensemble avec un manteau à usage d'enfant, de futaine, et deux sacs de satin bleu de senteur. xl^{lt}.

Du lendemain, vingtième jour dudit mois de janvier audit an mil six cent trente-trois, en continuant par les notaires soussignés la confection du présent inventaire, en la requête et présence desdits Poquelin et de Cressé, ont été inventoriées les marchandises et choses qui ensuivent :

Ensuivent les bagues et joyaux, vaisselle d'argent, prisés par ledit Rozon, sergent, appelé avec lui pour inventorier icelles, honorable homme Marchedieu, marchand orfèvre, bourgeois de Paris, y demeurant dite rue Saint-Honoré, paroisse Saint-Germain de l'Auxerrois, qui a promis faire icelle prisée en sa conscience aux sommes de deniers ainsi qu'il s'ensuit :

Premièrement, un bassin, un pot à eau, une aiguière, deux écuelles, un bassin à cracher, deux saucières, le tout d'argent doré par les garnisons² ; deux salières, un vinaigrier, un sucrier, une

---

1. *Touaille*, linge qu'on pend d'ordinaire sur un rouleau, auprès d'un lieu où on se lave les mains et qui sert à les essuyer. (*Furetière*.)

2. Les orfèvres appellent *pièces de garnisons*, les pièces qu'ils appliquent à leur ouvrage avec de la soudure, comme l'anse d'une aiguière, le pied d'une marmite. (*Furetière*.)

autre écuelle, une gondole¹, deux coquetiers, une plaque², cent jetons, une paire de mouchettes, avec plusieurs ustensiles de petit ménage, le tout d'argent, pesant ensemble quarante-un marcs deux onces, prisé le marc vingt-une livres, revenant le tout ensemble audit prix à la somme de huit cent soixante-six livres tournois, ci ladite somme de. viii^c lxvi^{lt}.

Item. Deux bracelets de perles rondes, tant grosses que menues, auxquels s'est trouvé la quantité de mille cinquante-quatre perles, prisées la pièce, l'une portant l'autre, six sols tournois, revenant ladite quantité au susdit prix à la somme de trois cent vingt livres tournois, ci ladite somme de. . . . . iii^c xx^{lt}.

Item. Un collier de grosses perles rondes étant au nombre de cinquante, prisées trois livres tournois pièce, revenant ensemble audit prix à la somme de cent cinquante livres tournois, ci ladite somme de. . . . . cl^{lt}.

Item. Deux autres colliers de petites perles à deux et trois rangs et un tortillon aussi de perles, le tout à l'once, pesant le tout ensemble une once sept gros, prisé l'once vingt-quatre livres tournois, revenant le tout ensemble audit prix à la somme de quarante-cinq livres tournois, ci ladite somme de . . . . xlv^{lt}.

Item. Quelques autres perles tant rondes que baroques et un ....³ de petites perles rondes servant à mettre dans un livre, prisé le tout ensemble à la somme de seize livres tournois, ci ladite somme de. xvi^{lt}.

Item. Quatre pendants d'oreilles, d'or, où sont quatorze grosses perles, prisé le tout ensemble à la somme de trente livres tournois, ci ladite somme de. . . . . xxx^{lt}.

Item. Une enseigne d'or émaillé⁴ où sont deux émeraudes, deux rubis et au milieu une agate, prisée la somme de vingt-huit livres tournois, ci ladite somme de. . . . . xxviii^{lt}.

Item. Deux ceintures de pièces d'or, une chaîne aussi d'or, un chaînon, une aiguille à laquelle est une perle au bout, un autre

---

1. *Gondole*, petit vaisseau à boire, long et étroit, et sans pied ni anses.

2. *Plaque*, pièce d'argenterie ouvragée, au bas de laquelle il y a un chandelier, et qu'on met dans les chambres pour les parer et pour les éclairer; Furetière, (édition de 1690) ajoute : « On avoit autrefois des *plaques* d'argent magnifiques, mais l'usage en est presque perdu. »

3. Ce mot est resté en blanc ; on peut croire que c'est un sinet ou *signet* que Furetière définit ainsi : « bouton un peu orné d'où pendent plusieurs filets ou rubans qu'on met dans un bréviaire, dans des heures. » Les perles *baroques* sont celles qui ne sont pas bien rondes et qui, à cause de ce défaut, sont moins estimées.

4. Cet ornement en forme de médaille, porté d'abord par les hommes à leur bonnet où à leur chapeau, devint, dès la fin du seizième siècle, un bijou précieux à l'usage des femmes; « dans l'inventaire de Gabrielle d'Estrées, dit M. le comte de Laborde, il y en a tout un chapitre; trois d'entre elles sont estimées vingt-cinq mille écus. » (*Notice des émaux, bijoux et objets divers*, exposés au Musée du Louvre, IIe partie. Documents et glossaire, 1858, in-12, page 262.)

chaînon et une croix au bout, un bout de chaîne à pendre une montre d'horloge, le tout d'or, avec un anneau aussi d'or servant à un manchon, pesant le tout ensemble un marc trois onces, prisé l'once trente-deux livres, revenant le tout ensemble audit prix, à la somme de trois cent cinquante-deux livres tournois, ci ladite somme de. iii^c lii^{lt}.

Item. Une montre d'horloge, la boîte d'or émaillé, garnie de son mouvement, à laquelle montre est une petite chaîne d'or, prisé le tout ensemble la somme de soixante quinze livres tournois, ci ladite somme de.................................. lxxv^{lt}.

Item. Trois autres montres d'horloge, deux à boîtes d'argent garnies de leurs mouvements, en l'une desquelles est un chaînon d'or à pendre la clef d'icelle, et l'autre à boîte de laiton d'Allemagne, prisées ensemble la somme de soixante livres tournois, ci ladite somme de. . lx^{lt}.

Item. Un petit saint Esprit d'or où il y a un diamant, une petite boîte aussi d'or sur laquelle il y a sept diamants, et une petite croix, aussi pareillement d'or, où il y a une perle, le tout prisé ensemble à la somme de vingt-cinq livres tournois, ci ladite somme de. . xxv^{lt}.

Item. Quatorze anneaux d'or, savoir : deux à rouleaux, sept[1] auxquels sont enchâssés des diamants, en un autre une émeraude à cadran, à deux autres deux opales, en trois autres trois joncs et en un autre une tête de More d'or émaillé ; lesdits quatorze anneaux prisés ensemble à la somme de trois cent soixante et dix livres tournois, ci ladite somme de. .... iii^c lxx^{lt}.

Item. Un chapelet de nacre de perle y ayant au bout d'icelui une croix d'or et une ....[2] de cristal garnie d'or, le tout prisé ensemble à la somme de vingt livres tournois, ci ladite somme de. . . . xx^{lt}.

Item. Deux autres chapelets de ....[3], prisés ensemble à la somme de quinze livres tournois, ci ladite somme de............ xv^{lt}.

Item. Une bordure de pièces d'or avec petites perles, et quatre petits anneaux d'or pour enfants, qui n'ont été prisés et sont ci mis pour mémoire de ce qu'ils ont été donnés à Madeleine Poquelin par Marie Asselin, femme dudit de Cressé l'aîné, aussi ayeule de ladite Madeleine Poquelin, pour laquelle sesdits père et ayeul comparant ont fait la présente déclaration, ci.............. néant.

Et a ledit Marchedieu, orfèvre devant nommé, signé ci en droit la présente minute :

Au premier de ladite maison a été trouvé ce qui ensuit :

Item. Deux douzaines de boules de buis prisées ensemble cinquante sols, ci................................... l^s.

---

1. Il faut lire cinq au lieu de sept, sans cela on compterait seize anneaux dans cet article.
2. Mot illisible, peut-être une sorte de reliquaire.
3. Ce mot est resté en blanc.
4. La signature manque.

Item. Deux cents livres de bourre lanisse, prisé la livre six sols, revenant le tout audit prix à la somme de soixante livres tournois, ci ladite somme de. . . . . lx^{lt}.

Item. Six vingts livres de menue plume, prisé la livre dix sols tournois, revenant le tout ensemble audit prix à la somme de soixante livres tournois, ci ladite somme de. . . . . lx^{lt}.

Item. Trente livres de crin, prisé la livre six sols tournois, revenant le tout ensemble audit prix à la somme de neuf livres, ci ladite somme de. . . . . ix^{lt}.

Item. Six chevets de fin coutil, le tout sans plume, prisé. . . x^{lt}.

Item. Un fléau de fer garni de ses plaques et deux cents de poids de fer; deux métiers, etc., prisé le tout ensemble à la somme de. xx^{lt}.

Dudit jour de relevée a été continuée la confection du présent inventaire et prisé la marchandise ainsi qu'il s'ensuit :

En la boutique se sont trouvées les marchandises qui ensuivent :

Premièrement. Sept lits à pentes, savoir deux de serge de Mouy, couleur de pensée, garnis de passement à tulipe et de crépine de soie; deux autres de serge vert de Sedan, aussi garnis de passement à tulipe, et de mollet et crépine à côte de soie; un autre lit de serge vert brun, garni aussi de passement à tulipe, mollet et crépine de soie, et deux autres lits de serge de longueur aunage, l'un bleu et l'autre vert brun, le tout prisé ensemble à la somme de. . . ii^c lx^{lt}.

Item. Sept tours de lit de trois pieds et demi de large, savoir : trois de serge jaune imprimée, de longueur aunage, et les quatre autres lits avec passements, frange à côte de soie [et] de serge, savoir : deux de vert brun, un bleu, et l'autre couleur de pensée, le tout prisé ensemble à la somme de. . . . . clx^{lt}.

Item. Deux pavillons, l'un de serge de Mouy, garni de mollet et frange de soie autour, et l'autre de serge bleue, de longueur aunage, passementé, prisés ensemble à la somme de. . . . . l^{lt}.

Item. Un lit en broderie de serge de Limosin, bleu, garni de bandes de tapisserie au petit point, prisé à la somme de. . . . . . . iii^{clt}.

Item. Deux lits de camp, savoir : un de damas jaune de trois pieds de large, garni de frange de serge, et l'autre de ligature de quatre couleurs, avec leurs bois brisés, garnis chacun d'un matelas, paillasse et traversin, et d'une couverture blanche, prisés ensemble à la somme de.. . . . . ii^c l^{lt}.

Item. Sept pièces de serge de Mouy, savoir : deux couleur jaune, deux de vert brun, une verte, une de pensée, et deux rouges, prisées ensemble à la somme de.. . . . . ii^{clt}.

Item. Quatre pièces de tapisserie de Flandre dessorties, deux neuves et deux vieilles, et trois soubassements de Flandre, prisés ensemble à la somme de. . . . . -. . . . . '. . . . . . . ciiii^{xxlt}.

Item. Soixante et quinze aunes de tapisserie de Rouen, de cours de plusieurs grandeurs, prisé l'aune quarante-cinq sols, revenant le tout ensemble à la somme de.................... clxiii^{lt}xv^s.

Item. Cinq aunes de drap vert d'Auxy, prisé quarante sols tournois l'aune, revenant le tout audit prix à la somme de....... x^{lt}.

Item. Trente-une aunes de coutil à l'aune, prisé sept sols tournois l'aune, revenant le tout audit prix à la somme de...... xxviii^{lt}.

Item. Quatre-vingt-dix aunes de toile, prisé l'aune dix sols tournois, revenant le tout audit prix à la somme de........ xlv^{lt}.

Item. Cinquante-deux aunes de barrois[1], prisé six sols tournois l'aune, revenant le tout ensemble audit prix à la somme de. xv^{lt}xii^s.

Item. Douze paillasses de toile de barrois de plusieurs grandeurs, prisées pièce, l'une portant l'autre, trente-deux sols tournois, revenant le tout audit prix à la somme de............ xix^{lt}iiii^s.

Item. Trente-quatre couvertures de plusieurs couleurs et grandeurs, prisées la pièce de chacune d'icelles, cinq livres cinq sols, revenant le tout audit prix à la somme de........ clxxviii^{lt}x^s.

Item. Deux grosses de sangles, prisé la douzaine quarante sols, qui est pour les deux ensemble audit prix............. iiii^{lt}.

Item. Une douzaine de bois de chaires de plusieurs sortes, deux bois de forme, un lit à sangles et deux bois de lit verts, le tout prisé ensemble à la somme de................... xxxii^{lt}.

Item. Cinq doubles pièces de futaine à poil, prisé chacune pièce douze livres, revenant le tout ensemble audit prix à la somme de...................................... lx^{lt}.

Item. Deux matelas de toile d'un côté et de l'autre de futaine, deux couvertures blanches et deux chevets, le tout prisé ensemble à la somme de..................... xii^{lt}.

Item. Trois chaises percées, garnies de serge, prisées ensemble à la somme de.................................. viii^{lt}.

Item. Un paquet de demeurants de serge de diverses couleurs, plusieurs demeurants de passement et fil, prisé le tout ensemble à la somme de..................... xvi^{lt}.

Item. Sept bois de lits à hauts piliers et deux bois de couchettes, prisés, l'un portant l'autre, à raison de six livres tournois pièce, revenant le tout ensemble audit prix à la somme de....... liiii^{lt}.

Item. Deux matelas de quatre pieds et demi de long, de toile et futaine, prisés dix livres tournois pièce, qui est pour les deux ensemble la somme de...................... xx^{lt}.

Item. Quatre traversins pleins de plumes, prisés quatre livres tournois pièce, revenant ensemble audit prix à la somme de.. xvi^{lt}.

Item. Un coffre de bois de chêne fermant à clef, deux comptoirs,

---

1. *Barrois*, étoffe de toile fabriquée dans le duché de Bar?

une selle, deux échelles, une sarpillière [1] et des enveloppes, le tout servant à la boutique, prisé le tout ensemble à la somme de.. xxiiii^{lt}.

Du vingt-unième dudit mois de janvier audit an mil six cent trente-trois, en continuant par lesdits notaires soussignés la confection du présent inventaire, à la requête et présence desdits Poquelin et de Cressé, se sont avec eux transportés au village de Saint-Ouen, en une maison [2] appartenant audit de Cressé et en laquelle, en une des chambres d'icelle, sont les meubles qui ensuivent appartenant à la communauté d'entre ledit Poquelin et ladite défunte, sa femme, et ont été prisés par ledit Rozon, sergent, aux sommes de deniers ci-après déclarées :

Item. Une paire de chenets de fer, garnis chacun d'une pomme de cuivre, et deux grilles de fer, le tout prisé ensemble. . . . . . l^s.

Item. Un bois de table à châssis, de bois de noyer, un tapis dessus tel quel, deux petites chaires garnies de serge et trois escabeaux ployans, garnis de damas jaune, et un vase carré, prisé le tout ensemble à la somme de. . . . . xviii^{lt}.

Item. Un lit à hauts piliers, de bois de chêne, garni de son enfonçure et paillasse, un matelas tout de futaine, un traversin de coutil, une couverture jaune, un lit et pentes, les rideaux de camelot jaune et les pentes de broderie ; un bois de lit à sangle garni d'un matelas de toile et futaine, un traversin et une couverture blanche, un pot de chambre et une paire de verges, six boules de buis et deux petits tableaux, prisé le tout ensemble à la somme de. . . . . lxx^{lt}.

Item. Un coffre dans lequel se sont trouvés savoir : deux draps de toile de chanvre, une nappe de lin et douze serviettes de lin, deux paires

---

1. *Sarpillière*, grosse toile que les marchands laissent pendre des auvents de leurs boutiques pour dérober la plus grande partie de la lumière. (*Furetière*.)

2. Un *accord* passé le 1er août 1631, entre Antoine de Loménie, conseiller d'État, secrétaire des commandements du Roi, et Louis de Cressé, fixe à peu près la position de cette maison. Il est dit dans cet acte « que le mur que ledit sieur de Loménie a fait bâtir à ses dépens et sur son fonds, faisant la séparation de toute la ferme, cour et clos qu'il a au village de Saint-Ouen près Saint-Denis, d'avec la cour, étables et jardin dudit Cressé, lequel mur aboutit par un bout à la grande rue dudit Saint-Ouen, et par l'autre bout aux héritages de Mercier, bourgeois et maître tailleur à Paris, sera et demeurera toujours commun et mitoyen. » (*Minutes de Me Durant.*)

Après la mort de Louis de Cressé, arrivée en 1638, les enfants mineurs de Jean Poquelin et de Marie Cressé, héritèrent du quart de la propriété de Saint-Ouen. En 1641, Jean Poquelin et les autres héritiers de Louis de Cressé vendirent cette maison à Laurent Regnault, procureur au Châtelet de Paris ; la somme revenant aux mineurs Poquelin pour leur quart de propriété est de six mille livres, et quatre cents livres pour le pot de vin. (*Archives de l'Empire. Minutes du Châtelet. Y 3909, et Minutes de Me Turquet.*)

de brassières, six chemises, deux à homme et quatre à usage de femme, quatre mouchoirs, six coiffes à homme, sept collets à femme, douze coiffes-cornettes, deux tabliers, six bandeaux, six bonnets, douze autres bandeaux et deux peignes, le tout prisé ensemble à la somme de. . . . . lxviii^{tt}.

En pistoles, écus d'or et douzains, deux mille livres[1], ci. . ii$^{m\,tt}$.

J. POCQUELIN.

Du vingt-deuxième jour dudit mois de janvier audit an mil six cent trente-trois, en continuant par lesdits notaires soussignés la confection du présent inventaire, ont été inventoriés les titres et papiers qui ensuivent :

Item. Un acte en parchemin donné au Châtelet de Paris, daté du samedi 30e jour de décembre 1632, qui est l'acte de tutelle desdits mineurs, par lequel appert leurdit père avoir été élu leur tuteur et ledit de Cressé, leur ayeul, subrogé tuteur, selon qu'il est porté au long par ledit acte. Inventorié au dos d'icelui. . . . . Un.

Item. Le contrat et traité de mariage d'entre lesdits Jean Poquelin et Marie de Cressé, lors sa femme, etc., passé par devant Nicolas Jolly et Vincent Collé, notaires audit Châtelet de Paris, le 22e février 1621[2], ensuite duquel contrat est la quittance, etc., datée du 26e d'avril audit an 1621. Inventorié au dos dudit contrat pour seconde fois. . . . . Deux.

Item. Une lettre obligatoire passée par devant Jean Chapelain et [Jean] Desquatrevaux, notaires audit Châtelet, datée du 30e mars 1626 par laquelle appert le soussigné François de la Haye, maréchal des salles des filles damoiselles d'honneur de la Reine, devoir audit Jean Poquelin la somme de cent quatre-vingt-douze livres pour les causes contenues èsdites lettres, au dos desquelles est un reçu de soixante et quatre livres avec une tenture de tapisserie dont lesdites lettres font mention et encore est un reçu de trente livres quatre sols et autres reçus y déclarés. Inventorié au dos desdites lettres. . . . . Trois.

Item. Un brevet d'obligation passé par devant Turgis et Morel, notaires audit Châtelet, le 28e jour de novembre 1632, par lequel appert Pierre Corret, vigneron, demeurant à Ruel, et Jeanne Lucas, sa femme, devoir audit Jean Poquelin la somme de quatre-vingt-quatorze livres, pour les causes et à payer au terme porté par ledit brevet. Inventorié au dos. Quatre.

---

1. Cet article, ajouté après coup et d'une autre encre, ne doit pas se trouver à Saint-Ouen.

2. Document n° I; il est inutile de reproduire l'analyse de ce contrat.

Item. Un autre brevet passé par devant ledit Morel, daté du 23ᵉ décembre 1631, par lequel appert le soussigné Jacques Pinedde, maître tailleur d'habits à Paris, devoir audit Jean Poquelin la somme de vingt-six livres, pour les causes et à payer au terme y porté. Inventorié au dos dudit brevet. . . . . Cinq.

Item. Une obligation passée par devant Cresty, notaire royal, en date du 8ᵉ octobre 1632 par lequel appert le soussigné André Moret, vigneron, demeurant à Nanterre, devoir audit Poquelin la somme de vingt-quatre livres dix-huit sols, pour les causes et à payer au terme y porté. Inventorié. . . . . Six.

Item. Une autre obligation passée par devant lesdits Morel et Turgis, notaires au Châtelet, par laquelle appert Vincent Chevet, maître tailleur d'habits à Paris, devoir audit Jean Poquelin la somme de sept-vingts livres pour vente de meubles, déclarés à ladite obligation datée du 8ᵉ octobre 1632. Inventorié au dos d'icelle. . . . . . . Sept.

Item. Une promesse de la somme de six-vingt-quinze livres pour vente de marchandises fournies et livrées par ledit Jean Poquelin à René de la Suze, datée du 29ᵉ août 1632, au bas de la signature est écrit : « Pour la somme de six-vingt-quinze livres, Courcelle. » Plus bas : « Je promets payer la somme ci-dessus dans les trois mois ; signé Courcelle. » Inventorié. . . . . Huit.

Item. Une autre promesse signée Moessac, datée du 9ᵉ juillet 1625, par laquelle appert ledit Moessac devoir audit Jean Poquelin la somme de quatorze livres pour les causes et à payer au terme y porté. Inventorié. . . . . Neuf.

Item. Une autre promesse signée de Marsillac, datée du 22ᵉ jour de juillet 1627, par laquelle appert ledit de Marsillac devoir audit Poquelin la somme de cent livres, pour les causes et à payer au terme y déclaré. Inventorié. . . . . Dix.

Item. Une autre promesse datée du 4ᵉ mai 1621, signée Le Coutrier, par laquelle appert icelui devoir audit Poquelin la somme de cent treize livres dix sols, pour les causes et à payer au terme y contenu, sur laquelle est un reçu de cent livres. Inventorié au dos d'icelle. . . . . Onze.

Item. Une promesse signée Dussigny-Sailly, datée du 16ᵉ mars 1629, par laquelle appert ledit Dussigny-Sailly devoir audit Poquelin la somme de dix-huit livres, pour les causes et à payer au terme y porté. Inventorié. . . . . Douze.

Item. Une autre promesse signée M. du Tellay, datée du 27ᵉ mars 1629, par laquelle appert : « Nous confessons devoir au susdit Poquelin la somme de quatre-vingt-seize livres dix sols, » pour les causes et à payer au terme y déclaré. Inventorié. . . . . . Treize.

Item. Une autre promesse datée du 12ᵉ mai 1632, signée Philippe de Billy, par laquelle appert ledit de Billy devoir audit Poquelin la somme de deux cent quarante-quatre livres, pour les causes et à payer au terme y porté. Inventorié. . . . . Quatorze.

Item. Une autre promesse datée du 3ᵉ juin 1632 par laquelle appert le sieur de . . . . . . [1] devoir audit Poquelin la somme de quatre-vingt-deux livres, pour les causes et à payer au terme y porté. Inventorié. . . . . Quinze.

Item. Une promesse de la somme de quatre cent cinquante-neuf livres faite par . . . . [2] audit Jean Poquelin pour vente de quatre lits qu'il lui a fournis ainsi que le contient ladite promesse datée du 26ᵉ juillet 1631 et à payer ladite somme au terme y mentionné, au dos de laquelle est un reçu signé dudit Poquelin de la somme de cinquante-neuf livres. Inventorié . . . . Seize.

Item. Deux promesses en suite l'une de l'autre, la première de deux cents livres, datée du 18ᵉ octobre 1631, et l'autre de seize livres, signées de Pruiesac [3], pour les causes et à payer aux termes y portés. Inventorié . . . . Dix-sept.

Item. Une promesse signée du Rohin? datée du 14ᵉ mai 1629 par laquelle appert ledit du Rohin devoir audit Poquelin la somme de trente-quatre écus pour les causes et à payer au terme y porté. Inventorié . . . . Dix-huit.

Item. Une missive, signée Dupuis, datée du 3ᵉ juillet 1632, par laquelle ledit Dupuis mande à M. de Rebours, demeurant à l'hôtel d'Albiac, devant le collège de Navarre, de payer audit Poquelin la somme de cent quarante livres pour vente d'un lit, etc. Inventorié.. . . . . Dix-neuf.

Item. Une feuille de papier contenant parties de M. d'Argentin? au bas desquelles est l'arrêté d'icelles de soixante et quinze livres, signé : André de Chastillon, daté du 18ᵉ janvier 1632. Inventorié. . Vingt.

Item. Une autre des parties de M. le baron d'Estissac [4] fournies par ledit Poquelin, en fin desquelles est l'arrêté signé dudit sieur baron, daté du 20ᵉ juin 1630, de la somme de sept cent soixante et treize livres trois sols. Inventorié . . . . Vingt-un.

Item. Une autre des parties de M. le baron dudit Estissac contenant ledit Poquelin avoir fourni audit seigneur baron plusieurs meubles déclarés èsdites parties, en fin desquelles est l'arrêté de la somme de six cent cinquante livres, signé : de Villoutreys, daté du 24ᵉ janvier 1632. Inventorié. . . . . Vingt-deux.

Item. Une feuille de papier contenant les parties de M. de Longeais [5] en fin desquelles est l'arrêté des meubles déclarés èsdites parties à la somme de deux cent soixante livres quatorze sols, si-

---

1. Nom illisible. — 2. Le nom est resté en blanc. — 3. Ou Privasac.
4. Benjamin de la Rochefoucauld, baron d'Estissac, marié en 1623 à Anne de Villoutreys. *Voy.* l'article suivant.
5. Ou de Longrais.

gnées du sieur Clément, datées du dernier septembre 1623. Inventorié . . . . Vingt-trois.

Item. Une autre des parties de M. le marquis de Fourille, fournies par ledit Jean Poquelin, en fin desquelles est l'arrêté d'icelles, signé dudit Fourille, daté du 4ᵉ septembre 1632, à la somme de trois cent vingt-cinq livres, sur quoi ledit Poquelin a reçu cent seize livres. Inventorié . . . . Vingt-quatre.

Item. Une autre feuille de papier contenant les parties de M. du Méric, fournies par ledit Poquelin, en fin dequelles est l'arrêté d'icelles, signé....[1], daté du 5ᵉ mars 1629, à payer ladite somme restant, au terme porté par ledit arrêté. Inventorié au dos. Vingt-cinq.

Item. Une demi-feuille de papier contenant les parties de M. de la Mothe, pour façons et fournitures audit sieur de la Mothe, en fin desquelles est l'arrêté d'icelles, à la somme de trente-six livres, signé dudit sieur de la Mothe, daté du 7ᵉ janvier 1630. Inventorié . . . . Vingt-six.

Item. Trois autres feuilles de papier contenant les parties de monseigneur le duc de la Rochefoucauld[2], fournies par ledit Jean Poquelin, en fin desquelles est l'arrêté d'icelles, à la somme de sept cent cinquante livres six sols, daté du 15ᵉ jour de juin 1630, signé de....[3]. Inventorié. Vingt-sept.

Item. Les lettres de provisions de Sa Majesté de l'office de tapissier ordinaire du Roi dont ledit Poquelin est à présent jouissant, datées du 22ᵉ jour d'avril 1631, signées : Louis et de Loménie, et scellées; et plus bas est le serment que ledit Poquelin a fait ès mains de monseigneur de Souvré[4], selon et ainsi qu'il est plus à plain porté par lesdites lettres et serment daté du 24ᵉ jour dudit mois d'avril audit an ; avec lesquelles lettres de provisions sont attachés deux certificats, l'un de M. de Souvré, daté du dernier jour de juin 1631, par lequel appert ledit Poquelin avoir rservi Sadite Majesté en ladite qualité, durant le quartier d'avril, mai et juin de ladite année 1631, et l'autre de M. de Saint-Simon[5], par lequel appert ledit sieur de Saint-Simon avoir certifié que ledit Poquelin a servi aussi sadite Majesté en ladite qualité de tapissier, durant le quartier d'avril, mai et juin dernier, ainsi qu'il est porté par ledit certificat signé : Jolly, inventorié sur lesdites lettres et certificat pour le tout, l'un comme l'autre, avec la procuration *ad resignandum* dudit office par Nicolas Poquelin, passée

---

1. Le nom est resté en blanc.
2. François V, créé duc de la Rochefoucauld en 1622, mort en 1650; père de l'auteur des *Maximes*.
3. Le nom est resté en blanc.
4. Jean de Souvré, marquis de Courtenvaux, premier gentilhomme de la chambre du Roi, mort en 1656.
5. Claude de Rouvroy, premier gentilhomme de la chambre du Roi, duc de Saint-Simon en 1635, mort en 1693 ; père de l'auteur des *Mémoires.*

au profit dudit Poquelin, son frère, par devant Turgis et Morel[1], notaires audit Châtelet, le 2e jour d'avril audit an 1631. Inventorié.................................... Vingt-huit.

Tous lesquels meubles, titres, papiers et choses contenues au présent inventaire sont demeurés en la possession dudit Poquelin pour les représenter quand et à qui il appartiendra, etc.

LOUIS DE CRESSÉ. J. POCQUELIN.

Et depuis ledit Poquelin, en la présence dudit de Cressé, a déclaré qu'il n'a desiré mettre ni faire mémoire au présent inventaire de quelques menues dettes qui lui sont dues, etc., montant à la somme de mille livres tournois, d'autant qu'il a retenu icelles pour taxer pareille somme de mille livres qu'il doit pour marchandises qu'il a eues pendant le vivant de ladite feue de Cressé, sa femme, de divers marchands, desquelles dettes il promet décharger et acquitter sa succession envers sesdits enfants ; la présente déclaration être du consentement et avis dudit de Cressé, son beau-père. Arrêté le dernier jour de janvier mil six cent trente-trois, et ont signé :

LOUIS DE CRESSÉ. J. POCQUELIN.
OGIER. LEMERCIER.

III

1633. — 30 septembre.

ACQUISITION PAR JEAN POQUELIN D'UNE MAISON SOUS LES PILIERS DES HALLES.

Minutes de Me Thomas.

Par devant les notaires garde-notes du Roi au Châtelet de Paris soussignés, furent présents honorables personnes Jacques le Brun, marchand mercier, et Denise Havoyer, sa femme, de lui autorisée à l'effet des présentes, demeurant ès faux-bourgs Saint-Honoré, en la maison où pend pour enseigne l'Écharpe, paroisse Saint-Roch; Ambroise Plantin, maître brodeur, bourgeois de Paris, et Jeanne Gaboureau, sa femme, de lui autorisée aussi à l'effet des présentes, demeurant à Paris, rue de Montmartre, paroisse Saint-Eustache ; Jeanne de Courcelles, fille majeure usant et jouissant de ses droits, demeurant pareillement en cette dite ville de Paris, au logis et service de Me Arnoul de Nouveau, général des postes, rue des Blancs Manteaux, paroisse Saint-Jean-en-Grève ; et Claude le Maistre, aussi maî-

---

1. J'ai vainement cherché cet acte dans les études de MM. Durant et Acloque, successeurs de Turgis et Morel.

tre brodeur à Paris, demeurant rue Tirechappe, paroisse Saint-Germain-de-l'Auxerrois, au nom et comme tuteur des enfants mineurs de lui et de défunte Sébastienne Morpaus, sa femme; lesquels ont volontairement reconnu et confessé, reconnoissent et confessent avoir vendu, cédé, quitté, transporté et par ces présentes vendent, cèdent, quittent, transportent et délaissent dès maintenant à toujours, etc., à honorable homme Jean Poquelin, tapissier ordinaire de la maison du Roi, demeurant à Paris, rue Saint-Honoré, paroisse Saint-Eustache, à ce présent et acceptant, acquéreur pour lui ses hoirs et ayant cause, une maison sise en cette ville de Paris, sous les piliers des halles, devant le pilori, où extérieurement souloit pendre pour enseigne l'image Saint-Christophle, consistant en deux corps d'hôtel, l'un sur le devant et l'autre sur le derrière, cave, cour au milieu, et avec ses appartenances et dépendances, les lieux comme ils se poursuivent et comportent de toutes parts et de fond en comble, tenant d'une part aux héritiers du sieur Larger, d'autre à la maison du Cheval Blanc, aboutissant d'un bout par devant èsdites halles, et par derrière à la maison de la Fontaine, en la censive du Roi notre sire et chargée envers lui de douze deniers parisis de cens, payables au jour qui dit est; de cinq sols parisis de rente envers messieurs de la grande Confrèrie aux bourgeois de cette ville de Paris, et de dix sols parisis de rente envers messieurs de l'église et hôpital de Saint-Jacques aux Pèlerins de cette ville de Paris; si tant il en est dû, le tout par chacun an, etc.[1], moyennant la somme de huit mille cinq cents livres que ledit Poquelin promet et s'oblige par ces présentes bailler et payer auxdits vendeurs[2], etc.

Fait et passé en l'etude de Lemercier, l'un desdits notaires soussignés, ce jourd'hui, dernier jour du mois de septembre après midi, l'an mil six cent trente-trois, etc.

IV

1637. — 29 mars.

TRANSACTION ENTRE NICOLAS ET JEAN POQUELIN
POUR L'OFFICE DE TAPISSIER DU ROI.

Minutes de M° Turquet.

Furent présents en leurs personnes honorables hommes Nicolas Poquelin, tapissier et concierge de la maison de Monsieur de Lien-

---

1. La maison appartenant à divers héritiers, les droits de chacun de ces héritiers sont expliqués dans la suite du contrat.
2. A cette somme s'ajoutent diverses charges inutiles à reproduire.

court, y demeurant à Paris rue de Seine, faux-bourgs Saint-Germain, d'une part, et Jean Poquelin, son frère, tapissier ordinaire de la maison du Roi, demeurant à Paris rue Saint-Honoré, paroisse Saint-Eustache, d'autre part; lesquelles parties pour éviter aux poursuites qui se pourroient faire entre elles pour raison des prétentions que ledit Nicolas Poquelin prétendoit sur l'office de tapissier ordinaire de la maison du Roi duquel il s'est démis ci-devant au profit dudit Jean Poquelin son frère et dont il en auroit reçu lors de sondit frère le prix d'icelui, ainsi qu'il appert par sa quittance passée par devant Chapelain et Lemercier, notaires, le huitième jour d'avril mil six cent trente trois, et entretenir l'amitié fraternelle entre eux, ont fait et accordé entre eux et de bonne foi ce qui ensuit; c'est à savoir, ledit Nicolas Poquelin s'est désisté et départi par ces présentes, du tout à toujours, de toutes et chacunes les prétentions et autres droits généralement quelconques qu'il pourroit avoir, prétendre et demander sur ledit office de tapissier ordinaire de la maison du Roi, consentant et accordant en ce faisant que ledit Jean Poquelin son frère jouisse, fasse et dispose d'icelui pleinement et paisiblement ainsi qu'il avisera bon être, aux gages et droits y attribués, sans que ci-après il entende prétendre aucune chose en icelui, en quelque sorte et manière que ce soit, comme aussi quitte et décharge ledit Jean Poquelin, son frère, de toutes autres affaires qu'il pourroit avoir eu et prétendu à l'encontre de lui pour quelque cause et occasion que ce soit jusques à présent; le tout moyennant la somme de trois cents livres tournois que ledit Jean Poquelin a baillée à recevoir audit Nicolas Poquelin, son frère, des mains de noble homme M^e....[1], conseiller du Roi et trésorier général de sa maison, à lui due pour ses gages de la présente année mil six cent trente sept, en vertu de sa quittance ce jourd'hui passée par devant les notaires soussignés qu'il a présentement mise ès mains dudit Nicolas Poquelin, et d'icelle somme lui en fait cession et transport, avec promesse de garantir, fournir et faire valoir, même payer ladite somme audit Nicolas Poquelin [dans le cas où] faute y auroit de payement d'icelle, dans la fin de la présente année et sans être tenu d'en faire par lui aucune diligence et poursuites, pour par lui en disposer à sa volonté; et moyennant ce que dessus se sont lesdits Nicolas et Jean Poquelin, frères, respectivement quittés et quittent l'un l'autre de toutes autres choses généralement quelconques qu'ils pourroient prétendre et demander jusques à hui, tant pour raison de ce que dessus que autrement, en quelque sorte et manière que ce soit, sans toutefois préjudicier à l'instance de compte et rapports que ledit Jean Poquelin est tenu faire, venant au partage de la succession de défunt Jean Poquelin leur père, car ainsi promettant, etc. Fait et passé ès études

1. Ce nom n'est pas rempli.

des notaires soussignés l'an mil six cent trente sept, le vingt-neuvième jour de mars, et ont signé :

N. Pocquelin.   J. Pocquelin.
Moufle.   Levasseur.

V

1639. — 18 janvier.

BAIL DE L'HOTEL DE BOURGOGNE.

Minutes de M° Turquet.

Aujourd'hui dix-huitième janvier mil six cent trente neuf, par devant etc., furent présents honorables hommes Philippe Brisse et André de Vauconsains, maitres et gouverneurs de la confrérie, maison et hôtel de Bourgogne à Paris, tant pour eux que pour les confrères de ladite confrérie auxquels ils promettent en leurs propres et privés noms de faire dans huitaine ratifier le contenu aux présentes, à peine de tous dépens, dommages et intérêts, lesquels reconnurent et confessèrent avoir baillé et délaissé à titre de loyer, du premier jour de janvier dernier jusques à trois années finies et accomplies et promettent èsdits noms, ledit temps durant, garantir et faire jouir à : Pierre le Messier dit Bellerose, Bertrand Hardouin de Saint-Jacques, Julien et François Bedeaux frères, Adrien Desbarres dit d'Orgemont, Zacharie Jacob dit Montfleury et autres leurs associés, comédiens entretenus de Sa Majesté, lesdits le Messier, Saint-Jacques, Bedeaux, d'Orgemont et Montfleury preneurs et retenants audit titre, pour ledit temps durant, la grande salle, loges, théâtre et galeries dudit hôtel de Bourgogne, avec la première chambre étant au-dessus de la grande porte dudit hôtel pour eux s'y habiller et y enfermer leurs hardes, ensemble leur passage par la grande montée du côté de ladite grande porte dudit hôtel, sur la rue Saint-François, pour en jouir par lesdits preneurs audit titre, ledit temps durant, et y représenter leurs comédies ainsi qu'ils ont accoutumé ; cesdits bail et prise à loyer fait à la réservation par lesdits bailleurs de la loge des anciens maitres et du lieu étant au-dessus de ladite loge appelé le Paradis, en l'état qu'il est à présent qui demeureront aux maitres de ladite confrérie, tant pour eux que pour leurs parents et amis, sans qu'ils en puissent abuser ni en prendre argent, à peine de tous dépens, dommages et intérêts, et encore à la réservation faite par lesdits bailleurs des magasins et autres lieux dépendants dudit hôtel de Bourgogne, pour, des choses réservées, disposer par lesdits bailleurs ainsi que bon leur semblera, et outre moyennant la somme de deux mille livres tournois de loyer pour et par chacune desdites trois années que lesdits preneurs ont promis et promettent èsdits noms et en chacun d'iceux, l'un pour l'autre, etc., bailler et payer auxdits bailleurs, etc. Pourront lesdits preneurs bailler, céder et transporter leurs droits dudit bail à autres comédiens en demeurant responsables solidairement pour ceux auxquels il cèderont le bail, etc., et ne pourront iceux preneurs avoir, prétendre ou demander aucune diminution ou rabais dudit loyer pendant lesdites trois années, pour l'absence du Roi de cette ville de Paris, ou absence d'eux, ou qu'ils ne représentassent pas, si ce n'est qu'il leur fut défendu par M. le lieutenant civil ou nos seigneurs du Parlement, etc.

VI

1639. — 31 mars.

INVENTAIRE DES TITRES ET PAPIERS DE L'HÔTEL DE BOURGOGNE.

Minutes de M° Turquet.

L'an mil six cent trente-neuf, le dernier jour de mars après-midi et autres jours ensuivants, à la requête d'honorables hommes Pierre Dubout, tapissier ordinaire du Roi notre sire, Guillaume Javelle, marchand maître tireur d'or et d'argent, Antoine Fauveau, marchand épicier, André de Vauconsains, marchand mercier, et Faron Legros, tous bourgeois de Paris, et à présent savoir, ledit Dubout doyen, et les autres maîtres en charge, gouverneurs, administrateurs et fondateurs de la confrérie de la Passion et Résurrection de notre Sauveur et Rédempteur Jésus-Christ, fondée de temps immémorial en l'église et hôpital de la Sainte-Trinité[1], sis rue Saint-Denis, vis-à-vis l'église paroissiale du Saint-Sauveur, et légitimes propriétaires et acquéreurs de la maison vulgairement appelée l'hôtel de Bourgogne, sise en cette ville de Paris, rues de Monconseil et Neuve-Saint-Sauveur, et aussi en la présence de honorables hommes Nicolas Venallot, bourgeois de Paris, ancien doyen, Nicolas Brandon, Pierre Dupont, Guillaume Dufour, Léonard Clerge, Antoine Paquier, Philippe Brisse, Martin Boyvin, Jean Bertrand, Jean Couillard, Henri Legros, Nicolas Bozuin, Robert Butaye, Nicolas Desnots, Pierre Dufour, tous bourgeois de Paris et anciens confrères et maîtres, faisant et représen-

---

1. Le 15 juin 1663, un Louis Poquelin signe comme administrateur de l'hôpital de la Trinité une quittance de 500 livres pour un legs fait à cet hôpital. (*Archives de l'Assistance publique. N° 105 des cartons de l'hôpital de la Trinité.*) Je dois cette indication à l'obligeance de M. Henri Bordier.

tant la plus grande et saine partie des confrères d'icelle confrérie, et pour la conservation et mémoire des anciens titres, acquisitions, chartes de nos Rois très-chrétiens, arrêts, sentences et autres actes quelconques, tant anciens modernes que nouveaux, concernant le fait de ladite confrérie et propriété d'icelle maison et hôtel de Bourgogne et ses dépendances, par . . . . et Claude Toutain, notaires et garde-notes du Roi, etc., a été fait inventaire et description sommaire de tous et chacuns lesdits titres, représentés par lesdits Dubout, Javelle, Fauveau, Vauconsains et Legros, etc.[1].

1402. Décembre. — Lettres de Charles VI pour la fondation de la confrérie de la Passion.

1518. 1er mars. — Confirmation desdites lettres par François Ier.

1543. 20 septembre. — Édit de François Ier députant des commissaires pour la vente des hôtels de Bourgogne, Artois, Flandres et autres.

1543. 20 décembre. — Vente par les commissaires du Roi de l'hôtel de Bourgogne et homologation de ladite vente.

1548. 30 août. — Contrat d'acquisition passé devant Jean Allard et Philippe Palanquin, notaires, par les maîtres de la confrérie d'un terrain de dix-sept toises de long sur quinze toises de large, « au lieu dit l'hôtel de Bourgogne. »

1548. 17 novembre. — Arrêt de la cour de Parlement par lequel est permis aux maîtres de la confrérie « de pouvoir représenter jeux profanes, honnêtes et licites, et défend à toutes personnes de jouer ou représenter, sinon au profit de ladite confrérie et sous le nom d'icelle. »

1554. Janvier. — Lettres de Henri II, confirmatives des priviléges de la confrérie.

1559. Mars. — Lettres confirmatives de François II.

1563. 25 novembre. — Lettres confirmatives de Charles IX.

1574. 6 novembre. — Extrait des registres du Parlement par lequel les maîtres et gouverneurs de l'hôtel de Bourgogne « sur la plainte contre eux faite par Me René Benoist, curé de Saint-Eustache, avoir été condamnés de faire ouvrir les portes de la salle dudit hôtel pour la représentation des comédies à trois heures sonnant et non plus tôt. »

1575. Janvier. — Lettres de Henri III, confirmatives des priviléges de la confrérie.

1578. 22 juillet. — Marché fait entre lesdits maîtres et Agnan Sarat, Pierre Dubuc et autres compagnons comédiens, par devant Marchand et Bruguet, notaires, « par lequel iceux compagnons comédiens pro-

---

1. Je n'ai pas cru devoir reproduire textuellement cet inventaire très-étendu et dans lequel les pièces sont classées par ordre de matières, dans des liasses intitulées : *Chartes, Acquisitions, Baux, Procédures, etc.* J'ai préféré rétablir dans l'ordre chronologique les actes qui y sont analysés et qui présentent, sous cette forme, un véritable résumé de l'histoire de l'hôtel de Bourgogne, depuis le quinzième siècle jusqu'à la première moitié du dix-septième.

mettent de représenter comédies moyennant le prix mentionné audit marché. »

1583. 22 février. — Requête présentée à M. le lieutenant civil par lesdits maîtres et de lui répondue, portant permission auxdits maîtres de faire saisir et arrêter ce qu'ils pourront trouver appartenir à Baptiste Lazarot, Italien, pour sûreté de ce qu'il leur pouvoit devoir, à cause de demi-écu par chacune semaine qu'il leur avoit été ordonné être payé par lui ; en fin de laquelle requête est un exploit fait en vertu d'icelle le 22 février 1583.

1596. 11 décembre. — Signification faite à la requête desdits maîtres à Nicolas Potrau et ses compagnons, comédiens françois, à ce qu'ils eussent à venir représenter jeux et farces audit hôtel de Bourgogne, ainsi qu'ils y étoient obligés par le marché fait entre eux.

1597. Avril. — Lettres de Henri IV, confirmatives des priviléges de la confrérie.

1597. 12 avril. — Requête présentée au lieutenant civil par lesdits maîtres et de lui répondue « par laquelle il leur est permis de faire à présent comédies en l'hôtel de Bourgogne, les jours ouvrables. »

1597. 12 avril. — Requête présentée par lesdits maîtres à M. le prévôt de Paris ou son lieutenant civil et de lui répondue « par laquelle il leur permet de faire publier à son de trompe, même afficher tant au dehors que dedans et contre les portes dudit hôtel de Bourgogne, les défenses à toutes personnes de faire aucunes séditions ni empêcher les représentations des comédiens dudit hôtel. »

1598. 15 janvier. — Lettres de relief d'adresse obtenues pour la vérification des droits et priviléges de ladite confrérie au parlement de Paris.

1598. 25 mai. — Bail fait par les maîtres de ladite confrérie à « Jehan Sehais, comédien anglois, de la grande salle et théâtre dudit hôtel de Bourgogne, pour le temps, aux réservations, et moyennant les prix, charges, clauses et conditions portées par icelui » passé par devant Huart et Claude Nourel, notaires.

1598. 4 juin. — Sentence du Châtelet donnée au profit de ladite confrérie à l'encontre desdits comédiens anglois, tant pour raison du susdit bail que pour le droit d'un écu par jour, jouant par lesdits Anglois ailleurs qu'audit hôtel. »

1598. 6 juillet. — Marché fait avec Claude Porcher, maître vitrier à Paris, passé devant Haguemer et Huart, notaires, pour faire une vitre au-dessus de la chapelle de l'église de la Trinité.

1598. 15 décembre. — Procès-verbal de Patelle, huissier en la Cour, de la visite par lui faite en la maison et hôtellerie de la Bastille, près l'église Saint-Paul, en laquelle étoient logés des comédiens, auquel lieu il auroit fait les défenses y mentionnées.

1599. 21 avril. — Bail fait à M° Fiacre Boucher, bourgeois de Paris, d'une loge des dépendances dudit hôtel, moyennant le prix et aux charges et conditions portées par ledit bail passé par devant Haguemer et Huart, notaires.

1599. 28 avril. — Sentence du Châtelet de Paris entre lesdits maîtres, d'une part, et « les soi-disant comédiens italiens du Roi, d'autre, par laquelle, entre autres choses, est fait défenses tant auxdits comédiens italiens que autres, de jouer ni représenter ailleurs qu'audit hôtel de Bourgogne, s'ils n'ont exprès pouvoir de ladite confrérie, comme aussi est fait défenses à tous bourgeois de Paris de louer ès maisons à aucuns comédiens ; au dos desquelles pièces sont des significations faites aux comédiens tant françois que italiens. »

1599. 28 avril. — Cinq baux faits par ladite confrérie « à la troupe des comédiens italiens, de la grande salle dudit hôtel, moyennant le prix et aux charges, clauses et conditions portées par iceux baux, tous passés par devant Huart et Haguemer le premier en date du 28e avril 1599 et le dernier en date du 8e avril 1614. »

1599. 1er mai. — Bail fait à Valleran Lecomte et ses compagnons, comédiens françois ordinaires du Roi, aux réservations et moyennant les prix, charges, clauses et conditions y portées, passé par devant Haguemer et Huart.

1599. 2 octobre. — Accord et composition entre lesdits maîtres et ledit Valleran Lecomte pour rachat dudit bail, icelui accord passé par devant Huart et Haguemer.

1599. 6 octobre. — Permission de faire dresser des barrières « au devant de la porte et entrée d'icelui hôtel, pour empêcher la pression du peuple lorsqu'on y veut jouer. »

1600. 30 octobre. — Marché passé entre lesdits maîtres et Robert Guérin et autres comédiens françois, passé par devant Haguemer et Huart, « par lequel iceux comédiens promettent de jouer et représenter comédies, aux charges et moyennant la somme portée audit marché. »

1604. 7 février. — Bail fait à Thomas Poirier dit la Vallée, et ses compagnons, comédiens françois, passé par devant Haguemer et Huart.

1604. 11 août. — Procédures contre Jean Dubois, valet de chambre du Roi. Trente pièces qui sont procédures faites entre lesdits maîtres et ledit Dubois, pour raison de la conciergerie et d'une loge qu'il prétendoit audit hôtel de Bourgogne en conséquence des lettres qu'il disoit à cet effet avoir obtenues de Sa Majesté ; esquelles pièces est une sentence rendue au Châtelet le 11e août 1604, par laquelle ledit Dubois est débouté de l'effet et entérinement desdites lettres, comme il est porté par ladite sentence ; les deux dernières pièces sont un arrêt du conseil privé en date du 12e juin 1620, rendu entre lesdits maîtres et ledit Dubois, par lequel, sur les requêtes et prétentions dudit Dubois, les parties auroient été mises hors de cour et de procès, et une commission du grand sceau pour mettre ledit arrêt à exécution, en date du 12e juin 1620.

1608. 26 janvier. — Procès-verbal de Me Poussepin, conseiller au

Châtelet de Paris, d'une « comparution faite chez lui par lesdits maîtres, etc., et Mathieu le Febvre, dit Laporte, touchant les différends qu'ils avoient ensemble à cause de ladite grande salle dudit hôtel de Bourgogne que ledit Laporte avoit occupée comme associé avec Valleran Lecomte ; à la suite duquel procès-verbal sont « deux exploits faits audit de Laporte, » un « avertissement donné par lesdits maîtres à M. le prévôt de Paris, pour y avoir égard, en la cause d'entre eux et ledit de Laporte » et un « inventaire des pièces produites par iceux maîtres en ladite cause. »

1609. — 27 janvier. — Requête présentée au lieutenant civil par les habitans de la rue de l'hôtel de Bourgogne et signifiée auxdits maîtres, par laquelle il leur est enjoint « de faire jouer les comédies à trois heures précises. »

1610. 10 mars. — Sentence du Châtelet par laquelle Claude Husson, dit Longueval, et autres comédiens « jouant lors ès faux-bourgs Saint-Germain-des-Prés avoir été condamnés à payer auxdits maîtres soixants sols par jour de représentation de comédies. »

1610. 13 mars. — Sentence du Châtelet, rendue entre lesdits maîtres d'une part, « Mathieu le Febvre dit Laporte et dam^{lle} Marie Venier, sa femme, et leurs compagnons comédiens, d'autre, par laquelle appert iceux comédiens qui jouoient lors en la maison appelée l'hôtel d'Argent, avoir été condamnés payer solidairement aux demandeurs soixante sols par chacun jour qu'ils avoient représenté et représenteroient audit hôtel d'Argent, et icelle sentence être déclarée commune avec tous les autres comédiens qui pourroient jouer ci-après en cette ville de Paris. »

1610. 24 mars. — Comparution faite chez le lieutenant civil par lesdits maîtres et ledit de Laporte et ses compagnons, par laquelle, main levée est faite auxdits maîtres des défenses qu'avoient obtenues lesdits comédiens et ordonne que ladite sentence du 13 mars 1610 soit exécutée.

1610. 24 mars. — Sentence du Châtelet par laquelle Claude Husson, dit Longueval, et autres comédiens jouant ès faux-bourgs Saint-Germain des Prés, sont déboutés du recours par eux prétendu par devant le bailli de Saint-Germain-des-Prés et condamnés ès dépens.

1610. 27 octobre. — Sentence du Châtelet entre lesdits maîtres et ledit Longueval et ses compagnons, « par laquelle lesdits comédiens, pour avoir contrevenu aux sentence et arrêt de la Cour obtenus par lesdits maîtres, auroient été condamnés payer la somme de quinze livres d'amende applicables, moitié envers le Roi et moitié envers iceux maîtres, et en outre leur auroit été fait défenses de plus représenter aucunes comédies sans le consentement desdits maîtres. »

1611. 4 février. — Sentence du Châtelet portant « défenses à tous pages, laquais et à quelques personnes de quelque qualité et condition qu'ils soient, de forcer et faire aucunes insolences aux portes dudit hôtel de Bourgogne » avec le certificat du juré-crieur en date du 6 février 1611, par lequel il certifie avoir lu et publié ladite sentence par les carrefours de Paris.

1612. Décembre. — Confirmation « faite par le Roi notre sire, à présent régnant, de tous les privilèges, franchises, libertés, exemptions et autres droits, octroyée à ladite confrérie de la Passion, maison et hôtel de Bourgogne par les feu Rois ses prédécesseurs, et d'abondant avoir donné congé et licence aux maitres de ladite confrérie de jouer ou faire jouer et représenter tous jeux, mystères profanes, honnêtes et licites, soit en leurdit hôtel de Bourgogne que Sa Majesté reconnoit appartenir à ladite confrérie, que en tous lieux et endroits qu'ils jugeront à propos et pourront; avec défenses à tous joueurs, comédiens ou autres de jouer ne représenter dans la ville de Paris, faux-bourgs et banlieue d'icelle, ailleurs que audit hôtel de Bourgogne sinon sous le nom et congé de ladite confrérie et au profit d'icelle, selon et ainsi qu'il est porté par lesdites lettres » avec l'extrait des registres du Parlement du 30 janvier 1613 portant le registré desdites lettres.

1613. Mars. — Sentence du Châtelet par laquelle les nommés Robert Guérin, François Vaultray et leurs compagnons comédiens, sont condamnés payer auxdits maitres la somme de trente-six livres.

1613. 27 juin. — Arrêt du Parlement à raison de la « cérémonie des Trois Rois et des Trois Mages qui avoit accoutumé de se pratiquer, comme il est porté audit arrêt. »

1614. 2 avril. — Procédures contre Nicolas Joubert, sieur d'Angoulevant. Trente-quatre pièces qui sont toutes procédures faites entre lesdits maitres et ledit Angoulevant tant au Châtelet qu'en la cour du Parlement, comme exploits, sentences, défenses, salvations, répons, acquêts et arrêts, comme aussi y sont compris vingt-deux extraits de baux » faits par lesdits maitres à des comédiens par devant Haguemer et Huart, notaires, ce faisant le tout pour raison des prétentions qu'avoit ledit Angoulevant sur ladite maison et hôtel de Bourgogne en qualité de prince des Sots ; la dernière desquelles pièces est une transaction passée par devant Legay et Leroy, notaires, le 2 avril 1614, entre lesdits maitres et ledit Joubert, pour raison de quelques frais et dépens mentionnés en icelle, par laquelle appert iceux maitres demeurer quittes envers ledit Angoulevant de tous frais et dépens qu'il eût pu prétendre contre eux.

1614. 8 avril. — Bail aux comédiens italiens, passé devant Huart et Haguemer. (Voir au 28 avril 1599).

1614. 27 juin. — Bail de la grande salle, loges et théâtre de l'hôtel de Bourgogne à noble homme Mathieu de Roger, sieur de Champluisant, moyennant le prix et aux réserves y portées, passé par devant Haguemer.

1614. 9 décembre. — Procès-verbal de M° Ferrand, lieutenant particulier au Châtelet de Paris, de comparution dans l'hôtel dudit sieur par lesdits maîtres d'une part, et Claude Husson, dit Longueval, tant pour lui que pour ses associés et pour noble homme Mathieu de Roger; avec lequel procès-verbal sont procédures faites entre lesdits maîtres et lesdits comédiens, et un inventaire des pièces mises par devant le prévôt de Paris ou son lieutenant civil par lesdits maîtres, à l'encontre de Mathieu de Roger, sieur de Champluisant, Claude Husson, dit Longueval, et ses compagnons.

1615. 2 janvier. — Sentence du Châtelet intervenue entre lesdits maîtres et ledit Husson, dit Longueval, Nicolas Gastrau et autres, leurs associés, comédiens ordinaires de Monsieur le Prince, par laquelle, iceux Longueval, Gastrau et consorts, sont condamnés payer auxdits maîtres le loyer de l'hôtel de Bourgogne depuis le 1er octobre 1614 jusques au 22 novembre audit an, et ce à raison de 1400 livres, à compter depuis ce jour 1er octobre jusques au samedi du dimanche de la Passion ensuivant.

1615. 10 janvier. — Exploit de commandement fait en vertu de ladite sentence portant refus par les comédiens de payer la somme y mentionnée.

1615. 16 janvier. — Sentence obtenue par lesdits maîtres au Châtelet de Paris à l'encontre de François Vaultray, Hugues Guéru dit Fléchelles, et autres comédiens du Roi, par laquelle il est ordonné que lesdits comédiens payeront le loyer de ladite maison et hôtel de Bourgogne au prix porté par le bail fait par lesdits maîtres auxdits Longueval et ses associés.

1619. 1er février. — Sentence du Châtelet entre lesdits maîtres et Claude Aduet et ses associés, par laquelle « icelui Aduet est condamné payer auxdits maîtres soixante sols par jour qu'ils ont joué, voltigé sur la corde et représenté plusieurs choses facétieuses, comme il est porté par icelle sentence. »

1619. 2 décembre. — Arrêt de la cour de Parlement donné entre Me Claude Giroust, président à Soissons, et les officiers du présidial dudit lieu, par lequel est fait défenses de plus élire un prince de la Jeunesse.

1620. 12 juin. — Arrêt du conseil privé contre Jean Dubois. (Voir au 11 août 1604.)

1621. 13 octobre. — Onze pièces qui sont procédures faites entre lesdits maîtres et Étienne Robin, maître paumier, demeurant rue Bourg-l'Abbé, pour raison de son jeu de paume qu'il avoit loué à une troupe de comédiens au préjudice des priviléges desdits maîtres; les deux dernières sont deux sentences du Châtelet des 13 octobre 1621 et 4 mars 1622 par lesquelles est défendu audit Robin et à tous autres de louer leur maison à des comédiens, et de souffrir être dressé théâtre chez eux, à peine d'amende.

1622. 16 février. — Sentence du Châtelet entre lesdits maîtres, d'une part, et Étienne Rufin dit la Fontaine, Hugues Guéru dit

Fléchelles, Robert Guérin, Henri Legrand et autres associés, comédiens ordinaires du Roi, d'autre part, par laquelle iceux comédiens auroient été condamnés payer auxdits maîtres à raison de soixante sols par chacune journée qu'ils avoient représenté ou représenteroient comédies en la ville de Paris, hors dudit hôtel de Bourgogne, avec laquelle sentence sont un avertissement et un inventaire de production fait par lesdits maîtres pour parvenir à ladite sentence.

1622. 4 mars. — Sentence du Châtelet contre Étienne Robin. (Voir au 13 octobre 1621.)

1624. 14 février. — Procédures contre Nicolas Guéru, jardinier des jardins du château du Louvre, et Laurent Hubault qui se disoient prince et lieutenant des Sots. Six pièces : la première desquelles est une sentence rendue au Châtelet le 14e février 1624 entre lesdits maîtres, d'une part, et lesdits Nicolas Guéru et Hubault, d'autre part, par laquelle entre autres choses est dit qu'iceux Guéru et Hubault sont déboutés de l'effet et entérinement des lettres qu'ils avoient obtenues de Sa Majesté, que défenses leur sont faites à l'avenir de se dire et qualifier prince et lieutenant de la Sottise, comme aussi défenses sont faites auxdits maîtres de l'hôtel de Bourgogne de permettre d'être représenté sur le théâtre dudit hôtel aucunes comédies qui contreviendroient à la civilité et honnêteté, à peine d'en répondre en leurs propres et privés noms. — La deuxième est un arrêt de la cour de Parlement, en date du 5e septembre 1624, par lequel l'appel interjeté de ladite sentence est mis au néant et ordonné qu'icelle sera exécutée, nonobstant opposition ou exploits quelconques. — La troisième est aussi un arrêt du Parlement, en date du 7e décembre 1627, par lequel ledit Guéru est débouté de l'entérinement des lettres par lui reçues et ordonne qu'icelle sentence du 14e février 1624 sortira son plain et entier effet, et auroit été ledit Guéru condamné ès dépens. — Les quatrième et cinquième sont des expéditions de ladite sentence et la sixième un autre arrêt de la cour de Parlement, daté du 29e janvier 1628, par lequel la Cour, sans s'arrêter aux lettres obtenues par ledit Guéru, avoir ordonné que ladite sentence du 14e février 1624 sortira son plain et entier effet. (Voir au 31 janvier 1629.)

1624. 3 septembre. — Sentence du Châtelet renouvelant les défenses du 4 février 1611 de faire insolences aux portes dudit hôtel de Bourgogne, et quittance des jurés-trompettes du Roi du 28 septembre de la somme de 15 livres pour avoir crié et publié lesdites défenses.

1624. 5 septembre. — Arrêt du Parlement contre Nicolas Guéru et Hubault. (Voir au 14 février 1624).

1625. 7 janvier. — Sentence du Châtelet par laquelle est ordonné que lesdits maîtres pourront faire ouverture de l'hôtel de Bourgogne les jours ouvrables à telle heure que bon leur semblera, et les dimanches et fêtes ne pourront qu'à trois heures.

1625. 3 août. — Trois baux faits aux comédiens du prince d'Orange, passés par devant Haguemer et Huart, le premier du 3 août 1625 et le dernier du 9 juillet 1629 « avec lesquels baux est la requête présentée par lesdits comédiens à M. le lieutenant civil pour avoir permission de représenter audit hôtel. »

1625. 13 août. — Exploit fait à la requête des comédiens de la troupe royale auxdits maîtres pour voir avouer qu'ils loueroient telle maison qu'il leur sembleroit pour représenter leurs comédies.

1625. 14 août. — Procès-verbal d'une comparution faite chez M. le lieutenant civil par lesdits comédiens du Roi et lesdits maîtres, dans lequel est ordonné que les comédiens du prince d'Orange jouiront du bail qui leur avoit été fait par lesdits maîtres, est fait défenses auxdits comédiens du Roi de les troubler ni de jouer autour de la maison et hôtel de Bourgogne « ains au quarreau de la rue Saint-Anthoine » en payant auxdits maîtres les droits accoutumés.

1627. 7 juillet. — Cinq pièces : la première est un exploit d'assignation fait à la requête desdits maîtres auxdits comédiens de la troupe royale pour eux voir faire défenses de ne plus représenter de comédies à heure indue, à peine de prison. La deuxième est une ordonnance du commissaire d'Aubray portant mandement d'assigner témoins pour déposer vérité, à la requête desdits maîtres contre lesdits comédiens. La troisième est une sentence du Châtelet en date du 7ᵉ juillet 1627 rendue entre lesdits maîtres et lesdits comédiens, par laquelle il est fait défense à iceux comédiens de plus faire les violences y mentionnées et de représenter comédies à heure indue, à peine de prison. La quatrième est un exploit fait auxdits maîtres à la requête desdits comédiens pour voir rabattre ladite sentence ; et la cinquième est une sentence du Châtelet du 3 août 1627 portant défaut auxdits maîtres à l'encontre desdits comédiens et qu'ils seroient réassignés.

1627. 17 novembre. — Requête présentée par lesdits maîtres à M. le bailli du Palais, tendant à ce qu'il fut fait défenses aux nommés Désidières, Descombes et autres, qui se disoient Grecs de nation, de représenter et jouer aucunes comédies, farces et ballets.

1627. 18 novembre. — Sentence par extrait rendue audit bailliage, par laquelle est ordonné que les parties écriront et produiront, avec laquelle est l'inventaire de production desdits maîtres par devant ledit sieur bailli, à l'encontre desdits opérateurs grecs.

1627. 7 décembre. — Arrêt du Parlement contre Nicolas Guéru (voir au 14 février 1624).

1627. 9 décembre. — Sentence rendue par le bailli du Palais par laquelle lesdits maîtres sont maintenus en leurs droits et priviléges, et défenses à toutes personnes de les troubler en la jouissance d'iceux, et condamne Hiérôme Lecomte et Georges, Grecs de nation, aux dépens ; avec laquelle sont deux requêtes répondues dudit sieur bailli du Palais, tendant à ce que Mᵉ Bruslé, procureur desdits Grecs soit contraint.

1628. 22 janvier. — Exécutoire dudit bailliage pour les dépens èsquels lesdits Lecomte et Georges, Grecs, auroient été condamnés par ladite sentence.

1628. 29 janvier. — Arrêt du Parlement contre Nicolas Guéru. (Voir au 14 février 1624.)

1628. 30 septembre. — Quatre baux faits aux comédiens du Roi « représentés par Valleran Lecomte et ses compagnons, et par Hugues Guéru, Henri Legrand, Pierre le Messier et autres, » passés par devant Haguemer et Huart, le dernier en date du dernier jour de septembre 1628.

1629. 31 janvier. — Vingt-huit pièces, vingt-quatre desquelles sont poursuites et procédures faites entre lesdits maîtres et lesdits Nicolas Guéru et Hubault, comme défenses, exploits, etc.; la vingt-cinquième est une démission faite par ledit Guéru au profit de la confrérie de la Passion de tout ce qui pouvoit appartenir à la principauté de la Sottise, icelle démission passée devant Plastrier et Chapelain, notaires, le 31e janvier 1629; la vingt-sixième est un brevet du Roi en date du 11 mars 1629, par lequel Sa Majesté a accordé et approuvé ladite démission; la vingt-septième sont des articles signés dudit Guéru et de plusieurs maîtres de ladite confrérie pour terminer les différends qu'ils avoient ensemble, et la vingt-huitième est une transaction passée par devant Haguemer et Huart le 20e juin 1629 entre ledit Guéru et lesdits maîtres, par laquelle entre autres choses est porté que ledit Guéru promet auxdits maîtres de leur mettre ès mains le brevet et le noble don qu'il avoit de Sa Majesté de la principauté des Sots et de passer tels arrêts que besoin seroit pour l'abolition de ladite principauté, moyennant et aux charges portées par ladite transaction.

1629. 7 mars. — Exploit portant assignation donnée aux comédiens du Roi « en parlant à Hugues Guéru dit Fléchelles, l'un d'iceux, tant pour lui que pour ses compagnons, » à la requête desdits maîtres pour se voir condamner au payement de la somme de 210 livres pour un mois du loyer de ladite maison et hôtel de Bourgogne.

1629. 6 juin. — Bail fait aux comédiens du Roi par lesdits maîtres, passé devant Haguemer et Huart.

1629. 9 juillet. — Bail fait par lesdits maîtres aux comédiens du prince d'Orange. (Voir au 3 août 1625.)

1629. 29 août. — Sommation faite à la requête desdits maîtres aux nommés Legrand, Belleville, Fléchelles et autres associés, comédiens ordinaires de Sa Majesté à ce qu'ils eussent à déclarer s'ils vouloient parachever le temps restant du bail qui leur avoit été fait par lesdits maîtres.

1629. 12 octobre. — Requête présentée au conseil privé par lesdits comédiens, tendant à ce que lesdits maîtres fussent tenus de mettre ès mains de l'un de messieurs des requêtes les titres qu'ils avoient, en vertu desquels ils possédoient ladite maison et hôtel de Bourgogne, ladite requête répondue à Fontainebleau.

1629. 26 octobre. — Acte signé de plusieurs desdits maîtres par lequel ils déclarent que lesdits comédiens ne sont personnes capables pour faire demande de titres; ledit acte signifié à Guérin, dit la Fleur, Guéru, Legrand et le Messier, comédiens.

1629. 27 octobre. — Extrait des registres de la chambre des Comptes au profit de la cónfrérie de la Passion « pour pouvoir par icelle tenir perpétuellement et à toujours ladite maison et hôtel de Bourgogne. »

1629. 7 novembre. — Information faite à la requête desdits maîtres contre lesdits comédiens de la troupe royale.

1629. 8 novembre. — Copie signifiée auxdits maîtres à la requête desdits comédiens d'un arrêt du conseil privé en date du 7 novembre 1629 par lequel est ordonné que lesdits maîtres mettront leurs titres ès mains du commissaire à ce départi.

1629. 17 novembre. — Acte par lequel lesdits maîtres déclarent auxdits comédiens que, pour satisfaire à l'arrêt du conseil, ils auroient mis au greffe du conseil les titres justificatifs du droit qu'ils ont audit hôtel de Bourgogne, avec lequel sont procédures faites entre lesdits maîtres et lesdits comédiens, au privé conseil, comme ordonnances de M. de Thou, exploits, etc.

1629. 19 novembre. — Deux exploits faits à la requête desdits maîtres auxdits comédiens pour le payement des loyers dudit hôtel de Bourgogne, le dernier portant exécution faite sur les biens meubles de Hugues Guéru dit Fléchelles, faute de payer lesdits loyers.

1629. 29 décembre. — Arrêt du conseil rendu entre lesdits maîtres et lesdits comédiens, par lequel auroit été ordonné que lesdits comédiens « jouiroient pour le temps et espace de trois ans de la salle dudit hôtel de Bourgogne et loges étant en icelle, fors et excepté de celle des anciens maîtres qui demeuroit aux maîtres de ladite confrérie, tant pour eux que pour leurs parents et amis, moyennant la somme de 2400 livres de loyer par chacune année, en outre aux charges et conditions portées audit arrêt donné à Paris, par lequel arrêt iceux comédiens sont condamnés à donner auxdits maîtres bonne et suffisante caution.

1630. 4 janvier. — Requête présentée au lieutenant civil par lesdits comédiens aux fins de faire visiter ladite maison et hôtel de Bourgogne et exploits à cause de ce.

1630. 26 janvier. — Acte signifié auxdits maîtres à la requête desdits comédiens par lequel iceux comédiens somment lesdits maîtres de leur bailler les clefs dudit hôtel de Bourgogne, conformément à l'arrêt du conseil du 29 décembre 1629.

1630. 19 juillet. — Requête présentée à M. le lieutenant civil par lesdits maîtres, portant permission auxdits maîtres « de faire saisir et arrêter ce qu'ils pourroient trouver appartenant aux nommés du Rossay, Beaupré et leurs associés, » comédiens de Monseigneur le duc d'Angoulême représentant ès faux-bourgs Saint-Germain, et ce pour sûreté du payement de soixante sols par jour à eux dus lorsqu'ils représenteroient, en suite de laquelle sont deux exploits en vertu de ladite permission portant saisie faite ès mains de Guillaume Massiot, archer du prévôt de l'île, portier pour lesdits comédiens.

1630. 20 juillet. — Sentence du Châtelet par laquelle, sur le différend d'entre lesdits maîtres et lesdits comédiens du Roi, est ordonné que les parties se pourvoiront par devant Sa Majesté, ainsi qu'elles aviseroient bon être.

1630. 30 juillet. — Sentence du Châtelet portant adjudication auxdits maîtres du droit de soixante sols par jour à l'encontre desdits du Rossay, Beaupré et leurs associés, en outre que la saisie faite à leur requête ès mains de Guillaume Massiot, archer du prévôt de l'île, est bonne et valable.

1630. 9 août. — Quittance de la somme de 600 livres, payée par la confrérie de la Passion pour employer au payement des gens de guerre levés pour le service de Sa Majesté.

1630. 20 août. — Procès-verbal du commissaire examinateur au Châtelet par lequel appert que sur les réquisitions desdits maîtres, il s'est transporté en la chambre de Hiérôme Scelerier, comédien, demeurant ès faux-bourgs Saint-Germain, et qu'il y auroit donné les assignations y mentionnées.

1630. 22 août. — Sentence du Châtelet par laquelle ledit Scelerier et ses associés, comédiens de Monseigneur le Prince, représentant ès faux-bourgs Saint-Germain, sont condamnés payer auxdits maîtres quarante-cinq livres pour quinze jours qu'ils ont représenté comédies, et outre de continuer pareil payement de soixante sols par chacun jour qu'ils joueront.

1630. 29 août. Exploit signifié auxdits maîtres à la requête de Robert Guérin dit la Feur, Huges Guéru dit Fléchelles, Pierre le Messier dit Bellerose, et autres associés comédiens ordinaires du Roi, intervenant au procès d'entre lesdits maîtres et les comédiens de Monseigneur le Prince représentant ès faux-bourgs Saint-Germain, avec lequel sont cinq pièces de procédures faites par lesdits maîtres, lesdits comédiens du Roi et ledit Scelerier, comédien de Monseigneur le Prince, tant au Châtelet de Paris, par devant nos seigneurs du Parlement qu'au conseil privé du Roi, pour le payement desdits soixante sols par jour.

1630. 9 novembre. — Acte de caution fait par Pierre Cottau, bourgeois de Paris, pour lesdits comédiens du Roi, passé par devant Camus et Roussel, notaires, avec lequel sont deux exploits faits par lesdits maîtres audit Cottau.

1631. 25 février. — Exploit d'assignation fait à la requête desdits maîtres à Lenoir, comédien, et ses associés pour comparoir par devant le lieutenant civil « pour eux voir condamner à payer six vingt quinze écus pour six vingt quinze journées qu'ils avoient représenté comédies hors dudit hôtel de Bourgogne, » avec lequel sont cinq pièces de procédures faites entre iceux comédiens et lesdits maîtres.

1631. 29 avril. — Procédures faites contre Philippe Gaultier, imprimeur; vingt-six pièces. La première est une information faite par le commissaire du Roi à la requête desdits maîtres à l'encontre de Philippe Gaultier, maître imprimeur libraire à Paris, à cause d'un libelle diffamatoire que lesdits maîtres prétendoient qu'il avoit imprimé contre eux, en date du 29 avril 1631; la deuxième est un décret de prise de corps donné contre ledit Gaultier le 7 mai 1631; la troisième est une requête répondue de M. le lieutenant civil, sur laquelle est un exploit fait en vertu d'icelle sur les biens dudit Gaultier; la quatrième est l'interrogatoire dudit Gaultier subi par devant M. le lieutenant civil; les cinquième jusques à la vingt-cinquième sont procédures faites au Châtelet contre Gaultier, et la vingt-sixième et dernière est la sentence rendue entre lesdits maîtres et la veuve de Gaultier, par laquelle est ordonné que ledit libelle diffamatoire seroit brûlé devant la porte de la maison dudit feu Gaultier par l'exécuteur de la haute justice, que ladite veuve payeroit quatre-vingts livres parisis d'amende envers le Roi et pareille somme auxdits maîtres avec dépens, comme il est plus amplement porté par ladite sentence datée du 28 mai 1632.

1631. 14 mai. — Sentence du Châtelet entre lesdits maîtres et lesdits comédiens du Roi par laquelle est fait inhibitions et défenses auxdits comédiens de relouer l'hôtel de Bourgogne à qui que ce soit et est fait défenses aux comédiens qui l'auroient loué de se servir du bail qui leur auroit été fait, à peine d'amende et d'être emprisonnés en cas de contravention, et aux dépens.

1632. 10 février. — Sentence du Châtelet entre lesdits maîtres, Lenoir et ses associés, et Robert Guérin dit la Fleur, Hugues Guéru dit Fléchelles, Henri Legrand dit Belleville, Pierre le Messier dit Bellerose, et autres comédiens ordinaires du Roi, par laquelle il est ordonné que lesdites parties écriront et produiront, avec laquelle sentence sont dix autres pièces, savoir: autre sentence du Châtelet, par laquelle lesdits comédiens sont condamnés à produire dans trois jours, inventaire de production, avertissements et procédures; la dernière est une sentence par laquelle appert que lesdits Lenoir et ses associés seroient solidairement condamnés payer auxdits maîtres la somme de 405 livres pour six vingt quinze jours qu'ils auroient représenté comédies en cette ville de Paris, au jeu de paume de Berthault, comme aussi à leur payer un écu par chacun jour qu'ils y joueroient ci-après, et, au regard de l'intervention desdits comédiens de l'hôtel de Bourgogne, auroient été icelles parties mises hors de cour, lesdits Lenoir et ses associés condamnés ès dépens.

1632. 28 mai. — Sentence rendue entre lesdits maîtres et la veuve Gaultier. (Voir au 29 avril 1631.)

1632. 2 juin. — Deux livres imprimés, l'un couvert de parchemin, intitulé : *Recueil des principaux titres concernant l'acquisition de la propriété des masures et place où est bâtie la maison appelée vulgairement l'hôtel de Bourgogne*, en fin duquel est une collation manuscrite faite aux originaux par messire François-Auguste de Thou, conseiller du Roi en ses conseils et maître ordinaire des requêtes de son hôtel, ladite collation datée du 2 juin 1632 ; l'autre livre imprimé contenant addition desdits principaux titres audit recueil.

1632. Juillet. — Procès-verbal de M. Moreau, lieutenant civil, qui auroit, pour exécution de l'arrêt du conseil du 29 décembre 1629, mis en possession les comédiens du Roi des lieux y mentionnés dépendant dudit hôtel de Bourgogne.

1632. 5 août. — Bail fait à « Robert Guérin dit la Fleur, Hugues Guéru dit Fléchelles, Henri Legrand dit Belleville, Philibert Robin dit le Gaucher, Pierre le Messier dit Bellerose, et Louis Gallien dit Saint-Martin, tous comédiens ordinaires ès gages de Sa Majesté, ce acceptant par ledit de Saint-Martin, en vertu de la procuration qui lui avoit été passée pour cet effet par les susnommés, par devant Ferrand, notaire à Saint-Germain en Laye, le 5 août 1632, de ladite grande salle, théâtre, loges et galeries de ladite maison et hôtel de Bourgogne pour le temps de trois ans, moyennant la somme de deux mille quatre cents livres tournois de loyer par chacun an, et aux réserves, clauses et conditions portées audit bail, et en outre à la charge que les preneurs ne pourront prétendre aucune diminution ou rabais dudit loyer, soit pour l'absence du Roi de cette ville, ou absence d'eux, ou qu'ils ne représentassent pas, pour raison de quoi ils auroient renoncé dès lors à toutes actions, jugements et arrêts qu'ils eussent pu obtenir pour raison de ce, moyennant lequel bail lesdites parties se seroient départies de tous procès et discords pendant entre eux tant au conseil privé du Roi qu'ailleurs, pour raison de la propriété de ladite maison et hôtel de Bourgogne, à tous lesquels droits de propriété que lesdits comédiens prétendoient avoir et leur appartenir sur icelle maison et hôtel de Bourgogne icelui de Saint-Martin ès dits noms auroit renoncé au profit desdits bailleurs et s'en seroit désisté et départi, comme il est porté audit bail fait en la présence et par l'avis de monsieur François-Auguste de Thou, conseiller du Roi et maître des requêtes ordinaires de son hôtel, et par devant Pierre Huart et Charles Favenselle Saint-Vaast, notaires au Châtelet de Paris, le 5e jour d'août 1632, et sur lequel est le transcript de ladite procuration. »

1634. 8 mars. — Bail fait par des particuliers aux comédiens qui représentent au jeu de paume du Marais, passé par devant de Monhenault et son collègue, notaires.

1635. 10 septembre. — Bail fait à « Pierre le Messier dit Bellerose, Charles Lenoir, Bertrand Hardouin de Saint-Jacques, Julien et François Bedeaux frères, Henri Legrand dit Belleville, Louis Gallien dit Saint-Martin et autres leurs associés, comédiens de la troupe royale, de ladite grande salle, loges, etc., de l'hôtel de Bourgogne pour le temps de trois ans moyennant pareille somme, etc., » passé par devant Haguemer et Huart, notaires.

1636. 19 et 21 août. — Deux pièces, l'une signée Jean Maret, par laquelle il promet aller servir le Roi en ses armées pour lesdits maitres, et l'autre par laquelle est certifié que suivant l'ordonnance de Sa Majesté, il a été fourni par le concierge dudit hôtel de Bourgogne un homme avec l'épée et le baudrier pour faire le nombre de trente ordonné être fourni par chacune compagnie.

1638. 25 février. — Exploit d'exécution fait sur les biens meubles de Bellerose et autres comédiens, faute de payement des loyers dudit hôtel de Bourgogne.

1638. 15 octobre. — Sentence du Châtelet entre lesdits maitres et lesdits comédiens, avec laquelle sont dix autres pièces. La première est un acte d'appel fait par lesdits maitres de ladite sentence ; la seconde une protestation faite par lesdits maitres par devant Toutain, notaire, le 15 octobre 1638, que la quittance de la somme de 600 livres qu'ils étoient consentis donner à Bellerose et ses associés en recevant ladite somme, conformément à ladite sentence, ne peut nuire ni préjudicier à l'appel qu'ils avoient interjeté de ladite sentence ; la troisième est un appel en la cour de Parlement du 1er décembre 1638 ; les quatrième, cinquième et sixième sont procédures faites en la cour de Parlement ; les septième et huitième sont copies des quittances données aux comédiens des loyers dudit hôtel ; la neuvième est un inventaire des pièces mises et baillées ès mains de M. le président Viguier, suivant l'ordonnance de Monseigneur le Cardinal, contre les comédiens du Roi ; la dixième est une requête au Roi et à nos seigneurs de son conseil pour empêcher les comédiens de faire faire aucuns ouvrages aux bâtiments de l'hôtel de Bourgogne.

1639. 18 janvier. — Écrit en forme de bail passé à Pierre le Messier, dit Bellerose, etc.[1].

Ce fait tous lesdits titres, papiers, enseignements et autres choses mentionnées au présent inventaire sont demeurés ès mains et en la possession desdits sieurs Dubout, Boyvin, de Vauconsains, Javelle et Leleu, ès noms et qualités portés à l'intitulation du présent inventaire, etc.

---

1. Document n° V.

VII

1640 — 10 mars.

RECETTE ET DÉPENSE DE LA CONFRÉRIE DE LA PASSION.

Minutes de M⁰ Turquet.

État au vrai de la recette et dépense que font annuellement les doyen, maîtres, gouverneurs, administrateurs et fondateurs de la confrérie de la Passion et Résurrection de notre Sauveur et Rédempteur Jésus-Christ, et légitimes propriétaires et possesseurs en cette qualité des maison et hôtel de Bourgogne et lieux dépendant de ladite confrérie.

Recette.

Premièrement reçoivent iceux doyen et maîtres, ou pour eux celui qui est en charge, par chacun an, des comédiens de la troupe royale du Roi la somme de deux mille livres de loyer pour la grande salle, loges, théâtre et galeries, avec la première chambre étant au-dessus de la grande porte dudit hôtel de Bourgogne, et outre aux réserves, clauses et conditions portées par le traité fait en forme de bail entre iceux maîtres et lesdits comédiens, en date du 18ᵉ janvier 1639, icelui traité étant en la possession de Toutain, notaire au Châtelet de Paris.

Item. Font recette de la somme de quatre cent quarante livres tournois pour le loyer par chacun an des quatre magasins qui sont au-dessous dudit hôtel de Bourgogne, savoir deux ayant issue par la rue Mauconseil, proche la porte dite *du parterre*, et les deux autres par la grande et principale porte sur la rue Saint-François, y compris l'augmentation faite du loyer d'aucuns desdits magasins depuis peu, au lieu du loyer plus médiocre qu'ils recevoient ci-devant.

Item. De la somme de vingt livres tournois de rente de bail d'héritage, due par les héritiers de feu François Bonnard, vendeur de poisson, à cause des lieux à lui vendus, faisant partie dudit lieu appelé l'hôtel de Bourgogne.

Et partant appert ladite recette monter par chacun an à la somme de deux mille quatre cent soixante livres tournois.

Et quant à la maison dite de Saint-Léonard, sise à Paris rue Mondétour, proche la maison de l'Arbalète, lesdits doyen et maîtres n'en font à présent aucune recette du loyer ou revenu d'icelle, pour les raisons ci-après déclarées; comme aussi des deniers qui se reçoivent annuellement des maîtres et confrères d'icelle confrérie lesdits doyen et maîtres n'en peuvent faire recette assurée, d'autant que d'aucunes années ils reçoivent jusques à cinquante livres, d'autres beaucoup moins, selon qu'il se fait réception de confrères.

Dépense.

Premièrement ladite confrérie, maison et hôtel de Bourgogne doit et est obligée en rentes qui ensuivent, savoir :

Envers messire Louis de Manneville, chevalier, seigneur et patron d'Ozonville et autres lieux, ou ses ayant cause, deux cents livres tournois de rente foncière, mentionnée et faisant partie de plus grande rente portée par le contrat d'acquisition dudit hôtel de Bourgogne en date du 30e août 1548.

Item. Envers le sieur de Saulnois, fils de la damoiselle Lecamus, trente et une livres cinq sols tournois de rente aussi à prendre sur ledit hôtel de Bourgogne.

Item. Envers le sieur Morin, bourgeois de Paris, et Marie Laneau, veuve de Pierre Morin, quatre-vingt-treize livres treize sols de rente aussi à prendre comme dessus.

Item. Envers damoiselle Marie Turpin, comme tutrice des enfants mineurs du feu sieur Levesque, avocat au Parlement, son mari, et d'elle la somme de cent livres de rente.

Item. Au sieur Noury cent douze livres dix sols tournois de rente aussi à prendre sur ledit hôtel de Bourgogne.

Item. Envers le sieur de Vaupotrau, la somme de cinquante livres tournois de rente à prendre comme dessus.

Item. Est dû au domaine du Roi par ledit hôtel de Bourgogne par chacun an, treize livres tournois.

Item. Pour les boues par chacun an la somme de dix-huit livres tournois.

Item. Pour les chandelles et lanternes par chacun an la somme de six livres tournois.

Item. Cinquante-deux sols à quoi ledit hôtel est taxé pour les pauvres.

Item. Est à noter que pour réédifier ladite maison de Saint-Léonard ladite confrérie, faute de fonds, a été contrainte d'emprunter de Me François Quartier, prêtre, curé de Puisieux en France, diocèse de Paris, comme tuteur des enfants de feu Antoine Paradis et de Claude de la Roche, la somme de neuf cent quarante et une livres quatorze sols huit deniers, dont ils ont constitué cinquante-deux livres six sols quatre deniers tournois de rente, par contrat passé par devant ledit Toutain et Buon, notaires à Paris, le 17e octobre 1639.

Item. Pour le même sujet a été aussi emprunté par ladite confrérie la somme de treize cents livres dont a été passé obligation au profit d'un particulier, le terme de laquelle écherra au mois de juin prochain venant, ainsi qu'il est porté par icelle passée par devant ledit Toutain, notaire.

Item. Se paie par chacun an à Jean Bouteville, clerc de ladite confrérie et concierge pour icelle dudit hôtel de Bourgogne, y résidant, la somme de quarante livres tournois pour ses gages.

Autre dépense qui se fait annuellement pour les réparations tant dudit hôtel de Bourgogne que ses dépendances et audit hôpital de la Trinité.

Savoir, pour le payement tant du charpentier, menuisier, maçon, serrurier, plombier, vitrier, paveur et autres ouvriers qui travaillent èsdites réparations, ordinairement ou à peu près par an la somme de six à sept cens livres tournois.

Et d'autant que lesdits confrères sont continuellement attaqués tant par lesdits comédiens que clercs de la basoche du Palais et autres particuliers, et que par ce moyen ils sont contraints d'être en procès, il se dépense au moins par chacun an, en frais de justice, la somme de deux à trois cents livres environ.

Autre dépense.

De tout temps immémorial et depuis la fondation d'icelle confrérie, lesdits maîtres et gouverneurs, pour le respect qu'ils portent à messieurs de la Justice, leur présentent annuellement les étrennes, bougies, brochets carreaux[1], ainsi qu'il ensuit, savoir : le premier jour de l'année il est fait dépense en vin clairet, vin muscat ou d'Espagne, citrons et oranges, jusques à la somme de cent soixante et dix ou cent quatre-vingts livres, selon le temps et prix desdits choses.

Plus le jeudi de la mi-carême, lesdits maîtres et gouverneurs présentent aussi à nosdits sieurs de la Justice des brochets carreaux et demi-carreaux, et pour ce se fait dépense de la somme de cent dix ou six vingts livres, selon le temps.

Item. Se fait aussi dépense annuellement en cire, tant pour celles qui se présentent le jour saint Simon saint Jude[2] à nosdits sieurs de la Justice que en celle qui est employée à la chapelle de ladite confrérie étant à ladite Trinité, ensemble aux flambeaux qu'ils fournissent pour ladite confrérie tant audit hôpital de la Trinité que en la paroisse Saint-Sauveur le jour de Fête-Dieu, de la somme de deux cent trente ou quarante livres tournois.

Item. Se fait aussi dépense par chacun an, au jour de l'élection des nouveaux maîtres de ladite confrérie, tant pour les droits d'assistance à icelle, ainsi que de tout temps a été accoutumé, de monsieur le lieutenant civil, monsieur le procureur du Roi, greffier, procu-

---

1. On nommait *brochets carreaux* de très-gros brochets.
2. Le 28 octobre.

reur de la maison, sergent et secrétaire desdits sieurs, qui pour cet effet se transportent exprès audit hôtel de Bourgogne, de la somme de quarante-huit à cinquante livres.

Église.

Il est payé annuellement audit hôpital de la Trinité pour la souffrance d'icelle confrérie la somme de trente livres tournois.

Item. Ordinairement il est aussi payé quatre-vingts livres tournois au maître des enfans dudit hôpital de la Trinité et quelquefois plus, tant pour les messes hautes que services, eau bénite, prières pour le Roi, et autres prières qui se font par chacun dimanche et fêtes de l'année pour ladite confrérie et autres jours, quand il est décédé quelque maître ou confrère.

Item. Est payé aussi annuellement à celui qui joue des orgues pendant lesdites hautes messes et services la somme de trente livres tournois.

Item. Tant pour le blanchissage du linge d'église que nettoyement des chandeliers de ladite confrérie la somme de quatre livres douze à quinze sols tournois.

Item. Au pâtissier qui fournit les pains bénits de ladite confrérie, et celui qui se rend, à cause dudit hôtel, en l'église Saint-Sauveur, et aussi pour les échaudés qui se distribuent le jour du jeudi-saint à l'issue des Ténèbres de ladite confrérie, tant audit maître de la Trinité, enfants, que autres maîtres et gouverneurs, la somme de quarante ou quarante-cinq livres tournois.

Item. Est fait dépense annuellement de la somme de vingt à vingt-deux livres, tant pour les bouquets qui se présentent à nosdits sieurs de la Justice que pour mettre sur les pains bénits et sur l'autel ès jours de fêtes.

Item. La somme de dix livres ou environ employée par chacun an le jour saint Thomas, aux vêpres qui se célèbrent pour ladite confrérie, à cause de l'ô et autres prières qui se chantent.

Item. Pour les offrandes qui se font ès messes de *requiem* célébrées annuellement à l'intention desdits confrères trépassés, la somme de quarante-cinq à cinquante sols tournois.

Item. Se distribue le jour des Rameaux, en ladite chapelle, du buis pour seize à vingt sols tournois.

Item. Se paye au prêtre qui porte la croix en deux processions de ladite confrérie qui se font annuellement les jours de Quasimodo et de Sainte-Croix, dix sols tournois.

Item. Esdites deux fêtes lesdits doyen, maîtres et gouverneurs de tout temps donnent à dîner au maître des enfants et prêtres qui assistent au service desdites fêtes, et pour ce est fait dépense de dix à douze livres tournois.

Item. Est fait dépense aussi annuellement de la somme de vingt-quatre livres ou environ tant pour les peines de l'administrateur de ladite Trinité, crieur, porte-verge que autres menus frais le jour que ladite confrérie est annoncée par la ville de Paris.

Item. Est aussi payé audit crieur, pour ses droits, la somme de quatre livres dix sols tournois.

Item. Il se fait offrande èsdits jours Sainte-Croix et Quasimodo, pour faire laquelle est distribué aux confrères présents vingt-cinq à trente sols tournois par lesdits doyen et maîtres.

Item. Est payé au tapissier trente-six livres tournois pour les tapisseries et tentures qu'il fournit par chacun an pour la décoration de ladite chapelle et audit hôtel pour la réception de messieurs les lieutenant civil et procureur du Roi, et autres ci-dessus nommés, comme aussi pour la tenture qui sert devant ledit hôtel de Bourgogne èsdits jours de Fête-Dieu.

Item. Est payé à ceux qui portent les flambeaux devant le saint sacrement ès jours de Fête-Dieu, aux processions qui se font auxdites églises de Saint-Sauveur et de la Trinité, auxquelles de coutume lesdits maîtres fournissent des flambeaux de cire blanche, douze à quinze sols tournois.

Item. Pour l'entretien des ornements de ladite confrérie il se fait dépense annuellement du moins de la somme de dix à douze livres et quelquefois plus.

Charités.

Lesdits doyen et maîtres ont de coutume annuellement, le jour et fête des Trépassés, de visiter les pauvres prisonniers, tant du grand que petit Châtelet, Conciergerie du Palais, For-l'Évêque que autres prisons de cette ville de Paris, et à chacun d'iceux donner un pain d'un sol, et à aucuns et selon leur grande nécessité deux, et aussi quelques douzains, de sorte qu'il s'employe et distribue auxdites charités quelquefois jusques à vingt-cinq et trente livres tournois, selon la quantité des pauvres prisonniers.

Item. Quand il arrive que quelques-uns des anciens maîtres ou confrères viennent en nécessité et n'ont moyen de gagner leur vie, lesdits doyen et maîtres, après le consentement et avis de ladite confrérie, assistent iceux pauvres confrères selon le possible et fonds de ladite confrérie, ainsi que pour preuve de ce il se pratique envers un pauvre ancien maître et confrère fort caduc, auquel pour ce est payé vingt sols par chacune semaine, annuellement.

Et outre tout ce que dessus est encore dû au couvreur dudit hôtel trois ou quatre cents livres, comme aussi au tapissier deux ou trois années de ses gages.

Item. A messieurs de la Trinité deux années de la souffrance seulement.

Item. Pour se libérer par iceux doyen et maîtres envers Arnoult et Delespine, charpentier et maçon qui ont construit de neuf ladite maison de Saint-Léonard, de la somme de douze cents livres qu'ils leur doivent de reste de la somme de trois mille six cents livres à laquelle ils avoient convenu pour ce, iceux doyen et maîtres se seroient obligés, par acte reçu par devant ledit Toutain, de leur payer quatre cents livres au jour et fête de Noël dernier passé, ce qu'ils n'ont encore pu faire, et pour les huit cents livres tournois restant lesdits maîtres ont fait bail d'icelle maison auxdits Arnoult et Delespine pour trois années commencées audit jour de Noël dernier, ainsi que plus au long est porté par ledit acte en date du 19e octobre 1639.

De sorte qu'il se voit, par le moyen de tout ce que dessus, que ladite confrérie ne peut pas faire grande épargne ou fonds, quelque bon ménage qu'elle puisse faire, y ayant des années où il se fait bien plus de dépense aux unes qu'aux autres, et ainsi l'épargne de l'une est dépensée par l'autre.

Et de plus si les comédiens sont quelque quartier ou temps sans représenter comédies audit hôtel, ils font perdre le loyer dudit temps auxdits maîtres, ainsi que de fraîche mémoire il apparoit par le bail daté au premier article de recette ci-devant, par lequel ils ont eu diminution de quatre cents livres par an et n'ont payé que cent livres pour un quartier, au lieu de six cents livres qu'ils devoient, qui fait en tout, tant pour ledit rabais de loyer que diminution, dix sept cents livres de perte pendant ledit bail qui est de trois années.

Aujourd'hui sont comparus par devant les notaires et garde-notes du Roi notre sire en son Châtelet de Paris, soussignés, honorables hommes Pierre Dubout, André de Vauconsains et Jean Leleu, en leurs noms qui se faisant forts de Antoine Fauveau et Faron Legros, tous bourgeois de Paris et à présent, savoir : ledit Dubout, doyen, et les autres maîtres, gouverneurs et administrateurs en charge de la confrérie de la Passion et Résurrection de notre Sauveur et Rédempteur Jésus-Christ, maison et hôtel de Bourgogne, lesquels ont dit et déclaré, même affirmé en leurs âmes, ès mains desdits notaires, que le contenu en l'état de recette et dépense ci-devant transcrit contient entièrement vérité, et que annuellement elle se fait ainsi qu'il est, comme dit est, spécifié, et pour le certifier plus amplement à nos seigneurs de la Chambre souveraine des amortissements, si nosdits seigneurs le désirent, offrent iceux doyen et maîtres de faire voir leurs comptes rendus par les derniers receveurs, ensemble les quittances et mémoires y mentionnés, et ce toutes fois et quantes qu'il leur sera commandé, dont et de tout ce que dessus, iceux doyen et maîtres ont requis acte auxdits notaires qui leur ont octroyé le présent pour leur servir et valoir ce que de raison, élisant leur domicile audit hôtel de Bourgogne, au lieu qu'occupe leurdit concierge étant au-dessus de la grande porte d'icelui. Ce fut ainsi fait, dit, déclaré, requis et octroyé à Paris, ès études desdits notaires, l'an mil six cent quarante, le sixième jour de mars avant midi, etc.

VIII

1643. — 10 mars et 10 juin.

RENONCIATION DE MARIE HERVÉ, POUR SES ENFANTS, A LA SUCCESSION
DE JOSEPH BÉJARD, LEUR PÈRE.

Archives de l'Empire. Minutes du Châtelet. Y 3912.

L'an mil six cent quarante-trois, le mardi dixième mars, par devant nous Antoine Ferrand, etc. [1] est comparue Marie Hervé, veuve de feu Georges [2] Béjard, vivant huissier des eaux et forêts de France à la table de marbre à Paris, ou nom et comme tutrice de Joseph, Madeleine, Geneviève, Louis et une petite non baptisée, mineurs dudit défunt et elle; laquelle nous a dit et remontré que la succession dudit défunt son mari est chargée de grandes dettes et que n'y a aucuns biens en icelle pour les acquitter, et craint que si elle appré-

1. Ses titres, d'après d'autres actes émanant de ce magistrat, sont : « conseiller du Roi et lieutenant particulier civil et assesseur criminel en la ville, prévôté et vicomté de Paris »; son hôtel était rue Serpente.
2. Ce prénom est une erreur, ainsi que le prouvent tous les autres actes relatifs à Joseph Béjard, entre autres celui passé devant le lieutenant civil Moreau, et dont voici un extrait : « L'an mil six cent trente six, le jeudi dixième janvier, vu par nous, Michel Moreau, etc., la requête à nous présentée et baillée par écrit par Madeleine Béjard, fille émancipée d'âge, procédant sous l'autorité de Simon Courtin, bourgeois de Paris, dépositive qu'elle se seroit rendue adjudicataire d'une petite maison et jardin, sise au cul de sac de la rue de Thorigny, moyennant la somme de quatre mille dix livres etc., laquelle somme ladite exposante n'a quant à présent et lui convient de trouver la somme de deux mille livres pour payer le prix de l'adjudication de ladite maison et jardin; mais d'autant qu'elle trouve personnes qui lui veulent prêter ladite somme en le faisant consentir de ses parents et amis, elle auroit requis notre ordonnance pour faire appeler par devant nous ses parents et amis; laquelle nous lui aurions octroyée etc., suivant laquelle sont comparus : sieur Joseph Béjard, huissier ordinaire du Roi, père, » Pierre Béjard, oncle paternel, Raoul du Guerner, chef du gobelet du Roi, allié, Denis Cordelle, avocat en Parlement, Pierre Baret, bourgeois de Paris, Antoine Grumière, fourrier du corps du Roi, Simon Bedeau, amis, auxquels avons fait faire le serment de nous donner avis sur le contenu ci-dessus, lesquels après serment « sont d'avis que ladite Madeleine Béjard, assistée de son curateur, emprunte la somme de deux mille livres, etc. » (*Archives de l'Empire. Minutes du Châtelet.* Y 3903.)

hende icelle pour sesdits enfants qu'elle ne leur soit plus onéreuse que profitable, icelle désireroit de y renoncer pour sesdits enfants, ce qu'elle doute pouvoir valablement faire sans l'avis des parents et amis desdits mineurs qu'elle a requis s'assembler pour donner [sic] sur ladite renonciation; suivant laquelle requête est comparu Gabriel Renard, sieur de Sainte Marie, Me Pierre Pillon, procureur au Châtelet, M^e. . . . . . . Berenger[1], procureur audit Châtelet, Me Pierre Béjard, procureur audit Châtelet, oncle paternel, Simon Bedeau, maître sellier lormier[2] à Paris, subrogé tuteur desdits mineurs, Mes Jacques Buyars? Jean Freyal, maître tailleur d'habits, Jean Fourault, bourgeois de Paris, amis, auxquels avons fait faire le serment de donner bon et fidèle avis sur ladite renonciation, lesquels, après serment par eux fait ont dit qu'ils sont d'avis que ladite veuve renonce pour lesdits mineurs à la succession dudit défunt leur père, comme leur étant icelle plus onéreuse que profitable.

Sur quoi nous ordonnons qu'il en sera fait rapport au conseil.

Il sera dit par délibération du conseil qu'il est permis à ladite veuve, audit nom de tutrice desdits mineurs, de renoncer pour eux à la succession dudit défunt leur père, comme leur étant icelle plus onéreuse que profitable, attendu les dettes dont elle est chargée, et ce suivant l'avis desdits parens et amis; la renonciation qui sera faite avons approuvé et homologué.

A. FERRAND.

Et le mercredi x juin audit an 1643 est comparue ladite Hervé, laquelle, audit nom de tutrice des enfants mineurs dudit défunt et d'elle, après avoir pris le consentement ci-dessus, a renoncé à la succession dudit défunt, leur père, comme leur étant icelle plus onéreuse que profitable.

MARIE HERUÉ.

IX

1643. — 28 décembre.

MARCHÉ PASSÉ ENTRE LÉONARD AUBRY ET LES COMÉDIENS
DE L'ILLUSTRE THÉATRE.

Minutes de Me Durant.

Fut présent Léonard Aubry, paveur ordinaire des bâtiments du Roi, demeurant à Paris, rue Champ-Fleury, paroisse Saint-Germain de

---

1. Son prénom n'est pas rempli.
2. Maître sellier *lormier*, carrossier. (*Furetière*.)

l'Auxerrois, lequel a promis, promet et sera tenu à et envers Denis Beys, Germain Clérin, Jean-Baptiste Poquelin, Joseph Béjard, Georges Pinel et Nicolas Bonenfant, damoiselles Madeleine Béjard, Madeleine Malingre, Catherine des Urlis, Geneviève Béjard et Catherine Bourgeois, tous associés pour faire la comédie sous le titre de l'Illustre Théâtre, demeurant faux-bourgs Saint-Germain des Prés lès Paris, proche la porte de Nesle, à ce présents et acceptants, de faire et parfaire bien et dûment, comme il appartient, douze toises de long sur trois toises de large de pavé, revenant à trente-six toises, et pour cet effet fournir par ledit Aubry tout le pavé neuf qu'il conviendra, après qu'il aura employé le vieil qui y est à présent, le tout au-devant du jeu de paume où ils vont jouer ladite comédie, sis auxdits faux-bourgs Saint-Germain, proche la porte de Nesle[1], et ôter par ledit Aubry les terres qui se trouveront de trop dans toute la superficie d'icelui, et esplanader celles qui se trouveront de trop dans les avenues dudit pavé, afin que les carrosses y puissent aller facilement; à commencer à travailler auxdits ouvrages dès demain et y travailler et faire travailler sans discontinuer, et le tout rendre bien et dûment fait et parfait dans jeudi prochain venant, pourvu que le temps le permette. Cet présent marché fait moyennant le prix et somme de deux cents livres tournois, que lesdits Beys, Clerin et consorts ont promis et promettent l'un pour l'autre, chacun d'eux

---

1. Ce local est nommé *jeu de paume des Métayers* dans les documents suivants, n°ˢ XIII, XIV et XVI. Il appartenait en partie à deux frères, Nicolas et Louis Métayer, dont le premier était entrepreneur général de la terre et seigneurie de Paloiseau. Le 20 mars 1641, Louis Métayer « émancipé d'âge sous l'autorité de Nicolas Métayer, son frère » adresse une requête au lieutenant civil pour être autorisé à vendre, avec l'assistance de son curateur, « un dixième qu'il a en un jeu de paume situé aux faux-bourgs Saint-« Germain, entre les portes de Nesle et de Bucy, appelé *le Mestayer*, » et deux dixièmes à lui appartenant en deux maisons sises auxdits faux-bourgs, l'une sur les fossés, où pend pour enseigne la ville de Lyon, et l'autre rue de Seine, qui a pour enseigne le Lion noir. (*Archives de l'Empire. Minutes du Châtelet*. Y 3909.) Dans cet acte figure comme parent un Martin Métayer, qui dans une autre minute du Châtelet, datée du 12 août 1642, est appelé « défunt Martin Métayer, vivant maître paumier, et pro-« priétaire de la maison et jeu de paume où ledit défunt étoit demeurant. » (*Idem*. Y 3911.) Enfin, le 13 mars 1643, les deux frères Nicolas et Louis Métayer louent une maison et jeu de paume dont ils sont propriétaires « sis « rue des Deux-Portes, paroisse Saint-Sauveur, appelé *la Salamandre*. » (*Minutes de Mᵉ Turquet*.)

Le jeu de paume des Métayers sis près de la porte de Nesle se trouvait peut-être à la place occupée aujourd'hui par la longue cour de l'Institut, qui, suivant M. Bonnardot, a « pour limite, à l'est, l'ancien mur » de Philippe-Auguste; « il est notoire, dit plus loin M. Bonnardot, que la plupart des anciens jeux de paume étaient établis de préférence dans les vieux fossés de la ville. » (*Dissertations archéologiques sur les anciennes enceintes de Paris*, 1853, in-4°, pages 41 et 77.)

seul et pour le tout, sans division ne discussion, renonçant aux bénéfices et exceptions desdits droits, bailler et payer audit sieur Aubry ou au porteur, savoir : moitié au jour et fête de la Chandeleur prochain venant, et l'autre moitié dans le jour de la mi-carême ensuivant aussi prochain venant, élisant lesdits Beys et consorts leur domicile irrévocable audit tripot susdéclaré, auquel lieu ils veulent, consentent et accordent que tous actes de justice qui seront contre eux faits soient de tel effet, force et vertu, comme si faits étoient parlant à leurs propres personnes et vrais domiciles ordinaires, nonobstant toutes choses à ce contraires; car ainsi promettant, obligeant, etc. Fait et passé à Paris, ès maisons des parties, l'an mil six cent quarante-trois, le vingt-huitième jour de décembre avant midi, et ont signé :

M. Beiart.
Madelaine Malingre.
G. Clérin.
Bonnenfant.
Geneuiefue Bejart.
Catherine des Urlis.
Georges Pinel.
Morel.

Aubry.

D. Beys.

Chaterine Bourgeois.
J.-B. Poquelin.
Levasseur.

X

1644. — 28 juin.

PROMESSE DE DANIEL MALLET AUX COMÉDIENS DE L'ILLUSTRE THEATRE.

Minutes de Me Durant.

Fut présent Daniel Mallet, danseur, demeurant ordinairement à la ville de Rouen, étant de présent à Paris, logé aux faux-bourg de Saint-Germain, lequel a promis et s'est obligé envers la troupe des comédiens de l'Illustre Théâtre, ce acceptant par Jean-Baptiste Poquelin, dit Molière, Germain Clérin, Nicolas Desfontaines, Georges Pinel et Madeleine Malingre, tous acteurs de ladite troupe, de servir en icelle, tant en comédie que ballets, tous les jours qu'ils la représenteront, à commencer dès cejourd'hui et continuer tant et si longuement que ledit théâtre sera ouvert, et les suivre partout où ils iront, tant en visite que campagne, et les y servir au mieux qui lui sera possible, sans qu'il les puisse quitter en façon quelconque ni pour quelque cause et occasion que ce soit, le tout moyennant et à raison de trente-cinq sols tournois pour chacun jour jouant ou non, et les jours que l'on lui commandera de jouer et assister à la comédie, soit pour représenter ou jouer rôle, lui sera payé quarante sols, qui sera cinq sols de plus que lesdits trente-cinq sols, lequel prix lui sera payé tous les jours qu'il assistera et qu'il jouera rôle à ladite comédie ; et en cas que ledit Mallet fut recherché ou inquiété par le nommé Cardelin, lesdits comparants promettent le protéger, reconnoissant ledit Mallet qu'il est extrêmement obligé de servir ladite troupe, en considération des services et grandes assistances qu'il a reçus d'eux en ses extrémités et maladies, car ainsi promettant, obligeant, etc. Fait et passé à Paris, ès études des notaires soussignés, l'an mil six cent quarante-quatre, le vingt-huitième jour de juin après midi, et ont signé :

G. CLÉRIN.
N. DESFONTAINES.
G. PINEL.
MADELAINE MALINGRE.
CHAPELLAIN.

DE MOLIERE.

DANIEL MALLET.

LEVASSEUR.

XI

1644. — 17 septembre.

OBLIGATION DE GERMAIN CLÉRIN A SÉBASTIEN CHANTELOUP.

Minutes de Mᵉ Durant.

Fut présent Germain Clérin, comédien de la troupe de l'Illustre Théâtre, entretenue par Son Altesse Royale, demeurant à Paris, rue et proche la porte Dauphine, paroisse Saint-Sulpice, lequel confesse devoir en gage à Sébastien Chanteloup, maître paveur à Paris, y demeurant rue Neuve-Saint-Roch, absent, la somme de cent vingt livres tournois, pour cause de pur et loyal prêt d'argent fait par ledit sieur créancier audit detteur, etc.

Fait et passé à Paris, ès études, l'an mil six cent quarante-quatre, le dix-septième jour de septembre après midi, et a signé :

G. CLÉRIN.

OGIER.   MOREL

XII

1644. — 17 décembre.

PREMIÈRE OBLIGATION DES COMÉDIENS DE L'ILLUSTRE THÉÂTRE
A FRANÇOIS POMMIER [1].

Minutes de M⁰ Durant.

Furent présents Jean-Baptiste Poquelin, Germain Clérin, Nicolas Desfontaines, Denis Beys, Georges Pinel, damoiselles Madeleine Béjard, Madeleine Malingre, Catherine Bourgeois et Geneviève Béjard, tous associés pour faire la comédie sous le titre de l'Illustre Théâtre, entretenue par Son Altesse Royale, lesquels confessent devoir bien et loyaument l'un pour l'autre, chacun d'eux seul et pour le tout, sans division ne discussion, renonçant aux bénéfices et exceptions desdits droits, à François Pommier, bourgeois de Paris [2], et Catherine Gauvin, sa femme, qu'il autorise pour l'effet des présentes, à ce présents et acceptants, la somme de trois cents livres tournois, pour cause de pur et loyal prêt d'argent fait par lesdits créanciers auxdits detteurs pour subvenir à leurs urgentes affaires, si comme dont à payer et rendre ladite somme de trois cents livres tournois auxdits créanciers ou au porteur, en cette ville de Paris, à la volonté et première requête desdits créanciers, sans préjudice d'autres dûs ; pour faciliter le payement de ladite somme, lesdits detteurs ont consenti et accordé que lesdits créanciers les prennent et reçoivent des premiers deniers qui leur reviendront de la comédie, tant des chambrées, visites que autrement, en quelque sorte et manière que ce soit, desquels il leur font dès à présent cession et transport jusques à la concurrence desdites trois cents livres tournois ; et pour l'exécution des présentes et dépendances, lesdits detteurs ont élu leur domicile irrévocable en cette ville de Paris, en la maison de M⁰.... Triton [4], procureur au Châtelet de Paris, sise rue Neuve-Saint-Martin, auquel lieu promettant, obligeant l'un pour l'autre, chacun d'eux seul et pour le tout, sans division ne discussion, corps et biens, renonçant, etc. Fait et passé à Paris, ès études, l'an mil six cent quarante-quatre, le dix-

---

1. On lit au dos : *Obligation de trois cents livres à moi faite par la troupe de l'Illustre Théâtre.*

2. La profession de Pommier n'est indiquée dans aucun des documents qui suivent; il demeure, en 1644, rue Comtesse-d'Artois (*Document* n° XV), et, en 1646, rue Moaconseil (*Document* n° XXIII), c'est-à-dire toujours à proximité de l'hôtel de Bourgogne.

3. Son prénom manque dans l'original.

septième jour de décembre avant midi[1], et ont signé, fors ladite Gauvin, qui a déclaré ne savoir signer :

G. CLÉRIN.	DESFONTAINES.
J.-B. POQUELIN.	M. BEIART.
GENEUIEFUE BEJART.	D. BEYS.
MALINGRE.	CATHERINE BOURGEOIS.
GEORGES PINEL.	POMMIER.
MOREL.	LEVASSEUR.

XIII

1644. — 17 décembre.

DEUXIÈME OBLIGATION DES COMÉDIENS DE L'ILLUSTRE THÉATRE
A FRANÇOIS POMMIER.

Minutes de M° Durant.

Furent présents Jean-Baptiste Poquelin, Germain Clérin, Nicolas Desfontaines, Denis Beys, Georges Pinel, damoiselles Madeleine Béjard, Madeleine Malingre, Catherine Bourgeois et Geneviève Béjard, tous associés pour faire la comédie sous le titre de l'Illustre Théâtre, entretenue par Son Altesse Royale, demeurant faux-bourgs Saint-Germain des Prés lès Paris, paroisse Saint-Sulpice, lesquels confessent devoir bien et loyaument l'un pour l'autre, chacun d'eux seul pour le tout, sans division ne discussion, renonçant aux bénéfices et exceptions desdits droits, à François Pommier, bourgeois de Paris, et Catherine Gauvin, sa femme, qu'il autorise, à ce présents et acceptants, la somme de dix-sept cents livres tournois pour cause de pur et loyal prêt d'argent fait par lesdits créanciers auxdits detteurs pour subvenir à leurs urgentes affaires, si comme dont à payer et rendre ladite somme de dix-sept cents livres tournois auxdits créanciers ou au porteur, en cette ville de Paris, dans le jour de la mi-carême prochain venant; pour faciliter le payement de laquelle somme lesdits detteurs ont consenti et accordé que lesdits créanciers prennent et reçoivent, tous les jours de comédies ou visites qu'ils feront, les frais préalablement payés, ce qu'il leur en pourra revenir, jusques à la concurrence de leur dû, même qu'ils payent desdits deniers concurremment la somme de six cents livres qui est due au sieur Baulot, restant de plus grande somme, des deniers qu'ils recevront

---

1. Les trois actes qui suivent sont tous passés le même jour, après midi.

desdites chambrées et visites, sans qu'ils puissent prétendre rien partager que les sommes ci-dessus n'aient été entièrement payées, et sans que l'acceptation de ce que dessus (dont, en tant que besoin est ou seroit, lesdits detteurs font cession et transport auxdits créanciers) puisse empêcher l'exécution de la présente obligation à l'encontre et sur les biens desdits detteurs, ainsi que lesdits créanciers verront bon être. A ce faire étoient présents et sont intervenus : damoiselle Marie Hervé, veuve de feu Joseph Béjard, vivant bourgeois de Paris, demeurant èsdits faux-bourgs, laquelle s'est rendue et constituée caution envers lesdits créanciers de la somme de trois cent soixante livres tournois, de laquelle elle répond, s'oblige et fait son propre fait et dette pour lesdits Poquelin et damoiselles Madeleine et Geneviève Béjard seulement, l'un pour l'autre, par constitut, sans division ne discussion, et sans garder la forme de fidéjussion, à quoi elle renonce envers lesdits créanciers, auxquels elle promet en son propre et privé nom payer lesdites trois cent soixante livres tournois dans ledit jour de la mi-carême prochain venant, en cas qu'elle n'ait été reçue par lesdits créanciers des chambrées et visites de comédies comme dessus est dit; et encore sont intervenus honorables hommes Jacques Picquet, bourgeois de Paris, demeurant rue et près la porte Dauphine[1], Charles Prieur, commis de M. le Musnier, demeurant rue des Quatre-Fils, paroisse Saint-Nicolas des Champs[2], lesquels se sont rendus et constitués cautions envers lesdits créanciers, savoir, ledit Picquet pour ladite damoiselle Malingre[3], ledit Prieur pour ladite Bourgeois, et ledit Dubois[4] pour ledit Pinel, chacun à leur égard, envers lesdits créanciers, de la somme de cent vingt livres tournois, dont ils font leur propre fait et dette, auxquels ils promettent, chacun à leur égard, payer ladite somme, dont ils sont chacun caution, dans ledit jour de la mi-carême prochain venant, et sans que lesdits cauteurs puissent empêcher l'exécution de la présente obligation à l'encontre desdits detteurs, ainsi que lesdits créanciers verront bon être; reconnoissant lesdits créanciers que ladite damoiselle Marie Hervé leur a mis ès mains, pour sûreté et nantissement de ce que dessus, un contrat portant vente et obligation à son profit de la somme de cinq cents livres tournois par François

---

1. Après ce répondant, il y en avait un autre : « Jean de Lap, bourgeois de Paris, y demeurant, hors et proche la porte Saint-Antoine, paroisse Saint-Paul »; il est biffé.

2. Il y avait encore ici un autre répondant dont le prénom n'était pas indiqué : « Dubois, bourgeois de Paris, demeurant rue Saint-Martin, paroisse Saint-Laurent »; il est également biffé.

3. Il y avait ici : « led. de Lap pour led. Clérin », ce qui est encore biffé; le répondant de Clérin se trouve à la suite de l'acte.

4. Ce nom n'est pas rayé, quoiqu'il le soit plus haut; ce Dubois ne signe pas l'obligation.

Pothounier, bourgeois de Paris, passée par devant Bauldry et Le Roy, notaires, le vingt-sept août mil six cent quarante-trois, de laquelle, en tant que besoin est ou seroit, elle fait cession et transport, et promet garantir, fournir et faire valoir auxdits Pommier et sa femme, ce acceptant, pour en disposer comme à eux appartenant, et sera néanmoins rendue à ladite damoiselle Hervé lorsque lesdits créanciers auront été payés de toute la susdite somme de dix-sept cents livres tournois, et ont lesdits detteurs obligé, affecté et hypothéqué au payement de ladite somme ci-dessus tous et chacuns les bois des loges et galeries qui leur appartiennent, ensemble les toiles et autres choses concernant leur théâtre, loges et parterre; et pour l'exécution des présentes lesdits detteurs ont élu leurs domiciles irrévocables en cette ville de Paris, en la maison de Me Tréton[1], procureur au Châtelet de Paris, sise rue Saint-Martin, auquel lieu promettant, etc. Fait et passé au jeu de paume des Métayers, faux-bourgs Saint-Germain, l'an mil six cent quarante-quatre, le dix-septième jour de décembre après midi, et ont signé :

J.-B. Poquelin.	Desfontaines.
Georges Pinel.	G. Clérin.
M. Béiart.	Geneuiefue Bejart.
Catherine Bourgeois.	
Madelaine Maalingre.	
D. Beys.	Marie Herué.
Prieur.	Pommier.
Jacques Picquet, pour cent vingt livres pour ladicte Malingre.	
Morel.	Levasseur.

Le vingtième dudit mois de décembre audit an mil six cent quarante-quatre, est comparu par devant lesdits notaires soussignés Denis Bavase, maître d'hôtel de M. de Ruvigny, demeurant à Paris, au bout de la rue Charlot, marais du Temple, lequel s'est rendu caution pour ledit Germain Clérin, envers lesdits Pommier et sa femme, de la somme de cent vingt livres, dont il répond, s'oblige et fait son propre fait et dette par constitut, sans division ne discussion et sans garder la forme de fidéjussion à quoi il renonce envers lesdits Pommier et sa femme, auxquels il promet payer lesdites cent vingt livres à leur volonté, en cas qu'ils ne soient payés comme il est porté par l'obligation ci en droit ; promettant, obligeant olidairement avec ledit Clérin, renonçant, etc. Fait et passé à Paris en la maison où ledit Bavase est demeurant, lesdits jour et an, et a signé :

Morel.	Bavase.	Levasseur.

1. Ou Triton; voyez l'acte précédent. Son prénom manque également ici.

Par quittance passée par devant les notaires soussignés ce jour-d'hui quatrième novembre mil six cent quarante-six[1], étant en la possession de Levasseur, l'un des notaires soussignés, appert ledit Pommier avoir reçu de ladite Catherine Bourgeois les six vingts livres pour sa part du contenu en l'obligation ci en droit, avec les frais et dépens, ainsi qu'il est porté en ladite quittance portant pouvoir de faire la présente décharge qui ne servira avec la présente que d'un acquit.

MOREL. LEVASSEUR.

XIV

1644. — 17 décembre.

ACCORD ENTRE LES COMÉDIENS DE L'ILLUSTRE THÉATRE.

Minutes de Me Durant.

Furent présents en leurs personnes Jean-Baptiste Poquelin, Germain Clérin, Nicolas Desfontaines, Denis Beys, Georges Pinel, damoiselles Madeleine Béjard, Madeleine Malingre, Catherine Bourgeois et Geneviève Béjard, tous associés pour faire la comédie sous le titre de l'Illustre Théâtre, entretenue par Son Altesse Royale, demeurant faux-bourgs Saint-Germain des Prés lès Paris, paroisse Saint-Sulpice; lesquels sont demeurés d'accord de ce qui ensuit : c'est à savoir qu'ils ont tous consenti et accordé, consentent et accordent par ces présentes, que tous les deniers qui leur pourront revenir à cause de ladite comédie, tant du jeu que des visites, soient entièrement employés au payement de ce qu'ils peuvent devoir généralement quelconques, à cause de leur troupe, et où ils voudroient pendant ledit temps quelques choses partager (*sic*), ils partageront tous chacun pour part également jusques à ce que lesdites dettes soient entièrement payées, et, jusques à ce, ne pourront lesdits dessus nommés faire manquer le théâtre[2] pour quelques causes que ce soit, à peine de cinq cents livres tournois, payables par celui qui se voudroit désister, incontinent le cas advenu, et lesdites dettes étant payées le présent écrit demeurera nul ; promettant, obligeant, etc., l'un envers l'autre, corps et biens, renonçant, etc. Fait et passé au jeu de

---

1. Voir le document n° XXIII.
2. Il y avait : « ne pourront lesdits dessus nommés leur désister de leur société à peine de cinq cents livres tournois. » Cette correction est paraphée par les parties : J. B. P., etc.

paume des Métayers, l'an mil six cent quarante-quatre, le dix-septième jour de décembre, après midi, et ont signé :

J.-B. Poquelin.
G. Pinel.
M. Béiart.
G. Bejart.

Morel.

Desfontaines.
G. Clérin.
Catherine Bourgeois.
Madelene Malingre.
D. Beys.
Levasseur.

XV

1644. — 17 décembre.

OBLIGATION DE FRANÇOIS POMMIER A LOUIS BAULOT.

Minutes de Me Durant.

Furent présents François Pommier, bourgeois de Paris, y demeurant, rue Comtesse-d'Artois, paroisse Saint-Sauveur, et Catherine Gauvin, sa femme, qu'il autorise pour l'effet des présentes, lesquels confessent devoir bien et loyaument l'un pour l'autre, chacun d'eux seul et pour le tout sans division, etc., à Louis Baulot, écuyer, seigneur d'Arcigny? en partie, conseiller et maître d'hôtel ordinaire du Roi, demeurant à Paris, rue et paroisse Sainte-Croix en la Cité, à ce présent et acceptant, la somme de dix-huit cents livres tournois pour cause de pur et loyal prêt d'argent fait par ledit sieur créancier auxdits detteurs pour subvenir à leurs urgentes affaires et nécessités, et qui leur a ladite somme baillée et payée par les notaires soussignés, en louis, pistoles et monnoie, le tout bon, si comme dont à payer et rendre ladite somme de dix-huit cents livres audit sieur créancier ou au porteur, savoir : huit cents livres tournois dans le jour de mardi-gras prochain venant, et le surplus, montant à mille livres tournois, dedans d'hui en un an prochain venant, et où faute y auroit du premier payement, lesdits detteurs consentent être contraints pour le tout; et pour sûreté et nantissement de ladite somme de dix-huit cents livres tournois, lesdits detteurs ont présentement mis ès mains dudit sieur créancier une obligation de la somme de dix-sept cents livres tournois passée à leur profit par les comédiens de la troupe de l'Illustre Théâtre, entretenue par Son Altesse Royale, passée par devant les notaires soussignés cejourd'hui, avec un contrat de vente portant obligation de la somme de cinq cents livres tournois, due par Laurent Pothonnier, bourgeois de Paris, qui a été mis ès mains dudit Pommier, aussi pour nantissement de leurdite obligation, en faisant ledit créancier porteur et le subrogeant en leur lieu, etc., promettant lesdits detteurs payer auxdits créanciers, des deniers qu'ils auront des chambrées et visites de leur troupe de l'Illustre Théâtre, la somme de six cents livres tournois restant de plus grande somme qu'ils lui devoient, auparavant que ladite troupe puisse partager aucune chose et des premiers deniers que ledit Pommier recevra desdites visites ou chambrées, ainsi qu'elle l'a consenti par l'obligation par eux faite auxdits Pommier et sa femme, et sans que toutes les conditions ci-dessus puissent empêcher l'exécution de la présente obligation, etc. A ce faire étoit présent et est intervenu Jean Buot, écuyer, contrôleur clerc du guet des gardes du corps du Roi, demeurant à Paris, rue de Montmartre, paroisse Saint-Eustache, lequel s'est volontairement rendu et constitué pleine caution, répondant et principal detteur, et payeur pour et avec lesdits Pommier et sa femme, etc., de ladite somme de dix-huit cents livres tournois ci-dessus dont il répond, etc.; et pour l'exécution des présentes lesdits detteurs et caution ont élu leur domicile irrévocable en cette ville de Paris, en la maison où lesdits detteurs sont demeurants, susdite rue Comtesse-d'Artois, où est pour enseigne *le Sauvage*, auquel lieu promettant, etc. Fait et passé à Paris, en la maison où lesdits detteurs sont demeurants, l'an mil six cent quarante-quatre, le dix-septième jour de décembre, après midi, et ont signé fors ladite Gauvin, qui a dit ne savoir signer.

J. Buot.   L. Baulot.   Pommier.
Morel.   Levasseur.

XVI

1644. — 20 décembre.

MARCHÉ PASSÉ ENTRE ANTOINE GIRAULT ET LES COMÉDIENS DE L'ILLUSTRE THÉÂTRE.

Minutes de M⁰ Durant.

Fut présent Antoine Girault, maître charpentier à Paris, y demeurant, rue et paroisse Saint-Paul, lequel a promis et promet par ces présentes à [et] envers Jean-Baptiste Poquelin, Germain Clérin, Nicolas Desfontaines, Denis Beys, Georges Pinel, damoiselles Madeleine Béjard, Madeleine Malingre, Catherine Bourgeois et Geneviève Béjard, tous associés pour faire la comédie sous le titre de l'Illustre Théâtre, entretenue par Son Altesse Royale, à ce présents et acceptants, de faire faire, faire et parfaire bien et dûment, ainsi qu'il appartient, toutes et chacunes les ouvrages de charpenterie, menuiserie, serrurerie et maçonnerie, voitures et autres choses généralement quelconques, nécessaires pour transporter et rassembler et faire dresser des loges, portes et barrières en un jeu de paume sis rue des Barrés, ayant issue sur le quai des Ormes [1], et pour cet effet fournir tout ce qu'il conviendra de plus que ce qui est à présent au jeu de paume des Métayers, d'où il fera démolir et enlever lesdits bois, fermer le jour dudit jeu de maçonnerie ou charpenterie, en sorte que lesdites fermetures puissent subsister, faire deux rangs de loges de telle quantité qui lui sera commandé et de la façon de celles du Marais, les ais du plafond et devant desquelles loges seront à doubles joints; remonter le théâtre audit jeu de la Croix-Noire et y faire la quantité des loges telles et semblables qu'elles sont à présent audit jeu des Métayers ; lesdites loges garnies de siéges et barres comme elles sont à présent, faire rétablir le jeu de paume desdits Métayers, tant du toit [2], charpenterie que maçonnerie, et, des vieilles démolitions, reboucher les vieilles ouvertures et en r'ouvrir s'il convient ; à commencer à travailler aux susdits ouvrages dans jeudi prochain, vingt-deuxième du présent mois et le tout rendre bien et dûment fait et parfait dans le huitième janvier prochain venant, à peine de tous dépens, dommages et intérêts ; ces marchés ainsi faits, moyennant le prix et somme de six cents livres tournois, tant pour tout ce que dessus que de tout ce qu'il pouvoit prétendre contre eux pour autres ouvrages qu'il a ci-devant faits pour eux, laquelle somme lesdits comédiens promettent l'un pour l'autre, sans division ne discussion, renonçant aux bénéfices et exceptions desdits droits, bailler et payer audit Girault, savoir : deux cents livres dans demain prochain et les quatre cents livres restant, savoir : cent livres tournois dans le premier février prochain venant et les autres trois cents livres, cinquante livres quinze jours après et ainsi continuer de quinze jours en quinze jours pareilles cinquante livres jusques en fin de payement; et pour faciliter le payement desquelles sommes lesdits Poquelin et consorts ont consenti et accordé que ledit Girault les

---

1. D'après le document n° XXII, ce jeu de paume est « rue de la Barée, proche l'*Ave Maria*. L'avocat Pierre Bouquet, dans les comptes imprimés à la fin de son *Mémoire historique sur la topographie de Paris*, 1772, in-4°, page 213, mentionne un jeu de paume *de la Croix-Noire*, près la *Poterie de la Beguignere* (poterne des Béguines). Ce jeu, ajoute M. Bonnardot, à qui je dois ce renseignement, était probablement situé le long du gros mur de l'enceinte de Philippe-Auguste; une tour de cette enceinte existe encore dans la caserne de l'*Ave Maria*, rue des Barrés. « En août 1850, dit encore M. Bonnardot, on démolissait l'îlot de maisons placé entre le quai Saint-Paul et la rue des Barrés. » (*Dissertations archéologiques sur les anciennes enceintes de Paris*, 1853, in-4°, page 77.)

2. L'intérieur d'un jeu de paume est garni sur trois côtés d'un petit toit sur lequel roule la balle.

prenne et reçoive des mains de François Pommier, tant des deniers qu'il a en ses mains à eux appartenant que de ceux qu'il recevra pour eux de leurs comédies, chambrées et visites, aux termes comme il est dit ci-dessus, et que ledit Pommier en retire quittance et qu'il en demeure déchargé ; car ainsi promettant, etc. Fait et passé à Paris, ès études l'an mil six cent quarante-quatre, le vingtième jour de décembre, avant midi, et ont signé :

Desfontaines.	G. Clérin.
	Girault.
J.-B. Poquelin.	M. Beiart.
Geneuiefue Beiart.	D. Beys.
Georges Pinel.	Malingre.
Morel.	Levasseur.

XVII

1645. — 31 mars.

OBLIGATION DE MOLIÈRE A JEANNE LEVÉ.

Minutes de Me Aumont-Thiéville.

Fut présent Jean-Baptiste Poquelin, sieur de Molière[1], tapissier et valet de chambre du Roi, demeurant à Paris, en la maison où est demeurant un mercier, au coin de la rue des Jardins, paroisse de Saint-Paul, lequel a reconnu et confessé volontairement que Jeanne Levé, marchande publique, lui a fait prêt ci-devant de la somme de deux cent quatre-vingt-onze livres tournois, pour nantissement et sûreté de laquelle il lui auroit déposé deux rubans en broderie d'or et argent, l'un de satin et l'autre de drap vert ; et, attendu l'échéance du payement passée, ledit sieur Poquelin a promis[2] et s'est obligé, ladite Levé ce acceptant, qu'au cas que par la vente qui en pourroit être faite, faute d'avoir fait ledit payement desdits ii^c iiii^{xx} xi^{lt}, ils ne soient délivrés moyennant ladite somme, les frais préalablement déduits, de lui bailler et payer à sa volonté ou au porteur ce qui s'en défaudra, et a ledit sieur Poquelin élu domicile en ladite maison où il est demeurant, devant déclarée, auquel lieu nonobstant, obligeant, etc., corps et biens, etc. Fait et passé à Paris, en la maison

---

1. Sr de Molière est ajouté en marge avec le paragraphe : J. P.
2. Il y avait : « a consenti qu'au cas, etc. ; *consenti* est rayé et remplacé en marge par « promis et s'est obligé ladite Levé ce acceptant, qu'au cas, etc. , » avec le paraphe : J. P.

de la Barre-Royale, rue du Temple, l'an mil six cent quarante-cinq, le dernier jour de mars, après midi, et a ladite Levé déclaré ne savoir écrire ne signer, et ledit sieur Poquelin a signé :

J.-B. POQUELIN.

COLAS. MANCHON.

XVIII

1645. — 2 août.

PREMIÈRE REQUÊTE DE MOLIÈRE AU LIEUTENANT CIVIL DREUX D'AUBRAY.

Archives de l'Empire. Mnuites du Châtelet. Y 3915.

A monsieur le lieutenant civil.

Supplie humblement Jean-Baptiste Poquelin, comédien de l'Illustre Théâtre, entretenu par Son Altesse Royale, disant que en vertu des sentences données par les juges consuls, par défaut contre ledit suppliant qui n'est leur justiciable, au profit de Antoine Fausser, maître chandelier, faute de payement de la somme de cent quinze livres d'une part, vingt-sept livres d'autre, le suppliant a été arrêté et recommandé èsdites[1] prisons du Châtelet, et d'autant qu'il ne doit les sommes, desireroit lui être sur ce pourvu.

Ce considéré, monsieur, et attendu ce que dessus, il vous plaise, joint la modicité de la somme, ordonner que le suppliant aura provision de sa personne et sera mis hors des prisons pour trois mois, joint qu'il ne doit rien, nonobstant opposition ou appellation quelconque, et vous ferez bien.

DE LAMARRE.

Mis hors des prisons à sa caution juratoire pour six mois, en cas qu'il ne soit détenu que pour cent quinze livres d'une part et vingt-sept livres d'autre.

Fait ce 2 août 1645.[2]

DAUBRAY.

---

1. Il y a « ès dites », bien que les prisons du Châtelet n'aient pas encore été mentionnées.
2. Au dos est écrit : *Requête Delamarre. Décharge Poquelin. — Août.*

XIX

1645. — 2 août.

SENTENCE DU LIEUTENANT CIVIL DREUX D'AUBRAY ENTRE MOLIÈRE
ET FRANÇOIS POMMIER.

Archives de l'Empire. Minutes du Châtelet. Y 3915.

L'an mil six cent quarante-cinq, le deuxième août, deux heures de relevée, devant nous Dreux d'Aubray, seigneur d'Offemont, Villiers et autres lieux, conseiller du Roi en ses conseils, et lieutenant civil en la prévôté et vicomté de Paris, en notre hôtel sis rue des Petits-Champs, est comparu Me André de Lamarre, procureur des comédiens de Son Altesse Royale sous le titre de l'Illustre Théâtre, demandeur en exécution de la sentence donnée par les sieurs des requêtes du Palais, le dix-neuvième mai dernier, lettres de répit par eux obtenues à nous adressant le vingtième dudit mois et an, nos défenses du vingt-quatrième dudit mois signifiées ledit jour, et de la requête ce jourd'hui signifiée ledit jour par Fleury, sergent, qui ont requis que Jean-Baptiste Poquelin, dit Molière, soit mis hors des prisons à sa caution juratoire, attendu nosdites défenses, sous les offres qu'ils font de compter par devant nous des sommes par eux payées sur les deux mille livres dont ils ont passé obligation au profit de Louis Baulot, François Pommier et sa femme.

Comme aussi est comparu Me Michel Martin, procureur de François Pommier et sa femme, défendeurs, qui a dit qu'à la prière desdits comédiens, il s'est obligé pour eux envers le sieur Baulot d'une somme de deux mille livres, faute de payement de laquelle il a fait arrêter et recommander ledit Poquelin, pour laquelle somme il soutient qu'il doit tenir prison jusques en fin de payement de ladite somme, ou lui apporter acquit et décharge dudit Baulot envers lequel lesdits Pommier et sa femme se sont rendus caution, n'étant considérable la sentence des requêtes du Palais alléguée par les demandeurs, d'autant que lesdits Pommier et sa femme n'ont reçu aucunes choses sur lesdites obligations, ainsi qu'il se justifie par les comparutions et affirmations par eux faites en exécution de ladite sentence, et que ledit Poquelin doit payer ladite somme ou bailler bonne et suffisante caution.

Sur quoi parties ouïes, ordonnons qu'en baillant par ledit Poquelin bonne et suffisante caution de payer par semaines quarante livres pendant deux mois, il sera mis hors des prisons, et à faute par ledit Poquelin de payer par chacunes semaines ladite somme de quarante livres, permis auxdits Pommier et sa femme de le contraindre pour ce qui restera dû de reste desdites obligations, et lettre de ce que Léonard Aubry, paveur ordinaire des bâtiments du Roi, s'est constitué caution, que nous avons reçue, qui fera les submissions de payer ou faire payer les quarante livres par semaine pendant lesdits deux mois.

Fait les an et jour que dessus [1].

DAUBRAY.

XX

1645. — 2 août.

ACTE DE CAUTION DE LÉONARD AUBRY POUR MOLIÈRE.

Archives de l'Empire. Minutes du Châtelet. Y 3915.

Et le deuxième août mil six cent quarante-cinq, est comparu au greffe de la chambre civile du Châtelet de Paris, Léonard Aubry, paveur ordinaire des bâtiments du Roi, demeurant rue Champ-Fleury, lequel, suivant le jugement ce jourd'hui rendu par M. le lieutenant civil entre Me André de Lamarre, procureur des comédiens de Son Altesse Royale, sous le titre de l'Illustre Troupe, d'une part, et Me Michel Martin, procureur de François Pommier et sa femme, défendeur, s'est rendu pleige caution, répondant pour Jean-Baptiste Poquelin de Molière, prisonnier ès prisons du grand Châtelet, envers lesdits Pommier et sa femme, de payer par semaine quarante livres pendant deux mois, la somme de quarante livres par chacune semaine, et de ce fait les submissions requise et nécessaire dont acte ; ledit jour a ledit Aubry élu son domicile en la maison dudit de Lamarre, sise rue des Jardins [2], paroisse Saint-Paul [3].

AUBRY.

1. Au dos est écrit : « *Sentence Poquelin. — Août.* »
2. Le procureur de Lamarre demeure dans la même rue que Molière. Voir les documents n°s XVII et XXII.
3. Au dos est écrit : *Acte de caution de Léonard Aubry, pour Poquelin. — Août.*

XXI

1645. — 4 août.

DEUXIÈME REQUÊTE DE MOLIÈRE AU LIEUTENANT CIVIL DREUX D'AUBRAY.

Archives de l'Empire. Minutes du Châtelet. Y 3915.

A monsieur le lieutenant civil.

Supplie humblement Jean-Baptiste Poquelin, dit Molière, comédien de Son Altesse Royale, disant qu'il a été emprisonné et arrêté à la requête de .... Dubourg[1], linger à Paris, faute de payement de la somme de cent cinquante-cinq livres, contenue en une obligation, laquelle somme ledit suppliant ne doit et n'est pas seul obligé par corps; mais parce qu'il a été emprisonné en vertu d'un décret de prise de corps, ledit Dubourg l'a fait arrêter, et parce qu'il convient compter, désireroit lui être sur ce pourvu.

Ce considéré, monsieur, et attendu que ledit suppliant ne doit rien de ladite somme, il vous plaise, vu la modicité de la somme, ordonner qu'il sera mis hors des prisons pour trois mois, à sa caution juratoire, nonobstant opposition ou appellation quelconque, et vous ferez bien.

DE LAMARRE.

Mis hors des prisons à sa caution juratoire, en cas qu'il ne soit détenu que pour cent cinquante-cinq livres.
Fait ce 4 août 1645[2].

DAUBRAY.

XXII

1645. — 13 août.

OBLIGATION DES COMÉDIENS DE L'ILLUSTRE THÉATRE A LÉONARD AUBRY.

Minutes de Me Durant.

Aujourd'hui sont comparus par devant les notaires au Châtelet de Paris soussignés, Jean-Baptiste Poquelin, Joseph Béjard, Germain

---

1. Le prénom manque sur la minute originale.
2. Au dos est écrit : *Requête Poquelin. — Août.*

Clérin, Germain Rabel, Madeleine Béjard, Catherine Bourgeois et Geneviève Béjard, tous faisant et représentant la comédie sous le titre de l'Illustre Théâtre, demeurant à Paris, tous assemblés au jeu de paume de la Croix-Noire, sis rue de la Barée, proche l'*Ave Maria*, pour faire et passer ce qui ensuit : lesquels ont promis et se sont obligés l'un pour l'autre, chacun d'eux seul et pour le tout, sans division ne discussion, renonçant aux bénéfices et exceptions desdits droits, à et envers honorable homme Léonard Aubry, paveur ordinaire des bâtiments du Roi, à ce présent et acceptant, de l'acquitter, garantir et indemniser de l'événement et issue du cautionnement par lui pour eux fait envers le nommé Pommier de la somme de trois cent vingt livres payable de semaine en semaine, quarante livres chacune d'icelles, jusqu'en fin de payement, laquelle somme ils promettent solidairement payer de terme en terme et en acquitter ledit Aubry, ensemble de toutes pertes, dépens, dommages et intérêts; auquel en outre ils promettent solidairement comme dessus rendre et payer tout ce que payé, frayé, mis et déboursé en auroit, ou ce pour quoi poursuivi et contraint en seroit, incontinent le cas paradvenu, par les mêmes peines, à sa volonté, d'autant que ce qu'en a fait ledit sieur Aubry n'a été qu'à leur pure requête et pour leur faire plaisir, et pour tirer hors des prisons du grand Châtelet ledit Poquelin, consentant que faute de payer par eux lesdites quarante livres de semaine en semaine, ledit sieur Aubry les contraigne ou fasse contraindre pour ce qu'ils pourront devoir desdites trois cent vingt livres ; élisant leur domicile irrévocable en la maison de Me [André] de Lamarre, procureur au Châtelet de Paris, y demeurant rue des Jardins, auquel lieu promettant, etc. Fait et passé au jeu de paume de la Croix-Noire, l'an mil six cent quarante-cinq, le treizième août, et ont signé :

M. Beiart.	J.-B. Poquelin.
C. Bourgeois.	G. Rabel.
Geneuiefue Bejart.	G. Clerin.
Bejart.	Aubry.
Morel.	Levasseur.

XXIII

1646. — 4 novembre.

QUITTANCE DE FRANÇOIS POMMIER A CATHERINE BOURGEOIS.

Minutes de M° Durant.

François Pommier, bourgeois de Paris, demeurant rue Mauconseil, paroisse Saint-Eustache, reconnoît avoir reçu de M. Charles Prieur, commis du sieur le Meusnier, trésorier de la maison de Nemours, la somme de six vingts livres, de laquelle somme ledit Prieur étoit caution pour damoiselle Catherine Bourgeois, par obligation du 17 décembre 1644[1], laquelle somme ledit Prieur reconnoît lui avoir été fournie par ladite Bourgeois. Ledit Prieur consent que l'indemnité à lui passée par Robert Bourgeois[2], père de ladite Catherine Bourgeois, par-devant Levasseur, le 7 juillet 1645, soit et demeure nulle.

Fait à Paris, ès études, le quatrième jour de novembre, avant midi, et ont signé :

| POMMIER. | PRIEUR. | CATHERINE BOURGEOIS. |
| MOREL. | | LEVASSEUR. |

1. Voir le document n° XIII et la mention de la quittance de François Pommier qui se trouve à la fin du même document.
2. Le 12 janvier 1645, Robert Bourgeois, bourgeois de Paris, y demeurant, sur le fossé d'entre les portes de Bussy et Nesle, faubourg Saint-Germain, confesse devoir en gage à M. Charles Prieur, commis de M. le Musnier, la somme de cinquante livres tournois. Le 7 juillet 1645, Robert Bourgeois demeurait rue des Nonaindières, paroisse Saint-Paul. (*Minutes de M° Durant.*) On voit que Robert Bourgeois demeurait avec sa fille, puisque ses domiciles se trouvent successivement à proximité des jeux de paume des Métayers et de la Croix-Noire.

XXIV

1654. — 14 septembre.

CESSION DE JEAN POQUELIN PÈRE A JEAN POQUELIN LE JEUNE
DE SON FONDS DE COMMERCE.

Minutes de M⁰ Gatine.

Fut présent honorable homme Jean Poquelin, tapissier et valet de chambre ordinaire du Roi, et marchand tapissier, bourgeois de Paris, y demeurant sous les piliers des halles, paroisse Saint-Eustache, lequel a vendu, cédé, transporté et délaissé, vend, cède, transporte et délaisse par ces présentes du tout à toujours etc., à sieur Jean Poquelin le jeune, son fils, aussi tapissier et valet de chambre ordinaire du Roi, et marchand tapissier, bourgeois de Paris, y demeurant sous lesdits piliers des halles, paroisse Saint-Eustache, à ce présent et acceptant, acheteur et acquéreur pour lui, ses hoirs et ayant cause, c'est à savoir toutes et chacunes les marchandises concernant la vacation et négoce desdits vendeur et acheteur à plein déclarée, mentionnée et énoncée au bref état et inventaire qu'ils en ont fait double entre eux, sous leurs seings privés, le douzième jour du présent mois, reconnu en fin par acte reçu par les notaires soussignés ce jourd'hui, etc., lesquels doubles sont demeurés l'un vers ledit vendeur et l'autre vers ledit acheteur; de toutes lesquelles marchandises que ledit acheteur reconnoît avoir en sa possession, suivant la tradition et délivrance entière et actuelle qui lui a été faite dès ledit jour douze du présent mois, icelui acheteur se tient content et en décharge ledit vendeur, pour par lui acheteur en faire à sa volonté comme à lui appartenant, en conséquence de la présente vente faite moyennant la somme de cinq mille deux cent dix-huit livres dix sols cinq deniers tournois, à quoi monte la prisée faite de toutes lesdites marchandises, etc.; de laquelle somme ledit vendeur en quitte et délaisse par cesdites présentes, ledit acheteur son fils, acceptant et retenant la somme de cinq mille livres pour tous les droits successifs, mobiliers et immobiliers, fruits et revenus d'iceux à lui appartenant par le décès, et comme héritier pour partie de défunte Marie Cressé, sa mère, au jour de son décès femme dudit vendeur, si tant lesdits droits se montent, sinon le surplus en avancement de la succession à échoir de sondit père de laquelle somme de cinq mille livres partant il décharge sondit père, vers lequel semblablement il demeure quitte du payement d'icelle; en conséquence de quoi ledit sieur Poquelin fils ne pourra demander aucun compte ni partage des biens de la succession de sadite mère, ains en laisser jouir sondit père sa vie durant, le semblable étant observé par sa sœur, cohéritière de ladite défunte leur mère; et le surplus de ladite somme totale de cinq mille deux cent dix-huit livres dix sols cinq deniers montant à deux cent dix-huit livres dix sols cinq deniers dont partant ledit sieur Poquelin fils est seulement redevable vers sondit père, il sera tenu et s'oblige de les bailler et payer à sondit père ou au porteur, en cette ville de Paris, à la volonté d'icelui sieur son père, au payement desquelles deux cent dix-huit livres dix sols cinq deniers lesdites marchandises sus-vendues demeurent par privilége affectées, et outre ledit sieur Poquelin fils y oblige et hypothèque tous ses autres biens présents et à venir etc.; et pour l'exécution des présentes et dépendances ledit sieur Poquelin fils a élu son domicile irrévocable en cette ville de Paris en la maison où il demeure, devant déclarée, auquel lieu etc Fait et passé à Paris, en l'étude de Buon, l'un des notaires soussignés, le quatorzième jour de septembre après midi mil six cent cinquante-quatre,

J. POCQUELIN.   POCQUELIN.
LE SEMELIER.   BUON.

Le sieur Jean Poquelin père confesse avoir reçu dudit sieur Jean Poquelin, son fils, à ce présent, la somme de deux cent dix-huit livres dix sols cinq deniers qu'il étoit obligé lui payer pour les causes énoncées au contrat cidevant, dont quittance, etc.

Fait et passé à Paris ès études l'an six cent cinquante-quatre le vingt-unième novembre et ont signé :

J. POCQUELIN.   POCQUELIN.
LE SEMELIER.   BUON.

XXV

1654. — 14 septembre.

BAIL PAR JEAN POQUELIN PÈRE A JEAN POQUELIN LE JEUNE
DE SA MAISON DES PILIERS DES HALLES.

Minutes de Me Gatine.

Fut présent honorable homme Jean Poquelin l'aîné, tapissier et valet de chambre ordinaire du Roi, et marchand tapissier, bourgeois de Paris, y demeurant sous les piliers des halles, paroisse Saint-Eustache, lequel a baillé et délaissé, baille et délaisse par ces présentes à titre de loyer à prix d'argent, du jour Saint-Rémy prochain venant jusques et pour cinq ans prochains etc., et promet pendant ledit temps faire jouir à sieur Jean Poquelin le jeune, son fils, pareillement valet de chambre et tapissier ordinaire de Sa Majesté, et marchand tapissier, bourgeois de Paris, y demeurant avec ledit sieur son père en la maison ci-après déclarée, à ce présent et acceptant etc., une maison où est pour enseigne [l'image saint Christophe] sise à Paris sous lesdits piliers des halles, audit sieur bailleur appartenant, consistant en deux corps de logis, l'un devant, l'autre derrière, lieux et appartenances d'icelle, comme elle se poursuit et comporte, de plus ample déclaration, état et disposition de laquelle ledit preneur se tient pour content pour en savoir la consistance, étant comme dit est demeurant en icelle avec sondit père etc.; ce bail ainsi fait à la réserve que fait ledit bailleur pour son logement pendant ledit temps de la chambre au second étage sur le devant de ladite maison jusqu'à ce que ledit preneur son fils soit pourvu par mariage, lors duquel, pendant et après icelui, il la délaissera à icelui son fils pour son logement, lequel réciproquement sera tenu de livrer à sondit père une autre chambre telle qu'il plaira à icelui sondit père choisir et retenir sur le devant de ladite maison, qui tiendra lieu de la susdite pendant ledit temps restant du présent bail; durant tout lequel temps de cinq années ledit bailleur se réserve encore la communauté de la cuisine et du grenier de ladite maison, ensemble le passage libre pour lui et les siens par la boutique d'icelle maison, et outre ledit présent bail fait moyennant x cents livres de loyer pour et par chacune desdites années, que ledit preneur sera tenu, promet et s'oblige de bailler et payer audit sieur bailleur son père ou au porteur, dorénavant par chacune desdites années, aux quatre termes à Paris accoutumés également, premier d'iceux et jour de payement échéant au jour de Noël ensuivant aussi prochain, etc.

Fait et passé à Paris, en l'étude de Buon, l'un des notaires soussignés, l'an mil six cent cinquante-quatre le lundi après midi quatorzième jour de septembre et ont lesdits sieurs Poquelin père et fils signé :

J. Pocquelin. Pocquelin.
Le Semelier. Buon.

XXVI

1655. — 15 janvier.

ACCORD ENTRE JEAN POQUELIN PÈRE ET LA FAMILLE FLEURETTE.

Minutes de M⁰ Gatine.

Furent présents en leurs personnes honorable homme Jean Poquelin, tapissier et valet de chambre ordinaire du Roi, et marchand tapissier, bourgeois de Paris, y demeurant sous les piliers des halles, paroisse Saint-Eustache, d'une part; Antoine Fleurette, marchand de fer, bourgeois de Paris, y demeurant rue Saint-Honoré, paroisse Saint-Germain-de-l'Auxerrois, Christophe Fleurette, marchand et bourgeois de Paris, y demeurant rue Saint-Denis, susdite paroisse Saint-Germain-de-l'Auxerrois, Jacques Berger, aussi marchand de fer, bourgeois de Paris et Marguerite Fleurette, sa femme, qu'il a autorisée à l'effet des présentes, demeurant rue Saint-Antoine, paroisse Saint-Paul, lesdits Fleurette frères et sœur, présomptifs héritiers quant aux propres maternels, de dame Catherine Poquelin, leur nièce, novice au couvent et monastère des religieuses filles de Sainte-Marie de Montargis[1], fille dudit Poquelin et de défunte Catherine Fleurette, jadis sa femme, de laquelle défunte elle est fille unique et seule héritière, d'autre part.

Lesquels ont fait, convenu et accordé entre eux ce qui ensuit, en la présence, par l'avis et consentement de honorable femme Denise Foubert, veuve de feu honorable homme Eustache Fleurette, vivant marchand et bourgeois de Paris, mère desdits Fleurette et aïeule maternelle de ladite Catherine Poquelin, pour ce présente, demeurant rue la Coutellerie, paroisse Saint-Médéric : c'est à savoir que lesdits Fleurette, Berger et sa femme, sur ce qui leur a été représenté et donné à entendre par ledit Poquelin que ladite Catherine Poquelin, sa fille, étant en terme de faire profession de religieuse

---

1. Le vendredi 17 mars 1634, Louis de Cressé, marchand tapissier à Paris, adresse au lieutenant civil une requête « expositive que comme tuteur d'Agnès Asselin, fille mineure de feu Sébastien Asselin et de Geneviève Bastelard, icelle Agnès Asselin se seroit retirée au monastère des Bénédictines de Montargis, et voulant prendre l'habit en ladite religion, auroit mandé ledit exposant, son tuteur, qu'il auroit passé contrat pour ladite Agnès Asselin avec lesdites religieuses, par devant Hureau, notaire audit Montargis, le 25 novembre dernier. » Parmi les parents assemblés sur cette requête, figurent Louis de Cressé le jeune, marchand tapissier, cousin paternel, et Jean Poquelin « parent de ladite Agnès. » (*Archives de l'Empire. Minutes du Châtelet*. Y 3900.)

audit couvent et monastère, il est nécessaire, satisfaisant à la convention faite avec les religieuses d'icelui couvent, de fournir la veille de ladite profession à icelui couvent pour la dot de ladite Poquelin, la somme de cinq mille livres en deniers comptants, qui doit être imputée sur tout ce qui lui peut appartenir à cause d'icelle succession mobilière et immobilière d'icelle défunte sa mère, ce qu'il ne peut faire sans le gré et consentement desdits présomptifs héritiers susnommés; de leur bon gré et volonté, ont approuvé et approuvent le dessein et volonté dudit Poquelin, auquel ce acceptant, à la charge de par lui fournir et livrer ladite somme de cinq mille livres à l'effet que dit est, et d'acquitter sadite fille de ce dont elle pourroit être tenue des dettes passives de la communauté d'entre ledit Poquelin et ladite défunte sa femme, ils ont par ces présentes accordé et accordent que ce qui peut appartenir à icelle Catherine Poquelin, comme héritière de sadite mère en une maison sise sous les piliers des halles, où demeure icelui Poquelin, lui demeure et appartienne pour en faire et disposer par lui ainsi qu'il avisera, et à cette fin, en tant que besoin est ou seroit, lui en font cession, transport et délaissement sans aucune garantie en quelque sorte et manière que ce soit, promettant pour la validité plus grande du présent contrat de ratifier icelui aussitôt ladite somme fournie audit couvent et profession faite par ladite Catherine Poquelin audit couvent, et sans lesquelles charges et conditions ledit Poquelin ne fourniroit ladite somme, laquelle il est obligé d'emprunter à cet effet. Car ainsi a été accordé entre eux, promettants etc. Fait et passé en l'étude de Le Roy, l'un des notaires soussignés l'an mil six cent cinquante-cinq le vendredi avant midi, quinzième jour de janvier et ont signé :

Fleurette.	Fleurette.
J. Pocquelin.	Berger.
Marguerite Fleurette.	Denise Foubert.
Buon.	Le Roy.

Et le cinquième jour de février mil six cent cinquante cinq, après midi, sont comparus par devant les notaires susdits, Antoine et Christophe Fleurette frères, Jacques Berger et Marguerite Fleurette, sa femme, etc., lesquels, en conséquence de la profession faite par ladite sœur Catherine Poquelin le vingtième janvier dernier au couvent et monastère des religieuses de la Visitation Sainte-Marie de Montargis etc., approuvent le transport fait par Jean Poquelin de la somme de cinq mille livres pour la dot de sa fille.

Fait et passé en l'étude du sieur Le Roy, l'un des notaires soussignés, les jour et an que dessus, etc[1].

---

1. Suivent les mêmes signatures.

XXVII

1656. — 15 janvier.

CONTRAT DE MARIAGE ENTRE JEAN POQUELIN LE JEUNE ET MARIE MAILLARD.

Minutes de Me Turquet.

Furent présents Jean Poquelin le jeune, marchand tapissier à Paris, demeurant sous les piliers des halles, paroisse Saint-Eustache, pour lui et en son nom d'une part; et M. Hubert Guilminault, commis au greffe de la chambre des Comptes, à Paris, demeurant rue du Cygne, susdite paroisse Saint-Eustache, stipulant en cette partie pour Marie Maillard, sa nièce, fille de défunts Eutrope Maillard et Perrette Guilminault, ses père et mère, émancipée d'âge, procédant sous l'autorité dudit sieur Guilminault, son curateur aux causes, à ce présente de son vouloir et consentement, pour elle et en son nom d'autre part. Lesquelles parties, en la présence et du consentement de leurs parents et amis ci-après nommés, savoir : de la part dudit sieur Jean Poquelin le jeune, de honorable homme Jean Poquelin, son père, aussi marchand tapissier à Paris et tapissier. valet de chambre ordinaire du Roi; André Boudet, marchand tapissier à Paris, beau-frère; Louis Cressé, aussi marchand tapissier à Paris, oncle maternel; Richard, aussi marchand tapissier à Paris; Berger, bourgeois de Paris, et Chevallier, bourgeois de Paris, alliés; de Claude Ticquet, marchand, demeurant à Beauvais [1], ami d'icelui

---

1. Une pierre tumulaire conservée au Musée de la ville de Beauvais, sous le n° 248, porte cette inscription : « Cy devant gist honeste feme dame Simone Pocquelin, femme d'Anthoine Bachelier, marchant et bourgeois de Beauvais, laquelle trespassa le xxe jour d'aoust 1592, âgée de LXV ans. »

Le rédacteur du catalogue du Musée de Beauvais cite en note l'inscription d'une autre pierre tumulaire, sur laquelle on lit :

   Cy devant gist ung honeste marchan
   Et bon bourgeois lorsqu'il estoit marchant.
   De tous aymé, prisé et estimé
   Poquelin nommé et Martin cognomé
   Qui trespassa d'octobre le treziesme
   L'an de grâce cinq cens vingt et ungiesme.

Cette famille Poquelin existait à Beauvais depuis plusieurs siècles. Un Louis Poquelin de Beauvais, tapissier, alla s'établir à Paris vers 1580. (*Catalogue du Musée de Beauvais*, imprimé dans le recueil de la Société académique de l'Oise, tome V.) Je dois cette indication à l'obligeance de M. Henri Bordier.

A la même famille appartenait le P. Alexandre Poquelin, *Bellovacus*, religieux représenté dans un tableau du musée de Versailles, peint vers 1640.

futur époux ; et de la part dudit sieur Guilminault et de ladite Marie Maillard, future épouse : de dame Chrétienne Bailly, veuve de défunt Mᵉ Mathieu Bourlon, vivant conseiller du Roi, maître ordinaire en sa chambre des Comptes à Paris; Mᵉ Charles Bourlon, évêque de Césarée, coadjuteur de Soissons ; Mᵉ Nicolas Bourlon, conseiller du Roi en sa cour de Parlement de Paris ; Mᵉ Mathieu Bourlon, conseiller du Roi, maître ordinaire en sa chambre des Comptes; dame Charlotte Bourlon, veuve de feu Mᵉ Jean Jolly, sieur de Fleury, conseiller du Roi en son grand conseil; Mᵉ Claude Prévost, conseiller du Roi et grenetier au grenier à sel de Paris; Mᵉ Guyet, conseiller du Roi et greffier en chef des auditeurs au Châtelet de Paris, amis; et ledit sieur Guilminault, Anne Bénard, sa femme (*sic*), oncle maternel; Nicolas Maillard, bourgeois de Paris, frère; Pierre Marchant, marchand tapissier à Paris, cousin paternel; Jean Chevallier, marchand à Paris, cousin germain maternel de ladite future épouse; tous présents et comparants, reconnurent et confessèrent avoir fait et accordé entre eux les traité de mariage, dons, douaire, conventions et choses qui ensuivent; et pour parvenir auquel les futurs époux seront communs en tous biens meubles et conquêts immeubles, suivant la coutume, etc. En faveur duquel mariage ladite Marie Maillard, future épouse, apportera avec sondit futur époux ses biens et droits consistant tant en la succession desdits défunts ses père et mère que en celle de défunt Éloi Maillard, vivant bourgeois de Paris, son oncle, de la valeur de onze mille cinq cents livres tournois qu'elle fournira à sondit futur époux, tant en effets que argent comptant, dans la veille de leurs épousailles, savoir: en argent comptant, quatre mille deux cent quatorze livres, la moitié d'une obligation de quatre mille cent livres qui est deux mille cinquante livres, la moitié d'une autre obligation de treize cent soixante-douze livres quatorze sols, qui est six cent quatre-vingt-six livres six sols huit deniers; la somme de cinq cent cinquante livres, savoir : trois cents livres en ses habits qu'elle a de présent à son usage, et deux cent cinquante livres en meubles; en héritages propres la somme de mille livres tournois, et en un contrat de constitution de rente, la somme de trois mille livres tournois; de laquelle somme et deniers comptants, meubles et effets mobiliers les plus clairs jusques à la somme de quatre mille livres, entrera en ladite communauté, et le surplus demeurera propre à ladite future épouse et aux siens de son côté et ligne, et la présente stipulation tiendra lieu d'emploi. Partant a ledit futur époux doué et doue ladite future épouse de la somme de quatre mille livres tournois en douaire préfix seulement pour une fois payé; pour en jouir suivant la coutume, à icelui douaire, sitôt qu'il aura lieu, avoir et prendre sur tous et chacun les biens dudit futur époux qu'il en oblige et hypothèque à cette fin. Le survivant desdits futurs époux prendra par préciput et avant part des biens de ladite future communauté, etc., réciproquement jusques à la somme de cinq cents livres tournois des meubles de leur communauté, selon la prisée de l'inventaire et sans crue, ou ladite somme en deniers au choix et option dudit survivant. Sera permis à ladite future épouse seulement accepter son droit en ladite communauté ou y renoncer, et en cas de renonciation, reprendre tout ce qui aura été porté par ladite future épouse audit mariage, et lui sera advenu et échu pendant et constant icelui, par donation, succession ou autrement, même ladite future épouse ses douaire et préciput ci-dessus, le tout franchement et quittement sur les biens d'icelle communauté, et si elle ne suffit, sur les propres dudit futur époux, sans être tenue des dettes et hypothèques de ladite future communauté, encore qu'elle y eût parlé, s'y fût obligée ou y eût été condamnée, les héritiers duquel futur époux seront tenus l'en acquitter et indemniser. S'il est vendu, aliéné ou engagé et échangé aucuns héritages ou rentes icelles rachetées appartenant en propre ou acquêts à l'un ou l'autre des futurs époux, remploi en sera fait en autres héritages ou rentes pour sortir pareille nature à celui du côté duquel elles procéderont, et les deniers en seront repris sur les biens de ladite future communauté, et si elle ne suffit, les deniers en seront repris sur les biens dudit futur époux à l'égard de ladite future épouse, à l'effet de quoi ladite future épouse aura son hypothèque sur les biens dudit futur époux, du jour du contrat de mariage. Et advenant le décès de ladite future épouse dans la première, seconde ou troisième année dudit mariage, sans enfants lors vivants d'icelui, ledit futur époux la survivant prendra pour ses frais de noces sur le total néanmoins de ladite communauté, avant partage fait d'icelle, la somme de mille livres, outre son préciput ci-dessus, et sans préjudice d'icelui; et a ledit sieur Guilminault certifié ladite future épouse, sa nièce, franche et quitte de toutes dettes et hypothèques touchant les faits de ladite future épouse; car ainsi promettant, etc. Fait et passé à Paris, en la maison dudit sieur Guilminault, l'an mil six cent cinquante-six, le quinzième jour de janvier.

CHRESTIENNE BAILLY.	POCQUELIN.	J. POCQUELIN.
C. BOURLON.		

CHARLES BOURLON, EUES. DE CESAREE COAD. DE SOISSONS.

CLAUDE TICQUET.	BOURLON.	BOURLON.	GUILMINAULT.
PIERRE MARCHANT.	PREUOST.	GUYET.	LOUIS CRESSÉ.
JEAN CHEUALLIER.	A. BOUDET.	RICHARD.	BERGER.
	J. CHEUALLIER.		MAILLARD.
BUON.			COLAS.

Ledit Jean Poquelin le jeune, nommé en son contrat de mariage devant écrit, confesse et reconnoît que ladite Marie Maillard, sa femme en sainte Église et de lui, en tant que besoin seroit, autorisée à l'effet des présentes, lui a fourni, baillé et délivré et apporté avec lui la somme de onze mille cinq cents livres tournois, etc. Et encore reconnoît, ledit Jean Poquelin le jeune, futur époux, que ledit sieur Guilminault lui a fourni, délivré et mis ès mains un contrat de constitution, étant en parchemin, de la somme de cent soixante-six livres treize sols quatre deniers de rente rachetable de la somme de trois mille livres en principal, due par révérend père en Dieu messire Charles Bourlon, évêque de Césarée, coadjuteur en l'évêché de Soissons, passé par devant de la Balle et Colas, notaires au Châtelet de Paris, le 26 décembre 1655[1]. Et quant à la somme de mille livres spécifiée par ledit contrat de mariage appartenant à ladite future épouse, en héritages propres, elles font partie de la somme de deux mille livres à laquelle ont été estimés entre ladite future épouse, par avis de leurs parents et amis, les héritages indivis entre eux des successions de leurs défunts père et mère, situés au village de Montfermeil[2], les titres et contrats desquels sont entre les mains dudit Nicolas Maillard, frère, etc.; toutes lesdites sommes revenant à onze mille cinq cents livres promises par le contrat de mariage d'icelui sieur Poquelin jeune, futur époux, dont il se tient content, etc.

Fait en la présence et du consentement dudit Nicolas Maillard, frère de ladite future épouse, l'an mil six cent cinquante-six, le seizième jour de janvier avant midi, et ont signé, fors ladite Marie Maillard, qui a déclaré ne savoir écrire ne signer :

POCQUELIN.   GUILMINAULT.
                     MAILLARD.
BUON.   COLAS.

1. L'obligation du 26 décembre 1655, est d'illustrissime et révérendissime père en Dieu messire Charles Bourlon, conseiller du Roi en ses conseils, évêque de Césarée et coadjuteur de Soissons, demeurant à Paris, rue Mauconseil, paroisse Saint-Eustache, à Marie Maillard, fille émancipée d'âge, procédant sous l'autorité de Mᵉ Hubert Guilminault, rue du Cygne.

Elle est remboursée le 28 janvier 1665 à honorable femme Marie Maillard, veuve de défunt Jean Poquelin, vivant tapissier et valet de chambre de la Reine, demeurant à Paris, rue du Cygne, par révérend père en Dieu messire Charles Bourlon, à présent évêque de Soissons. (*Minutes de Mᵉ Turquet.*)

2. « Honorable homme Jean Poquelin, marchand tapissier, bourgeois de Paris et tapissier valet de chambre du Roi, demeurant sous les piliers des halles, paroisse Saint-Eustache, et Marie Maillard sa femme de lui autorisée par laquelle il promet faire ratifier ces présentes sitôt qu'elle aura atteint l'âge de majorité, ont confessé avoir vendu à Nicolas Maillard, bourgeois de Paris, rue du Cygne, susdite paroisse, la moitié d'une maison sise au village de Montfermeil, en la grande rue, et deux arpents demi quartier de vigne en six pièces, sises au terroir dudit Montfermeil; lesdits héritage et maison étant du propre de ladite Marie Maillard, comme héritière pour moitié de défunts Eutrope Maillard et Perrette Guilminault ses père et mère, et l'autre moitié appartenant à Nicolas Maillard son frère, cette vente moyennant mille livres tournois, etc. Fait et passé à Paris en la maison en laquelle ledit Poquelin est demeurant, l'an 1656, le 4ᵉ jour d'avril, et ont signé fors

XXVIII

1659. — 13 mai.

QUITTANCE DE JEANNE LEVÉ A MOLIÈRE.

Minutes de Me Faiseau-Lavanne.

Fut présente en sa personne Jeanne Levé, marchande publique à Paris, et femme de Michel Lecomte, maître paumier à Paris, y demeurant, rue Tireboudin, paroisse Saint-Sauveur, laquelle a volontairement reconnu et confessé avoir eu et reçu de Jean-Baptiste Poquelin, sieur de Molière, comédien [1] de la troupe de Monsieur, frère unique du Roi, et ci-devant valet de chambre du Roi [2], la somme de deux cent quatre-vingt-onze livres tournois, en quoi ledit sieur Poquelin étoit tenu et obligé envers ladite Levé, par obligation passée par devant Colas et Manchon, notaires, en date du dernier mars 1645 [3] pour les causes y contenues, de laquelle somme de deux cent quatre-vingt-onze livres tournois ladite Levé s'est tenue et tient pour contente, en a quitté et quitte ledit sieur Poquelin et tous autres ensemble, reconnoît avoir été payée dudit sieur Poquelin et de lui confesse avoir eu et reçu les intérêts de ladite somme adjugés, par sentence du xxe juin audit an 1645, échus du passé jusques à hui et des frais et loyaux coûts; et en ce faisant, elle a dit avoir rendu l'expédition de ladite obligation et sentence ci-dessus datées, consentant et accordant que ladite expédition d'icelle obligation, sa minute et autres pièces qui seront nécessaires soient déchargées, fait mention en substance du contenu en ces présentes à sa seule exhibition, sans que sa présence y soit nécessaire, par tous notaires sur ce requis, à la charge que le tout ne servira avec cesdites présentes que d'un seul et même acquit, et ne servira aussi ces présentes avec les autres quittances qu'elle peut avoir baillées de partie de ladite somme que d'une seule quittance, promettant, etc. Fait et passé à Paris en la maison de l'image saint Germain, sise sur le quai de l'École, paroisse Saint-Germain-l'Auxerrois, l'an mil six cent cinquante-neuf, le treizième jour de mai après midi, et a déclaré ne savoir écrire ne signer, de ce faire interpellée suivant l'ordonnance.

PLASTRIER. DUPUIS.

ladite Marie Maillard qui a déclaré ne savoir écrire ne signer, etc. » (*Minutes de Me Turquet.*)

1. Il y avait : *l'un des comédiens*, ce qui est corrigé.
2. Il y avait : du Roi absent; *absent* est rayé.
3. Document n° XVII.

XXIX

1661. — 7 juin.

ACQUISITION PAR MADELEINE BÉJARD DE LA GRANGE DE LA SOUQUETTE.

Minutes de M° Acloque.

Furent présents en leurs personnes Jean-Baptiste de l'Hermite, écuyer, sieur de Vauselle, chevalier de l'ordre de Saint-Michel, gentilhomme servant chez le Roi, et damoiselle Marie Courtin de la Dehors, son épouse, qu'il autorise pour l'effet des présentes, étant de présent à Paris, logés rue et devant le Petit-Bourbon, paroisse Saint-Germain-de-l'Auxerrois, lesquels ont volontairement reconnu et confessé avoir vendu, cédé, quitté, transporté et délaissé, et promettent solidairement l'un pour l'autre, un seul pour le tout, sans division, discussion ne fidéjussion, renonçant aux bénéfices et exceptions desdits droits, garantir de tous troubles, dons, douaires, évictions et autres empêchements généralement quelconques, à damoiselle Madeleine Béjard, usante et jouissante de ses biens et droits, de présent aussi à Paris, logée rue Saint-Honoré, devant le Palais-Royal, susdite paroisse, à ce présente et acceptante, acquéresse pour elle, ses hoirs et ayant cause, une grange jadis moulin, consistant en six membres, située dans le terroir de Saint-Pierre de Vassol, appelée la Souquette, avec toutes les terres, prairies et autres choses en dépendant, contenant environ treize saulmées et cinq esminées, énoncées ci-après ainsi qu'il ensuit, etc.

Et généralement tous les autres biens fonciers et propriétés quelconques que lesdits vendeurs possèdent à présent dans toute l'étendue dudit terroir de Saint-Pierre de Vassol, sans aucune réserve. Le tout à eux appartenant d'acquisition qu'ils ont fait de messire Esprit de Raimond, chevalier, seigneur de Modène, comme héritier universel de défunt messire François de Raimond, seigneur dudit Modène, son père, par contrat passé devant Gabriel Vaudran, notaire royal à Modène, le treize février mil six cent quarante-quatre, étant lesdites choses sus-vendues en la censive des seigneurs ou dames à qui dûs sont et chargés envers eux de tels cens et droits que se peut devoir, que les parties n'ont su déclarer, d'elles enquis pour satisfaire à l'ordonnance, pour toutes et sans autres charges, dettes hypothèques ne redevances quelconques, francs et quittes des arrérages desdits cens et droits seigneuriaux du passé jusques à hui; pour desdites choses sus-vendues, jouir, faire et disposer par ladite damoiselle acquéresse comme bon lui semblera, à commencer ladite jouissance du jour d'hui en avant. Cette vente ainsi faite moyennant et à la charge desdits cens et droits seigneuriaux, et outre le prix et somme de deux mille huit cent cinquante-six livres que les parties ont convenue entre elles, laquelle somme lesdits sieur et damoiselle, vendeurs, confessent avoir présentement reçue de ladite damoiselle acquéresse, dont quittance. Transportant, dessaisissant, voulant procureur le porteur donnant pouvoir et à laquelle damoiselle acquéresse lesdits vendeurs ont délivré et mis èsmains une expédition en papier dudit contrat d'acquisition sus-daté, avec un autre contrat en parchemin de l'acquisition faite par ledit défunt messire François de Raimond, seigneur dudit Modène, desdites grange et terres sus-spécifiées, desquels contrats ladite damoiselle se contente, en quitte et décharge lesdits vendeurs. Pour sûreté à icelle damoiselle acquéresse de la garantie de ladite présente vente, iceux seigneur et damoiselle, vendeurs, ont solidairement obligé tous et chacuns leurs biens meubles et immeubles présents et à venir, et ont élu leur domicile irrévocable en cette ville de Paris, en la maison où ils demeurent sus-désignée, auquel lieu nonobstant, etc. Fait et passé en la maison desdits vendeurs le septième juin mil six cent soixante et un après midi, et ont signé :

M. DE LA DEHORS.   DE LHERMITE.
M. BEIART.
OGIER.   PAIN.

XXX

1662. — 23 janvier.

CONTRAT DE MARIAGE ENTRE MOLIÈRE
ET ARMANDE-GRÉSINDE-CLAIRE-ÉLISABETH BÉJARD.

Minutes de Mᵉ Acloque.

Furent présents Jean-Baptiste Poquelin de Molière, demeurant à Paris, rue Saint-Thomas-du-Louvre, paroisse Saint-Germain-de-l'Auxerrois, pour lui en son nom, d'une part ; et damoiselle Marie Hervé, veuve de feu Joseph Béjard, vivant écuyer, sieur de Belleville, demeurant à Paris, dans la place du Palais-Royal, stipulant en cette partie pour damoiselle Armande-Grésinde-Claire-Élisabeth Béjard, sa fille, et dudit défunt sieur de Belleville, âgée de vingt ans ou environ, à ce présente de son vouloir et consentement, d'autre part ; lesquelles parties en la présence, par l'avis et conseil de leurs parents et amis, savoir, de la part dudit sieur de Molière : de sieur Jean Poquelin, son père, tapissier et valet de chambre du Roi, et sieur André Boudet, marchand bourgeois de Paris, beau-frère à cause de damoiselle Marie-Madeleine Poquelin, sa femme ; et de la part de ladite damoiselle Armande-Grésinde-Claire-Élisabeth Béjard : de damoiselle Madeleine Béjard, fille usante et jouissante de ses biens et droits, sœur de ladite damoiselle, et de Louis Béjard, son frère, demeurant avec ladite damoiselle, leur mère, dans ladite place du Palais-Royal, ont fait et accordé entre elles de bonne foi les traité et conventions de mariage qui ensuivent. C'est à savoir que lesdits sieur de Molière et damoiselle Armande-Grésinde-Claire-Élisabeth Béjard, du consentement susdit, se sont promis prendre l'un l'autre par nom et loi de mariage, et icelui solenniser en face de notre mère sainte Église, si Dieu et notre dite mère s'y consentent et accordent.

Pour être les futurs époux uns et communs en tous biens meubles et conquêts immeubles, suivant et au desir de la coutume de cette ville, prévôté et vicomté de Paris.

Ne seront tenus des dettes l'un de l'autre faites et créées avant la célébration dudit mariage, et, s'il y en a, seront payées par celui qui les aura faites et sur son bien sans que celui de l'autre en soit tenu.

En faveur des présentes, ladite damoiselle mère de ladite damoiselle future épouse, a promis bailler et donner auxdits futurs époux, à cause de ladite damoiselle, sa fille, la veille de leurs épousailles, la somme de dix mille livres tournois, dont un tiers entrera en ladite future communauté et les deux autres tiers demeureront propres à ladite future épouse, et aux siens de son côté et ligne.

Ledit futur époux a doué et doue sadite future épouse de la somme de quatre mille livres tournois de douaire préfix pour une fois payé, à l'avoir et prendre, quand il aura lieu, sur tous les biens dudit futur époux qu'il hypothèque à cet effet.

Le survivant desquels futurs époux prendra par préciput des biens de leur communauté, tels qu'il voudra choisir réciproquement jusques à la somme de mille livres[1], suivant la prisée de l'inventaire, et sans crue, ou ladite somme en deniers à son choix.

Advenant le décès dudit sieur futur époux avant celui de la future épouse, sera permis à icelle future épouse et aux enfants qui naîtront dudit mariage, d'accepter la communauté ou y renoncer et, en cas de renonciation, reprendre ce qu'elle aura apporté audit mariage, lui sera advenu et échu par succession, donation ou autrement même, elle, ses douaire et préciput susdit, le tout franchement et quittement sans être tenue des dettes de la communauté, encore qu'elle y eût participé.

---

1. Il y avait *deux* mille ; *deux* est rayé avec cette note en marge : Le mot de deux ci en droit rayé du consentement des parties.

  J. P. M. H. J. B. P. M. A. G. B. M. B. L. B. A. B.

S'il est vendu ou aliéné aucuns héritages ou rentes rachetées, appartenant à l'un ou à l'autre des futurs époux, les deniers en provenant seront remplacés en autres héritages ou rentes pour sortir pareille nature, et si au jour de la dissolution de ladite communauté ledit remploi ne se trouvoit fait, ce qui s'en défaudra sera repris sur ladite communauté si elle suffit, sinon, à l'égard de ladite future, sur les propres et autres biens dudit futur époux.

Car ainsi a été accordé entre les parties, promettant, obligeant, etc. Fait et passé à Paris en la maison de ladite damoiselle, l'an mil six cent soixante-deux, le vingt-troisième jour de janvier, et ont signé :

J. POCQUELIN.	MARIE HERUÉ.
J. B. POQUELIN MOLIERE.	
ARMANDE GRESINDE BEJART.	
M. BÉIART.	A. BOUDET.
LOUYS BEJARD.	
OGIER.	PAIN.

Ledit sieur Poquelin de Molière, nommé en son contrat de mariage ci-dessus, reconnoît et confesse que ladite damoiselle Marie Hervé, veuve dudit sieur Béjard, aussi y nommée, mère de ladite damoiselle Armande-Grésinde Béjart, lui a payé et d'elle confesse avoir reçu ladite somme de dix mille livres que ladite avoit promis bailler et donner audit sieur de Molière, par ledit contrat et en faveur d'icelui, dont quittance. Fait et passé ès études, le vingt-quatre juin mil six cent soixante deux, et a signé.

	J. B. POQUELIN MOLIERE.
OGIER.	PAIN.

XXXI

1664. — 17 et 21 mars.

CONTRAT DE SOCIÉTÉ ENTRE LES COMÉDIENS DE L'HOTEL DE BOURGOGNE, BRÉCOURT ET SA FEMME.

Minutes de Mᵉ Turquet.

Furent présents en leurs personnes Josias de Soulas, écuyer, sieur de Floridor[1], damoiselle Marguerite Baloré, sa femme, demeurant

---

1. Tallemant des Réaux, dans l'historiette de son frère Gédéon, le maître des requêtes, dit : « Une fois que Floridor, qui est son compère, lui vint

rue Beaurepaire, paroisse Saint-Sauveur, Zacarie Jacob, sieur de Montfleury, damoiselle Jeanne de la Chappe, sa femme, demeurant rue et paroisse Saint-Sauveur, Claude Deschamps, sieur de Villiers, et François Chastellet, sieur de Beauchâteau, damoiselle Madeleine du Poujet, sa femme, François Juvenon, sieur de la Fleur, Noël Breton, sieur de Hauteroche, demeurant lesdits sieurs de Villiers et Juvenon, rue Pavée, et lesdits sieurs Hauteroche et de la Fleur, rue Pavée, paroisse Saint-Sauveur, Rémond Poisson, sieur de Belleroche, damoiselle Victoire Guérin, sa femme, demeurant rue Françoise, susdite paroisse, lesdites femmes autorisées de leurs maris à l'effet des présentes, damoiselle Alix Faviot, veuve de feu Nicolas de Vin, sieur des OEuillets, damoiselle Françoise Jacob, femme de Mathieu d'Hennebault, bourgeois de Paris, d'icelui sieur d'Hennebault, son mari, pour ce présent, autorisée aussi à l'effet des présentes, tous comédiens du Roi de la seule troupe royale entretenue par Sa Majesté, représentant sur le théâtre de l'hôtel de Bourgogne, d'une part ; et Guillaume Marcoureau, sieur de Brécourt, comédien de la troupe de Monsieur, frère unique du Roi, duc d'Orléans, demeurant rue Saint-Honoré, paroisse Saint-Germain de l'Auxerrois, et damoiselle Étiennette des Urlis[1], sa femme, aussi de lui autorisée à l'effet des présentes ; lesquels ont reconnu et confessé avoir fait et accordé ce qui ensuit, savoir : ladite compagnie avoir admis comme elle admet et associe avec elle ledit sieur de Brécourt, à commencer au premier jour d'après Pâques prochain venant, pour représenter avec eux la comédie, dans laquelle société il aura et prendra une part et portion pareille à celle d'un des acteurs et actrices, de tous les émoluments qui proviendront de leurs représentations. En cas que une des actrices de ladite troupe vienne à mourir

---

lire, pour faire sa cour, une pièce de Corneille qu'on n'avoit point encore jouée, etc. » (Tome VI, page 250 de la 3ᵉ édition donnée par M. Paulin Paris). Voici l'acte qui prouve que Floridor était à la fois le compère de Gédéon Tallemant et de la femme de Pierre Corneille. « Le samedi 9ᵉ de janvier 1644, a été baptisé Gédéon, fils de Josias de Soulas, écuyer, sieur de Primefosse, et de damoiselle Marguerite Baloré, sa femme ; le parrain monsieur maître Gédéon Tallemant, conseiller du Roi en ses conseils d'État et privé et maître des requêtes ordinaire de son hôtel ; la marraine Marie Lampérière, femme de Pierre de Corneille, écuyer, conseiller du Roi et son avocat à la table de marbre à Rouen. » (*Archives de la Préfecture de la Seine. Registre de la paroisse de Saint-Jean en Grève.*)

1. Elle était fille d'Étienne des Urlis, commis au greffe du conseil privé du Roi, et de Françoise Lesguillon, ainsi que le constate le contrat de mariage passé le 13 avril 1661 entre Jean des Urlis, comédien de Son Altesse Électorale et prince de Liége, avec Jeanne Bresson, veuve de Pierre Hazard, « comédien du Roi en l'hôtel de Bourgogne. » Les parents du futur époux, sont : Catherine des Urlis, sœur ; Guillaume Marcoureau, sieur de Brécourt, beau-frère à cause d'Étiennette des Urlis, sa femme, sœur ; et Marie Boullanger, veuve Pierre Marcoureau, sieur de Beaulieu. (*Minutes de Mᵉ Turquet.*)

ou qu'elle se retire volontairement de ladite troupe ils admettront en sa place ladite damoiselle des Urlis pour représenter avec eux et prendre la même part et portion que celle qui est accordée audit sieur de Brécourt son mari ; et arrivant que ladite damoiselle des Urlis entre dans ladite compagnie par la retraite de l'une desdites actrices comme dit est, elle sera tenue et obligée de payer à ladite actrice qui aura fait sa retraite mille livres de pension viagère par chacun an, la vie durant de ladite actrice qui se sera retirée. Arrivant aussi que ladite damoiselle des Urlis entre en ladite compagnie par le décès de l'une desdites actrices, icelle damoiselle des Urlis sera tenue et obligée de payer par chacun an à damoiselle Marguerite Beguet, femme dudit sieur de Villiers, ci-devant l'une des actrices de ladite compagnie, ladite somme de mille livres de pension, la vie durant de ladite demoiselle de Villiers et à elle accordée par ladite compagnie, par contrat passé à Fontaine-Belleau devant Maheu, notaire du Roi en ses conseils et suite de la Cour le (*sic*) . . . . jour de juillet mil six cent soixante (*sic*) . . . . ; et arrivant le décès de ladite damoiselle des Urlis avant la mort de ladite damoiselle de Villiers, sadite pension de mille livres lui sera continuée par ladite compagnie, suivant et conformément aux clauses dudit contrat, passé par devant ledit Maheu, notaire, et encore en celui que ladite compagnie en a passé avec ladite demoiselle des OEuillets lors de son entrée en ladite compagnie. Et d'autant que dans ladite compagnie il est jugé à propos d'associer une femme pour représenter des principaux personnages et pour perfectionner la troupe, est convenu que ladite damoiselle des Urlis n'en pourra prétendre aucun avantage ; et s'il arrivoit que ladite actrice proposée pour augmenter ladite troupe entrât dans ladite compagnie après que ladite damoiselle des Urlis y seroit entrée, ladite damoiselle des Urlis ne pourra, pour ce sujet, prétendre aucune diminution desdites mille livres de pension qu'elle sera obligée de donner ou à celle desdites comédiennes qui se sera retirée ou à ladite damoiselle de Villiers. Arrivant aussi que ladite damoiselle des Urlis entre dans ladite compagnie par le décès de l'une desdites actrices et que en ce temps le décès de ladite damoiselle de Villiers fut arrivé, ladite damoiselle des Urlis ne sera pour cette cause déchargée de ladite somme de mille livres de pension, mais icelle pension retournera et sera payée à ladite compagnie jusques à ce qu'il y soit entré une autre actrice qui, par ce moyen, la déchargera et sera quitte de ladite pension du jour de l'entrée de ladite actrice. Toutes lesquelles conditions lesdites parties promettent respectivement entretenir et exécuter, à peine de trois mille livres, payables sous dépôt par le contrevenant ou contrevenants, et ladite somme de trois mille livres, applicables à l'hôpital général avant que de pouvoir être reçu à proposer aucune chose outre lesdites conditions, ce à quoi lesdits sieur et damoiselle de Brécourt se sont obligés et s'obligent solidairement aux renonciations ordinaires, en quoi aussi ladite compagnie, de sa part, s'est obligée respectivement comme dit est; et, pour l'exécution des présentes et dépendances, les parties ont élu domicile irrévocable, savoir: ladite seule troupe royale, en la maison de maître Daniel Regnault, procureur au Châtelet de Paris, rue Saint-Honoré, paroisse Saint-Germain-de-l'Auxerrois, et lesdits sieur de Brécourt et damoiselle sa femme, en la maison de Mᵉ . . . . . . (sic) Duchesne, procureur au Châtelet, sise rue Saint-Martin, auquel lieu, etc.

Fait et passé à Paris en ledit hôtel de Bourgogne, l'an mil six cent soixante-quatre, le dix-septième jour de mars, après midi, et ont, lesdites parties, signé :

Zacarie Jacob.	B. Marcoureau.
Breton.	De Soulas.
Juuenon.	Deschamps.
Madelaine du Pougeait.	Poisson.
Fransoisse Jacob.	Alix Fauiot.
Jenne de la Chappe.	Marguerite Baloré.
F. Chastellet.	
Coutellier.	Colas.

Et, le vingt-unième jour dudit mois de mars, audit an mil six cent soixante-quatre, sont comparus par devant les notaires et garde-notes au Châtelet de Paris soussignés, tous lesdits comédiens et comédiennes de la seule troupe royale dénommés au contrat ci-dessus, et de l'autre part écrit, lesquels, conjointement, sans à ce faire être contraints par aucunes considérations, mais seulement de leur pure et franche volonté, ont ajouté audit contrat sus-daté les articles suivants : savoir, que au cas que ci-après l'un desdits comédiens ou desdites comédiennes viennent à se retirer de ladite compagnie, de sa volonté, par le défaut de l'âge ou par quelque longue maladie ou par l'impuissance de représenter la comédie, tous ceux et celles qui demeureront dans la ladite compagnie et qui en composeront le corps, promettront, et s'obligeront comme dès à présent ils promettent et s'obligent: de donner à celui des acteurs ou des actrices qui se retirera pour les causes ci-dessus spécifiées, une pension viagère de mille livres tournois par chacun an, la vie durant dudit acteur ou de ladite actrice, chacun pour sa part et portion seulement, ladite somme de mille livres, prise sur tous les profits et tous les émoluments qui proviendront de toutes leurs représentations, tant devant le Roi que ailleurs; est néanmoins accordé que si par quelque accident extraordinaire, comme guerre, peste ou famine, ils étoient contraints de supprimer leurs représentatations, ladite pension de mille livres seroit aussi supprimée pour le temps qu'ils seroient sans représenter la comédie, mais le payement de ladite pension de mille livres recommenceroit du jour de leur première représentation et continueroit la vie durant dudit acteur ou actrice qui se seroit retiré ainsi qu'il est dit ci-dessus, ladite pension de mille livres, payable de quartier en quartier, à quoi ils s'obligent par ces présentes, respectivement comme dit est, et chacun envers soi. Que si ils admettent et associent des acteurs ou des actrices dans ladite compagnie, lesdits acteurs qui y seront admis et associés seront tenus et obligés de ratifier les présentes, et au cas qu'un desdits acteurs ou actrices, tant ceux et celles qui composent ladite compagnie, à présent, que ceux qui peuvent y entrer et y être associés à l'avenir, se retirât pour les causes ci-dessus mentionnées, il ne lui sera permis et ne pourra, en quelque manière que ce soit, disposer de la place qu'il tiendra dans ladite compagnie, au profit d'aucun autre, quand même il en pourroit retirer plus d'avantage que de ladite pension de mille livres ; mais il laissera à la volonté de ladite compagnie le pouvoir absolu de choisir un acteur ou une actrice en leur place pour en disposer ainsi que bon lui semblera, en payant préalablement par ladite compagnie ladite pension viagère de mille livres, comme dit est, la vie durant dudit acteur ou de ladite actrice qui se retireroit, et ce sans préjudice de ce qui leur pourroit appartenir pour leur part et portion des pensions que le Roi donne à ladite compagnie, qui seroit échue au jour de leur sortie de ladite troupe, en cas qu'ils en fussent payés ou de présent ou à l'avenir. Il est encore spécialement accordé entre eux que aucun desdits acteurs ou actrices ne pourra se retirer de sa volonté propre, s'il est encore jugé utile et nécessaire à ladite compagnie, qui ne seroit, en ce cas, obligée de lui payer ladite somme de mille livres de pension viagère par chacun an, et laquelle il ne pourra aucunement prétendre en vertu des présentes ; et que, aussi en cas que un desdits acteurs ou actrices sorte de ladite troupe par un commandement du Roi pour en admettre quelque autre en sa place, celui qui y entrera sera tenu et obligé de ratifier les présentes, et ladite compagnie l'obligera au payement de ladite pension de mille livres par chacun an, au profit de celui en la place duquel il seroit admis, si bon lui semble, s'en réservant toujours le choix ; mais aussi ne pourra ladite compagnie, pour cette cause, déroger ni renoncer aux articles ci-dessus stipulés et ne laissera pas de payer, à celui qui sortira, ladite pension viagère de mille livres sa vie durant, comme s'il s'étoit retiré du consentement de ladite troupe, qui en demeurera toujours garante. Mais arrivant aussi que ledit acteur ou actrice, qui sortiroit de ladite compagnie, allât représenter la comédie dans une autre troupe, soit à Paris, soit à la campagne, il seroit, en ce cas, absolument privé de ladite récompense et ne pourra prétendre, en aucune manière que ce soit, ladite pension viagère de mille livres par chacun an; et en cas qu'il arrive qu'un desdits acteurs ou desdites actrices qui composent le corps de ladite troupe royale, vînt à se retirer ou pour ses affaires particulières ou pour faire la comédie dans quelque autre troupe, il ne seroit, en ce cas, tenu ni obligé de payer sa part et portion de ladite pension de mille livres sus-mentionnée, mais en seroit déchargé du jour qu'il sortiroit ; mais ladite compagnie subsistant seroit toujours obligée, comme dit est, à continuer le payement de ladite pension de mille livres à celui ou celle à qui elle seroit obligée, sans pouvoir en défalquer ni diminuer la part de celui qui seroit sorti. Car ainsi a été convenu, promettant, etc. Fait et passé à Paris, en l'hôtel desdits sieurs comédiens, où ils se sont assemblés à cet effet, l'an mil six cent soixante-quatre, les jour et an dessusdits, et ont signé :

ZACARIE JACOB.
F. CHASTELLET.
POISSON.
MADELAINE DU POUGEAIT.
MARCOUREAU.
VICTOIER GUÉRIN.
FRANSOISE JACOB.
COUTELLIER.

DE SOULAS.
DESCHAMPS.
BRETON.
JUUENON.
MARGUERITE BALORÉ.
JENNE DE LA CHAPPE.
ALIX FAUIOT.
COLAS.

XXXII

1664. — 5 avril.

CONTRATS DE SOCIÉTÉ ENTRE DES COMÉDIENS DE CAMPAGNE.

Minutes de M⁰ Turquet.

Damoiselle Marie de Sallary, épouse et procuratrice générale de Nicolas Ozou, sieur de la Plesse, de lui fondée de procuration, en date du 6 mars dernier, faite à Arras, laquelle est demeurée annexée à la présente minute, demeurant à Paris, logée rue du Petit-Lion, paroisse Saint-Sauveur; Jean Loseu, sieur de Beauchesne, rue des Canettes, en la Cité, proche le cloître Notre-Dame; Charles Mangot, dit Lecoq, demeurant dans l'hôtel de Soissons, à Paris; Antoine Loseu, aussi sieur de Beauchesne, demeurant avec ledit sieur de Beauchesne, son père, damoiselle Charlotte Meslier, femme de Jean Guillemois Duchesnay, sieur de Rozidor, comédien du Roi en la troupe du Marais de cette ville de Paris, demeurant rue des Deux-Portes, paroisse Saint-Sauveur, au nom et comme ayant le consentement dudit sieur Rozidor, passé à Bruxelles (*le nom des notaires et la date en blanc*); damoiselle Marie Marcoureau, fille de défunt Pierre Marcoureau, sieur de Beaulieu, et de damoiselle Marie Boullanger, ses père et mère, demeurant avec sa mère, rue de Poitou, marais du Temple, paroisse Saint-Nicolas des Champs, lesquels se sont joints ensemble pour représenter la comédie avec ledit sieur de la Plesse et le sieur François Ozou de la Plesse, fils desdits sieur et damoiselle de la Plesse, et le sieur de la Cousture, comédien, en cas qu'il se présente; et pour cet effet, s'obligent de se rendre dans le jour et fête de Pâques prochain dans la ville d'Abbeville en Picardie, avec leurs hardes, bagages et paquets, pour commencer la représentation des pièces qui seront convenues entre eux, du jour des fêtes de Pâques prochain jusqu'au mercredi des Cendres aussi prochain ensuivant, etc., et les voyages se feront dans les villes et lieux qui seront accordés entre eux à la pluralité des voix, pour y représenter la comédie, etc.; et a été expressément accordé que, à l'égard des théâtre et décorations qui appartiennent auxdits sieur et damoiselle de la Plesse, seront par eux fournis pour lesdites représentations, etc. Fait et passé à Paris, en la maison où est logée ladite damoiselle de la Plesse, l'an 1664, le 5ᵉ jour d'avril, et ont signé:

MARIE SALLARY.
CHARLOTTE MESLIER.
MARY MARCOUREAU.
ANTHOINE LOSEU.
PRIEUR.

J. LOSEU.

CHARLES MANGOT.

COLAS.

Le sieur de la Plesse, de présent en la ville d'Arras, donne pouvoir à Marie de Sallary, sa femme, de s'accorder avec autres comédiens pour faire comédies avec ledit sieur de la Plesse, en telles villes qu'il sera trouvé convenir.

Nicolas le Roy, sieur de la Marre, étant de présent en cette ville de Paris, logé rue Saint-Sauveur, tant pour lui que se faisant fort de André Trochon et Claire le Roy, sa femme, et de Anne le Roy, sa fille, par lesquelles il promet faire agréer les présentes; Jean de Hilleret, sieur de Boncourt; damoiselle Marie Biet, sa femme, demeurant cloître et paroisse Saint-Germain l'Auxerrois; Pierre-Paul Billet, sieur de Solaire, demeurant faubourg Saint Germain, rue Sainte-Marguerite; Jacques de Saint-Bazille, dit des Essars, demeurant rue Galande, proche la place Maubert; Ange Francœur, sieur de Belleroche, demeurant rue de l'Arbre-Sec, paroisse Saint-Germain l'Auxerrois, tous comédiens et comédiennes du Roi, lesquels se sont associés ensemble pour représenter la comédie à la campagne et partout ailleurs où ils se trouveront pendant une année, qui finira au jour des Cendres mil six cent soixante-cinq, etc. Le sieur Belleroche promet et s'oblige de jouer les rôles comiques et de travailler aux décorations desdites pièces pour les peintures qu'il y conviendra faire, etc. Fait et passé à Paris, ès études, l'an mil six cent soixante-quatre, le cinquième jour d'avril, et ont signé :

NICOLAS LE ROY, DIT LA MARRE.
MARIE DE BONCOURT.
DE BONCOURT. BILLET.
DE BELLE ROCHE. DES ESSARS.
LEBEUF. COLAS.

XXXIII

1664. — 25 novembre.

CONTRAT DE MARIAGE ENTRE LÉONARD DE LOMÉNIE ET GENEVIÈVE BÉJARD.

Minutes de Me Armand Courot.

Furent présents en leurs personnes M. Léonard de Loménie, bourgeois de Paris, fils de Léonard de Loménie, bourgeois de la ville de Limoges, et de feue Catherine Monneron, jadis sa femme, ses père et mère, duquel de Loménie, son père, il dit avoir le consentement par les lettres missives qu'il lui a écrites et qui lui ont été rendues, par lequel Léonard de Loménie, son père, il promet faire ratifier et avoir agréable le contenu en les présentes, avant la célébration du futur mariage, et en fournir acte qui demeurera annexé à la présente minute[1] ; ledit sieur de Loménie, comparant, demeurant à Paris, rue de la Parcheminerie, paroisse Saint-Séverin, pour lui et en son nom, d'une part; et Geneviève Béjard, fille de défunt Me Joseph Béjard, vivant procureur au Châtelet de Paris, et de dame Marie Hervé, à présent sa veuve, pour ce présente, demeurant ensemblement en cette ville de Paris, vis-à-vis la place du Palais-Royal, paroisse Saint-Germain l'Auxerrois, pour elle et en son nom, de son vouloir et consentement, d'autre part; lesquelles parties, par l'avis et conseil de leurs parents et amis ci présents, savoir, de la part dudit futur époux ….[2], de Monneron, écuyer, sieur de Courbial, …. du Roi, cousin germain; Léonard de Lauzé, prieur de Marzanes, Pierre Faure, sieur de Villatte, et François Brossart, bourgeois de Paris, amis; et de la part de ladite damoiselle future épouse, de M. Louis Béjard, bourgeois de Paris, frère; M. Jean-Baptiste Poquelin, sieur de Molière, bourgeois de Paris, beau-frère à cause de damoiselle Grésinde Béjard, son épouse; damoiselle Marguerite Batelet, femme de Pierre du Bourg, bourgeois de Paris, amis; et Pierre Mignard,

---

1. Ce consentement ne se trouve pas avec la minute.
2. Ces lacunes existent dans l'original.

peintre, bourgeois de Paris, aussi ami de ladite damoiselle future épouse, reconnurent et confessèrent avoir fait, firent et font entre elles de bonne foi les traité, accords, douaire, conventions, promesse de mariage réciproques et choses qui ensuivent[1] : c'est à savoir, lesdits Léonard de Loménie et Geneviève Béjard, futurs époux, avoir promis comme ils promettent réciproquement se prendre l'un d'eux l'autre par nom et loi de mariage, etc., pour être comme lesdits futurs époux seront un et communs en tous biens meubles et conquêts immeubles, etc.

En faveur duquel futur mariage et pour y parvenir, ladite Geneviève Béjard a promis apporter audit futur époux, la veille des épousailles et bénédiction nuptiale, la somme de quatre mille livres tournois, savoir : cinq cents livres tournois en deniers comptants et trois mille cinq cents livres tournois en habits, linge et meubles, suivant l'esti-

---

1. Ces conventions avaient été précédées, le 22 novembre 1664, d'une donation dont la minute se trouve également dans l'étude de M° Armand Courot; en voici un extrait :

Fut présente damoiselle Geneviève Béjard, fille majeure usante et jouissante de ses biens et droits, demeurant à Paris en une maison appartenante au sieur Bruslon, sise devant la place du Palais Royal, paroisse Saint Germain de l'Auxerrois, laquelle, pour la bonne amitié qu'elle a toujours porté et porte encore à présent à M. Léonard de Loménie, bourgeois de Paris, y demeurant rue de la Parcheminerie, paroisse Saint Séverin, a par ces présentes donné, cédé, quitté et délaissé, donne, cède, quitte et délaisse par donation irrévocable faite entre vifs, en la meilleure forme que faire se peut et doit, sans espérance de la pouvoir révoquer ne rappeler en quelque sorte et manière que ce soit, et pour plus grande sûreté promet garantir de tous troubles et empêchements généralement quelconques, fournir et faire valoir audit M. Léonard de Loménie, à ce présent et acceptant pour lui, tous et chacuns les biens meubles, propres immeubles et autres de quelque nature et qualité qu'ils soient, en quelques lieux et endroits qu'ils soient situés et assis, etc., sans aucunes choses en excepter, retenir ni réserver, qui de présent lui appartiennent et se trouveront lui appartenir au jour de son décès et trépas, pour en jouir par ledit sieur de Loménie en pleine propriété, comme bon lui semblera ; cette donation et délaissement ainsi fait pour les causes susdites et à la réservation que fait ladite damoiselle Béjard de l'usufruit, sa vie durant seulement desdits biens, etc.

Fait et passé en la demeure de ladite damoiselle, au cinquième étage de ladite maison et ayant vue sur la rue Frementeau, l'an 1664, le 22° jour de novembre après midi, etc.

J'ai soussigné Léonard de Loménie reconnois encore que madamoiselle Geneviève Bejard m'aye fait donation entre vifs de tous ses biens qui se trouveroient lui appartenir au jour de son décès, passée aujourd'hui par devant de Troyes et son compagnon, notaires au Châtelet, pour les causes y portées, néanmoins la vérité est que c'est en faveur du mariage proposé entre elle et moi, lequel ne s'effectuant pas icelle donation n'aura lieu, et consens qu'elle demeure nulle, nonobstant l'insinuation que je pourrai faire faire d'icelle. Fait à Paris, le 22° novembre mil six cent soixante quatre.

DE LOMENYE.

mation qui en sera faite à l'amiable entre lesdits futurs époux et leurs parents ou amis, dont ils conviendront.

Desquelles quatre mille livres tournois il en entrera en ladite future communauté la somme de deux mille livres tournois et le surplus sortira nature de propre à ladite future épouse et aux siens, de son côté et ligne.

Partant, ledit futur époux a doué et doue ladite future épouse de la somme de deux mille livres tournois de douaire préfix, une fois payé, etc.

Le survivant desdits futurs époux aura et prendra par préciput et avant part des biens de ladite communauté tels qu'il voudra choisir réciproquement, suivant la prisée de l'inventaire qui en sera faite et sans crue, jusques à la somme de cinq cents livres, ou ladite somme en deniers, au choix dudit survivant.

Sera permis et loisible à ladite future épouse prendre et accepter le droit de communauté ou y renoncer, etc.

S'il est vendu et aliéné aucuns biens ou racheté aucunes rentes appartenant en propre à l'un ou l'autre desdits futurs époux, remploi en sera fait en autres héritages ou rentes pour sortir pareille nature de propre à celui ou celle à qui les choses vendues, aliénées ou rachetées auront appartenu, et si au jour de la dissolution de ladite communauté, ledit remploi ne se trouvoit fait, les deniers se reprendront sur icelle, et si elle ne suffit, à l'égard de ladite future épouse seulement, sur les biens propres et autres dudit futur époux. Car ainsi, etc.

Fait et passé en la demeure de ladite damoiselle future épouse devant déclarée, l'an mil six cent soixante-quatre, le vingt-cinquième jour de novembre, avant midi, et ont signé :

MARIE HERUE.
DE LOMENIE.
GENEVIEFUE BEJART.
LOUIS BEJART.   M. BEIART[1].
J.B.P. MOLIERE.   GRESINDE BEJART.
DE COURBIAL.
DE LAUZE.   DE UILLATTE.
F. BROSSARD.
                                 P. MIGNARD.
MARGUERITE BATELET.
CHARLES.   DE TROYES.

1. Cette signature est celle de Madeleine Béjard, sœur de Geneviève, bien que son nom ne se trouve pas énoncé au commencement de l'acte.

XXXIV

1667. — 4 janvier.

ARRÊTÉ DE COMPTE ENTRE JEAN POQUELIN PÈRE ET ANDRÉ BOUDET.

Minutes de Mᵉ Gatine.

Furent présents sieur Jean Poquelin l'aîné, tapissier, valet de chambre du Roi, demeurant à Paris, rue Comtesse-d'Artois, paroisse Saint-Eustache, d'une part, et sieur André Boudet, marchand tapissier, bourgeois de Paris, y demeurant, sous les piliers des halles, dite paroisse, d'autre part; lesquels ont reconnu et confessé avoir ce jourd'hui fait et arrêté compte entre eux, tant de toutes les ventes et débits par ledit sieur Poquelin faits pendant deux ans ou environ pour ledit sieur Boudet des marchandises qu'icelui Boudet lui a, à cette fin pendant ledit temps, confiées et fournies, que de celles par icelui sieur Poquelin pendant ledit temps achetées pour icelui sieur Boudet, ensemble des deniers par icelui sieur Poquelin reçus et fournis pour lesdites ventes et achats, même des marchandises qui seroient restées en nature, et par ledit sieur Poquelin, lorsqu'il a cessé de faire ledit débit, rendues, délivrées et remises ès mains d'icelui sieur Boudet, comme semblablement de tous les loyers par icelui sieur Boudet dûs et payés jusques et compris le dernier jour de décembre dernier, à cause de la maison où il demeure qu'il tient à loyer dudit sieur Poquelin, et aussi de la somme de 1800 livres qui étoit due par ledit sieur Poquelin audit sieur Boudet de reste de la somme de 5000 livres que ledit sieur Poquelin s'étoit obligé de fournir et payer à icelui sieur Boudet et à Madeleine Poquelin, jadis sa femme, à présent défunte, en faveur de mariage, par le contrat d'icelui, pour les causes y contenues, passé pardevant Buon et Parque, notaires, le 14ᵉ de janvier 1651, les 3200 livres faisant le surplus desdites 5000 livres ayant été, le même jour dudit contrat, reçues dudit sieur Poquelin par ledit sieur Boudet, qui lui en fit quittance sous seing privé, représentée par ledit sieur Poquelin et à lui rendue, ne servant pour ce regard avec la présente reconnoissance que d'un acquit; par lequel compte, toutes déductions et compensations faites de part et d'autre, ledit sieur Boudet se seroit trouvé pour toutes choses reliquataire vers ledit sieur Poquelin de la somme de 1359 livres tournois, laquelle somme ledit sieur Boudet a présentement payée audit sieur Poquelin qui reconnoît l'avoir reçue de lui, présents les notaires soussignés, en louis d'argent et autre monnoie, etc., et se sont au surplus les parties respectivement quittées de toutes choses généralement quelconques jusques y compris ledit jour dernier décembre dernier, au moyen de quoi tous écrits, parties, récépissés, billets qui se trouveroient de part et d'autre, sont et demeurent nuls comme le tout confus et compris audit compte, et a ledit sieur Boudet consenti que mention sommaire soit faite, par tous notaires qui seront requis, sur la minute et grosse dudit contrat de mariage, de son payement et satisfaction en la forme susdite des susdites 5000 livres, etc. Fait et passé à Paris, en l'étude de Buon, l'un des notaires soussignés, l'an mil six cent soixante-sept, le quatrième jour de janvier, et ont signé :

J. POCQUELIN.

A. BOUDET.

LE SEMELIER.   BUON.

XXXV

1668. — 31 août et 24 décembre.

PRÊTS A CONSTITUTION DE RENTE FAITS PAR JACQUES ROHAULT
A JEAN POQUELIN PÈRE.

Minutes de M⁰ Schelcher.

Fut présent le sieur Jean Poquelin, tapissier et valet de chambre ordinaire du Roi, demeurant à Paris, sous les piliers des halles, où souloit pendre pour enseigne l'image saint Christophle, paroisse Saint-Eustache, lequel a, par ces présentes, vendu, créé, constitué, assis et assigné dès maintenant et à toujours, et promet garantir de tous troubles et empêchements généralement quelconques, à M⁰ Jacques Rohault, professeur ès mathématiques, demeurant à Paris, rue Quincampoix, paroisse Saint-Médéric, à ce présent et acceptant, acquéreur pour lui, ses hoirs et ayant cause, quatre cents livres de rente annuelle et perpétuelle, que ledit sieur constituant promet et s'oblige bailler et payer audit sieur acquéreur en sa maison à Paris ou au porteur, etc., par chacun an, aux quatre quartiers accoutumés également, dont le premier écherra, pour portion de temps seulement, au dernier septembre prochain, et continuer, etc., spécialement sur une maison sise à Paris, sous les pilliers des halles, vis-à-vis le pilori, proche la rue Réalle, où étoit autrefois pour enseigne l'image saint Christophle, comme dit est, consistant en boutique, chambres et autres dépendances, appartenant audit sieur Poquelin, et qu'il a dit et affirmé être franche et quitte de toutes dettes et hypothèques, et généralement tous et chacuns ses autres biens meubles et immeubles, présents et à venir, le tout qu'il a obligé, affecté et hypothéqué, à fournir et faire valoir ladite rente bonne, etc., et sans que l'une desdites obligations déroge à l'autre, pour, de ladite rente de quatre cents livres, jouir, faire et disposer par ledit sieur acquéreur, sesdits hoirs et ayant cause, comme bon leur semblera. Cette vente et constitution faits moyennant la somme de huit mille livres, que ledit sieur Poquelin confesse avoir reçue dudit sieur acquéreur qui lui a ladite somme présentement baillée, payée, comptée et délivrée, présents les notaires soussignés, en espèces de louis d'or, d'argent et monnoie, le tout bon, suivant l'ordonnance, dont quittance, etc. Et combien que ladite rente de quatre cents livres soit ci-dessus stipulée perpétuelle, néanmoins elle demeurera rachetable à toujours, en rendant et payant par le rachetant, à une fois et un seul payement, pareille somme de huit mille livres, avec les arrérages, loyaux coûts, frais et mises qui seront lors dus et échus, franchement et quittement, déclarant ledit sieur Poquelin que ladite somme de huit mille livres est pour employer à la réédification, qu'il fait faire à journées d'ouvriers, de ladite maison sous les pilliers des halles, sus-obligée, lequel emploi il promet faire, et, par les quittances qu'il retirera des ouvriers qui travailleront à ladite réédification, au bas des rôles qui en seront fait de semaine en semaine, déclarer que les deniers qui leur seront payés proviendront du présent contrat, afin que ledit sieur acquéreur soit et demeure subrogé aux droits, priviléges et hypothèques desdits ouvriers; et lesdits rôles et quittances portant lesdites déclarations et subrogations en faveur d'icelui sieur acquéreur, avec autant des marchés et devis qui auront été faits, ledit sieur constituant promet fournir audit sieur acquéreur dans trois mois prochains, à peine de tous dépens, dommages et intérêts, et d'être contraint au rachat de ladite rente et payement des arrérages, sans que cette déclaration et l'emploi s'en ensuivant puisse préjudicier à l'obligation générale des autres biens dudit sieur constituant; et pour l'exécution des présentes, lesdites parties élisent leurs domiciles irrévocables ès maisons où elles sont demeurantes sus-déclarées, auxquels lieux, etc. Fait et passé à Paris, ès études, l'an mil six cent soixante-huit, le trente-unième et dernier jour d'août, avant midi, et ont signé :

J. Pocquelin.   Rohault.
Lenormand.   Gigault.

Plus, ledit sieur Jean Poquelin, constituant, nommé au contrat ci-dessus écrit, a vendu, créé et constitué, et promet garantir de tous troubles et empêchements comme dessus, audit Me Jacques Rohault, ce acceptant, cent livres de rente annuelle, perpétuelle, que le dit constituant promet et s'oblige bailler et payer audit sieur acquéreur, en sa demeure ou au porteur, avec les quatre cents livres mentionnées au précédent contrat, par chacun an, aux quatre quartiers accoutumés également, dont le premier écherra au dernier mars prochain, avec la portion du présent mois, et continuer, etc., sur tous les biens, meubles et immeubles, spécialement et généralement obligés par le susdit contrat, et que ledit sieur constituant oblige et hypothèque, par le présent, à fournir et faire valoir ladite rente bonne, etc., sans qu'une obligation déroge à l'autre, pour en jouir, etc. Cette constitution faite moyennant la somme de deux mille livres, que ledit sieur constituant confesse avoir reçue dudit sieur acquéreur, qui lui a icelle baillée, payée, comptée et délivrée, présents les notaires soussignés, en louis d'argent et monnoie, le tout bon, dont quittance, etc.; laquelle somme de deux mille livres, ledit acquéreur s'oblige employer, ainsi que les huit mille livres de principal desdites quatre cents livres de rente, à la réédification de ladite maison, sous les pilliers des halles, et fournir audit sieur acquéreur quittances des ouvriers, conformément et ainsi qu'il l'a promis par le susdit contrat, et ce dans trois mois de ce jourd'hui, sous la même peine y portée, afin que par ce moyen ledit sieur acquéreur ait un privilége spécial sur ladite maison, sans déroger à l'obligation générale de tous les biens dudit sieur constituant; et, combien que lesdites cent livres de rente soient stipulées perpétuelles elles demeureront néanmoins rachetables toujours, en rendant et payant en un seul payement pareille somme de deux mille livres avec les arrérages qui en seront lors échus, et tous frais et loyaux coûts, sans préjudice audit sieur acquéreur des arrérages desdites quatre cents livres de rente dues jusques à présent; et pour l'exécution des présentes ledit constituant a élu le même domicile que celui élu par ledit contrat de l'autre part, auquel lieu, etc. Fait et passé à Paris, ès études, l'an mil six soixante-huit, le vingt-quatrième jour de décembre, après midi, et ont signé :

J. Pocquelin.   Rohault.
Lenormand.   Gigault.

XXXVI

1668. — 31 août et 24 décembre.

DÉCLARATIONS DE JACQUES ROHAULT A MOLIÈRE.

Minutes de Mᵉ Schelcher.

Fut présent Mᵉ Jacques Rohault, professeur ès mathématiques, demeurant à Paris, rue Quincampoix, paroisse Saint-Médéric, lequel a reconnu et confessé que les quatre cents livres de rente qui lui ont été constituées par le sieur Jean Poquelin, tapissier et valet de chambre ordinaire du Roi, moyennant la somme de huit mille livres, par contrat passé devant les notaires soussignés ce jourd'hui, sont dues et appartiennent à Jean-Baptiste Poquelin de Molière, aussi tapissier et valet de chambre ordinaire de Sa Majesté, fils dudit sieur Poquelin, demeurant à Paris, rue Saint-Thomas-du-Louvre, paroisse Saint-Germain-l'Auxerrois, auquel il n'a fait que prêter son nom en l'acceptation dudit contrat; ladite somme de huit mille livres payée audit sieur Jean Poquelin pour le principal de ladite rente, étant des propres deniers dudit sieur de Molière, qui les auroit mis ès mains dudit sieur Rohault à ce sujet; partant icelui sieur Rohault n'a et ne prétend aucune chose au principal et arrérages de ladite rente, consentant que ledit sieur Molière, ses hoirs et ayant cause, en jouissent et disposent, comme bon leur semblera, desquelles quatre cents livres de rente, tant en principal qu'arrérages, ledit sieur Rohault, en tant que besoin est ou seroit, fait cession et transport audit sieur de Molière, sans toutefois aucune garantie, restitution de deniers, ni recours quelconques en aucune manière que ce soit, ce qui est ainsi accepté par ledit sieur de Molière, pour ce présent, qui reconnoît avoir la grosse dudit contrat de constitution en sa possession, avec une procuration, le nom du procureur en blanc, que ledit sieur Rohault lui a passée pour recevoir les arrérages de ladite rente, même ledit principal en cas de rachat, et faire poursuites, faute du payement desdits arrérages; de l'événement de laquelle procuration ledit sieur de Molière promet l'acquitter, et outre se fera fournir les pièces de l'emploi et subrogation mentionnées audit contrat, promettant, etc. Fait et passé ès études, l'an mil six cent soixante-huit, le dernier jour d'août avant midi, et ont signé :

ROHAULT.	J. B. POCQUELIN MOLIERE.
LENORMAND.	GIGAULT.

Plus ledit sieur Jacques Rohault, nommé en la déclaration ci-dessus, reconnoît que les cent livres de rente qui lui ont été encore constituées par ledit sieur Jean Poquelin, par contrat étant en suite de celui mentionné en ladite déclaration, passé par devant les notaires soussignés ce jourd'hui, moyennant la somme de deux mille livres, sont pareillement dues audit sieur Jean-Baptiste Poquelin Molière, auquel il a continué de prêter son nom; ladite somme de deux mille livres étant des propres deniers dudit sieur Molière qui les auroit mis ès mains dudit sieur Rohault, pour les prêter audit sieur son père, au moyen de quoi ledit sieur Rohault ne prétend aucune chose au principal et arrérages de ladite rente, consentant que ledit sieur Molière en jouisse, ainsi que des quatre cents livres de rente portées en la susdite déclaration, comme bon lui semblera, lui en faisant toute cession et transport nécessaires, sans être tenu d'aucun événement, ce qui est accepté par ledit sieur Molière, pour ce présent, qui reconnoît avoir la grosse du contrat par devers lui, avec encore une procuration, le nom du procureur en blanc, passée par ledit sieur Rohault, pour recevoir sous son nom les arrérages de sesdites rentes et sorts principaux, s'il y échet, de laquelle ledit sieur Molière promet l'acquitter; et quant à la procuration énoncée en l'acte ci-devant écrit [elle] a été déchirée comme nulle; promettant, etc. Fait et passé à Paris ès études l'an mil six cent soixante-huit, le vingt-quatrième jour de décembre après midi, et ont signé :

  Rohault.   J. B. Pocquelin Moliere.
  Lenormand.   Gigault.

Aujourd'hui est comparue par devant les notaires garde-notes du Roi au Châtelet de Paris, soussignés, damoiselle Armande-Grésinde Béjard, veuve dudit sieur Jean-Baptiste Poquelin Molière, demeurant rue de Richelieu, paroisse Saint-Eustache, laquelle a rapporté à Gigault, l'un desdits notaires soussignés, les déclarations ci-dessus pour les mettre au rang de ses minutes et lui en délivrer des expéditions, ce qu'il lui a octroyé à Paris, en la maison de ladite damoiselle Molière, l'an mil six cent soixante-treize, le dix-huitième jour de mars après midi, et a signé :

  Armande Gresinde Claire Eslisabet Bejard.
  Lenormand.   Gigault.

XXXVII

1670. — 14-19 avril.

INVENTAIRE FAIT APRÈS LE DÉCÈS DE JEAN POQUELIN PÈRE.

Minutes de M⁰ Gatine.

L'an mil six cent soixante-dix, le quatorzième jour d'avril avant midi, à la requête de sieur Jean-Baptiste Poquelin Molière, tapissier et valet de chambre du Roi, demeurant à Paris, rue Saint-Thomas-du-Louvre, paroisse Saint-Germain-l'Auxerrois, en son nom ; sieur André Boudet, marchand tapissier, bourgeois de Paris, y demeurant sous les piliers de la Tonnellerie, paroisse Saint-Eustache, au nom et comme tuteur d'André et Jean Boudet, enfants mineurs de lui et de défunte Marie-Madeleine Poquelin, sa femme; et Marie Maillard, veuve de défunt sieur Jean Poquelin, vivant aussi marchand tapissier, bourgeois de Paris, y demeurant rue du Cygne, susdite paroisse Saint-Eustache, aussi au nom et comme tutrice de Jean-Baptiste Poquelin, fils mineur dudit défunt et d'elle; lesdits sieurs Molière, André et Jean Boudet, et Jean-Baptiste Poquelin, habiles à se porter héritiers ensemblement pour le tout, savoir : icelui sieur Molière pour un tiers, lesdits André et Jean Boudet, mineurs, ensemblement par représentation de dite défunte, leur mère, pour un autre tiers, et ledit Jean-Baptiste Poquelin, mineur, par représentation de sondit défunt père, pour l'autre tiers; de défunt sieur Jean Poquelin, vivant aussi tapissier et valet de chambre de Sa Majesté, et Marie Cressé, jadis sa femme, père et mère dudit sieur Molière, et ayeuls desdits mineurs ; à la conservation des biens et droits des parties et d'autres qu'il appartiendra, a été, par Pierre Gigault et Pierre Buon, notaires garde-notes du Roi notre sire en son Châtelet de Paris, soussignés, fait inventaire et description de tous et chacuns les biens meubles, ustensiles d'hôtel, habits, linge, hardes, or et argent monnoyé ou non monnoyé, titres, contrats et papiers demeurés après le décès dudit défunt sieur Jean Poquelin, arrivé le vingt-cinq février mil six cent soixante-neuf, trouvés et étant en la maison de ladite veuve où ils auroient été, du consentement et en la présence des parties, transportés après le décès dudit défunt, de la maison où il demeuroit lors, sise sous les piliers des halles ; le tout montré et indiqué par icelle veuve, après que lesdits Boudet et veuve Poquelin, èsdits noms, ont protesté que la qualité de tapissier et valet de chambre du Roi, ci-dessus prise par ledit sieur de Molière, leur puisse nuire ni préjudicier, et que ledit sieur de Molière a fait ses protestations contraires ; iceux biens meubles et ustensiles d'hôtel, prisés et estimés par Jean Moreau, huissier, sergent à verge au Châtelet de Paris et juré priseur vendeur de biens meubles en cette ville, prévôté et vicomté de Paris, qui a fait ladite prisée en sa conscience, eu égard au cours du temps présent, aux sommes de deniers ci-après déclarées, selon qu'il s'ensuit, et ont signé, fors ladite veuve Poquelin qui a déclaré ne savoir écrire ne signer :

J. B. Poquelin Moliere.

Moreau.   A. Boudet.
Gigault.   Buon.

Premièrement, une crémaillère, un réchaud de fer, trois poêles, une grande et deux petites, avec un poêlon, trois chaudrons, une platine et un chandelier de cuivre, le tout tel quel, prisé ensemble. xii^{lt}.

Item. Deux chenets à pommes de cuivre, deux grils, quatre autres méchants petits chenets, une pincette, une léchefrite et deux broches, prisé avec une serpe, le tout ensemble à la somme de. . . . . xii^{lt}.

Item. Une fontaine de cuivre rouge tenant trois seaux ou environ, prisée. . . . . xxiiii^{lt}.

Item. En pots, plats et assiettes, et autres ustensiles d'étain sonnant, s'est trouvé la quantité de quatre-vingt-sept livres pesant, prisé la livre douze sols, revenant, le tout ensemble audit prix, à la somme de cinquante-deux livres quatre sols, ci. . . . . . . lii^{lt}iiii^{s}.

Item. En quelques ustensiles d'étain commun s'est trouvé dix-huit livres pesant, prisé la livre dix sols, revenant audit prix, à la somme de. . . . . ix^{tt}.

Item. Une armoire à trois guichets de bois de chêne, prisée. c^s.

Item. Vingt-trois petits morceaux de tapisserie de plusieurs sortes, tels quels, prisé ensemble à la somme de. . . . . xii^{tt}.

Item. Un petit bois de lit de trois pieds et demi, garni d'un petit tour de lit de futaine à fleurs, avec six aunes ou environ de pareille futaine servant de tapisserie, prisé le tout ensemble. . . . . xxx^{tt}.

Item. Une presse à ployer du linge, prisée. . . . . xv^s.

Item. Vingt-un siéges ployants et un fauteuil, le tout tel quel, prisés ensemble. . . . . vi^{tt}.

Item. Seize méchantes formes, telles quelles, prisées ensemble viii^{tt}.

Item. Vingt-quatre petits tabourets couverts de tripes[1] et deux autres couverts de toile, prisé le tout ensemble à. . . . . . . xv^{tt}.

Item. Six petits placets[2], tels quels, couverts de toile, prisés ensemble. . . . . iii^{tt}.

Item. Six chaires couvertes de moquette à fleurs, prisées ensemble. . . . . xviii^{tt}.

Item. Une forme de salle garnie de velours rouge, avec un petit paquet de morceaux aussi de velours rouge et moquette, prisé le tout ensemble. . . . . viii^{tt}.

Item. Un petit tour de lit avec une housse de fauteuil de serge verte et un petit paquet de vieille frange, prisé ensemble à. . vi^{tt}.

Item. Deux petits matelas de toile, remplis de laneton, prisés ensemble. . . . . vi^{tt}.

Item. Un paquet d'une courte-pointe, avec plusieurs morceaux de serge de couleur tannée, prisé ensemble. . . . . xii^{tt}.

Item. Trois pièces de tapisserie de Rouen, prisées ensemble xxiiii^{tt}.

Item. Un petit lit de plume, de quatre pieds et demi, avec son traversin aussi garni de plume, et un petit matelas de bourre lanisse, prisé le tout ensemble. . . . . xxi^{tt}.

Item. Un autre lit de plume avec un méchant matelas de laneton, prisés à la somme de. . . . . xviii^{tt}.

Item. Un autre lit de plume, un traversin, un matelas de laine et un sommier de crin, le tout tel quel, prisé. . . . . xxxvi^{tt}.

Item. Quatre couvertures blanches, telles quelles, prisées ensemble. . . . . xvi^{tt}.

Item. Plusieurs pièces et morceaux de tapisserie vieilles, prisés. . . . . xxxvi^{tt}.

Item. Un cabinet de bois de noyer, tel quel, prisé. . . . . xii^{tt}.

---

1. *Tripe*, étoffe de laine ou de fil travaillée comme le velours. (*Furetière*.)
2. *Placet*, tabouret, petit siége de femme ou d'enfant qui n'a ni bras ni dossier. (*Furetière*.)

Item. Un bois de lit de hêtre, de quatre pieds, avec un fonds de toile, prisé ensemble. . . . . viii^{tt}.
Item. Une table de bois de hêtre, prisée. . . . . xl^s.
Item. Six housses de chaires, avec une autre housse de fauteuil, le tout de tapisserie à œillets et plusieurs autres morceaux de tapisserie au point, prisé avec un paquet de petite frange de plusieurs couleurs. . . . . xxx^{tt}.
Item. Un petit paquet où il y a un morceau de courte-pointe et plusieurs autres petits morceaux de ligatures, et autres, prisé ensemble. . . . . iii^{tt}.
Item. Plusieurs morceaux de ferrailles, prisés ensemble. iiii^{tt}x^s.

Ensuivent les habits à l'usage dudit défunt.

Item. Un pourpoint avec sa culotte et un manteau, le tout de drap d'Hollande noir, prisé ensemble. . . . . xxx^{tt}.
Item. Plusieurs autres habits, tels quels, prisés avec trois chapeaux. . . . . xxxiiii^{tt}.
Item. Deux autres chapeaux prisés ensemble. . . . . vi^{tt}.

Ensuit le linge.

Item. Dix-huit draps de toile de chanvre, de deux lés chacun, prisés ensemble avec un drap de toile de lin fin. . . . . l^{tt}.
Item. Huit autres moyens draps tels quels, prisés. . . . . . vi^{tt}.
Item. Quatorze nappes de toile de chanvre neuves prisées. xxi^{tt}.
Item. Six autres nappes de linge ouvré, avec une autre grande nappe et une petite damassée, prisées ensemble. . . . . xv^{tt}.
Item. Cinq autres petites nappes avec une grande, de toile de chanvre, telles quelles, prisées avec deux autres petites nappes communes le tout ensemble. . . . . vii^{tt}.
Item. Neuf serviettes damassées et une ouvrée, prisées ensemble. . . . . iii^{tt}.
Item. Quatre chemises de nuit à l'usage dudit défunt, de toile de chanvre, telles quelles, prisées. . . . . vi^{tt}.
Item. Une tavayolle[1] et une taye d'oreiller, prisée. . . . . . l^s.
Item. Six méchants caleçons, treize torchons et une petite bande de toile, prisés ensemble. . . . . lx^s.
Item. Deux petits morceaux de coutil de Bruxelles, contenant environ deux aunes un tiers, prisés ensemble. . . . . ix^{tt}.
Item. Dix rabats à l'usage dudit défunt, prisés avec un petit manteau d'enfant étant de futaine, le tout ensemble. . . . . iii^{tt}.

---

1. *Tavayolle*, petite toile ou toilette bordée de dentelle et quelquefois toute de point et d'autres ouvrages. (*Furetière*.)

Ensuivent les tableaux.

Item. Deux tableaux garnis de leurs bordures de bois doré, un où est représenté un *Ecce homo*, et l'autre une Vierge tenant son petit enfant et un petit saint Jean, prisés ensemble. . . . . iiii$^{xx\text{lt}}$.

Item. Trois autres tableaux aussi garnis de leurs bordures, en l'un desquels est représenté un Couronnement de la Vierge, une autre une Visitation, et en l'autre une Vierge travaillant de l'aiguille avec quatre petits enfants auprès, prisés ensemble. . . . . lxv^{tt}.

Item. Six autres petits tableaux de différentes façons; deux petits de la Vierge tenant le petit Jésus, une Nativité, une sainte Agathe, une Adoration et un autre où est représenté un saint Jean levant la croix, prisés ensemble à la somme de. . . . . xii^{tt}.

Item. Cinq autres tableaux aussi de différentes grandeurs : en l'un est représenté une Madeleine, un autre une Charité, un autre une descente de Croix, un autre deux pèlerins, et un autre petit tableau cassé, prisés ensemble à la somme de. . . . . vi^{tt}.

Item. Cinq autres tableaux sans bordures, de différentes grandeurs, prisés ensemble à la somme de. . . . . xv^{tt}.

Item. Quatre autres tableaux en l'un desquels est une Vénus, deux autres où sont des têtes de femmes, et l'autre une dame, le tout tel quel, prisés ensemble. . . . . xvii^{tt}.

Item. Une vieille montre de cuivre doré, prisée. . . . . . . vi^{tt}.

Item. Six fourchettes, six cuillères et une tasse, le tout d'argent, poinçon de Paris, pesant ensemble deux marcs et demi, prisé à raison de vingt-sept livres le marc à sa juste valeur, revenant audit prix à la somme de soixante-sept livres dix sols, ci. . . . lxvii x^{s}.

Dudit jour de relevée, continuant par lesdits notaires à la même requête et présence que dessus, a été inventorié ce qui ensuit :

Ensuivent les titres et papiers.

Premièrement, l'inventaire fait à la requête dudit défunt Poquelin, tant en son nom, à cause de la communauté de biens qui a été entre lui et défunte Marie Cressé, sa femme, que comme tuteur de Jean l'aîné, Jean le jeune, Nicolas et Madeleine Poquelin, leurs enfants mineurs, etc.[1], par Ogier et Lemercier, notaires au Châtelet de Paris, daté au commencement de l'an mil six cent trente-trois, le dix-neuvième jour de janvier et autres jours suivants, etc. Inventorié.. Un.

Après lequel inventorié a été procédé au récolement dudit inventaire ainsi qu'il ensuit :

---

1. Document n° II.

La première cote dudit inventaire, qui est l'acte de tutelle desdits lors mineurs, ne s'est point trouvée.

Le contrat de mariage d'entre lesdits défunts Jean Poquelin et Marie Cressé, inventorié sous la cote deux dudit inventaire, s'est trouvé.

L'obligation de Françoise de la Suze, qui est la troisième dudit inventaire, s'est aussi trouvée.

La cote quatre, qui est une autre obligation faite par Jean Coret et Jeanne Lucas, sa femme, s'est pareillement trouvée.

Les cotes cinq, six, sept, huit et neuf ne se sont point trouvées.

La cote dix, qui est une promesse signée de Marsillac, s'est trouvée.

Les cotes onze, douze et treize ne se sont point trouvées.

La cote quatorze, qui est une promesse signée Philippe de Billy, s'est trouvée.

Les cotes quinze et suivantes, jusques et compris la vingt-huitième et dernière cote dudit inventaire, ne se sont point trouvées.

Item. Une sentence de décret du Châtelet de Paris, du premier jour d'avril mil six cent trente-quatre, signée Drouart et scellée, portant adjudication audit défunt sieur Jean Poquelin père, d'une maison sise en cette ville de Paris, sous les piliers des halles, devant le pilori, où souloit être pour enseigne l'image saint Christophle, particulièrement désignée audit décret, laquelle maison ledit défunt avoit acquise de Jacques Lebrun, etc.[1]; aux marges duquel décret est une reconnoissance du vingt-troisième mai mil six cent trente-cinq, par laquelle le soussigné Galland confesse avoir été satisfait par ledit défunt des droits de consignation à lui dus, à cause de ladite adjudication, et la notification dudit décret du cinquième septembre audit an, signé Corrozet; et au dos dudit décret est une mention que le contrat de vente de ladite maison est du trentième décembre mil six cent trente-trois, passé par devant ledit Lemercier, notaire, dont la pratique est à présent entre les mains de Me Loret, notaire, rue de l'Arbre-Sec; avec lequel décret il s'est trouvé une déclaration passée par ledit défunt, à cause du cens dont ladite maison est chargée envers le Roi, montant à douze deniers obole parisis, passée par devant Lecat et Leroux, notaires au Châtelet, le vingt-quatrième jour de juillet mil six cent cinquante-neuf, au bas de laquelle est la réception qui en a été faite par la chambre souveraine du Domaine, du septième août audit an, signée Blanchart, et en la chambre du Trésor, le vingt-six mai mil six cent soixante-huit, signée Héron, à la charge de payer par chacun an cinq sols de cens au domaine du Roi; et cinq quittances des arrérages dudit cens, dont la dernière est de vingt sols pour quatre années échues au jour saint Remy mil six cent soixante-sept, à cause de quatre sols parisis de

1. Document n° III.

cens, rente et fonds de terre que Sa Majesté a droit de prendre sur ladite maison par chacun an, ladite quittance datée du huitième juin mil six cent soixante-huit. Inventorié sur ledit décret, sur ladite déclaration, sur ladite dernière quittance de censive, l'un comme l'autre pour le tout. . . . . Deux.

Item. Une quittance passée par-devant Rallu et François, notaires au Châtelet de Paris, le 8e jour de mai 1658, par ledit défunt, à la décharge de Nicolas Guilbert, secrétaire du Roi, de la somme de huit mille sept cent cinquante livres, faisant partie de douze mille cent cinquante livres, qui appartenoient audit défunt en la somme de vingt-quatre mille trois cents livres, à quoi se montoit le prix de la vente faite audit sieur Guilbert, par licitation, d'une maison et deux loges y désignées[1], étant des successions de défunts Jean Poquelin et Agnès Mazuel, sa femme, père et mère dudit défunt, le surplus, depuis ladite somme de huit mille sept cent cinquante livres jusqu'auxdites douze mille cent cinquante livres, montant à trois mille quatre cents livres étant demeuré ès mains dudit sieur Guilbert, savoir: deux mille sept cents livres pour la part dont ledit défunt étoit tenu de la somme de cinq mille quatre cents livres, pour sûreté du douaire viager constitué à Jeanne Varet par Nicolas Poquelin, son mari, par le contrat de leur mariage, à raison de trois cents livres par an, pour, après le décès de ladite Jeanne Varet, ladite somme de deux mille sept cent livres faire réversion audit défunt, conformément au contrat de transaction énoncé en ladite quittance, en laquelle est intervenu Me Laurent Regnault, procureur au Châtelet de Paris, qui a reçu dudit défunt la somme de quatre mille quatre-vingts livres qui lui étoit due, tant en principal qu'intérêts, par ledit défunt et par Jean Poquelin, son fils, par obligation y mentionnée, au bas de laquelle quittance en est une autre, faite par Jacques Berger audit défunt, de la somme de quatre mille trois cent trente une livres dix sols, savoir : quatre mille cent livres pour le rachat, les principal et amortissement de deux cent vingt-sept livres quinze sols six deniers de rente, faisant partie de deux cent soixante-dix-sept livres quinze sols six deniers de rente à lui constituée par ledit défunt et par ledit Jean Poquelin, son fils, et encore par ledit André Boudet solidairement, par contrat y daté, ratifié par ladite Marie-Madeleine Poquelin, femme dudit Boudet, par acte étant au bas d'icelui; la dernière quittance passée par-devant lesdits notaires, ledit jour 8e mai 1658, avec laquelle quittance s'est trouvée la grosse en parchemin de l'obligation de quatre mille livres faite

---

1. Cette maison se trouvait rue de la Lingerie et avait pour enseigne l'image de sainte Véronique; les deux loges, « tenant l'une l'autre » étaient « assises dans l'enclos de la foire Saint-Germain, » suivant un bail fait le 8 février 1654, par Jean Poquelin et les autres héritiers de Jean Poquelin, grand père de Molière. (*Minutes de Me Turquet.*)

audit Regnault, contenant que c'étoit pour employer par ledit défunt pour ladite Marie-Madeleine Poquelin, sa fille ; aux marges de laquelle est une quittance dudit Regnault de ladite somme, à la décharge dudit sieur Guilbert, en l'acquit desdits Poquelin père et fils, laquelle et ladite quittance, insérées en celle dudit sieur Guilbert, sont stipulées ne servir que d'une même chose. Inventorié. . . . . Trois.

Après l'inventorié de laquelle quittance de rachat faite audit Berger de ladite rente de deux cent soixante-dix-sept livres quinze sols six deniers, ladite veuve Poquelin a représenté et fait apparoir d'une expédition en papier de l'indemnité que ledit feu sieur Jean Poquelin l'aîné auroit et a, le quinzième janvier mil six cent cinquante-cinq, passée audit défunt Jean Poquelin le jeune, son mari, et Boudet et sa femme, d'icelle vente, par devant Buon et Le Roy, autres notaires, qui auroient ledit jour reçu ledit contrat de constitution, et partant lesdits sieur Boudet et veuve Poquelin [ont] protesté que l'inventorié de ladite quittance de rachat ne leur puisse nuire ni préjudicier à raison de l'énonciation y portée.

Item. Deux feuilles de papier liées ensemble, commençant par ces mots : *Mémoire de ce que j'ai déboursé et payé pour mon fils aîné, tant à lui qu'à ceux à qui il m'a ordonné*, au bas duquel mémoire est une reconnoissance passée par devant Leroux et Levasseur[1], notaires au Châtelet, le quatorzième jour d'avril mil six cent cinquante-un, faite par Jean Poquelin, fils aîné dudit défunt, que ledit mémoire est véritable et que les sommes y contenues, revenant ensemble à dix-neuf cent soixante-cinq livres, ont été par lui reçues en partie, et le surplus payé en son acquit et décharge, ainsi qu'il est porté par ledit mémoire, avec lequel il s'est trouvé une quittance faite par ledit Jean Poquelin audit défunt son père de la somme de six cent trente livres, pour l'employer à l'effet y mentionné et le sur étant moins, tant de ce qui lui pouvoit appartenir de la succession de sa mère qu'en avancement d'hoirie future de sondit père, qu'il auroit prié et requis de faire pourvoir de ladite charge de tapissier du Roi, dont il avoit la survivance, tel autre de ses enfants qu'il lui plairoit, et se seroit démis de tout droit qu'il y pourroit prétendre, pour en disposer par sondit père ainsi qu'il verroit bon être, comme le contient ladite quittance, passée par devant Desprez et Levasseur[2], notaires, le sixième janvier mil six cent quarante-trois ; plus une promesse faite par ledit défunt, le vingt-quatrième décembre mil six cent quarante-six, à Mons. Aubry de lui payer en l'acquit de sondit fils aîné la somme de trois cent vingt livres, en cas que sondit fils ne la lui payât pas, la signature de laquelle promesse est rompue ; plus une

---

1. J'ai vainement cherché cette minute dans les études de MM. Mouchet, Durant et Turquet, successeurs des notaires Leroux et Levasseur.
2. Cette pièce a également échappé à mes recherches.

quittance par ledit sieur Aubry audit défunt de la somme de soixante-huit livres pour reste et parfait payement de ladite somme de trois cent vingt livres, en date du premier juin mil six cent quarante-neuf, signée Aubry, et une lettre missive dudit sieur Molière, fils aîné, audit défunt son père, non datée, par laquelle il le prioit de payer pour lui une somme y mentionnée, au dos de laquelle lettre sont écrits ces mots de la main dudit défunt : *Le quatrième août, j'ai payé pour mon fils, pour l'affaire de la femme à Paulmier, cent vingt-cinq livres à sa prière*. Inventorié sur chacune desdites pièces, l'une comme l'autre. . . . . Quatre.

Après lequel inventorié, ledit sieur Molière a protesté qu'il ne lui puisse nuire ni préjudicier, et a dit et soutenu que lesdites sommes de six cent trente livres d'une part, trois cent vingt livres d'autre, et cent vingt-cinq livres aussi d'autre part, sont comprises dans ledit mémoire et arrêté d'icelui, et qu'il a remboursé audit défunt son père la somme de dix-neuf cent soixante-cinq livres, ainsi que ledit sieur Boudet, son beau-frère, et ladite veuve Poquelin, sa belle-sœur, en ont connoissance, et a signé :

J. B. POQUELIN MOLIERE.

Et par lesdits sieur Boudet et veuve Poquelin, a été fait protestation contraire à celle dudit sieur Molière, pour n'avoir aucune connoissance dudit prétendu remboursement; n'y ayant aucune apparence qu'une somme baillée par un père à son fils, pour les mêmes causes énoncées par ladite quittance, se rende et rapporte par ledit fils à sondit père; et quant à ce qui se justifiera être des sommes particulières contenues en aucun des écrits inventoriés sous la cote quatre comprise audit mémoire, ils sont prêts et offrent de les accorder pour une même chose. Ledit sieur Boudet a signé, et ladite veuve a déclaré ne savoir écrire ne signer, interpellée.

A. BOUDET.

Item. Une copie non signée d'un contrat de mariage dudit Nicolas Poquelin et de ladite Jeanne Varet, passé par devant Mareau et Legay, notaires au Châtelet de Paris, le vingt-deuxième de février mil six cent quarante-cinq, par lequel ledit Nicolas Poquelin, qui étoit frère dudit défunt, ainsi que les parties ont déclaré, a doué ladite Jeanne Varet, sa femme, de trois cents livres de rente. Inventorié sur icelui. . . . . Cinq.

Item. Deux pièces attachées ensemble, dont la première est une sentence arbitrale rendue par Mes Claude Humbelot, Jacques Deffita et Antoine Burin, avocats en Parlement, Salomon Émery et Claude Cailly, procureurs audit Parlement, le 18e septembre 1656, entre ledit défunt, tant en son nom que comme estant aux droits de Jeanne Poquelin, sa sœur, Nicolas Gamard, Louis Bellier et Agnès Rozon, sa femme, au sujet des différends qui étoient entre eux pour raison des successions desdits défunts Jean Poquelin et Agnès Mazuel, père et mère dudit défunt et ayeuls des autres parties; et la seconde est un compromis du 20e mars 1658, fait entre les mêmes parties nommées en ladite sentence arbitrale, pour terminer les différends qu'ils avoient, en exécution de l'arrêt de la Cour, du 20e décembre 1656, portant homologation de ladite sentence arbitrale. Inventorié sur les deux pièces, l'une comme l'autre. . . . . Six.

Du seizième dudit mois d'avril et an mil six cent soixante-dix, deux heures de relevée, continuant par lesdits notaires, à la même requête comme que dessus, a été inventorié ce qui ensuit:

Item. Un mémoire de fourniture de marchandises faite par ledit défunt au sieur baron de la Ferté[1], arrêté en fin à la somme de cinq cents livres, par écrit en date du 18e octobre 1633, signé Charlotte des Bauves, épouse dudit sieur baron de la Ferté, reconnu par acte étant en fin, daté du même jour, signé Charlotte des Bauves, J. Pocquelin, de Beaufort et de Beauvais, notaires; en suite de quoi est écrit un reçu de cent cinquante livres, en date du 18e mai 1635, signé J. Pocquelin. Inventorié. . . . . Sept.

Item. Une obligation faite par Pierre Danière, marchand, demeurant à la Maison-Rouge, audit défunt, de la somme de deux cent soixante livres, passée par devant Buon et Levasseur, notaires au Châtelet, le 12e février 1650, avec laquelle est un exploit de sommation faite par Lagrenay, sergent à verge, le 28e janvier 1651. Inventorié sur ladite obligation. . . . . Huit.

Item. Deux pièces attachées ensemble, dont la première est une obligation passée par devant Ménard et Parque, notaires au Châtelet, le 1er août 1643, par Georges Pinel, maître écrivain à Paris, et Anne Pernay, sa femme, audit défunt, de la somme de cent soixante livres; et la deuxième est une promesse faite par ledit Pinel audit défunt de la somme de cent soixante-douze livres, le 25e juin 1641. Inventorié sur lesdites deux pièces, l'une comme l'autre. . . Neuf.

Item. Un mémoire de fourniture de marchandises faite par ledit défunt Poquelin à M. de Cossé, par commandement de Mme la Maréchale[2], certifié en fin le 20e de mai 1646, signé de Cossé; au-dessous de laquelle signature est écrit ledit mémoire avoir été arrêté et modéré à cent dix livres, le 28e de mars 1656, ledit arrêté non signé; avec lequel mémoire s'est trouvé un écrit signé de Cossé, adressant

---

1. Henri II de Saint-Nectaire, depuis duc de la Ferté et maréchal de France, mort en 1681; marié en premières noces à Charlotte de Bauves, morte en 1654.

2. Louise d'Ongnies, veuve de Charles de Cossé, duc de Brissac, maréchal de France.

au sieur de Bésenval, trésorier de l'artillerie, afin d'être par lui payé cent livres audit sieur Poquelin. Inventorié sur les deux pièces, l'une comme l'autre. . . . . Dix.

Item. Une obligation faite par Noël Gastine, maître maréchal, et Agnès Bara, sa femme, audit défunt, de la somme de soixante-dix-huit livres, passée par devant Mareau, le 12e septembre 1648. Inventoriée . . . . Onze.

Item. Un autre mémoire pour fourniture de marchandises faite par ledit défunt Poquelin, pour le sieur de Luvanne? arrêté en fin à la somme de quatre-vingts livres, daté à Paris, le 10e août 1636, signé de Luvanne. Inventorié sur icelui . . . . Douze.

Item. Une obligation passée par devant Moufle et Levasseur, notaires, le 7e août 1649, par Laurent Guillemot, bourgeois de Paris, et Marguerite Ledoux, sa femme, audit défunt, de la somme de deux cent sept livres; au bas de laquelle sont deux reçus de six livres chacun, des 7e septembre et 10e octobre audit an. Inventorié. Treize.

Item. Une promesse de la somme de vingt livres, causée pour marchandise, datée du 22e septembre 1646, faite par la soussignée Catherine Leroy audit Poquelin, souscrite par le nommé Meder? portant promesse d'en faire payement. Inventoriée . . . Quatorze.

Item. La grosse, en parchemin, d'une obligation passée par devant Leroux et Claude Levasseur, notaires au Châtelet, le 7e juillet 1643, faite par Simon Magnin, Gaspard de la Faye, Pierre Gruois, tous marchands bourgeois de Paris, audit défunt, de la somme de trois cent quatre-vingt-dix livres, pour les causes contenues en ladite obligation signée desdits notaires et scellée, avec laquelle se sont trouvés deux exploits de commandement des 12e mars 1644 et 13e janvier 1645. Inventorié sur ladite obligation pour le tout . . Quinze.

Item. Une promesse de la somme de trente-sept livres dix sols, datée du 29e mars 1646, faite pour les causes y contenues, par la soussignée Marguerite Huesce. Inventorié sur icelle. . . . . . Seize.

Item. Une obligation faite par Quentin Marais? et Geneviève Lesage, sa femme, audit défunt, de la somme de deux cents livres, passée par devant Lecat et Lemercier, notaires, le dernier jour de mars 1633, au bas de laquelle sont deux reçus, l'un de cent livres et l'autre de cinquante livres, des 17e janvier et 29e juin 1634. Inventorié . . . . Dix-sept.

Item. Une autre obligation passée pardevant Levasseur, le 25e février 1642, par Jeanne Chrestien, fille, audit défunt, de la somme de soixante livres. Inventoriée . . . . Dix-huit.

Item. Un mémoire de fourniture de marchandises faite par ledit défunt Poquelin au sieur Duclos, arrêté en fin, le 30e mars 1650, à la somme de cent quatorze livres dix-huit sols, signé Duclos. Inventorié. . . . . Dix-neuf.

Item. Une obligation passée pardevant Levasseur, le 25e septembre 1649, par Noël Guérard et Élisabeth Morin, sa femme, audit défunt, de la somme de quatre-vingts livres, au bas de laquelle est un reçu de soixante livres moins huit sols, du 4ᵉ janvier 1650. Inventorié . . . . Vingt.

Item. Une promesse de la somme de deux cent douze livres onze sols, causée pour vente de marchandises, datée du 13ᵉ juillet 1651, faite par les soussignés François Soyer, sieur de Grignon, Françoise Autruchon, veuve Étienne Bechet, au profit dudit Poquelin. Inventorié sur icelle . . . . Vingt-un.

Item. Une obligation faite, par Michel Richer audit défunt, de la somme de trente-six livres, passée par devant Levasseur, le 30ᵉ jour de mai 1648. Inventoriée. . . . . Vingt-deux.

Item. Un mémoire de fourniture de marchandises faite par ledit Poquelin au nommé Duval, arrêté en fin, le 26ᵉ septembre 1651, à la somme de quarante-neuf livres, signé Duval. Inventorié. Vingt-trois.

Item. Une obligation passée pardevant ledit Levasseur et son collègue, notaires, le 1ᵉʳ juillet 1651, par Jeanne de Clervaux, veuve d'Adrien Boulin, audit défunt, de la somme de trente livres. Inventoriée. . . . . Vingt-quatre.

Item. Une autre obligation passée par devant lesdits notaires, le 1ᵉʳ mars 1650, par François Bougenat? audit défunt de la somme de soixante-dix livres. Inventoriée . . . . Vingt-cinq.

Item. Une autre obligation passée par devant Moufle et Levasseur, le 4ᵉ décembre 1646, par Claude Roger audit défunt, de la somme de cent cinquante livres, au dos de laquelle est un reçu de quarante livres, du 16ᵉ février 1647. Inventoriée . . . . Vingt-six.

Item. Un mémoire de marchandises fournies par ledit défunt à la dame marquise de la Porte, arrêté au bas d'icelui à la somme de cent cinquante livres, le 7ᵉ avril 1648, signé La Jabelaye. Inventorié. . . . . Vingt-sept.

Item. Une obligation passée pardevant Roussel et ledit Levasseur, notaires, le 25ᵉ mai 1651, par Jules du But et Jeanne Rolet, sa femme, audit défunt, de la somme de soixante-quinze livres. Inventoriée . . . . Vingt-huit.

Item. Un mémoire de fourniture de marchandises, faite par ledit Poquelin au sieur de la Cappelle, arrêté en fin par écrit, du 7ᵉ août 1640, à la somme de six-vingt cinq livres, signé La Cappelle, au-dessous de laquelle signature est écrit un reçu de soixante-cinq livres, daté du 19ᵉ octobre suivant. Inventorié. . . . . Vingt-neuf.

Item. Une promesse de la somme de treize livres, datée du 7ᵉ mars 1651, faite audit Poquelin par la soussignée Antoinette Leperon. Inventoriée. . . . . Trente.

Item. Une autre promesse de la somme de deux cent douze livres, datée du 15ᵉ mai 1646, faite par la soussignée Geneviève Langlois audit sieur Poquelin, causée pour vente de marchandises. Inventoriée . . . . Trente-un.

Item. Une autre promesse de la somme de cent dix livres, datée du 3e juillet 1642, faite audit Poquelin, causée pour marchandises par le soussigné Lebel. Inventoriée . . . . Trente-deux.

Item. Onze pièces attachées ensemble, dont la première est une sentence rendue au Châtelet, le 12e février 1655, par laquelle il a été ordonné que ledit défunt, comme ayant droit par transport du sieur chevalier d'O, seroit payé de la somme de trois cent quatre-vingt-quatre livres par le sieur des Loges y nommé, plus de la somme de quarante livres, ensemble des intérêts desdites sommes, le tout à la déduction de cent cinquante-cinq livres, que ledit défunt avoit reçues dudit des Loges sur lesdites sommes et en baillant par lui caution. La deuxième est une autre sentence du Châtelet, du 26e desdits mois et an, portant réception de la personne de Jean Poquelin le jeune, pour caution dudit défunt, en exécution de ladite première sentence. La troisième est un exécutoire de dépens, montant à trente livres trois sols, du 5e mars audit an. La quatrième est un exploit de commandement fait à la requête dudit défunt audit sieur des Loges de lui payer la somme de deux cent quatre-vingt-dix-neuf livres trois sols, à lui due du reste desdites sommes de trois cent quatre-vingt-quatre livres d'une part, quarante livres d'autre, et trente livres trois sols encore d'autre part, sans préjudice des intérêts à lui adjugés; ledit exploit fait par Lagrenay, sergent à verge audit Châtelet. Et les cinq, six, sept, huit, neuf, dix et onzième pièces sont lettres missives et mémoires concernant ladite dette; toutes lesdites pièces cotées et paraphées par première et dernière, par Gigault, l'un des notaires soussignés, et inventorié sur les quatre premières, l'une comme l'autre pour le tout . . . . . Trente-trois.

Item. Un mémoire de fourniture de marchandises faite par ledit Poquelin à Mons. du Bellay, arrêté en fin, par écrit du 16e juin 1644, à la somme de trois cent huit livres, signé du Bellay, sur le second rôle dudit mémoire; au dos dudit arrêté est écrit un mémoire daté du 18e février 1643, faisant mention être encore dû par ledit seigneur du Bellay le loyer d'une tenture de tapisserie à trente livres par mois, dont le premier auroit été payé par ledit Poquelin au sieur Roussel, demeurant sur le pont Notre-Dame. Inventorié sur ledit arrêté. . . . . Trente-quatre.

Item. Une sentence du Châtelet du 17e janvier 1637, par laquelle Pierre Labron a été condamné de payer audit défunt la somme de trente-cinq pistoles et intérêts d'icelle, contenue en la promesse y mentionnée. Inventoriée. . . . . Trente-cinq.

Du lendemain dix-septième jour desdits mois et an, deux heures de relevée, continuant par lesdits notaires à la même requête et présence que dessus, a été inventorié ce qui ensuit :

Item. Une promesse du 14e novembre 1647, faite par le soussigné de Saint-Rémy audit défunt, de la somme de deux cent vingt livres. Inventoriée . . . . Trente-six.

Item. Une autre promesse du 21e juin 1646, faite par le soussigné la Ferté de la somme de trente livres. Inventoriée. Trente-sept.

Item. Une autre promesse du 1er octobre audit an 1646, faite par la soussignée Marie Vanoten audit défunt, de pareille somme de livres. Inventoriée. . . . . Trente-huit.

Item. Une autre promesse du 20e mars 1645, faite par la soussignée Hélène Buat audit défunt de la somme de cent quarante-neuf livres. Inventoriée. . . . . Trente-neuf.

Item. Une autre promesse du 2e octobre 1637, faite par le soussigné Le Muret audit défunt, de la somme de soixante-neuf livres. Inventoriée. . . . . Quarante.

Item. Trois mémoires de marchandises fournies par ledit défunt au sieur de Lespérance, l'un arrêté à la somme de quatre cents livres, le 12e septembre 1636 ; un autre à la somme de trois cent soixante-treize livres quinze sols, le 16e octobre 1638, au bas duquel est un autre mémoire de marchandises fournies en l'année 1639, non arrêté mais finissant par ces mots : « reste trente-six livres ; » et le troisième, coté pour l'année 1642, aussi non arrêté, contenant trois articles tirés hors ligne, qui montent ensemble à quatre cent deux livres ; avec lesquels trois mémoires est un écrit du 8e mai 1643, par lequel le soussigné Lespérance déclare qu'il tiendra compte au sieur Godefroy, trésorier général de l'artillerie de France, de la somme de deux mille six cents livres qu'il payera en son acquit audit défunt, au dos duquel écrit en est un autre, fait par ledit défunt le même jour, portant promesse de rendre audit sieur de Lespérance les promesses et parties, après la réception par lui faite de ladite somme. Inventorié sur lesdites quatre pièces. . . . Quarante-un.

Item. Une expédition en papier d'une quittance passée par-devant Le Semelier et ledit Buon, notaires, le 4e de janvier 1667, en forme d'arrêté de compte entre ledit défunt Jean Poquelin l'aîné et ledit sieur André Boudet, son gendre, etc[1]. Inventorié. . Quarante-deux.

Item. Sept pièces attachées ensemble, la première desquelles est la grosse en parchemin d'une obligation faite par Gilles Chussac, premier valet des pages de la chambre du Roi, et Marie Thibault, sa femme, à feu Nicolas Poquelin, que les parties ont dit être frère dudit défunt, de la somme de dix-sept cent quatre-vingt-dix livres cinq sols, passée par-devant Quarré et Mareau, notaires au Châtelet, le 13e février 1641. Les deux et troisième sont deux obligations énon-

1. Document n° XXXIV.

cées en la susdite, pour lesquelles elle a été faite en partie. La quatrième est un exploit de commandement du 4º novembre 1641, fait par Baron, sergent à verge. La cinquième est une sentence dudit Châtelet, du 14º mars 1642, portant condamnation à l'encontre dudit Chussac au payement des intérêts de la somme de huit cent quinze livres un sol six deniers, restant à payer de ladite somme de dix-sept cent quatre-vingt-dix livres cinq sols. La sixième est un exploit de saisie fait entre les mains de noble homme Pierre de Lespinay, trésorier des Menus, fait par ledit Baron, sergent, le 6º mai 1643; et la septième et dernière est un mémoire pour compte entre ledit Chussac et ledit défunt, par lequel il résulte que ledit Chussac ne doit plus de reste que la somme de huit cent quatre-vingts livres treize sols; ledit mémoire fait double, daté du 21º septembre 1645, signé desdits Poquelin et Chussac. Inventorié sur lesdites sept pièces, l'une comme l'autre. . . . . Quarante-trois.

Item. Cinq pièces en papier : la première contenant six rôles dont les quatre premiers écrits sont intitulés en la page recto du premier d'iceux : *Mémoire de ce qui a été fait et fourni pour Mme la maréchale de la Meilleraye*[1], *par Poquelin, tapissier,* lequel mémoire n'est signé, arrêté ni daté, sinon au premier article du dernier octobre 1645; et les cinq et sixième rôles, datés en tête du mois de juillet 1664, faisant mention de ce qui a été fourni par ledit défunt pour son fils Molière, pareillement non arrêtés, mais seulement sommés en fin de chacune page, savoir : de la première à deux cent quatre-vingt-dix-huit livres huit sols, la deuxième à cent quatre-vingt-douze livres, et la troisième dernière à quatre-vingt-neuf livres. La seconde pièce contenant une demi-feuille de papier écrit seulement sur le recto, commençant par ces mots : *J'ai déboursé pour Monsr Molière tous les articles y écrits,* tirés en fin à trois cent sept livres dix-sept sols. La troisième est un mémoire daté du mois de décembre 1660, contenant plusieurs payements faits par ledit défunt Poquelin pour sondit fils Molière, sommé en fin à quatre cent quatre-vingt-quatre livres quatre sols. La quatrième est aussi un mémoire écrit de la main dudit défunt de plusieurs payements par lui faits, tiré en fin à cent livres dix sols, et aux marges sont écrits quelques articles montant ensemble à quarante livres huit sols; et la cinquième dernière est un morceau de papier où sont toutes les sommes tirées en fin de chacune desdites pièces étant en chiffres, montant ensemble à quinze cent douze livres sept sols, non compris ce qui regarde Mme de la Meilleraye. Toutes les pièces cotées par première et dernière, paraphées dudit Buon, inventorié sur les première et dernière, l'une comme l'autre, pour le tout. . . . . Quarante-quatre.

---

1. Marie de Cossé-Brissac, seconde femme de Charles de la Porte, duc de la Meilleraye, pair et maréchal de France, mariée en 1637, morte en 1710.

Après l'inventorié de laquelle cote, ledit sieur Molière a protesté qu'il ne lui puisse nuire ni préjudicier, attendu qu'il ne doit aucune chose des sommes y mentionnées, et a signé :

J. B. POQUELIN MOLIERE.

Après la protestation ci-dessus faite par ledit sieur Molière immédiatement en suite de la cote quarante-quatre, portant déclaration qu'il ne doit aucune chose des sommes contenues ès pièces de ladite cote, lesdits sieur Boudet et veuve Poquelin, ès dits noms, l'ont volontairement quitté et déchargé pour leur regard, ès dits noms, du contenu ès dites pièces de ladite cote seulement, lesquelles pièces ont été au même instant, du mutuel consentement des parties, lacérées comme nulles [1].

Item. Un mémoire d'un lit de veille fait et fourni par ledit défunt et ses compagnons d'office pour les premiers valets de garde-robe du Roi, au bas duquel est la certification de ladite fourniture, montant à quatre cent soixante-quinze livres, faite par M. le comte de Lude, premier gentilhomme de la chambre de Sa Majesté, en date du 18e mai 1655, signé : le Lude, et, par mondit seigneur, Dreux. Inventorié . . . . Quarante-cinq.

Item. Un dossier de quinze pièces, intitulé : *Prévôt de l'hôtel du Roi pour Jean Poquelin, tapissier, valet de chambre ordinaire du Roi, demandeur contre Lambert Huet, aussi tapissier et valet de chambre du Roi, défendeur,* du 29 janvier 1664, qui sont : l'une, une expédition d'une société contractée entre ledit défunt Jean Poquelin, Lambert Huet et Étienne Tierselin, et Agnan Rouleau, tous tapissiers du Roi, servant par quartier, pour le temps de quatre années, à toutes les fournitures de marchandises et ouvrages de leur vacation qui se présenteroient à faire pour le service et maison du Roi, durant les quartiers de service de l'un et l'autre, aux charges et conditions, et sous les peines portées au contrat de ladite société, passé par devant Levasseur et Moufle, notaires, le 24 janvier 1658 ; et les autres sont exploits, mémoires, copies et inventaire de production. Inventorié sur ladite société et sur ledit inventaire de production, l'un comme l'autre pour le tout . . . . Quarante-six.

Item. La grosse en parchemin d'un contrat de constitution fait par lesdits défunts Jean et Jean Poquelin père et fils, à Gaucher Cumin de soixante-une livres deux sols deux deniers de rente, moyennant la somme de onze cents livres, passé par devant Vaultier et Parque,

---

1. Le paragraphe qui précède, depuis la signature de Molière, remplace en marge celui-ci qui est biffé : « Et par lesdits sieur Boudet et veuve Poquelin, a été fait protestation contraire à celle ci-dessus dudit sieur de Molière et à la déclaration y portée. » La fin de la phrase : « lesquelles pièces ont été au même instant, etc. » est ajoutée par un second renvoi paraphé également par les parties.

notaires au Châtelet, le 13ᵉ mai 1650, aux marges duquel est une mention du rachat de ladite rente fait par ledit Poquelin père ès mains dudit Cumin, par quittance énoncée en ladite mention signée : Parque ; avec laquelle grosse est une expédition en papier de la quittance dudit rachat, passée par devant Ménard et Parque, le 10ᵉ juin 1665. Inventorié sur ladite quittance . . . Quarante-sept.

Item. Une liasse de vingt-six rôles des ouvriers qui ont travaillé pour ledit défunt en sa maison sise sous les piliers des halles [1], au bas de chacun desquels est une quittance du contenu en iceux ; avec lesquels rôles s'est trouvé une quittance faite par Nicolas de Brac, maître maçon à Paris, audit défunt, de la somme de trois cent trente livres, pour avoir conduit les ouvrages faits en ladite maison, ladite quittance passée par devant Buon et Levasseur, notaires au Châtelet, le 2ᵉ septembre 1668 ; tous lesdits rôles cotés et paraphés par premier et dernier par ledit Gigault, l'un des notaires soussignés, et inventorié sur ladite quittance pour le tout. . . . . . Quarante-huit.

Item. Une liasse de douze pièces en papier qui sont mémoires d'ouvrages de couverture, serrurerie, charpenterie, pavé et autres, faits par divers ouvriers en la construction de ladite maison dudit sieur Poquelin sous les piliers des halles, en suite de chacun desquels et par écrits séparés, sont quittances de payements faits auxdits ouvriers des sommes y mentionnées pour raison desdits ouvrages ; toutes lesdites pièces cotées par première et dernière, paraphées dudit Gigault. Inventorié sur la première et dernière, l'une comme l'autre pour le tout. . . . . Quarante-neuf.

Item. Une demi-feuille de papier pliée en deux, écrite seulement sur le recto du premier feuillet, contenant ces mots : *Mémoire de l'argent qui s'est trouvé chez défunt Monsʳ Pocquelin* : Premièrement, en argent blanc, soixante-dix écus ; en louis d'or, cinquante-cinq, lesquels ont été mis entre les mains de Monsʳ Boudet, ce deuxième jour de mars mil six cent soixante-neuf, signé Boudet, avec paraphe ; vers la fin de laquelle page sont tirés en chiffres quatre articles : le premier de huit cent quinze livres, le second de cent dix livres, le troisième de vingt-quatre livres, et le quatrième de vingt-cinq livres, montant ensemble à neuf cent soixante-quatorze livres. Inventorié. Cinquante.

Après l'inventorié duquel récépissé sous la cote cinquante, ledit sieur Boudet a déclaré qu'il a fait plusieurs payements à la décharge de la succession dudit défunt, tant pour dettes passives que ses frais funéraires qui sont à déduire sur le contenu audit récépissé, dont il comptera avec les autres parties comparantes ; lesquelles déclarent réciproquement avoir fait quelques dépenses et recettes dont semblablement elles viendront à compte.

    J. B. Poquelin Moliere.   A. Boudet.

---

1. Voir le document n° XXXV.

Item. Une quittance datée du 29ᵉ juin 1661, signée Maillard, par laquelle, en qualité de tuteur des enfants de défunt Jean Poquelin le jeune, élu conjointement avec Marie Maillard, sa sœur, il a reconnu avoir reçu dudit sieur Poquelin père dix-huit cent quatre-vingt-huit livres treize sols, qu'il avoit reçus de M. le duc de Mazarin[1] pour lesdits enfants et pour la part qui leur appartenoit aux parties de fournitures de marchandises faites du vivant dudit Poquelin le jeune pour ledit seigneur duc Mazarin, le surplus appartenant audit Poquelin l'aîné. Inventorié . . . . Cinquante-un.

Item. Une liasse de douze pièces qui sont mémoires de marchandises et ouvrages faits et fournis par ledit défunt et par le sieur Nauroy pour le service de Sa Majesté, et quelques quittances à leur décharge commune, le tout que les parties n'ont désiré être plus au long inventorié, mais seulement lesdites pièces être cotées et paraphées comme elles ont été par ledit Gigault, etc. Inventorié sur la première et dernière, pour le tout. . . . . Cinquante-deux.

Item. Une autre liasse de quittances et autres pièces toutes en papier, servant à la décharge dudit défunt et de sadite succession, au nombre de quinze, cotées par première et dernière, paraphées dudit Buon et inventorié sur les première et dernière, l'une comme l'autre pour le tout. . . . . Cinquante-trois.

Du samedi de relevée, dix-neuvième desdits mois et an, continuant par lesdits notaires, à la même requête et présence que dessus, a été inventorié ce qui ensuit :

Item. Une sentence des requêtes du Châtelet du 3ᵉ juillet 1632, signée Angran et scellée, par laquelle messire François, duc de la Rochefoucauld[2], et dame de Liancourt, son épouse, ont été condamnés envers ledit défunt en la somme de cent cinquante livres six sols. Inventoriée . . . . Cinquante-trois [*sic*].

Item. Une autre sentence des requêtes du Palais, du 13ᵉ janvier 1640, signée Dupuis et scellée, portant condamnation à l'encontre de messire Joachim de Lisle, sieur d'Andresy, et dame Marie de Pellevé, son épouse, en la somme de cinq cent soixante livres au profit dudit défunt. Inventoriée . . . . Cinquante-quatre.

Item. Une expédition en parchemin du contrat de mariage d'entre lesdits sieur André Boudet et défunte Madeleine Poquelin, sa femme, passé par devant lesdits Buon et Parque, notaires au Châtelet, le 14ᵉ janvier 1651, par lequel, en faveur dudit mariage, ledit défunt sieur Jean Poquelin, tapissier et valet de chambre ordinaire du Roi, en qualité de tuteur et stipulant pour ladite Madeleine Po-

---

1. Armand-Charles de la Porte, marié à Hortense Mancini, nièce du cardinal Mazarin.
2. Voir le document n° II, cote vingt-sept.

quelin, sa fille, et de défunte Marie Cressé, sa femme, auroit promis donner à sadite fille, dans la veille de ses épousailles, en deniers comptants, la somme de cinq mille livres, tant pour les droits successifs, mobiliers et immobiliers, fruits et revenus d'iceux à elle appartenant par le décès de ladite défunte Marie Cressé, sa mère, et de défunte son ayeule maternelle, si tant lesdits droits se trouvoient monter, sinon le surplus en avancement de la succession lors à échoir dudit Poquelin, son père, de laquelle somme par la quittance en forme de compte faite entre ledit défunt sieur Poquelin et ledit sieur Boudet, ci-devant inventoriée sous la cote [quarante-deux] du présent inventaire, appert ledit sieur Boudet avoir été satisfait du restant desdites cinq mille livres. Ledit contrat de mariage, après avoir été inventorié a été rendu audit sieur Boudet, qui avoit icelui à cet effet apporté et a signé . . . . Cinquante-cinq.

A. BOUDET.

Item. Une expédition en papier d'un contrat passé par devant Le Semelier et ledit Buon, notaires, le 14e septembre 1654, contenant la vente faite par ledit défunt sieur Jean Poquelin père audit sieur Jean Poquelin le jeune, son fils, de plusieurs marchandises concernant leur vacation et négoce, etc.[1], au bas duquel est la quittance dudit défunt sieur Poquelin père à sondit fils de la somme de deux cent dix-huit livres dix sols cinq deniers, passée par devant lesdits notaires, le 21e novembre ensuivant. Inventoriée. . Cinquante-six.

Item. Une demi-feuille de papier, sur le recto de laquelle sont quelques lignes écrites jusques environ les deux tiers, que les parties ont dit être de la main dudit défunt sieur Jean Poquelin père, commençant par ces mots : *Mémoire de tous les papiers que j'ai donné pour inventorier à M. Lemercier*, et finissant pareillement par ces mots : *et la déclaration de quinze cents livres pour pareille somme.* Inventorié. . . . . Cinquante-sept.

Après l'inventorié duquel mémoire, sous la cote cinquante-sept, lesdites parties ont déclaré que sur la connoissance qu'elles ont prise par la lecture dudit mémoire, que tous les papiers énoncés en icelui avoient été baillés par ledit défunt au sieur Lemercier, notaire, ils se seroient adressés à Me Adrien Loret, notaire audit Châtelet, subrogé à l'office et pratique de Me Jean du Bierne, qui l'étoit en ceux de Me Lemercier, afin de retirer de lui lesdits papiers, lequel leur auroit seulement rendu l'inventaire y mentionné, qui est inventorié sous la cote [une] du présent inventaire, auquel sieur Loret auroit été payé par ledit sieur Molière, et de ses deniers, la somme de soixante-trois livres, suivant la quittance que ledit sieur Loret lui en auroit faite.

J. B. POQUELIN MOLIERE.   A. BOUDET.

---

1. Document n° XXIV.

Ce fait, après l'inventorié de tous les biens ci-dessus, les parties ont reconnu avoir partagé entre elles tous les biens meubles meublants, inventoriés et prisés par le présent inventaire et en avoir pris et emporté chacun sa tierce portion, dont, en tant que besoin, elles se déchargent réciproquement ; et pour le regard des titres, contrats et papiers inventoriés, sous toutes les cotes d'icelui, ils ont été baillés et délaissés en la possession dudit sieur Poquelin de Molière, qui s'en est volontairement chargé, du consentement des autres parties comparantes, à l'exception des papiers inventoriés en la cote quatre, qui ont été baillés à M. Nicolas Maillard, bourgeois de Paris, demeurant susdite rue du Cygne, qui s'en est aussi volontairement chargé comme dépositaire, et ont promis lesdit sieur de Molière et Maillard, chacun pour son regard, les représenter quand, selon et ainsi qu'il appartiendra ; et après que lesdites parties ont respectivement persisté en leurs déclarations et protestations ci-dessus, elles ont signé, fors ladite veuve Poquelin, qui a déclaré ne savoir écrire ne signer, interpellée :

J. B. Poquelin Moliere.

A. Boudet.
Maillard.

Gigault.
Buon.

XXXVIII

1670. — 14 décembre.

PRÊT A CONSTITUTION DE RENTE FAIT PAR MOLIÈRE A JEAN-BAPTISTE LULLI.

Minutes de M° Schelcher.

Furent présents le sieur Jean-Baptiste de Lulli, surintendant et compositeur de la musique de la chambre du Roi, demeurant à Paris, rue Traversine [1], paroisse Saint-Roch, et damoiselle Madeleine Lambert, sa femme, qu'il autorise à l'effet des présentes, lesquels ont volontairement reconnu et confessé avoir vendu, créé, constitué, assis et assigné par ces présentes, dès maintenant à toujours, et promettent solidairement l'un pour l'autre, chacun d'eux seul pour le tout, sans division, discussion ni fidéjussion, renonçant aux bénéfices et exception desdits droits, garantir de tous troubles et empêchements généralement quelconques, à Jean-Baptiste Poquelin Molière, tapissier et valet de chambre ordinaire du Roi, demeurant à Paris, rue Saint-Thomas du Louvre, paroisse Saint-Germain l'Auxerrois, à

---

1. Ou Traversière, aujourd'hui rue de la Fontaine-Molière.

ce présent et acceptant, acquéreur pour lui, ses hoirs et ayant cause à l'avenir, cinq cent cinquante livres de rente annuelle et perpétuelle que lesdits sieur et damoiselle constituant promettent et s'obligent solidairement comme dessus, bailler et payer audit sieur acquéreur en sa demeure à Paris ou au porteur, etc., par chacun an, aux quatre quartiers accoutumés également, dont le premier écherra au dernier mars prochain, avec lequel sera payé la portion du présent mois de décembre, etc., tant spécialement sur une place à bâtir, contenant en superficie cent huit toises, sise en cette ville de Paris, faisant l'une des encoignures des rues des Petits-Champs et de Sainte-Anne, susdite paroisse de Saint-Roch, auxdits sieur et damoiselle, vendeurs constituants, appartenant, au moyen de l'acquisition que ledit sieur Lulli en a faite de messire Prosper Bauyn, conseiller du Roi en ses conseils et maître de sa chambre aux deniers, dame Gabrielle Choart, son épouse, et de messire Paul Mascranni, seigneur de la Verrière, aussi conseiller du Roi en ses conseils, grand-maître des eaux et forêts de France au département de Normandie, par deux contrats en suite l'un de l'autre, passés par devant Lange et Charles, notaires au Châtelet de Paris, les vingt-huit mai et treize juin dernier. *Item* sur la maison et bâtiments encommencés, et qui doivent être construits et continués sur la susdite place, suivant le devis et marché que ledit sieur Lulli en a fait avec Jean-Baptiste Predo, architecte et maître maçon à Paris, passé par devant Levasseur et ledit Charles, notaires, le vingt-cinq juillet ensuivant aussi dernier, et aux conditions y portées ; laquelle place et bâtiments faits et à faire sur icelle, lesdits sieur et damoiselle Lulli déclarent et affirment être francs et quittes de toutes dettes et hypothèques, fors et excepté des sommes qui ensuivent, savoir : six mille cent cinquante livres restant des prix portés par les susdits deux contrats d'acquisition, et vingt-trois mille livres dus audit Predo, entrepreneur, et qui restent à lui payer par ledit sieur Lulli des quarante-cinq mille livres convenus entre eux pour la construction et perfection desdits maison et bâtiments faits et à faire sur ladite place par ledit marché et aux conditions y portées, le surplus des prix desdites acquisitions et marché ayant été payé par lesdits sieur et damoiselle de Lulli de leurs propres deniers ainsi qu'ils ont aussi dit et affirmé ; que généralement sur tous et chacuns les autres biens meubles et immeubles présents et à venir desdits sieur et damoiselle Lulli, qu'ils ont obligés, affectés et hypothéqués à fournir et faire valoir ladite rente, etc., sans que les obligations spéciale et générale dérogent l'une à l'autre, pour en jouir, etc. Cette vente et constitution faite moyennant la somme de onze mille livres que lesdits sieur et damoiselle Lulli ont confessé et confessent avoir reçue dudit sieur Molière, qui leur a icelle baillée, payée, comptée et délivrée, présents les notaires soussignés, en espèces de louis d'or, d'argent et monnoie, le tout bon, dont quittance, etc. Déclarant lesdits sieur et damoiselle constituants que ladite somme de onze mille livres est pour employer au payement de pareille somme, en déduction de ladite somme de vingt-trois mille livres restant due audit Predo desdites quarante-cinq mille livres, et dudit payement en retirer une ou plusieurs quittances par devant notaires, et par icelles déclarer que les sommes qui seront payées audit Predo proviennent de la présente constitution, afin que ledit sieur acquéreur soit et demeure subrogé, ainsi que lesdits sieur et damoiselle Lulli promettent et s'obligent le faire subroger, aux droits, priviléges et hypothèques dudit Predo, jusques à concurrence de ladite somme de onze mille livres, et de ladite quittance ou quittances en cette forme fournir expéditions audit sieur acquéreur dans six mois prochains, à peine d'être par lesdits sieur et damoiselle constituants contraints au rachat de ladite rente, payement des arrérages, et à tous dépens, dommages et intérêts; et combien que ladite rente de cinq cent cinquante livres soit stipulée perpétuelle, elle demeurera néanmoins rachetable à toujours, en rendant, baillant et payant par le rachetant ou rachetants, à une fois et un seul payement, pareille somme de onze mille livres, avec les arrérages qui en seront lors dus et échus, tous frais et loyaux coûts, ensemble tous droits de consignation, contrôle, etc., et autres droits imposés et à imposer, nonobstant tous édits et arrêts, au bénéfice desquels lesdits sieur et damoiselle constituants ont renoncé et renoncent; et lequel rachat ne pourra néanmoins être fait qu'en avertissant ledit sieur acquéreur, ses hoirs et ayant cause, un mois auparavant; et, pour l'exécution des présentes et dépendances, lesdites parties élisent leurs domiciles en cette ville de Paris, ès maisons où elles sont demeurantes, sus-déclarées, auxquels lieux nonobstant, etc. Fait et passé en la maison desdits sieurs et damoiselle Lulli, l'an mil six cent soixante-dix, le quatorzième jour de décembre avant midi, et ont signé :

JEAN BAPTISTE LULLI.
MADELAINE LAMBERT.
J. B. P. MOLIERE.
CHARLES.   GIGAULT.

Les cinq cent cinquante livres de rente, mentionnées au présent contrat ont été rachetées, et, les arrérages jusqu'à ce jour dûs, payés et acquittés par lesdits sieur et damoiselle Lulli ès mains de damoiselle Claire-Élisabeth-Armande-Grésinde Béjard, veuve dudit sieur Jean-Baptiste Poquelin Molière, tant en son nom que comme tutrice de damoiselle Marie-Madeleine-Esprit Poquelin Molière, fille mineure dudit défunt et d'elle, en la présence et du consentement d'André Boudet, oncle paternel et subrogé tuteur de ladite mineure, comme appert par quittance passée par devant les notaires soussignés, le vingt-deuxième jour de mai dernier, dont la minute est en la possession de Charles, l'un des notaires soussignés, au désir de laquelle quittance la présente mention a été faite [1] par lesdits notaires soussignés, le cinquième jour d'août mil six cent soixante-treize.

Charles.   Gigault.

XXXIX

1671. — 14 février.

PROCURATION DES HÉRITIERS DE MARIE HERVÉ A MADELEINE BÉJARD.

Minutes de Me Durant.

Furent présents Jean-Baptiste Poquelin de Molière, chef de la troupe des comédiens du Roi, damoiselle Armande-Claire-Grésinde Béjard, sa femme, de lui autorisée, demeurant place du Palais-Royal, paroisse Saint-Germain l'Auxerrois, Louis Béjard, son frère, Geneviève Béjard, femme de Léonard de Loménie de Villaubrun, demeurant au même lieu, lesquels ont reconnu que tous les frais taxés et à taxer, faits en l'instance intentée au Châtelet de Paris par feu Marie Hervé, mère desdits sieur et damoiselles Béjard, à l'encontre des héritiers feu Me Claude Leroy, dont y a eu appel au Parlement, où est intervenu arrêt, ont été avancés par damoiselle Madeleine Béjard, leur sœur ; partant consentent qu'elle les retire à son profit et qu'elle en poursuive le payement et en donne toutes décharges que besoin sera. Promettant, etc.

Passé ès études, fors par ledit Louis Béjard, en la maison où il est demeurant, sise rue de Richelieu, l'an mil six cent soixante-onze, le quatorze février, et ont signé :

J. B. P. MOLIERE.   DE LOMENYE.
ARMANDE GRESINDE BEJART [2].
    GENEUIEFUE BEJART.
LOUIS BEJARD.
OGIER.   LEVASSEUR.

1. En marge de la première page de la minute originale.
2. La signature d'Armande varie beaucoup ; elle signe d'abord *Armande Gresinde Bejard* ou *Bejart*, et souvent dans le même acte (voir page 253). Dans l'inventaire de Molière (Document n° XLV) elle signe *Armande Gresinde Claire Eslisabet Bejart* ou *Bejard*, avec ou sans accent.

XL

1672. — 9 janvier et 14 février.

TESTAMENT ET CODICILE DE MADELEINE BÉJARD.

Minutes de Mᵉ Émile Jozon.

Fut présente damoiselle Madeleine Béjard, fille majeure usante et jouissante de ses biens et droits, demeurant à Paris, rue Saint-Thomas du Louvre, paroisse Saint-Germain de l'Auxerrois, gisante au lit, malade de corps, en une cinquième chambre ayant vue sur la cour, saine toutefois d'esprit, mémoire et jugement, comme les notaires soussignés l'ont reconnu par ses discours; laquelle desirant, pendant qu'il plaît à Dieu lui laisser libre l'usage de sa raison, disposer de ses dernières volontés, a fait, dit et nommé auxdits notaires son testament, ainsi qu'il ensuit : Au nom de la très-sainte Trinité, premièrement elle a recommandé son âme à Dieu le créateur, le suppliant, par les mérites infinis de la mort et passion de notre seigneur et rédempteur Jésus-Christ, la vouloir admettre en son saint paradis, pour quoi elle implore l'intercession de la bienheureuse vierge Marie et de tous les saints et saintes de la cour céleste du paradis. *Item* veut et entend ses dettes être payées et acquittées, etc., par son exécuteur testamentaire sous-nommé. *Item* veut son corps étant privé de vie être inhumé en l'église Saint-Paul, dans l'endroit où sa famille a droit de sépulture; quant à son convoi et aux prières qui seront faites après son décès, se rapporte à la discrétion dudit sieur exécuteur du présent testament. *Item* veut et entend ladite damoiselle testatrice qu'il soit dit et célébré à perpétuité, soit en ladite église Saint-Paul, soit dans un monastère, tel que voudront choisir le sieur son frère et les damoiselles ses sœurs, deux messes basses de *requiem* par chacune semaine, dont sera passé contrat de fondation ou ce qu'il conviendra, et que pour ce il soit payé et baillé telle somme qui sera jugée suffisante, à prendre sur ses biens. *Item* veut et entend qu'il soit employé en acquisition de rentes ou héritages une somme suffisante, comme il sera jugé et avisé par les damoiselles ses sœurs, pour, des fruits et revenus qui en proviendront, être payé par chacun jour, à perpétuité, à cinq pauvres qui seront nommés par lesdites damoiselles ses sœurs et par l'aîné des enfants de la damoiselle de Molière, l'une d'elles, et de ceux qui naîtront dudit aîné, cinq sols en l'honneur des cinq plaies de Notre-Seigneur, qui sera un sol à chacun desdits pauvres, auxquels la distribution de cette aumône sera faite de semaine en semaine par

M. le curé de ladite paroisse Saint-Paul et par MM. ses successeurs audit Saint-Paul. *Item* ladite damoiselle testatrice donne et lègue au sieur Louis Béjard, son frère, la moitié d'une place sise au faubourg Saint-Antoine lès Paris, grande rue dudit lieu, à elle appartenant, savoir : moitié de ladite moitié de son chef, comme héritière des défunts sieur et damoiselle ses père et mère, et l'autre moitié de ladite moitié comme l'ayant acquise dudit sieur son frère, à la charge et condition expresse qu'en cas qu'il veuille disposer par vente, échange ou autrement, de ladite moitié donnée, il ne le pourra faire qu'au profit de l'une des damoiselles de la Villaubrun et de Molière, ses sœurs. *Item* ladite damoiselle testatrice donne et lègue, tant audit sieur Louis Béjard, son frère, qu'à damoiselle Geneviève Béjard, femme du sieur de la Villaubrun, et à damoiselle Grésinde Béjard, femme du sieur Jean-Baptiste Poquelin Molière, ses sœurs susdites, et à chacun d'eux trois, quatre cents livres de rente et pension viagère, à prendre sur tous et chacuns ses biens, et qui commenceront néanmoins à n'avoir cours qu'après que les deniers comptants qui se trouveront après le décès de ladite damoiselle testatrice et ceux qui proviendront du recouvrement de ses dettes actives, auront été employés en acquisitions d'héritages, et lesquelles pensions s'éteindront au profit des légataires universels sous-nommés, à mesure que chacun desdits sieur Louis et damoiselles Geneviève et Grésinde Béjard décèdera. *Item* ladite damoiselle testatrice veut et entend que tous et chacuns lesdits deniers comptants qui se trouveront lui appartenir au jour de son décès, et tous ceux qui proviendront du payement et acquit desdites dettes actives qui lui appartiendront aussi lors, soient mis et baillés entre les mains du sieur Mignard, peintre ordinaire du Roi, dit *le Romain*, demeurant à présent rue Montmartre, vis-à-vis l'église Saint-Joseph, et qu'à mesure qu'il y en aura, jusqu'à vingt ou trente mille livres au plus, ils soient employés en acquisition d'héritages, comme il sera avisé par ledit sieur Mignard et suivant l'avis d'experts qui seront nommés par lesdits sieur et damoiselles, frère et sœurs de ladite damoiselle testatrice; les revenus desquels héritages qui seront ainsi acquis de tous lesdits deniers seront reçus par ladite damoiselle Grésinde Béjard et sous les quittances d'elle seule, pour être employés en œuvres pies et ainsi que ladite damoiselle testatrice lui a déclaré, sans être tenue d'en rendre aucun compte à qui que ce soit durant sa vie qu'elle les touchera, ni être obligée de s'expliquer dudit emploi que ladite damoiselle testatrice laisse à sa bonne foi, étant persuadée que ladite damoiselle Grésinde Béjard suivra et exécutera ponctuellement ses volontés[1]; et après le décès d'icelle damoiselle Grésinde

---

[1]. Voir dans l'article ajouté à la suite du codicile de Madeleine Béjard, les modifications apportées à ce passage de son testament.

Béjard, ladite damoiselle testatrice veut et entend que Madeleine-Esprit Poquelin, sa nièce, fille dudit sieur de Molière et de ladite damoiselle Grésinde Béjard, possède lesdits héritages, pour en jouir par elle en usufruit pendant sa vie, à compter du jour du décès de ladite damoiselle sa mère; et après ladite Madeleine-Esprit Poquelin décédée, l'aîné de ses enfants mâles, ou de ses filles si elle n'avoit point de mâles, jouira en usufruit, aussi sa vie durant, desdits héritages que ladite damoiselle testatrice substitue audit aîné, et après lui à l'aîné mâle dudit aîné ou de l'aînée, si, comme dit est, ladite Madeleine-Esprit Poquelin [1] n'a point d'enfant mâle; et si icelle Madeleine-Esprit Poquelin [2] décédoit sans enfants nés en légitime mariage, ladite damoiselle testatrice donne et lègue lesdits héritages, qui seront acquis comme il a été devant exprimé, à l'aîné des autres enfants dudit sieur de Molière et de ladite damoiselle Grésinde Béjard [3], pour en jouir comme ladite Madeleine-Esprit, avec substitution, comme il est sus-mentionné à son égard, à la charge qu'en chacune famille, depuis ladite Madeleine-Esprit Poquelin [4] décédée, les aînés mâles seront toujours préférés aux femelles; et en cas que lesdits sieur et damoiselle de Molière décédassent sans enfants nés d'eux, lesdits héritages retourneront aux enfants du sieur Louis Béjard et de ladite damoiselle de la Villaubrun, chacun par moitié; voulant et entendant ladite damoiselle testatrice qu'à chacun changement d'héritier ou légataire, suivant ce qui a été sus-expliqué, il soit pris une année du revenu pour être employé en fonds, et les revenus dudit fonds distribués aux pauvres par ledit héritier ou ceux qui administreront ses biens; et pour exécuter et accomplir le présent testament, icelui augmenter plutôt que diminuer, ladite damoiselle testatrice a nommé et élu M. de Châteaufort, conseiller du Roi, auditeur en sa chambre des Comptes, qu'elle prie d'en prendre la peine; révoquant par elle tous autres testaments et codiciles qu'elle pourroit avoir faits auparavant le présent, auquel elle s'arrête comme étant sa dernière volonté. Ce fut ainsi fait, dicté et nommé par ladite damoiselle testatrice auxdits notaires, et à elle par l'un d'eux, l'autre présent, lu et relu en ladite chambre où elle est malade, l'an mil six cent soixante-douze, le neuvième jour de janvier, depuis huit heures du soir jusques à deux heures aussi du soir, et a signé :

M. BEIART.

OGIER.   MOUFLE.

1. Il y a Béjard dans l'original, mais cette faute est signalée dans l'article qui suit le codicile.
2. Le nom de Béjard est rayé et remplacé en marge par celui de Poquelin.
3. La femme de Molière accoucha la même année d'un fils, baptisé le 1er octobre 1672 et mort le 11 du même mois.
4. Il y a dans l'original : « depuis ladite Grésinde Béjard, décédée », mais

Et le quatorzième jour de février ensuivant, audit an mil six cent soixante-douze, avant midi, sur les onze heures du matin, au mandement de ladite damoiselle Madeleine Béjard, les notaires soussignés se sont transportés en la maison où elle demeure, déclarée en son testament devant écrit, auquel lieu étant, elle a, par forme de codicile, fait dicter et nommer auxdits notaires ce qui ensuit : Savoir est qu'elle nomme pour exécuteur de sondit testament Me Charles Cardé, trésorier de la chancellerie de Paris, au lieu du sieur de Châteaufort y nommé, qu'elle révoque pour exécuteur dudit testament; et outre qu'elle dispense ladite damoiselle Grésinde Béjard, sa sœur, nommée audit testament, de l'emploi en œuvres pies de l'usufruit dont elle avoit laissé la disposition à ladite damoiselle par sondit testament, voulant que ladite damoiselle Grésinde Béjard puisse disposer dudit usufruit à sa volonté, lui en faisant don et legs à cet effet par ces présentes, sans aucune charge, et pour ses affaires et besoins, et qu'elle le reçoive sous ses seules quittances; ne demande plus que ledit sieur Cardé [1] donne son avis pour les acquisitions qui seront faites au desir dudit testament et que rien ne s'y fasse que par son conseil; entendant au surplus que sondit testament sorte son effet, lecture lui en ayant été faite par l'un desdits notaires, l'autre présent. Ce fut ainsi fait, dicté et nommé par ladite testatrice auxdits notaires, et à elle par l'un d'eux, l'autre présent, lu et relu en une chambre sur le devant, au quatrième étage, où elle est au lit malade, les jour et an susdits, et a signé :

M. BEIART [2].

Et depuis ladite damoiselle auroit déclaré ne pouvoir mieux signer ni parapher, attendu l'extrême maladie où elle est, et notamment que sa vue est affoiblie.

OGIER.   MOUFLE.

Et après ledit codicile ainsi fait et signé, ladite damoiselle Madeleine Béjard auroit encore à l'instant requis lecture lui être d'abondance faite de sondit testament et dudit codicile; ce qu'ayant été fait, elle auroit reconnu que, par inadvertance, on y auroit écrit et mis les mots : « Madeleine-Esprit Béjard » en un endroit dudit testament, et en un autre : « depuis ladite Grésinde Béjard décédée, » ce qui a été fait par inadvertance, en sorte qu'au lieu desdits mots : « Madeleine-Esprit Béjard » au premier endroit, qui sont les deux derniers mots de la troisième ligne et le premier mot de la quatrième

---

l'article qui suit le codicile du 14 février indique que ces noms doivent être remplacés par ceux de Madeleine-Esprit Poquelin.

1. Il faut sans doute lire Mignard au lieu de Cardé.
2. Cette signature est presque illisible.

ligne de la quatrième page dudit testament, son intention a été et elle veut et entend que ce soit : « Madeleine-Esprit Poquelin, » et au lieu desdits mots : « depuis ladite Grésinde Béjard décédée, » qui sont les mots de la dix-septième ligne et le premier mot de la dix-huitième de la même quatrième page, elle entend aussi que ce soit les mots : « ladite Madeleine-Esprit Poquelin décédée ; » et au surplus qu'elle persiste à vouloir [que] ce qui est porté en sesdits testament et codicile soit exécuté. Ce fut ainsi dicté et nommé par ladite damoiselle testatrice auxdits notaires, et à elle par un d'eux, en la présence de l'autre, lu et relu en ladite chambre sur le devant, où elle est au lit malade, les mêmes jour, heure et an déclarés audit codicile, et a ladite testatrice déclaré ne pouvoir plus écrire ne signer, sa foiblesse et son mal augmentant toujours, qui l'en empêchent entièrement, de ce faire interpellée par lesdits notaires [1].

OGIER.   MOUFLE.

XLI

1672. — 12 mars.

PROCURATION DE MOLIÈRE A ARMANDE BÉJARD.

Minutes de Me Émile Jozon.

Par devant les notaires du Roi au Châtelet de Paris soussignés, fut présent Jean-Baptiste Poquelin Molière, valet de chambre ordinaire du Roi, demeurant à Paris, rue Saint-Thomas du Louvre, paroisse Saint-Germain l'Auxerrois, lequel a fait et constitué sa procuratrice générale et spéciale damoiselle Grésinde Béjard, sa femme, laquelle il a autorisée pour l'effet et validité de ce qui sera par elle fait en vertu de la présente, à laquelle il a donné pouvoir et puissance d'assister en leurs noms à la levée du scellé qui a été apposé par le commissaire Denis sur les biens demeurés après le décès de défunte damoiselle Marie-Madeleine Béjard, sœur de ladite damoiselle procuratrice, et de laquelle elle est habile à se dire et porter héritière ou légataire universelle usufruitière, suivant le testament de ladite défunte, comme aussi à l'inventaire et description qui sera fait desdits biens, et à cet effet bailler tous consentements, etc., et généralement faire pour raison de ce que dessus tout ce que ladite damoiselle procuratrice verra bon être, etc.

1. Madeleine Béjard vécut encore jusqu'au 17 février.

Passé en la maison et demeure dudit sieur constituant, l'an mil six cent soixante-douze, le douzième jour de mars, avant midi[1], et a signé :

J. B. P. MOLIERE.

OGIER.   MOUFLE.

XLII

1672. — 12-17 mars.

INVENTAIRE FAIT APRÈS LE DÉCÈS DE MADELEINE BÉJARD.

Minutes de Me Émile Jozon.

L'an mil six cent soixante douze, le samedi huit heures du matin, douzième mars et autres jours suivants, à la requête de Me Charles Cardé, conseiller du Roi, trésorier du sceau en la chancellerie de Paris, y demeurant rue Plâtrière, paroisse Saint-Eustache, au nom et comme exécuteur des testament et codicile de défunte damoiselle Marie-Madeleine Béjard, fille majeure, jouissant de ses biens et droits, reçus par Ogier le jeune et Moufle, notaires soussignés, les 9e janvier et 14e février de la présente année, comme aussi à la requête et en la présence de damoiselle Geneviève Béjard, femme de Léonard de Loménie de la Villaubrun, bourgeois de Paris, demeurant rue Saint-Thomas du Louvre, paroisse Saint-Germain de l'Auxerrois, tant en son nom que comme procuratrice, tant dudit sieur de la Villaubrun, son mari, que de Louis Béjard, son frère, bourgeois de Paris, d'eux fondée de procurations passées par devant les notaires soussignés, savoir, celle dudit sieur de la Villaubrun, le 19e jour de février dernier et celle dudit sieur Béjard, cejourd'hui, demeurées annexées à ces présentes; et encore à la requête de damoiselle Armande[2]-Grésinde Béjard, femme de Jean-Baptiste Poquelin Molière, valet de chambre ordinaire du Roi, demeurant dites rue Saint-Thomas du Louvre et paroisse Saint-Germain de l'Auxerrois, tant en son nom que comme procuratrice dudit sieur son mari, par procuration aussi passée pardevant lesdits notaires soussignés ledit jour, demeurée pareillement annexée à ces présentes; lesdits sieur Louis et damoiselles Geneviève et Grésinde Béjard, frère et sœurs, habiles

1. La procuration donnée par Léonard de Loménie de la Villaubrun à sa femme Geneviève Béjard, est du 19 février précédent; celle donnée par Louis Béjard à sa sœur Geneviève est du 12 mars. Dans cet acte, Louis Béjard prend le titre d'écuyer, ingénieur ordinaire du Roi, et signe : *Louis Béjard l'Éguisé*. Sa demeure est indiquée aussi rue Saint-Thomas du Louvre.

2. Armande est ajouté en marge.

à se dire et porter héritiers ou légataires de ladite damoiselle Marie-Madeleine Béjard, ainsi qu'ils aviseront par conseil ; à la conservation des droits desdites parties, èsdits noms, et de qui il appartiendra, a été par les notaires au Châtelet de Paris, soussignés, fait inventaire et description de tous les biens meubles, ustensiles, vaisselle d'argent, deniers comptants, titres, papiers et autres choses demeurées après le décès de ladite défunte damoiselle Marie-Madeleine Béjard, trouvés et étant dans les lieux qu'elle occupoit en la maison où demeurent lesdits sieurs de la Villaubrun et de Molière, et damoiselles leurs femmes, en laquelle elle est décédée, montrés et enseignés auxdits notaires par lesdites damoiselles comparantes, pour être mis et rédigés par écrit au présent inventaire, après serment par elles fait, etc. Lesdits biens, en ce qui est des meubles, ont été prisés et estimés par Étienne Chantereau, huissier sergent à verge au Châtelet de Paris, juré priseur, vendeur de biens en la ville, prévôté et vicomté dudit lieu, pour ce présent, qui a promis de ce faire et d'avoir égard au cours et temps de présent, aux sommes de deniers, selon et ainsi qu'il ensuit, à mesure que les scellés apposés sur lesdits biens par Me François Denis, conseiller du Roi, commissaire examinateur audit Châtelet ont été par lui reconnus, levés et ôtés, suivant la permission de monsieur le lieutenant civil, étant au bas de la requête à lui à cet effet présentée, laquelle est demeurée vers ledit sieur commissaire et ont signé :

ARMANDE GRESINDE BÉJART.
GENNEUIEFUE BEJART.   CARDÉ.
CHANTEREAU.
OGIER.   MOUFLE.

Premièrement dans une antichambre étant au quatrième étage, ayant vue sur la cour, s'est trouvé :

Un réchaud, une petite et une grande léchefrite, etc., le tout de fer, prisé ensemble comme tel quel, cent sols, ci. . . . . c^s.
Item. Un chaudron, un poêlon, etc., le tout de cuivre jaune, prisé six livres, ci. . . . . vi^{lt}.
Item. Une platine de cuivre jaune et un crochet de fer, etc., prisé ensemble cent sols, ci. . . . . c^s.
Item. Un grand chandelier de cuivre jaune, prisé trente sols, ci. . . . . XXX^s.
Item. Deux marmites, dont une sans pieds, une cloche et son bassin, une léchefrite, un coquemar sans couvercle, le tout de cuivre rouge et tels quels, prisé ensemble six livres, ci. . . . . vi^{lt}.
Item. En pots, plats, écuelles, assiettes et autres ustensiles d'étain sonnant, la quantité de soixante-cinq livres et demie pesant, prisé la

livre dix sols, revenant audit prix à la somme de trente-deux livres quinze sols, ci. . . . . xxxii^{lt}xv^s.

Item. Une seringue avec son étui, prisée trente sols, ci. . . xxx^s.

Item. Une tenture de tapisserie de Flandres, à verdure, en six pièces, faisant de tour dix-huit à dix-neuf aunes sur deux aunes deux tiers de haut, prisée trois cent cinquante livres, ci . . . . . . iii^{c}l^{lt}.

Item. Quatre feuilles de paravent garnies de serge grise, prisées trois livres, ci. . . . . iii^{lt}.

Item. Quatorze tabourets de bois de noyer, couverts de toile, et une petite table en bois blanc, forme ovale, posée sur son châssis, deux caisses de bois blanc, une grande manne d'osier et une autre petite table de bois de chêne, le tout tel quel, prisé ensemble cinquante sols, ci. . . . . l^s.

Item. Un vieil guéridon et deux tringles de fer tels quels, prisé ensemble douze sols, ci. . . . . xii^s.

Dans la chambre attenant celle ci-dessus ayant vue sur la rue:

Item. Trois matelas doublés de toile et futaine, dont deux remplis de laine et l'autre de bourre et bourrelanisse, un lit, un petit traversin et un petit oreiller de coutil remplis de plume, deux couvertures de laine blanche, etc., le tout tel quel, prisé ensemble trente-cinq livres, ci. . . . . xxxv^{lt}.

Item. Un grand cabinet d'ébène avec plusieurs figures et monté sur ses pieds, garni de plusieurs tiroirs par le dedans, prisé soixante livres, ci. . . . . lx^{lt}.

Item. Un tour de lit de serge de Mouy jaune, contenant six pièces, tel quel, prisé cent sols, ci. c^s.

Item. Une poêle à confiture, de cuivre rouge et un petit fourneau de fer, prisé ensemble trois livres, ci. . . . . iii^{lt}.

Item. Un autre matelas garni de toile et futaine, rempli de bourrelanisse, et six couvertures de chaires, de serge jaune; prisé ensemble quatre livres, ci. . . . . iv^{lt}.

Item. Une moyenne paire de chenets de cuivre jaune; prisé quatre livres dix sols, ci. . . . . iv^{lt}x^s.

Item. Six coffres de bahut, dont quatre ronds et deux carrés, garnis de leurs serrures fermant à clef, tels quels, prisés ensemble huit livres, ci. . . . . viii^{lt}.

Item. Quatre petites cassettes, telles quelles, garnies de leurs serrures fermant à clef, prisées ensemble cinquante sols, ci. . . . . l^s.

Ce fait, après avoir travaillé jusques à midi sonné, l'assignation a été continuée à ce jourd'hui, deux heures de relevée, et ce qui a été inventorié à la présente vacation laissé en la possession de ladite damoiselle Molière, du consentement des autres parties, et ont signé :

ARMANDE GRESINDE BÉJART.
G. BEJART.

Dudit jour, deux heures de relevée, dans un des six coffres ci-dessus inventoriés :

Ensuivent les habits :

Item. Une veste de brocart d'or, dont la dentelle est fausse, prisée soixante livres, ci. . . . . lx^{tt}.

Item. Un corps de paysanne, de toile d'argent, et la jupe de satin vert de Gênes, garnie de guipure, prisé trente livres, ci. . . xxx^{tt}.

Item. Une autre jupe de satin vert, garnie de six broderies or et argent, une autre jupe de toile d'argent et un tablier de satin blanc, garni de dentelle d'argent, prisé le tout ensemble soixante-quinze livres, ci. . . . . lxxv^{tt}.

Item. Un déshabillé complet, couleur aurore, garni d'argent fin, prisé deux cents livres, ci. . . . . ii^{ctt}.

Item. Un autre déshabillé de satin de Gênes, couleur de cerise, garni de dentelle d'argent tant plein que vide, prisé la somme de trois cents livres, ci. . . . . iii^{ctt}.

Item. Un juste-au-corps de satin vert, garni de toile d'argent et un devantier[1] de moire d'or, et une jupe de taffetas, couleur de cerise ; prisé ensemble la somme de cinquante livres, ci. . . . . . . l^{tt}.

Item. Une chemise de gaze douce, un corps de taffetas vert, une ceinture, un corps, une jupe de taffetas vert, garnie de dentelle d'argent fin, prisé quatre-vingt-dix livres, ci. . . . . iiii^{xx}x^{tt}.

Item. Une toilette de velours couleur de cerise, garnie de dentelle d'argent, prisée trois livres, ici. iii^{tt}.

Dans un autre coffre des six ci-dessus inventoriés :

Item. Un déshabillé de brocart gris rayé, garni de dentelle noire, prisé dix livres, ci. . . . . x^{tt}.

Item. Un manteau de taffetas noir, tel quel, prisé quatre livres, ci. . . . . iiii^{tt}.

Item. Un déshabillé de taffetas gris brun, rayé, garni de dentelle or et argent, prisé. . . . . xxiiii^{tt}.

Item. Un habit de drap d'Espagne noir, une jupe d'entre-deux, prisé trente livres, ci. . . . . xxx^{tt}.

Item. Une jupe et une tavayolle[2] de satin rouge et vert, usage de bohémienne, prisé. . . . . vii^{tt}.

---

1. *Devantier*, Furetière dit *devanteau*, vieux mot qui signifiait autrefois tablier.

2. La définition que Furetière donne de ce mot, voyez plus haut, page 228, ne peut s'appliquer ici.

Item. Une jupe de brocart incarnat, blanc et noir, prisée huit livres, ci............................... viii^{tt}.

Item. Une jupe de tabis jaune, garnie de six petites dentelles d'argent fin, prisée douze livres, ci....................... xii^{tt}.

Item. Une jupe de brocart double, à grand ramage, prisée quinze livres, ci................................ xv^{tt}.

Item. Quatre corps de robes de différentes couleurs, garnis de dentelles or et argent, prisés ensemble vingt livres, ci..... xx^{tt}.

Item. Deux tonnelets et deux paires de manches, l'un de velours couleur de cerise, et l'autre de toile d'argent blanc et vert, garnis de dentelle, prisés ensemble trente livres, ci.......... xxx^{tt}.

Item. Une casaque, un pourpoint de toile d'argent, prisé quinze livres, ci.................................. xv^{tt}.

Item. Une robe de toile coton rouge et le bonnet doublé de drap, prisé trois livres, ci........................... iii^{tt}.

Item. Un habit de taffetas couleur de chair, deux paires de manches de taffetas, prisé quatre livres, ci............... iiii^{tt}.

Item. Un habit couleur de feu, garni d'un petit galon d'argent, brodé d'argent, une paire de bottines, garnies de galon or et argent, et un carquois, prisés ensemble douze livres, ci........... xii^{tt}.

Item. Une jupe de taffetas blanc chamarré, telle que telle, un corps de peau à manches pendantes de velours noir, garnies d'argent, prisés ensemble sept livres, ci............... vii^{tt}.

Item. Quatre draps de grosse toile de chanvre, prisés ensemble quatorze livres, ci.............................. xiiii^{tt}.

Item. Quinze chemises à usage de ladite défunte, de toile de chanvre, dont sept blanches et huit jaunes, prisées ensemble vingt-cinq livres, ci................................. xxv^{tt}.

Item. Deux jupes de toile de coton blanche et un juste-au-corps aussi de toile, prisé cent sols, ci.................. c^{s}.

Item. Un rideau de fenêtre de toile de coton, prisé quarante sols, ci...................................... xl^{s}.

Item. Un petit paquet de mouchoirs, tabliers et autre menu linge, prisé quatre livres, ci........................ iiii^{tt}.

Ensuit la vaisselle d'argent.

Item. Un bassin rond, une aiguière couverte, deux grands et deux petits flambeaux, une écuelle couverte, une tasse ronde, une petite salière, à quatre pieds, un vinaigrier, un porte-mouchette avec son soleil[1], une autre paire de mouchettes et son portant, une autre grande salière à quatre branches, quatre cuillères et quatre fourchettes à trois fourchons, le tout poinçon de Paris et pesant ensem-

---

1. Assiette ou platine avec des rayons, sur laquelle on pose des mouchettes et qu'on appelle un *soleil.* (*Furetière.*)

ble la quantité de trente-cinq marcs une once, prisé le marc, à sa juste valeur, à vingt-sept livres, revenant audit prix à la somme de.. . . . . ix^{c}xlviii^{tt}xv^s.

Ce fait, après avoir travaillé jusques à l'heure de six heures sonnant, l'assignation a été continuée à mercredi [huit] heures du matin, et ce qui a été inventorié en la présente vacation a été laissé en la possession de ladite damoiselle Molière, èsdits noms, et ont signé :

ARMANDE GRESINDE BÉJART.
G. BEJART.

Du mercredi seizième jour dudit mois de mars mil six cent soixante-douze, huit heures du matin, a été continuée la confection dudit inventaire, ainsi qu'il ensuit :

Item. Une bague en rose garnie de onze petits diamants, prisée quarante livres, ci. . . . . xl^{tt}.

Item. Une autre bague de diamant carré et six à coté, prisée trente livres, ci. . . . . xxx^{tt}.

Item. Une autre bague garnie d'une pierre bleue, prisée huit livres, ci. . . . . viii^{tt}.

Item. Une autre bague amétiste, prisée six livres, ci. . . . . vi^{tt}.

Item. Un collier contenant soixante-dix perles baroques de moyenne grosseur, prisé la somme de cent trente livres, ci. . . . . cxxx^{tt}.

Item. Une autre bague amétiste, prisée huit livres, ci. . . . viii^{tt}.

Item. Une autre bague d'or en laquelle est enchâssé un saphir, prisée cent sols, ci. . . . . c^s.

Deniers comptants.

S'est trouvée la somme de dix-sept mille huit cent neuf livres un sol, en espèces de louis d'or, pistoles et pièces de quatre pistoles d'Espagne, louis blancs de trente sols, ci. . . . . . xvii^m viii^c ix^{tt}j^s.

Ce fait, après avoir travaillé jusques à l'heure de midi sonné, l'assignation a été continuée à deux heures de relevée, et ce qui a été inventorié en icelle a été laissé en la possession de ladite damoiselle Molière, èsdits noms, et ont signé :

ARMANDE GRESINDE BÉJARD.
G. BEJART.   CARDÉ.

Dudit jour, deux heures de relevée :

Ensuivent les papiers :

Premièrement, cinq pièces attachées ensemble. La première est un brevet d'obligation passé par devant de Louvain et Levasseur, notaires audit Châtelet de Paris, le premier jour de mars 1668, par laquelle Me Claude Froissant, huissier au grand conseil du Roi et avocat en Parlement, et damoiselle Marguerite Hunant, sa femme, confessent devoir solidairement à ladite défunte damoiselle Madeleine Béjard la somme de mille livres, pour les causes et à payer au terme y déclaré. Les deux et trois sont copies collationnées de deux contrats y datés. La quatrième est une promesse desdits sieur et damoiselle Froissant, par eux solidairement faite au profit de ladite défunte damoiselle Madeleine de Béjard (*sic*), de la somme de huit cents livres, pour les causes et à payer au terme y déclaré; et la cinquième et dernière est un récépissé signé desdits Froissant et Marguerite Hunant, daté du 1er mars 1670, par lequel les soussignés reconnoissent et confessent que ladite défunte damoiselle Madeleine Béjard leur a remis ès mains les expéditions de la charge d'huissier audit grand conseil, que ladite damoiselle Béjard avoit par devers elle et [qu'ils] lui avoient baillée lors de ladite obligation, comme il est énoncé par icelle. Inventorié sur lesdites cinq pièces, l'une comme l'autre. . . . . Un.

Item. Quatre pièces attachées ensemble. La première est une obligation passée par devant François Vaudrot, notaire royal delphinal héréditaire de Montélimart, le 18e février 1655, par laquelle appert Antoine Baralier, conseiller du Roi, receveur des tailles en l'élection dudit Montélimart, devoir à ladite défunte damoiselle Béjard la somme de trois mille deux cents livres, pour les causes et à payer au terme y déclaré, en suite de laquelle est un acte reçu par Motet, notaire royal de la ville de Montpellier, du 22e dudit mois de février 1655, contenant noble homme Julien Meindre? sieur de Rochesauve? habitant de la ville de Brioude, en Auvergne, s'être rendu caution et principal payeur de ladite somme de trois mille deux cents livres envers ladite damoiselle Béjard. La seconde est une permission du juge pour mettre à exécution ladite obligation. La troisième est une autre commission donnée par Pierre le Blanc, seigneur de la Rouvière et de Fournigue, conseiller et juge pour le Roi en la cour de Nîmes, du 12e avril 1657, et la quatrième est un exécutoire en parchemin, signé: « par le Roi, Dauphin, en son conseil, Maissar, » et scellé de cire rouge, par lequel Françoise le Noir, veuve et héritière dudit défunt Antoine Baralier, est tenue payer à ladite damoiselle Madeleine Béjard la somme de six cent vingt-trois livres douze sols, à la déduction de cent livres, etc.; donné à Saint-Germain-en-Laye, le 14e avril 1671. Inventorié sur lesdites pièces l'un comme l'autre. . . Deux.

Item. Six pièces attachées ensemble. La première est un transport passé par-devant Moufle, l'un des notaires soussignés, et Levasseur, son collègue, le dixième jour d'août 1671, fait par Martin Tabouret, sieur de Tarny, conseiller, secrétaire du Roi, à Romain Toubel, bourgeois de Paris, de la somme de trois mille livres de principal et les profits et intérêts qui en sont dus depuis la demande en prestation faite en justice, à prendre par Me Esprit de Raimond, comte de Modène, suivant et pour les causes portées par son obligation passée par devant Jean Desnots et Arnault Vallon, notaires audit Châtelet, le 12e novembre 1664, et ce moyennant, à savoir : pour ledit principal pareille somme de trois mille livres, et pour lesdits profits et intérêts, son payement, le tout que ledit sieur cédant en a confessé avoir reçu dudit acceptant. La deuxième est la grosse de ladite obligation, signée : « *Ita est*, Lescuyer et Desnots » et scellée, le 4e septembre 1669. La troisième est l'acte de déclaration faite par ledit Romain Toubel, passé par devant lesdits Moufle et Levasseur, notaires, ledit jour 10e août 1671, portant que l'acceptation qu'il a faite dudit transport n'a été que prêter son nom à ladite damoiselle Madeleine Béjard, à laquelle le contenu audit transport appartenoit, et lui avoir mis ès mains ledit transport avec la grosse de ladite obligation. La quatrième est un écrit sous seing privé, passé entre ledit sieur de Tarny et ladite damoiselle Madeleine de Béjard, ledit jour 10e août 1671, en conséquence et au sujet dudit transport. La cinquième est une promesse signée de Laulne, datée à Paris le 12e janvier 1668, de la somme de deux mille livres, le nom du créancier en blanc, payable au lieu et terme porté par ladite promesse, et à côté est écrit : « Paraphé par moi sousssigné, Tabouret. » La sixième et dernière est une copie de ladite promesse et au-dessous est un écrit signé Tabouret, daté du 26e juin 1668, par lequel écrit le soussigné reconnoît que. . . . [1] lui a fourni ladite somme de deux mille livres contenue en la promesse dudit sieur de Laulne, au moyen de quoi promet qu'en cas qu'il n'en soit payé par ledit sieur de Laulne dans l'échéance, de payer en mon (*sic*) propre et privé nom ladite somme de deux mille livres, et ce solidairement en lui rendant la promesse. Inventorié sur lesdites six pièces, l'une comme l'autre. . . . . Trois.

Item. Un contrat en parchemin passé par devant Ogier et Pain, notaires audit Châtelet de Paris, le 7 juin 1661, contenant Jean-Baptiste de l'Hermite, sieur de Vauselle, chevalier de l'ordre de Saint-Michel et gentilhomme servant de la chambre du Roi, et damoiselle Marie Courtin de la Dehors, son épouse, avoir vendu et promis solidairement garantir à ladite défunte damoiselle Madeleine de Béjard une grange jadis moulin, consistant en six membres, située dans le terroir de Saint Pierre de Vassol, appelée la Souquette [1], avec toutes les autres prairies et autres choses en dépendantes, déclarées par le menu audit contrat de vente, faite moyennant la somme de deux mille huit cent cinquante-six livres, à quoi auroit été convenu, laquelle somme lesdits sieur et damoiselle vendeurs ont confessé avoir reçue de ladite damoiselle de Béjard en espèces, et comme il est plus au long déclaré

---

1. Ce nom est resté en blanc. — 2. Document n° XXIX.

par ledit contrat, au bout duquel est l'entériment d'icelui portant quittance de la somme de deux cents livres pour tous les droits de lods et ventes, datée du 18e jour d'avril 1669, signée : Gilles Benoist[1], cellerier, avec lequel contrat se sont trouvés deux autres contrats et onze pièces concernant et faisant mention de ladite grange, terre et héritages vendus. Inventorié sur ledit contrat de vente pour le tout. . . . . Quatre.

Item. Une obligation en brevet passée par devant lesdits Moufle et Levasseur, notaires, le 17e jour de septembre 1669, par laquelle Louis Bertelin, écuyer, sieur de Lisle, confesse devoir à ladite damoiselle Madeleine Béjard la somme de cent livres, pour les causes et à payer au lieu et terme y déclaré. Inventorié. . . . . . . Cinq.

Item. Un écrit signé Rocquemartene, daté du 7e janvier 1662, contenant le soussigné avoir reçu, pour et au nom de Mons. de Modène, de Daniel Brillard, chapelier, la somme de mille livres, pour employer aux affaires dudit sieur de Modène, et promis ledit faire rendre par ledit sieur de Modène ou de payer de ses propres deniers dans le temps de deux mois prochains. Inventorié. . . . . . . Six.

Item. Expédition en papier desdits testament et codicile de ladite défunte damoiselle Béjard et de l'acte étant au pied d'iceux, par lequel codicile appert ledit sieur Cardé avoir été élu exécuteur et ladite défunte avoir fait les conditions y contenues. Inventorié . . . Sept.

Ce fait, tous lesdits meubles, linge, habits, vaisselle d'argent, deniers comptants, titres, papiers et autres choses contenues au présent inventaire et ci-devant inventoriées, ont été laissés en la possession de ladite damoiselle Molière èsdits noms, du consentement desdits sieur Cardé et damoiselle de la Villaubrun, èsdits noms, laquelle s'en est chargée et charge pour les représenter, lors et quand par justice sera ordonné, et a signé :

ARMANDE GRESINDE BÉJARD.
GENNEUIEFUE BEJART.   CARDÉ.
OGIER.   MOUFLE.

1. Frère Gilles Benoist, religieux du monastère de Montmajour lès Arles, était seigneur direct de la grange de la Souquette, en qualité de prieur du prieuré de Saint-Martin de Bedoin, dont cette grange relevait. La veuve de Molière se trouva en discussion avec les héritiers de M. Modène au sujet de la propriété de la Souquette, et le marquis de Fortia d'Urban a publié, relativement à cette affaire, les extraits d'un mémoire trouvé dans les papiers de la famille de Modène. Le contrat d'acquisition de la Souquette par Madeleine Béjard est mentionné dans ce mémoire, à la date du 7 juin 1661; seulement le nom du notaire qui l'a dressé y est écrit *le Pin* au lieu de *Pain*. M. de Fortia, induit en erreur, n'avait pu retrouver cet acte dont il regrettait la disparition et en concluait que « la prétendue vente de la terre et grange de la Souquette, n'était pas le résultat d'une véritable acquisition. » (*Supplément aux diverses éditions de Molière ou Lettres sur la femme de Molière*, 1825, in-8°, p. 120 à 124 et 148 à 154.)

Et le dix-septième jour dudit mois de mars mil six cent soixante-douze, avant midi, est comparu par devant les notaires soussignés le sieur Pierre Mignard, peintre ordinaire du Roi, demeurant à Paris, rue Montmartre, paroisse Saint-Eustache, lequel a reconnu et confessé qu'en exécution du testament de ladite défunte damoiselle Madeleine Béjard, daté et énoncé en l'intitulation de l'inventaire devant écrit, lesdits sieur Molière et damoiselle Armande-Grésinde Béjard, sa femme, de lui autorisée, à ce présents et acceptant, lui ont, en la présence et du consentement, tant dudit sieur Cardé, exécuteur dudit testament et du codicile de ladite défunte, que de ladite damoiselle Geneviève Béjard, à présent veuve dudit sieur de Villaubrun, en son nom et comme procuratrice dudit sieur Béjard, son frère, par la procuration annexée audit inventaire, baillé, délivré et mis ès mains, en la présence des notaires soussignés, la somme de dix-sept mille six cents livres, faisant partie de celle de dix-sept mille huit cent neuf livres un sol qui s'est trouvée en deniers comptants après le décès de ladite défunte, comme il est contenu audit inventaire, et ce en espèces de louis, pistoles et pied-forts d'or et louis d'argent, qui sont les mêmes déclarées audit inventaire ; laquelle somme de dix-sept mille six cents livres demeurera en la possession dudit sieur Mignard pour être employée en la manière et comme il est porté èsdits testament et codicile. Et, au moyen de ce, ledit testament est exécuté à cet égard, et ledit sieur Cardé déchargé desdits deniers comptants envers et contre tous ; et quant aux deux cent neuf livres un sol, faisant le reste desdites dix-sept mille huit cent neuf livres un sol, lesdits sieur et damoiselle de Molière les ont retenus pour être employés aux dépenses menues et plus pressantes faites et à faire au sujet du décès de ladite défunte ; et par les mêmes présentes ledit sieur de Molière est déchargé, conjointement avec ladite damoiselle sa femme, de toutes les autres choses contenues audit inventaire dont ladite damoiselle sa femme s'étoit chargée comme sa procuratrice, ainsi qu'il paroit par icelui, et ils ont tous deux solidairement promis les représenter quand et à qu'il appartiendra ; et pour l'exécution des présentes et dépendances, lesdits sieur Mignard, sieur et damoiselle Molière ont élu leurs domiciles irrévocables ès maisons où ils demeurent, devant désignées, auxquels lieux nonobstant, etc., lesdits sieur et damoiselle Molière solidairement comme dit est, etc. Fait et passé en la maison et demeure d'iceux sieur et damoiselle Molière, les jour et an susdits, et ont signé :

	J. B. POQUELIN MOLIERE.
CARDÉ.	P. MIGNARD.
	G. BEJART.
	ARMANDE GRESINDE BEJART.
OGIER.	MOUFLE.

XLIII

1672. — 26 juillet.

BAIL FAIT PAR RENÉ BAUDELLET A MOLIÈRE.

Minutes de M⁰ Turquet.

Fut présent le sieur René Baudellet, tailleur et valet de chambre ordinaire de la Reine, et bourgeois de Paris, y demeurant, rue de Richelieu, paroisse Saint-Eustache, lequel a reconnu volontairement avoir baillé à loyer, comme il fait par ces présentes, pour six ans consécutifs, à commencer du jour saint Remy prochain, à Jean-Baptiste Poquelin Molière, valet de chambre ordinaire de ladite dame Reine[1], et damoiselle Claire-Armande-Grésinde Béjard, sa femme, qu'il a autorisée et autorise pour l'effet des présentes, demeurant à Paris, rue Saint-Honoré, paroisse dudit Saint-Eustache, à ce présents et acceptant, les lieux ci-après déclarés, dépendant d'une maison sise en cette ville de Paris, susdite rue, en laquelle le sieur bailleur est demeurant, à lui appartenant[2], savoir : trois petites caves ou deux grandes, au choix des preneurs; une cuisine; une écurie dans laquelle ledit bailleur pourra mettre un cheval quand il en aura; les premier et second étages; quatre entresols au-dessous; la moitié du grenier qui est au-dessus du troisième étage et une remise de carrosse; communauté de la cour, puits et aisances; les lieux comme ils se comportent, lesquels lesdits sieur et damoiselle preneurs ont dit avoir visités, dont ils se contentent et desquels lieux, que ledit sieur bailleur promet de faire mettre en bon état de menues réparations dans ledit jour de saint Remy prochain, icelui sieur bailleur promet et s'oblige de faire jouir iceux sieur et

1. Il y a évidemment erreur et le scribe reproduit sans y prendre garde le titre de Baudellet.
2. Par une obligation du 2 août 1659, René Baudellet, maître tailleur d'habits, demeurant rue du Four, paroisse Saint-Eustache, et Madeleine Dumont, sa femme, confessent devoir à Jean de Lespée, bourgeois de Paris, rue des Deux-Portes, paroisse Saint-Jean, la somme de neuf mille cinq cents livres qu'il leur a prêtée pour employer à la construction d'une maison, sise à Paris, rue de Richelieu, paroisse Saint-Eustache, qu'ils font bâtir sur une place de terre par eux depuis peu acquise. La somme est remboursée le 2 septembre 1662. (*Minutes de M⁰ Gatine.*)
Cette maison dans laquelle mourut Molière serait, suivant M. Édouard Fournier, celle de la rue Richelieu qui porte aujourd'hui le n° 42. (*Corneille à la butte Saint-Roch*, 1862, in-12, page cliij.)

damoiselle preneurs pendant ledit temps, et pour cet effet de faire cesser tous les troubles et empêchements qui leur pourroient être apportés, etc. Ce bail fait moyennant les prix et somme de treize cents livres de loyer par chacun an, laquelle somme de treize cents livres iceux sieur et damoiselle preneurs seront tenus, comme ils promettent et s'obligent solidairement l'un pour l'autre, un seul pour le tout, sans division ni discussion à quoi ils renoncent, de bailler et payer audit sieur bailleur en sadite demeure, à Paris, ou au porteur, aux quatre termes accoutumés à Paris, le premier desquels écherra au jour de Noël prochain, et continuer ensuite le payement dudit loyer de terme en terme jusques à la fin dudit bail. Et outre ledit bail est encore fait à la charge par lesdits sieur et damoiselle preneurs d'entretenir lesdits lieux de menues réparations locatives et nécessaires qui y seront à faire pendant ledit temps, et de les rendre en bon état à cet égard; souffrir que les grosses réparations, si aucunes il convenoit faire pendant ledit temps èsdits lieux, soient faites; plus de payer la moitié de ce à quoi la totalité de la maison dont les lieux susdits dépendent est à présent et pourra être pendant ledit temps taxée, pour le nettoyement des boues et immondices des rues, l'entretien des chandelles et lanternes, pour l'aumône des pauvres et autres charges de ville ou de police ordinaires, sans pouvoir pour tout ce que dessus prétendre par lesdits sieur et damoiselle preneurs aucune diminution dudit loyer, ni aucuns dépens, dommages ni intérêts. Seront tenus iceux sieur et damoiselle preneurs de garnir les susdits lieux de biens meubles exploitables pour sûreté dudit loyer ; ne pourront iceux sieur et damoiselle preneurs céder ni transporter le droit dudit présent bail à qui que ce soit, sans l'exprès consentement dudit bailleur et à moins qu'il ne soit par écrit; lequel sieur bailleur dès à présent sera tenu comme il s'oblige de tenir les susdits lieux clos et couverts, selon l'usage et coutume de Paris, auquel sieur bailleur lesdits sieur et damoiselle preneurs fourniront à leurs dépens, dans huitaine, la grosse en forme dudit présent bail; car ainsi, etc. Fait et passé à Paris, ès études pour le fait dudit bailleur, pour ledit sieur Molière à Auteuil, et pour sadite femme, en leur demeure à Paris, l'an mil six cent soixante-douze, le vingt-sixième jour de juillet, après midi, et ont signé :

J.-B. Poquelin Moliere. Baudellet.
Armande-Gresinde Béjart.
Routier. Pauyot.

XLIV

1672. — 15 septembre.

CONTRAT DE MARIAGE ENTRE JEAN-BAPTISTE AUBRY ET GENEVIÈVE BÉJARD.

Minutes de M° Durant.

Furent présents sieur Léonard Aubry, paveur ordinaire des bâtiments du Roi, et Anne Papillon, sa femme, de lui autorisée, demeurant rue Saint-Honoré, paroisse Saint-Germain l'Auxerrois, stipulant pour sieur Jean-Baptiste Aubry, sieur des Carrières, leur fils, aussi paveur desdits bâtiments, à ce présent, de son consentement, d'une part; et damoiselle Geneviève Béjard, veuve de feu Léonard de Loménie, sieur de la Villaubrun, demeurant place du Palais-Royal, susdite paroisse, fille de défunts M° Joseph Béjard, procureur au Châtelet, et Marie Hervé, sa femme, ses père et mère, pour elle et en son nom, d'autre part. Lesquelles parties volontairement reconnurent et confessèrent, en la présence de leurs parents et amis ci-après nommés, savoir, de la part dudit futur époux : de Sébastien Aubry, frère; Pierre le Viez, chevalier, médecin général de l'ordre et milice du Saint-Esprit, archi-hospitalité de toute la Chrétienté [1], beau-frère; damoiselle Anne Aubry, sa femme; damoiselles Marie et Barbe Aubry, sœurs; Jean de Granouilhet, écuyer, sieur de Sablières, intendant de la musique de Monsieur, duc d'Orléans; André de Vivensan, seigneur de Bussy, ci-devant gentilhomme de la chambre de mondit sieur ; Louis Raymond, sieur des Cluzeaux, garde du Roi en la prévôté de son hôtel, amis; et de la part de ladite future épouse : de Jean-Baptiste Poquelin de Molière, valet de chambre et comédien ordinaire du Roi, beau-frère à cause de damoiselle Claire-Armande-Grésinde Béjard, sa femme; Louis Béjard, ingénieur du Roi, frère; François Brossard, marchand à Paris, M° François Coiffier, ci-devant huissier ordinaire du Roi en son grand Conseil, amis; avoir fait entre eux les traité, conventions et promesses de mariage qui ensuivent : c'est à savoir que lesdits sieur Jean-Baptiste Aubry et damoiselle Geneviève Béjard s'être, du consentement des dessusdits, promis prendre l'un l'autre par nom et loi de mariage, etc., pour être uns et communs en tous biens meubles et conquêts immeubles, suivant la coutume de Paris, sans être tenus des dettes l'un de l'autre faites avant leur mariage, et si aucunes y

---

1. Cet ordre est plus connu sous le nom d'ordre du Saint-Esprit de Montpellier.

a seront payées par celui qui les aura faites et sur ses biens, sans que ceux de l'autre en soient tenus.

Lesquels biens et droits à ladite damoiselle future épouse appartenant, elle a dit consister tant au contenu en l'inventaire qu'elle a fait faire à sa requête après le décès dudit défunt son mari, par devant Ferret et Levasseur, l'un des notaires soussignés, le vingt-septième juin dernier[2], clos ce jourd'hui, et reprises qu'elle a sur la succession de sondit mari, comme ayant renoncé à leur communauté, le quart au total en une place de terre sise faubourg Saint-Antoine, grande rue dudit lieu, que en quatre cents livres de pension viagère à elle léguées par feu damoiselle Madeleine Béjard, sa sœur, par son testament reçu par Ogier et Moufle, notaires, le neuf janvier dernier ; le tout quelle promet apporter audit futur époux la veille de leurs épousailles.

Desquels biens il en entrera en leur future communauté la somme de trois mille livres et le surplus sera et demeurera propre à ladite damoiselle future épouse et aux siens de son côté et ligne.

Partant ledit sieur futur époux a doué et doue ladite damoiselle future épouse de trois mille livres de douaire préfix pour une fois payé, à l'avoir et prendre par elle sitôt qu'il aura lieu sur tous les biens dudit futur époux, qu'il en a chargés et hypothéqués à cet effet.

Le survivant des futurs époux aura et prendra par préciput de tels biens meubles de leur communauté qu'il voudra choisir jusques à la somme de quinze cents livres, suivant la prisée de l'inventaire, etc.

Sera permis à ladite damoiselle future épouse survivant sondit futur époux, et aux enfants qui naîtront dudit mariage de renoncer à ladite communauté ou icelle accepter, etc., en faveur duquel futur mariage Jean-Baptiste de Loménie, fils d'elle et dudit défunt sera nourri, instruit et entretenu aux dépens de ladite communauté jusques à l'âge de quinze ans sans lui en faire payer aucune chose.

Les père et mère dudit futur époux, pour les services qu'il leur a rendus et rendra, en l'exercice de paveur des bâtiments du Roi et autres ouvrages toisés, et écritures qu'il a faites et fait encore à pré-

---

1. Il est inutile de reproduire cet inventaire ; le seul intérêt qu'il offre est la mention, parmi les papiers, d'une quittance sous seing privé, « signée *Bernard*, prêtre et confesseur dudit défunt, par laquelle le soussigné confesse avoir reçu de ladite veuve, trente-six livres pour messes et prières qu'il a dites pour ledit défunt. » En outre, il est dû par la succession de Léonard de Loménie « au sieur Bernard, prêtre de Saint-Germain l'Auxerrois, deux cent trente livres. » (*Minutes de M*^{e} *Durant*.) Cet abbé Bernard est, sans aucun doute possible, le même que « M. Bernard, prêtre habitué en l'église Saint-Germain » cité dans la requête adressée par la veuve de Molière à l'archevêque de Paris, le 20 février 1673, comme ayant « admi-« nistré les sacrements à Pâques dernier », c'est-à-dire le 17 avril 1672, à Molière. (*Histoire de Molière*, par M. Taschereau, 3e édit., page 260.)

sent, ils lui font don par ces présentes, ce acceptant, de cinq cents livres chacun an pendant qu'il travaillera, par forme de pension, nourritures et entretenements, qui commencera à avoir cours de cejourd'hui en avant. Après le décès dudit sieur son père la susdite pension sera et demeurera éteinte. Reconnoissant ledit futur époux avoir été satisfait par sesdits père et mère de sadite pension jusqu'à présent, dont il les décharge; lesquels père et mère dudit futur époux ont certifié leurdit fils franc et quitte de toutes dettes hypothécaires faites avant ledit mariage et dont ils promettent l'acquitter; car ainsi a été accordé entre lesdites parties, promettant, etc.

Fait et passé en l'étude de Levasseur, l'un des notaires soussignés, l'an mil six cent soixante-douze, le quinzième jour de septembre, après midi, et ont signé :

Aubry.	Anne Papillon.
Aubry.	Le Viez.
Geneuiefue Bejart.	Anne Aubry.
Bejard l'Eguisé.	Marie Aubry.
J. B. Poquelin Moliere.	Sebastien Aubry.
Coiffier.	Barbe Aubry.
Viuensan Bussy.	Granouilhet.
F. Brossard.	Raymond.
Ogier.	Levasseur.

XLV

1673. — 13-20 mars.

INVENTAIRE FAIT APRÈS LE DÉCÈS DE MOLIÈRE.

Minutes de M° Durant.

L'an mil six cent soixante-treize, le lundi avant midi, treizième our de mars, à la requête de damoiselle Claire-Élisabeth-Armande-Grésinde Béjard, veuve de feu Jean-Baptiste Poquelin de Molière, vivant tapissier et valet de chambre du Roi, demeurant rue de Richelieu, paroisse Saint-Eustache, tant en son nom, à cause de la communauté qui a été entre elle et ledit défunt son mari, que comme tutrice de damoiselle Marie-Madeleine-Esprit Poquelin de Molière, fille d'icelui défunt et d'elle, âgée de sept ans et demi ou environ, élue par acte du Châtelet du quatre du présent mois, reçu par Gaudion, greffier, et en la présence de honorable homme

André Boudet, marchand tapissier à Paris, demeurant sous les piliers de la Tonnellerie, susdite paroisse, oncle paternel et subrogé tuteur de ladite damoiselle mineure, élu par ledit acte quant à ses actions, partage et confection du présent inventaire, ladite mineure habile à se porter et nommer héritière dudit défunt, son père, et à la conservation des droits de qui il appartiendra, par les notaires au Châtelet de Paris, soussignés, fut et a été fait inventaire et description de tous les biens meubles, ustensiles d'hôtel, or et argent monnoyé, lettres, papiers et enseignements délaissés après le décès dudit défunt, arrivé le dix-sept février dernier, trouvés et étant ès lieux que lesdits sieur et damoiselle occupoient en ladite rue de Richelieu, montrés et enseignés auxdits notaires par ladite damoiselle veuve, et par Renée Vannier, dite la Forest, et Catherine Lemoyne, servant de fille de chambre, demeurant avec ladite damoiselle comme ils [sic] faisoient avant le décès dudit défunt, après serment par elles fait d'iceux montrer et mettre en évidence sans aucuns cacher ni latiter, sur les peines de droit à elles donnant à entendre par l'un desdits notaires soussignés, l'autre présent, et lesquels biens meubles ont été prisés et estimés par Jacques Taconnet, huissier sergent à verge au Châtelet, juré-priseur, vendeur de biens meubles ès ville, prévôté et vicomté de Paris, aux sommes de deniers, et ainsi qu'il ensuit. Lesdites la Forest et Lemoyne ont déclaré ne savoir signer et les autres comparants ont signé :

ARMANDE GRESINDE CLAIRE ESLISABET BÉJART.
TACONNET.   A. BOUDET.
DE BEAUFORT.   LEVASSEUR.

En la cuisine.

Premièrement : une paire de chenets, deux paires de chevrettes, une autre paire, une crémaillère, pelle et pincette, le tout de fer, prisé soixante sols, ci. . . . . lx^s.

Item. Trois poêles à frire, un gril, deux réchauds, trois broches, une lèchefrite, un croc à pendre viande, une marmite, une cuillère à pot, le tout de fer, prisé ensemble quatre livres, ci. . . . . iiii^{tt}.

Item. Deux fontaines de cuivre rouge, garnies chacune de leur couvercle et robinet, l'une tenant quatre seaux et l'autre deux, prisées ensemble quarante-cinq livres, ci. . . . . xlv^{tt}.

Item. Une grande marmite, façon de jarre? sans pied, et une autre petite à pied, garnies de leurs couvercles, toutes deux de cuivre rouge, prisées ensemble sept livres, ci. . . . . vii^{tt}.

Item. Une grande cuvette[1] tenant deux seaux ou environ, une

---

1. *Cuvette*, petit vaisseau en forme de cuve, fait de cuivre, d'argent, de marbre, etc., qu'on met dans les lieux où on mange, auprès d'un buffet, pour y jeter les eaux sales et superflues. (*Furetière.*)

autre plus petite, toutes deux de cuivre rouge, prisées ensemble trente livres, ci. . . . . xxx^{tt}.

Item. Une grande tourtière avec son couvercle, aussi de cuivre rouge, prisée trois livres dix sols, ci. . . . . iii^{tt}x^s.

Item. Trois chaudrons de cuivre jaune de différentes grandeurs, prisés ensemble six livres, ci. . . . . vi^{tt}.

Item. Deux platines[1] l'une grande et l'autre moyenne, prisées ensemble dix livres, ci. . . . . x^{tt}.

Item. Un grand chandelier, six autres petits et un martinet[2], le tout de cuivre jaune, avec deux autres petits chandeliers de fer et trois fers à repasser, le tout prisé ensemble six livres, ci. . . vi^{tt}.

Item. Deux bassinoires de cuivre rouge, prisées six livres, ci. vi^{tt}.

Item. Deux poêlons, un grand et un petit, avec une cuillère et deux écumoires de cuivre jaune; prisé trente sols, ci. . . . . xxx^s.

Item. Deux tenailles[3], deux pelles et une pincette, le tout de fer, avec un trépied de la tourtière, une petite broche; prisé vingt-cinq sols, ci. . . . . xxv^s.

Item. Une table de bois de chêne de sept pieds de long sur son chassis, deux bancelles[4] de pareil bois, des tablettes à vaisselle, deux seaux, le tout prisé ensemble huit livres, ci. . . . . . viii^{tt}.

Item. La quantité de quatre-vingts livres d'étain sonnant en plusieurs ustensiles; prisé à raison de onze sols la livre, revenant audit prix à. . . . . [5].

Item. En autres ustensiles d'étain commun la quantité de vingt-une livres; prisé à raison de neuf sols la livre, revenant à. . [6].

Item. Une seringue avec son étui, prisée vingt sols, ci. . . . xx^s.

Dudit jour de relevée, à la requête et présence que dessus a été inventorié ce qui ensuit :

Item. Une grande marmite de cuivre rouge, tenant un seau et demi, avec son couvercle, prisée huit livres, ci. . . . . viii^{tt}.

Item. Un grand alambic et un moyen, tous deux de cuivre rouge, avec les deux fourneaux de fer, prisés ensemble vingt-cinq livres, ci. . . . . xxv^{tt}.

---

1. *Platine*, ustensile de ménage qui sert à étendre, à sécher le menu linge, les rabats; les cravates empesées se sèchent sur la platine qui est faite d'un rond de cuivre jaune fort poli. (*Furetière*.) Dans une mauvaise imitation du *Malade imaginaire*, publiée à Amsterdam en 1674, Argan se nomme Orgon et la servante Cato au lieu de Toinette. Cato dit à Orgon : « J'ai laissé du linge sur la platine, qui se brûlera; souffrez que je l'aille ôter. »

2. *Martinet*, petit chandelier plat qui a un manche et un crochet et qui sert pour aller à la cave.

3. *Tenailles*, grandes pinces qui garnissaient autrefois les cheminées.

4. *Bancelle*, petit banc long et étroit comme celui qu'on met aux tables des petits cabarets. (*Furetière*.)

5. Le prix est resté en blanc. — 6. *Id.*

Item. Une paire de chenets ciselés, de cuivre jaune, avec un couvre-feu de cuivre rouge, prisés vingt livres, ci. . . . . xx^{tt}.

Dans un grenier.

Item. Une table sur son châssis de bois de noyer, à piliers tournés en chapelets; prisé quatre livres, ci. . . . . iiii^{tt}.

Item. Une armoire haute, à deux guichets[1], fermant à clef, garnie de fil de fer et de tablettes, prisée douze livres, ci. . . . . . xii^{tt}.

Item. Une autre plus petite armoire, à deux guichets, aussi garnie de fil de fer, prisée dix livres, ci. . . . . x^{tt}.

Item. Une grande armoire à deux guichets, de bois de noyer, fermant à clef, et garnie de tablettes, prisée trente-six livres, ci. xxxvi^{tt}.

Item. Une autre grande armoire de bois de chêne, à quatre guichets, fermant à clef, garnie de deux tiroirs, prisée dix livres, ci. x^{tt}.

Item. Trois bahuts[2] ronds, couverts de peau et barrés; une cassette couverte de cuir fermant à clef, un grand banc à couche, de bois, deux autres petites cassettes couvertes de cuir; le tout prisé ensemble dix livres, ci. . . . . x^{tt}.

Dans l'un des entresols.

Item. Une couche à hauts piliers[3], de trois pieds de large et fonds de bois, avec un tour de housse de serge vert brun, prisé vingt livres, ci. . . . . xx^{tt}.

Item. Un petit lit de repos avec des soubassements de damas caffard[4] et toile indienne, deux matelas de toile, l'un rempli de laine et l'autre de bourre, un traversin et un pavillon[5] de toile indienne avec frange de soie; le tout prisé ensemble vingt-cinq livres, ci. xxv^{tt}.

Item. Un berceau de bois de noyer, deux petits matelas remplis de crin, couverts de toile à carreaux, un gros oreiller et un petit, une couverture de serge blanche, le tout prisé ensemble quinze livres, ci. . . . . xv^{x}.

Item. Deux petits lits de plumes, de coutil commun; prisé douze livres, ci. . . . . xii^{tt}.

---

1. *Guichet* est le volet qui ferme une fenêtre ou une armoire. On dit une armoire à trois ou quatre guichets. (*Furetière.*)

2. *Bahut*, coffre couvert de cuir, dont le couvercle est arrondi.

3. *Couche*, bois de lit. « Quand on crie à l'encan une couche, on n'entend vendre que le bois de lit. *Une couche à hauts piliers.* » (*Furetière.*)

4. Le véritable damas caffard est tout de fil; le damas caffard ordinaire est celui dont la trame est seulement de fil et les chaînes de soie, et qui se manufacture en Flandres. (*Furetière.*)

5. *Pavillon*, garniture de lit taillée en rond, qui s'attache au plancher et qui a la figure d'une tente.

Item. Un petit cabinet¹ garni de six tiroirs fermant à clef, prisé huit livres, ci.............................. viii^{tt}.

Item. Trois estampes en papier, vernies, deux du portrait de la feue Reine mère, l'autre du sieur maréchal de Turenne², prisées trois livres, ci................................ iii^{tt}.

Dans un entresol à côté.

Item. Une couchette à bas piliers, de bois de noyer, garnie de son enfonçure³, avec le cadre, un écran de damas vert, une petite table à bouquets? le tout prisé six livres, ci.............. vi^{tt}.

Dans un autre.

Item. Un cabinet de racine de noyer, fermant à deux guichets par bas, façon d'armoire, et de douze petits tiroirs par haut, prisé soixante livres, ci................................ lx^{tt}.

Item. Une paire [de] chenets de cuivre jaune, façon de vases et bouquets, une autre paire de chenets de fer poli, tenailles, pelle et pincettes, prisés vingt-livres, ci.............. xx^{tt}.

Item. Deux fauteuils et deux chaires de bois de noyer, à piliers tors, prisés huit livres, ci..................... viii^{tt}.

Item. Un guéridon de bois de noyer avec un petit soufflet verni, un lit de sangle; prisé ensemble quatre livres, ci........ iiii^{tt}.

Item. Une grande armoire de bois de noyer noirci, à quatre guichets, garnie de fil de fer et tablettes par dedans, prisée quinze livres, ci................................ xv^{tt}.

Item. Une boîte à perruque, de peau de senteur, [prisée] soixante sols, ci................................... lx^s.

Item. Trois matelas, l'un de futaine des deux côtés, rempli de laine; un autre aussi de futaine, rempli de bourre, et l'autre de futaine et toile, rempli de crin; une grande couverture de laine blanche, et une autre petite, aussi de laine blanche, avec deux traversins remplis de plumes. Le tout prisé ensemble trente-six livres, ci. xxxvi^{tt}.

Item. Deux grands coffres, couverts de peau et barrés, prisés cent sols, ci..................................... c^s.

Item. Une chaire à porter, garnie de damas rouge par dedans, avec les bâtons, [prisée] quinze livres, ci................ xv^{tt}.

---

1. *Cabinet*, buffet où il y a plusieurs volets et tiroirs pour y enfermer les choses les plus précieuses. (*Furetière*.)

2. Nanteuil a gravé plusieurs fois et en grande dimension les portraits d'Anne d'Autriche et de Turenne.

3. *Couchette*, petit lit qui n'a point de ciel, ni de rideaux, ni de hauts piliers. *Enfonçure* est ce qu'on met pour soutenir les paillasses.

Sous un hangar, dans la cour.

Item. Deux tables longues et six contrevents d'ais de sapin, et une grande caisse de pareil bois, prisés avec leurs ferrures quinze livres, ci . . . . xv^{lt}.

Dans l'écurie.

Item. Quatre châssis à papier, un dessus de table, un huis vert, un autre huis de bois, avec quelques vieils bois et une paillasse ; le tout prisé ensemble huit livres, ci. viii^{tt}.

Dans l'une des chambres de l'appartement de ladite damoiselle veuve.

Item. Une couche basse, de noyer, avec son enfonçure, sommier de crin, un matelas de futaine des deux côtés, rempli de bourrelanisse [1]; un lit et traversin de coutil rempli de plume, une grande couverture de laine blanche, une autre plus petite et une indienne piquée, une grande housse, suspendue avec un cadre et trois verges de fer, de serge d'Aumale verte. Le tout prisé ensemble six vingts livres, ci. . . . . vi^{xxlt}.

Item. Douze fauteuils de bois de noyer tors, à mufle de lion, avec leurs housses de serge verte et quatre siéges ployants de pareil bois et housses. Le tout prisé ensemble quatre-vingts livres, ci. . . iiii^{xxlt}.

Item. Une grande chaire de repos, à crémaillère par les bras ; six fauteuils et un petit, avec un tapis de table d'environ deux aunes de long, le tout de moquette à fond jaune et fleurs ; le tout prisé ensemble trente livres, ci. . . . . xxx^{tt}.

Item. Deux chaires d'affaires, couvertes de moquette, prisées six livres, ci . . . . vi^{tt}.

Item. Une armoire basse, de bois de noyer, le dessus s'ouvrant à deux guichets fermant à clef, prisée quinze livres, ci. . . . . . xv^{tt}.

Item. Un coffre-fort de bois de chêne, garni de fer par dedans, de trois serrures et deux cadenas, prisé dix-huit livres, ci. . . . xviii^{tt}.

Item. Une petite table basse, garnie d'un tiroir et piliers tors, prisée quatre livres, ci. . . . . iiii^{lt}.

Item. Sept feuilles de paravent, garnies de serge verte, prisées vingt-quatre livres, ci. . . . . xxiiii^{tt}.

Item. Une table ovale sur son tréteau de bois de sapin, un lit de sangle, prisés quarante sols, ci. . . . . xl^s.

Item. Sept oreillers de coutil remplis de plume, et deux petits, prisés dix livres, ci. . . . . x^{tt}.

---

1. *Bourre lanice*, la partie la plus grossière qui provient de la laine.

Item. Un traversin de coutil plein de plume, prisé quatre livres, ci. . . . . iiii^{lt}.

Item. Sept aunes de cours de tapisserie de toile peinte et à bandes de brocatelle, à fond bleu, en trois pièces de deux aunes de haut; prisé vingt livres, ci. . . . . xx^{lt}.

Item. Un grand clavecin de sept pieds de long, à deux claviers, sur son pied de bois de noyer, avec une housse de cuir; prisé deux cents livres, ci . . . . ii^{ctt}.

Item. Un autre petit clavecin de cinq pieds de long, prisé soixante livres, ci. . . . . lx^{lt}.

Dans une autre chambre à côté.

Item. Une table sur son châssis de bois de noyer, prisée quatre livres, ci. . . . . iiii^{lt}.

Item. Un cabinet de racine de noyer, sur son pied, à six colonnes, garni de tiroirs et layettes[1], fermant à clef, prisé trente livres, ci. . . . . xxx^{lt}.

Item. Deux pendules, l'une de la façon de Claude Raillart, l'autre de Gavelle, et un thermomètre[2]; prisé ensemble quatre-vingts livres, ci. . . . . iiii^{xxlt}.

Item. Un brasier de fer blanc et bassin de cuivre jaune; prisé six livres, ci. . . . . vi^{lt}.

Item. Un grand guéridon et deux petits; prisé quatre livres, ci. iiii^{lt}.

Item. Un grand miroir de trente pouces, de glace, avec une bordure entièrement garnie de cuivre doré; prisé six vingts livres, ci. . . . . vi^{xxlt}.

Item. Une tenture de tapisserie de camelot, façon de la Chine, à bande de damas caffard vert rayé, de deux aunes et demi de haut sur dix-huit aunes de cours ou environ, en plusieurs pièces; prisé trente-six livres, ci. . . . . xxxvi^{lt}.

Item. Sept tableaux peints sur toile dont quatre couchés et les trois autres en hauteur, avec leurs bordures vernies, l'un représentant une ruine, quatre paysages et mer, une Vierge et une sainte Catherine, prisés cinquante livres, ci. . . . . l^{lt}.

Item. Un petit cabinet de vernis de la Chine, fermant à clef, prisé trente-six livres, ci. . . . . xxxvi^{lt}.

---

1. *Layette,* tiroir d'une armoire ou cabinet, ou buffet, où l'on serre plusieurs choses qu'on veut séparer ou mettre en ordre. (*Furetière.*)

2. Le juré-priseur écrit *termamettre.* « On a inventé de notre temps un instrument qu'on nomme thermomètre, » dit Jacques Rohault dans son *Traité de physique* que l'on trouvera plus loin à Auteuil parmi les livres de Molière.

Dans l'une des chambres du présent appartement.

Item. Une armoire de bois d'Allemagne, à deux guichets, garnie de fer, de cuivre et de tablettes par devant, prisée cinquante-livres, ci. . . . . l^{tt}.

Item. Quatorze volumes in-folio, reliés en veau : deux tomes du sieur de la Mothe le Vayer, deux tomes de Sénèque, un des Triomphes de Louis treize[1], un intitulé Rome vaincue[2], deux du sieur de Corneille, deux Dioscorides, un tome de Plutarque, un des Antiquités romaines, deux tomes de Tite-Live et un tome de l'histoire d'Espagne. Neuf autres volumes in-quarto de Lucien, voyages et autres. Le tout prisé cinquante livres, ci. . . . . l^{tt}.

Item. Onze autres volumes in-folio : deux des œuvres de Virgile, un autre Alliance[3], un Cassiodore[4]? un Juvénal, un livre italien, deux volumes de Calepin[5], deux de Térence et un tome de Virgile. Dix-huit volumes in-quarto : Dictionnaire de Philosophie et autres. Douze autres volumes aussi in-quarto, et cinquante autres volumes in-douze, in-seize, en parchemin. Le tout prisé quarante livres, ci. . . . . xl^{tt}.

Item. Quarante autres volumes de comédies françoise, italienne, espagnole, reliés en parchemin, prisés dix livres, ci. . . . . . . x^{tt}.

Ce fait l'assignation continuée à demain huit heures du matin, et ont signé :

ARMANDE GRESINDE CLAIRE ESLISABET BÉJART.
TACONNET.   BOUDET.

Du mardi avant midi quatorzième jour de mars audit an mil six cent soixante-treize, à la requête et présence que dessus a été inventorié ce qui ensuit :

Item. Douze carreaux de brocatelle de Venise, remplis de plume, garnis de houppes, avec deux portes-carreaux[6] de bois verni, façon de la Chine, lesdits carreaux huit à grandes fleurs rouges et quatre verts, prisés soixante livres, ci. . . . . lx^{tt}.

Item. Douze autres carreaux de toile indienne peinte, remplis de

---

1. *Les Triomphes de Louis le Juste*, par Jean Valdor, Paris, 1649, in-fol.
2. C'est l'*Alaric* de Georges de Scudéry.
3. Peut-être le livre de Claude Paradin, intitulé *Alliances généalogiques des Rois de France*, dont il existe trois éditions in-folio; Lyon, 1561 et 1606, et Genève, 1636. Je dois cette indication à mon ami M. Paul Lacroix.
4. On lit *Cassaudius;* ce ne peut-être la *Cassandre* de la Calprenède, qui est en dix volumes in-8°.
5. *Ambrosii Calepini Dictionarium;* c'est peut-être l'édition publiée à Lyon en 1656, 2 vol. in-fol.
6. *Carreau*, coussin carré; *porte-carreau*, petit meuble de bois « qui n'a autres pieds que des pommes tournées, sur lequel on met des piles de carreaux. » (*Furetière*.)

plume et deux porte-carreaux de bois verni, prisés trente-six livres, ci. . . . . xxxvi^{tt}.

Item. Six chaires de bois verni et doré, avec leurs coussins de taffetas rayé de ratine, remplis de plume; prisé trente-cinq livres, ci. . . . . xxxv^{tt}.

Item. Un tapis de table de Turquie, de deux aunes de long sur une aune et demie de large, prisé quinze livres, ci. . . . . . . xv^{tt}.

Item. Un grand tapis de pied, de Turquie, de quatre aunes et demie de long, sur deux aunes et demie de large, prisé soixante livres, ci. . . . . lx^{tt}.

Item. Un autre tapis de Turquie, de pied, de deux aunes et demie de long, sur une aune et demie de large, prisé trente livres, ci. xxx^{tt}.

Item. Une tenture de tapisserie de verdure de Flandre[1], en six pièces, contenant dix-neuf aunes de cours sur deux aunes deux tiers de haut, prisée huit cents livres, ci. . . . . viii^{ct}.

Item. Une petite pièce d'une aune et demie de large sur deux aunes et demie de haut, aussi de verdure, prisée trente livres, ci. xxx^{tt}.

Item. Une tenture de tapisserie d'Auvergne fort vieille, en six pièces, contenant treize à quatorze aunes de cours, à verdure de feuillage, prisée soixante livres, ci. . . . . lx^{tt}.

Item. Une table de bois figuré de parquet de fleurs, avec deux guéridons de pareil bois, prisés ensemble dix-huit livres, ci. xviii^{tt}.

Item. Une petite table à piliers tournés, prisée trente sols, ci. xxx^s.

Item. Une autre petite table de bois noirci, avec son tiroir, une tenture de tapisserie d'un petit cabinet, de fil de laine, de douze aunes ou environ, avec deux fauteuils couverts de pareille tapisserie fil de laine; le tout prisé ensemble dix livres, ci. . . . . x^{tt}.

Item. Un miroir, à glace couchée, d'environ quinze pouces, avec sa bordure de bois de noyer, prisée quatre livres, ci. . . . . iiii^{tt}.

Item. Deux couvertures piquées, l'une de toile indienne avec un bord de satin doublé de taffetas incarnat, et l'autre de taffetas aussi incarnat, avec un bord de taffetas couleur de chair, prisées ensemble vingt-cinq livres, ci. . . . . xxv^{tt}.

---

1. Dans *l'Amour médecin* (acte I, scène I), M. Guillaume dit à Sganarelle : « Si j'étois à votre place, j'achèterois une belle tapisserie de verdure, ou à personnages. » Parmi les objets mentionnés dans le mémoire lu par la Flèche à Cléante (*l'Avare*, acte II, scène I) se trouve « une tenture de tapisserie des amours de Gombaud et de Macée. » La tapisserie mentionnée ici et qui est estimé huit cents livres, semble être la même que la « tenture de tapisserie, verdure de Flandre, à petits personnages, » estimée onze cents livres dans l'état joint au contrat de mariage de la fille de Molière. (Document n° LIX.) Enfin dans l'inventaire de M. de Montalant (Document n° LXV), on retrouve une « tenture de tapisserie à personnages, fabrique d'Anvers, représentant l'histoire de Persée et d'Andromède, prisée cinq cent cinquante livres », qui vient certainement de la fille de Molière et très-probablement de Molière lui-même.

Item. Un petit lit de repos, de bois de menuiserie, avec une bordure de bois doré, à pieds d'aiglon feints de bronze; deux matelas, l'un couvert entièrement de satin à fleurs à fond vert, et l'autre garni par les bords seulement de pareil satin, avec un traversin de pareil satin; ledit bois de lit avec un dossier de sculpture dorée. Le tout prisé, et encore deux carreaux de pareil satin remplis de plume, cent livres, ci. . . . . c^{tt}.

Item. Un autre lit de repos, de menuiserie, sculpture et dorure, pareil que celui ci-dessus et à deux chevets, de huit pieds de long, garni de deux matelas de pareille longueur, satin chacun, quatre carreaux comme celui ci-dessus; prisé cent quarante livres, ci. cxl^{tt}.

Item. Deux fauteuils de bois doré entièrement et garnis de chacun un coussin, un soubassement et dossier de pareil satin à fond vert; prisé ensemble quarante livres, ci. . . . . xl^{tt}.

Item. Deux rideaux de fenêtre de taffetas blanc, de quatre lés chacun, de trois aunes de haut, avec les petites pentes du haut; prisé quarante-cinq livres y compris les cordons de soie [ci]. xlv^{tt}.

Item. Une tenture de tapisserie de pareil satin à fond vert que celui ci-dessus, à bordures aussi de satin à fond blanc et fleurs aurore, en quatre pièces, contenant sept aunes de cours ou environ sur deux aunes et un tiers de haut; prisée soixante-dix livres, ci. . . . lxx^{tt}.

Item. Un devant de porte et un de cheminée, avec leurs pentes de taffetas vert et blanc céladon, garnis de frange, prisés douze livres, ci. . . . . xii^{tt}.

Item. Une couche à pieds d'aiglon, feints de bronze vert, avec un dossier peint et doré, sculpture et dorure; un sommier de crin, deux matelas de futaine, des deux côtés, remplis de bourre d'Hollande; un lit et traversin de coutil de Bruxelles, rempli de plume. Un dôme à fond d'azur, sculpture et dorure, avec quatre aig..s de relief, de bois doré; quatre pommes, façon de vases, aussi de bois doré; ledit dôme garni par dedans de taffetas aurore et vert en huit pentes, avec le plafond; l'entour dudit lit d'une seule pièce, de deux aunes et un quart de haut, de pareil taffetas; le tout garni de frange aurore et vert. Un dôme plus petit et de pavillon pour le dedans, de bois doré, sculpture façon de campane; le pavillon en trois pièces de taffetas gris de lin, brodé d'un petit cordonnet d'or, avec frange et mollet[1] d'or et soie, et doublé d'un petit taffetas d'Avignon; ledit dôme garni dedans de pareil taffetas et frange; une courte-pointe de pareil taffetas, frange et mollet et brodée avec chiffres, doublée de toile boucassine[2] rouge. Quatre rideaux de deux aunes un tiers de

---

1. *Mollet*, petite frange, large d'un travers de doigt, qui sert à garnir les ameublements. (*Furetière*.)

2. *Boucassine*, étoffe de coton ou de lin qui sert aux doublures. (*Furetière*.)

haut, de brocart à fleurs et fond violet, garnis d'agrément d'or faux et soie verte, frange et mollet d'or fin et soie verte; trois soubassements et trois pentes à campanes³, garnies de glands or faux et soie verte, avec les cordons et houppes gris de lin et or faux, et vert et or faux, et les houppes fines; et encore un paquet de soie rouge cramoisi et trois pentes de satin vert, brodées de lames d'or, pour rehausser lesdites campanes. Le tout prisé ensemble deux mille livres, ci. ii^{mlt}.

Item. Deux guéridons de sculpture, à trois pieds d'aiglon feints de bronze, de bois doré, et le haut exagone; prisés quatre-vingts livres, ci. . . . . iiii^{xxtt}.

Item. Six fauteuils à figures sphinx, entièrement dorés, garnis de coussins et dossiers et pentes de satin² à fleurs, fond violet, garnis de frange et mollet or fin et soie verte; prisés deux cents livres, ci. ii^{ctt}.

Ce fait, l'assignation continuée à ce jourd'hui, deux heures de relevée, et ont signé :

   Armande Gresinde Claire Eslisabet Bejard.
   A. Boudet.

Dudit jour mardi quatorzième mars, deux heures de relevée, en continuant à la confection dudit inventaire, a été inventorié ce qui ensuit:

Item. Six rideaux d'alcôve et faisant le tour. Deux portières avec neuf pentes, tant pour lesdites portières, alcôve que cheminée. Le tout de taffetas rouge cramoisi, garni de frange et mollet de soie aurore, cordons et houppes; prisé deux cents livres, ci. . . . ii^{ctt}.

Item. Deux rideaux de fenêtre, de taffetas blanc, de quatre lés chacun, de trois aunes de haut, avec leurs cordons de soie et petites pentes du haut, prisés quarante-cinq livres, ci. . . . . xlv^{tt}.

Dans une autre chambre.

Item. Deux lits de repos de six pieds de long, de bois verni, façon de la Chine, garnis chacun de deux matelas dont l'un à côtés ? rempli de crin et bordé de satin à fleurs à fond bleu, et l'autre entièrement couvert de pareil satin, rempli de laine et crin, et deux traversins aussi chacun de pareil satin; prisés [avec les deux tapis de pied de moquette et le soubassement de satin fond bleu]³ ensemble deux cent cinquante livres, ci. ii^c l^{tt}.

Item. Huit chaires de bois tourné, verni et doré, avec leurs carreaux de pareil satin à fond bleu et petites pentes tournant autour; prisées ensemble quatre-vingts livres, ci. . . . . iiii^{xxtt}.

---

1. *Campane,* crépine de fil d'or, ou d'argent, ou de soie, qui se termine en petites houppes façonnées et qui représentent une cloche. On en met aux pentes d'un lit. (*Furetière.*)

2. Il y avait de pareil satin, *pareil* est rayé.

3. Ce qui est entre [ ] est ajouté en marge.

Item. Trois portières à trois pentes, de taffetas d'Angleterre bleu et blanc, avec franges de soie de même couleur, cordons et houppes ; le tout prisé ensemble cinquante livres, ci. . . . . l^{tt}.

Item. Deux grands rideaux de toile de coton, de cinq lés chacun sur trois aunes de haut, garnis par en bas d'un grand point de Paris et aux côtés d'un moyen, avec deux pentes de pareille toile et point; prisés cinquante livres, ci. . . . . l^{tt}.

Item. Deux porte-miroirs, avec les plaques de fonte dorée[1] et un cordon à houppes de soie et argent faux; prisés vingt-cinq livres, ci. . . . . xxv^{tt}.

Item. Un grand tableau couché, de quatre pieds de long, d'une famille de Jésus[2]. Deux paysages de deux pieds de long, et un autre tableau de *l'École des maris*[3], avec leurs bordures, prisés ensemble quinze livres, ci. . . . . xv^{tt}.

Item. Un grand rideau de toile de coton de trois lés, prisé cent sols, ci. . . . . c^s.

Item. Une petite table de racine de noyer, parquetée de filets noirs et d'ivoire, prisée huit livres, ci. . . . . viii^{tt}.

Ensuit le linge.

Item. Deux douzaines de chemises de toile d'Hollande, à usage d'homme, prisées ensemble quatre-vingt-seize livres, ci. . . iiii^{xx}xvi^{tt}.

Item. Dix-huit chemises de nuit à usage dudit défunt, prisées ensemble vingt-cinq livres, ci. . . . . xxv^{tt}.

Item. Quatre camisoles d'Hollande, à usage d'homme, et dix autres camisoles de toile et basin, prisées vingt livres, ci. . . . . . xx^{tt}.

---

1. « On avoit autrefois des plaques d'argent magnifiques, mais l'usage en est presque perdu; on faisoit aussi des plaques avec des glaces de miroir. » (*Furetière*.)

2. Le sujet de ce tableau semblerait donner quelque poids à une brochure publiée en 1840 et intitulée : *Découverte d'un autographe de Molière*. D'après cette brochure, on aurait retrouvé derrière un tableau représentant une Sainte Famille où figure saint Jean-Baptiste, une inscription ainsi conçue : *Donné par mon ami Seb. Bourdon, peintre du Roy et directeur de l'Académie de peinture. — Paris, ce vingt quatrième de juin mil six cens septante.* J. B. P. MOLIÈRE.
Plusieurs circonstances doivent faire douter de l'authenticité de cette inscription, dont l'écriture ne ressemble en rien au *fac-simile* publié par M. Charavay, d'après l'original appartenant à M. Chambry (*Bulletin de l'amateur d'autographes*, 1er janvier 1863). L'orthographe n'est pas celle du temps; la signature n'offre aucun rapport avec celles de Molière que l'on connaît; enfin Sébastien Bourdon n'a jamais été que recteur de l'Académie de peinture.

3. Ce tableau se retrouve dans l'état joint au contrat de mariage de la fille de Molière. (Document n° LIX) et dans l'inventaire de M. de Montalant. (Document n° LXV.)

Item. Dix-huit chemises à usage de femme, tant de toile jaune que blanche, demi usées, prisées vingt livres, ci. . . . . xx^{lt}.

Item. Six caleçons de toile blanche et deux de coton, prisés douze livres, ci. . . . . xii^{tt}.

Item. Six autres vieilles chemises à usage d'homme, prisées six livres, ci. . . . . vi^{lt}.

Item. Dix draps de toile blanche fine, de deux lés chacun de long et deux aunes et demie de large, prisés cent livres, ci. . . . . . c^{tt}.

Item. Vingt-neuf petits draps, les uns de toile neuve, les autres demi usés, et aucuns tels quels, de deux lés chacun. Le tout prisé ensemble cent livres, ci. . . . . c^{tt}.

Item. Six douzaines de serviettes de toile jaune de différente grandeur, prisées trente livres, ci. . . . . xxx^{lt}.

Item. Treize douzaines de serviettes de toile blanche, de trois quarts de long, deux tiers et demi de large; prisées quatre-vingts livres, ci. . . . . iiii$^{xx lt}$.

Item. Dix nappes de pareille toile blanche, d'une aune et demie de long, cinq quartiers de large; trois autres nappes de pareille largeur et de deux aunes de long, plus fines. Le tout prisé ensemble vingt-quatre livres, ci. . . . . xxiiii^{tt}.

Item. Deux grandes nappes de toile damassée, l'une de trois aunes de long, l'autre de deux, et deux autres grandes nappes de toile pleine, de deux aunes de long et autant en largeur, prisées vingt livres, ci. . . . . xx^{lt}.

Item. Une douzaine de serviettes de toile damassée, de trois quarts et demi de long, avec une nappe de deux aunes et quart; trois autres douzaines de serviettes dessorties? et quinze nappes de différente grandeur et façons, prisées vingt-quatre livres, ci. . . xxiiii^{lt}.

Item. Un paquet de dix mouchoirs de nuit, dix-huit coiffes de nuit, douze mouchoirs de poche, neuf taies d'oreillers, deux peignoirs, trois toilettes, huit autres mouchoirs de poche, une camisole de basin, sept paires de chaussons de coton; prisé ensemble vingt livres, ci. . xx^{lt}.

Item. Trois douzaines de chaussures et un drap de toile de chanvre; prisé dix livres, ci. . . . . x^{lt}.

Item. Deux douzaines et demie de torchons et quinze tabliers de cuisine; le tout prisé ensemble six livres, ci. . . . . vi^{lt}.

Item. Un sac de treillis? prisé vingt-cinq sols, ci. . . . . xxv^s.

Item. Trois devants de chemise, un rabat et deux cravates et deux paires de manchettes de point de France; deux autres rabats, l'un de point de Paris, l'autre d'Aurillac[1]; un autre de point de Paris;

---

1. Dans la première scène de *Zélinde*, Argimont, marchand de dentelles de la rue Saint-Denis, dit à Oriane : « Si vous voulez avoir un beau point d'Alençon, je vous en vais montrer un, que l'on prendroit pour un point de Venise. — Le patron ne m'en plaît pas, » répond Oriane. — « Voulez-vous un point d'Aurillac »? lui demande Argimont. — « Montrez, re-

trois paires de manchettes, quatre mouchoirs garnis de dentelle. Le tout prisé ensemble cinquante livres, ci. . . . . l^{tt}

Ensuivent les habits de théâtre.

Item. Une manne dans laquelle il y a un habit pour la représentation du *Bourgeois Gentilhomme,* consistant en une robe de chambre rayée, doublée de taffetas aurore et vert, un haut-de-chausses de panne rouge, une camisole de panne bleue [1], un bonnet de nuit et une coiffe [2], des chausses et une écharpe de toile peinte à l'Indienne, une veste à la Turque et un turban, un sabre, des chausses de brocart aussi garnies de rubans vert et aurore, et deux points de Sedan. Le pourpoint de taffetas garni de dentelle d'argent faux. Le ceinturon, des bas de soie verts et des gants, avec un chapeau garni de plumes aurore et vert; prisé ensemble soixante-dix livres, ci. . lxx^{tt}.

Item. Une boite dans laquelle est un habit pour la représentation de *Pourceaugnac,* consistant en un haut-de-chausses de damas rouge garni de dentelle, un juste-au-corps de velours bleu garni d'or faux, un ceinturon à frange, des jarretières vertes, un chapeau gris garni d'une plume verte, l'écharpe de taffetas vert, une paire de gants, une jupe de taffetas vert garni de dentelle et un manteau de taffetas noir, une paire de souliers; prisé trente livres, ci. . . . . . xxx^{tt}.

Item. Une autre boite où est l'habit de la représentation de l'*Amphitryon*, contenant un tonnelet [3] de taffetas vert avec une petite dentelle d'argent fin, une chemisette de même taffetas, deux cuissards de satin rouge, une paire de souliers avec les lassures [4] garnies d'un galon d'argent, avec un bas de soie céladon [5], les festons, la ceinture et un jupon, et un bonnet brodé or et argent fin, prisé soixante livres, ci. . . . . lx^{tt}.

Item. Une autre boite où est l'habit de la représentation du *Tartuffe*, consistant en pourpoint, chausse et manteau de vénitienne noire, le manteau doublé de tabis et garni de dentelle d'Angleterre, les jarretières et ronds de souliers et souliers, pareillement garnis; prisé soixante livres, ci. . . . . lx^{tt}.

prend Oriane, les gens de qualité en portent encore, mais il faut qu'il soit bien clair. » (*Zélinde*, comédie, Paris, 1663, in-12, page 3.)

1. Ce doit être une erreur de l'huissier-priseur; dans la seconde scène du *Bourgeois gentilhomme*, M. Jourdain montre à son maître de musique son haut de chausses étroit de velours rouge et sa camisole de velours *vert*.

2. La coiffe est la garniture du bonnet de nuit « qu'on change, dit Furetière, quand elle est sale. »

3. *Tonnelet*, « partie d'un habit antique, qui se disoit des manches et des lambrequins; on le disoit aussi dans les carrousels d'un pourpoint plissé, enflé et tourné en rond. » (*Furetière.*)

4. *Lassure*, se dit des rubans qu'on lace quelquefois autour des habits, des manches et des hauts de chausses. (*Furetière.*)

5. *Céladon*, vert pâle tirant sur la couleur du saule.

Item. Une boîte dans laquelle sont les habits de la représentation de *George Dandin*, consistant en haut-de-chausses et manteau de taffetas musc, le col de même ; le tout garni de dentelle et boutons d'argent, la ceinture pareille ; le petit pourpoint de satin cramoisi ; autre pourpoint de dessus, de brocart de différentes couleurs et dentelles d'argent, la fraise et souliers. Dans la même boîte est aussi l'habit du *Mariage forcé* qui est haut-de-chausses et manteau de couleur d'olive, doublé de vert, garni de boutons violets et argent faux, et un jupon de satin à fleurs aurore, garni de pareils boutons faux, et la ceinture ; prisé soixante livres, ci. . . . . lx^{tt}.

Item. Une autre boîte où sont les habits de la représentation du *Misantrope*, consistant en haut-de-chausses et juste-au-corps de brocart rayé or et soie gris, doublé de tabis, garni de ruban vert ; la veste de brocart d'or, les bas de soie et jarretières ; prisé trente livres, ci. . . xxx^{tt}.

Item. Une boîte des habits de la représentation des *Médecins*[1]; consistant en un pourpoint de petit satin découpé sur roc? d'or, le manteau et chausses de velours à fond d'or, garni de ganse et boutons ; prisé quinze livres, ci. xv^{tt}.

Item. Uue autre boîte [des habits] de la représentation de *l'Avare*, consistant en un manteau, chausses et pourpoint de satin noir, garni de dentelle ronde de soie noire, chapeau, perruque, souliers ; prisé vingt livres, ci. . . . . xx^{tt}.

Item. Un habit du marquis des *Fâcheux*, consistant en un rhingrave[2] de petite étoffe de soie rayée bleue et aurore, avec une ample garniture d'incarnat et jaune, de Colbertine, un pourpoint de

---

1. Les contemporains désignent souvent sous ce titre *l'Amour médecin*. On a pensé que dans cette comédie Molière avait personnifié toute la faculté, sous le nom de Filerin, que l'on a fait venir du grec φίλος ἔρεβεος, ami de la mort. J'ai trouvé parmi les minutes de M. Durant, à la date du 18 août 1667, c'est-à-dire deux ans après la première représentation de *l'Amour médecin*, le contrat d'une vente faite par André Fillerin, maître en fait d'armes, à Pierre Clément, apothicaire ordinaire de la chancellerie de France. Il me paraît évident qu'en représentant un de ses médecins sous la figure d'un personnage qui apprenait à « tuer un homme par raison démonstrative », qu'en lui donnant le nom d'un maître d'armes très-probablement connu à la Cour et à la ville, Molière était certain que cette plaisanterie serait saisie par tous les spectateurs. C'est peut-être pour que personne ne s'y trompe, que Lisette vient dénoncer aux médecins « l'insolent qui a eu l'effronterie » d'entreprendre sur leur métier, et qui, sans leur ordonnance, « vient de tuer un homme d'un grand coup d'épée au travers du corps. » (Acte III, scène II.)

J'ai aussi rencontré plusieurs actes notariés concernant des personnages portant les noms de M. Dimanche, de M. Jourdain et de M. Fleurant, à l'époque même où Molière composait *Don Juan*, *le Bourgeois gentilhomme* et *le Malade imaginaire*.

2. *Rhingrave*, culotte ou haut de chausses fort ample, attachée au bas avec plusieurs rubans, dont un rhingrave ou prince allemand a amené la mode en France il y a quelque temps. (*Furetière*.)

toile Colbertine, garni de rubans ponceau, bas de soie et jarretières. L'habit de Caritidès de la même pièce, manteau et chausses de drap, garni de découpures et un pourpoint tailladé. Le juste-au-corps de chasse, sabre et la sangle, ledit juste-au-corps garni de galons d'argent fin, une paire de gants de cerf, une paire de bas à botter de toile jaune; prisés cinquante livres, ci. . . . . l^{tt}.

Dans une manne.

Item. [Un habit] servant à la représentation des *Femmes savantes*, composé de juste-au-corps et haut-de-chausses de velours noir et ramage à fond aurore, la veste de gaze violette et or, garnie de boutons, un cordon d'or, jarretières, aiguillettes et gants; prisé vingt livres, ci. . . . . xx^{tt}.

Item. Un habit de Clitidas[1], consistant en un tonnelet, chemisette, un jupon, un caleçon et cuissards, ledit tonnelet de moire verte, garni de deux dentelles or et argent; la chemisette de velours à fond d'or; les souliers, jarretières, bas, festons, fraise et manchettes, le tout garni d'argent fin; prisé soixante livres, ci. . . . . . . lx^{tt}.

Item. Un habit d'Espagnol[2], chausses, manteau de drap et le pourpoint de satin, le tout garni de broderies de soie; prisé quinze livres, ci. . . . . xv^{tt}.

Item. Un habit du *Sicilien*, les chausses et manteau de satin violet, avec une broderie or et argent, doublé de tabis vert, et le jupon de moire d'or, à manches de toile d'argent, garni de broderie et d'argent, et un bonnet de nuit, une perruque et une épée; prisé soixante-quinze livres, ci. . . . . lxxv^{tt}.

Item. Un jupon d'étoffe rayée violet, le bonnet, manchon et cuissards, une paire de souliers, un bonnet de même étoffe que le jupon, une toque de brocart d'or, une ceinture; le haut-de-chausses de satin à bande de moire verte; prisé vingt-cinq livres, ci. . . xxv^{tt}.

Item. Un jupon de satin aurore, une camisole de toile à parements d'or, un pourpoint de satin à fleurs du *Festin de Pierre*. Deux panetières, une fine, l'autre fausse; une écharpe de taffetas; une petite chemisette à manches de taffetas couleur de rose et argent fin. Deux manches de taffetas couleur de feu et moire verte, garnies de dentelles d'argent; une chemisette de taffetas rouge, deux cuissards de moire d'argent vert; prisé ensemble vingt livres, ci. . . . . xx^{tt}.

Item. Une chemisette et un haut-de-chausses à la Turque, garni de dentelle d'argent fin; prisé dix livres, ci. . . . . x^{tt}.

Item. Un paquet, consistant en quatre manches, deux cuissards d'or, des découpures, une panetière, des bas, une bourse et une

---

1. Dans les *Amants magnifiques*. — 2. Sans doute celui de *Don Garcie de Navarre*.

ceinture, une paire de gants, un ceinturon et porte-épée, et un haut-de-chausses, un bonnet; le tout prisé ensemble huit livres, ci. [viii^{tt}].

Item. Un haut-de-chausses de satin noir, prisé trois livres, ci. iii^{tt}.

Ce fait, l'assignation continuée à demain huit heures du matin, et ont signé :

ARMANDEGRESINDE CLAIRE ESLISABET BEJART.
A. BOUDET.

Du mercredi avant midi, quinzième jour dudit mois de mars et an mil six cent soixante-treize, à la requête et présence que dessus, a été inventorié ce qui ensuit :

Item. Un coffre de bahut rond, dans lequel se sont trouvés les habits pour la représentation du *Médecin malgré lui*, consistant en pourpoint, haut-de-chausses, col, ceinture, fraise et bas de laine et escarcelle, le tout de serge jaune garnie de radon vert; une robe de satin avec un haut-de-chausses de velours ras ciselé. Un autre habit pour l'*École des maris*, consistant en haut-de-chausses, pourpoint, manteau, col, escarcelle et ceinture, le tout de satin couleur de musc. Un autre habit pour l'*Étourdi*, consistant en pourpoint, haut-de-chausses, manteau de satin. Et encore un autre habit pour le *Cocu imaginaire*, haut-de-chausses, pourpoint et manteau, col et souliers, le tout de satin rouge cramoisi. Une petite robe de chambre et bonnet de popeline, prisés ensemble vingt-cinq livres, ci. xxv^{tt}.

Ensuivent les habits de ville à usage dudit défunt.

Item. Un juste-à-corps [1], un haut-de-chausses de petite étoffe, avec une veste de satin doublée de ouate et un bas de soie, prisé quinze livres, ci. . . . . xv^{tt}.

Item. Un juste-au-corps et chausses de drap d'Hollande noir, une paire de bas de soie; prisé dix livres, ci. . . . . x^{tt}.

Item. Un juste-à-corps et chausses de droguet brun [2], ledit juste-au-corps (*sic*) doublé de taffetas noir, une paire de bas de laine et une d'estame; prisé quinze livres, ci. . . . . xv^{tt}.

Item. Un juste-à-corps de rhingrave, de drap d'Hollande musc, avec une veste de satin de la Chine blanc, les jarretières et bas de soie, avec une garniture de satin; prisé vingt cinq livres, ci. xxv^{tt}.

Item. Une robe de chambre de brocart rayé, doublé de taffetas bleu, prisée vingt-cinq livres, ci. . . . . xxv^{tt}.

Ensuivent les habits de théâtre pour ladite damoiselle veuve.

Item. Les habits pour la représentation de *Psyché*, consistant en

---

1. *Juste-au-corps*, espèce de veste qui va jusqu'aux genoux, qui serre le corps et montre la taille. (*Furetière.*)
2. *Droguet*, étoffe de laine.

une jupe de toile d'or, garnie de trois dentelles d'argent, avec un corps en broderie et garni d'un tonnelet et manches d'or et d'argent fin; une autre jupe de toile d'argent, dont le devant garni de plusieurs dentelles d'argent fin, avec une mante de crêpe garnie de pareille dentelle, et une autre jupe de moire vert et argent, garnie de dentelle fausse, avec le corps en broderie; le tonnelet et les manches garnis d'or et d'argent fin; une autre jupe de taffetas d'Angleterre bleu, garnie de quatre dentelles d'argent fin; prisé le tout ensemble deux cent cinquante livres, ci. . . . . iicl^{lt}.

Item. Un petit habit d'enfant pour la même pièce, consistant en une jupe couleur de rose et un corps de taffetas vert garni de dentelle fausse, prisé six livres, ci. . . . . vi^{lt}.

Item. Une jupe de satin blanc garnie de quatre dentelles d'argent fin, prisée cent dix livres, ci. . . . . c^{xlt}.

Item. Une jupe de toile d'or, en partie garnie de grande dentelle d'argent, avec des agréments, prisée cent livres, ci. . . . . . . c^{lt}.

Item. Une jupe et un corps de brocart couleur de feu et blanc, à fleurs, le corps garni de dentelle; prisé trente livres, ci . . . xxx^{lt}.

Item. Une jupe et un corps d'estamine de soie grise, garnie de dentelle d'argent; prisé vingt livres, ci. . . . . xx^{lt}.

Item. Un devantier[1] de satin blanc, garni de dentelle d'argent fin, prisé trente-cinq livres, ci. . . . . xxxv^{lt}.

Item. Un manteau de taffetas couleur de citron, garni de point de Paris; un autre manteau de taffetas blanc, garni de dentelle fausse; un autre de satin de la Chine blanc et garni de dentelle fausse; prisé ensemble vingt livres, [ci]. . . . . xx^{lt}.

Item. Une jupe de taffetas couleur de citron, garnie de guipure; une autre jupe de taffetas couleur de cerise blanc, avec guipure; prisé vingt livres, ci. . . . . xx^{lt}.

Item. Une jupe de taffetas couleur de citron, garnie de guipure; huit corps de différentes garnitures et un petit corps en broderie or et argent fin, de l'habit de la *princesse d'Élide;* prisé vingt livres, [ci]. . . . . xx^{lt}.

Item. Un corps et une jupe de taffetas musc, rayé d'or, garni de dentelle d'or fin; une autre jupe et un corps aussi de taffetas; une jupe de satin vert, garnie de deux grandes guipures, avec un corps de toile d'argent et soie couleur de rose; un corps de toile d'argent à manches de satin couleur de rose, à manches d'or et argent fin; un autre corps de brocart à fleurs d'argent et ses manches isabelles, rayées d'argent et couleur de rose; une petite jupe de taffetas isabelle, le pourpoint de toile d'argent; prisé cinquante livres, ci. . . l^{lt}.

Item. L'habit du *Médecin malgré lui,* composé en une jupe de satin couleur de feu avec trois guipures et trois volants, et le corps

---

1. *Devantier* ou *deventeau*, tablier.

de toile d'argent et soie verte. Un habit d'Égyptienne du *Mariage forcé*, satin de plusieurs couleurs, la mante et la jupe. Deux corps de brocart couleur or et argent; une mante de satin; prisé le tout ensemble huit livres, ci. . . . . viii^{lt}.

Item. Une jupe de camelot gauffré violet; un juste-au-corps de moire d'argent couleur de rose, avec des boutons à queue d'argent fin. Une robe de *l'Harménienne*[1] de toile rouge; une chemise sultane jaune; prisé le tout ensemble huit livres, ci. . . . . viii^{lt}.

Item. Trois épées, l'une à garde et poignée d'argent en croix, une autre de fer vernie, et une autre aussi de fer ciselée et vernie, avec la poignée d'argent doré; prisées ensemble trente livres, ci. xxx^{lt}.

Item. Une paire de chenets de cuivre, à bouquets, prisés quatre livres, ci. . . . . iiii^{lt}.

Item. Un tableau peint sur toile, de la Vierge, prisé soixante sols, ci. . . . . lx^s.

Item. Trois chaires de noyer, couvertes de toile, prisées quatre livres, ci. . . . . iiii^{lt}.

Item. La garniture d'un petit lit à pentes et rideaux, en douze pièces de serge de Mouy jaune, et un fond de toile; prisé quinze livres, ci. . . . . xv^{lt}.

Item. Un grand rideau, quatre petits, trois pentes et un dossier, le tout de serge de Londres aussi jaune, prisé quinze livres, ci. . xv^{lt}.

Item. Dix housses de chaires et fauteuils, prisées douze livres, ci. . . . . xii^{lt}.

Item. La garniture d'un lit en six pièces, de toile peinte, deux pentes de pareille toile et trois pentes de lit, de tapisserie antique, prisées douze livres, ci. . . . . xii^{lt}.

Item. La sainte Bible, in-folio, avec un volume de figures d'icelle, prisée huit livres, [ci]. . . . . viii^{lt}.

Item. Six vingts volumes in-quarto, in-douze et in-seize, reliés tant de veau que de parchemin, avec quelques volumes de comédie, histoire de France, d'Espagne, d'Angleterre, poésies, traités de philosophie et autres, prisés ensemble trente-six livres, ci. . . xxxvi^{lt}.

Item. Trois pièces de tapisserie, contenant environ sept aunes, fort vieilles, prisées vingt livres, ci. . . . . xx^{lt}.

Item Huit coffres ronds et carrés, barrés, couverts de peau, prisés dix livres, ci. . . . . x^{lt}.

Item. Deux poêles à frire, deux grils, une lèchefrite, une crémaillère, broche et trépied; prisé trois livres, ci. . . . . . . iii^{lt}.

Item. Une fontaine de cuivre rouge, tenant quatre seaux ou environ, garnie de son couvercle et robinet, prisée vingt-quatre livres, ci. . . . . xxiiii^{lt}.

---

1. On ne connaît pas de comédie de ce nom.

Item. Un petit lit brisé, de bois de noyer, et garni d'ustensiles, prisé quinze livres, ci. . . . . xv^{tt}.

Item. Une grande chaudière et deux moyens chaudrons, avec un poêlon; prisé ensemble quatorze livres, ci. . . . . xiiii^{tt}.

Item. Une armoire, façon de cabinet, à quatre guichets, de bois de noyer, fermant à clef, prisée quinze livres, ci. . . . . xv^{tt}.

Ce fait, l'assignation continuée à ce jourd'hui, deux heures de relevée, et ont signé :

        ARMANDE GRESINDE CLAIRE ESLISABET BEJARD.
        A. BOUDET.

Dudit jour de relevée :

Item. Un cabinet d'ébène, à deux guichets, fermant à clef, garni par dedans de douze tiroirs et deux autres petits guichets, sur son pied, à huit colonnes tournées, prisé quatre-vingts livres, ci. iiii^{xxtt}.

Item. Soixante-huit pièces de porcelaine d'Hollande [consistant] en vases, urnes[1], buires et autres petites poteries et assiettes, et une grande coupe de porcelaine fine; le tout prisé ensemble vingt-cinq livres, ci. . . . . xxv^{tt}.

Item. Six tableaux des portraits des ducs et duchesses de Bourgogne[2], peints sur toile et bordure plate, prisés dix livres, ci. . x^{tt}.

Item. Trois bouquets de plumes, l'un noir et les deux autres de différentes couleurs, servant aux habits de *Psyché*, prisés vingt livres, ci. . . . . xx^{tt}.

        Ensuit la vaisselle d'argent.

Premièrement : deux grands bassins ronds, quatre grands plats et deux petits, une saucière, quatre assiettes creuses, trois douzaines d'assiettes volantes, trois aiguières, quatre petites salières, un sucrier, deux grands flambeaux, deux chandeliers d'étude et un autre chandelier, un crachoir, une petite écuelle couverte, un poêlon, deux coquetiers, deux moutardiers, un vinaigrier, deux porte-assiettes, une mouchette, deux porte-mouchettes, un réchaud, deux tire-moelle, une autre écuelle couverte, dix-huit cuillères et dix-sept fourchettes. Le tout d'argent, poinçon de Paris, pesant ensemble deux cent quarante marcs, prisé à raison de vingt-six livres le marc, revenant audit prix à six mille deux cent quarante livres, ci. vi^m ii^cxl^{tt}.

1. *Urne*, « vaisseau de médiocre grosseur, rond et enflé par le milieu, qui ne sert maintenant qu'à parer les cheminées ou les buffets : une *urne* de porcelaine fine, de Hollande, de Nevers. » (*Furetière*.)

2. Les portraits de Philippe le Hardi, de Jean sans Peur, de Philippe le Bon et de leurs femmes, ont souvent été reproduits aux seizième et dix-septième siècles.

Item. Six draps de toile blanche, deux usés, prisés vingt livres. Une couverture de futaine blanche, prisée six livres, ci. . . . vi^{tt} [1].

Item. Un grand rideau de serge d'Aumale blanche, de cinq lés, trois aunes de haut, prisé quinze livres, ci. . . . . xv^{lt}.

Item. Une courte-pointe de toile figurée, prisée soixante-sols [ci]. . . . . lx^s.

Item. Une douzaine de torchons de toile neuve, prisée vingt sols, ci. . . . . xx^s.

Item. En deniers comptants la somme de dix-sept cent soixante-onze livres en cent soixante-un louis d'or, ci. . . . . . xvii^c lxxi^{lt}.

Item. Un fil de perles baroques, prisé cent livres, ci. . . . . c^{lt}.

Item. Un grand écrin rempli de pierreries du Temple, tant grosses que petites, de chaînes, enseignes, bagues et autres ornements pour la comédie; prisé le tout ensemble deux cents livres, ci. . . . ii^{clt}.

Item. Deux anneaux d'or, dans lesquels sont enchassés [trois diamants?], l'un à table, deux à côté, et dans l'autre [une] rose de petits diamants, prisés cinquante livres, ci. . . . . l^{lt}.

Ce fait, l'assignation continuée à demain huit heures, pour inventorier les meubles étant en une maison à Auteuil, et ont signé:

  Armande Gresinde Claire Eslisabet Bejart
  A. Boudet.

Du jeudi avant midi, seizième jour desdits mois et an, à la requête et présence que dessus, les notaires soussignés se sont transportés en une maison sise au village d'Auteuil, appartenant au sieur de Beaufort [2], et en laquelle ledit feu sieur Molière occupoit un appartement, où s'est trouvé ce qui ensuit:

---

1. Il devrait y avoir xxvi.
2. M. Parent de Rosan, à qui je dois déjà plusieurs notes et qui habite Auteuil, a bien voulu rechercher quel était ce sieur de Beaufort; il a trouvé un acte par lequel Jacques de Grou, écuyer, sieur de Beaufort, porte manteau de Son Altesse Royale, faisait en 1655 reconnaissance au censier de l'abbaye de Sainte-Geneviève pour sa maison d'Auteuil, avec colombier à pied, sise sur la grande rue. Les héritiers du sieur de Beaufort possédaient encore cette propriété en 1789, et il est très-douteux que la tradition soit exacte en plaçant la maison habitée par Molière dans une propriété, possédée autrefois par le duc de Praslin, et qui appartient aujourd'hui à M. Baraud. On verra plus loin, cote dix-sept de son inventaire, que Molière payait au sieur de Beaufort un loyer de quatre cent trente livres par an.

M. Parent de Rosan n'a trouvé sur les registres de la paroisse de Notre-Dame d'Auteuil qu'un seul acte où figure Molière, en voici la teneur : « 1671, 30e jour de mars, a été baptisé Jean-Baptiste-Claude Jennequin, fils de messire Claude Jennequin, officier du Roi, et de Madeleine Dessales; son parrain messire Jean-Baptiste Poquelin Molière, écuyer, valet de chambre du

En la cuisine.

Premièrement : une crémaillère, une table ronde de bois de noyer, deux tables rondes sur deux tréteaux de vieil bois tel quel ; prisé soixante sols, ci. . . . . lx^s.

Dans une salle.

Item. Une table de bois de noyer, à piliers tournés, avec deux guéridons de pareil bois et une autre table de bois de noyer, une tablette, un lit de sangle, un coffre de bahut rond, barré, trois petits placets ; le tout prisé ensemble quinze livres, ci. . . . . xv^{lt}.

Item. Un grand coffre-fort de trois pieds, et deux de long, garni de toles et barres par dedans, prisé quinze livres, ci. . . . . xv^{lt}.

Dans une autre chambre.

Item. Un sommier de crin, de toile rayée, un matelas de futaine des deux côtés, rempli de bourrelanisse, un lit et traversin de coutil plein de plume, le tout posé sur des planches de sapin, avec la garniture en forme de dôme, dont l'entour est de taffetas aurore et cramoisi, garni d'une frange de soie ; quatre rideaux de satin rayé, à fleurs couleur de citron, doublés d'un taffetas bleu et blanc, suspendus par les coins dudit dôme, avec des pentes à campanes de brocatelle bleue et aurore, et des pommes de pareille garniture ; le tout prisé ensemble cent cinquante livres, ci. . . . . cl^{lt}.

Item. Un rideau de taffetas vert, de trois lés une aune et demie de haut ; deux rideaux de serge jaune de quatre lés chacun et deux aunes de haut ; deux rideaux servant au devant d'une cheminée, avec une petite pente ; un autre rideau de porte à une porte (sic) ; le tout de toile indienne ; et encore deux grands rideaux de toile de coton de trois aunes de haut, de trois lés chacun. Le tout prisé ensemble vingt livres, ci. . . . . xx^{lt}.

Item. Une table de bois de sapin et deux tréteaux ; une autre table de bois de noyer, à piliers tors ; une chaire d'affaires, garnie de moquette ; le tout prisé ensemble huit livres, ci. . . . . viii^{lt}.

Roi ; sa marraine Geneviève Jennequin, n'ayant aucun domicile arrêté. » Le titre d'officier du Roi indique que Claude Jennequin était comédien.

Les registres de Notre-Dame d'Auteuil donnent encore un renseignement précieux, recueilli par M. Parent de Rosan, sur une comédienne enlevée en 1667 à la troupe de Molière par Racine. Le 12 mai 1668 est baptisée « Jeanne-Thérèse Olivier, fille de Pierre Olivier et de Marie Cousturier ; son parrain Jean Racine, et sa marraine Marie-Anne du Parc. Le parrain de la paroisse Saint-Eustache, la marraine de la paroisse Saint-Roch. » Cet acte est signé : *J. Racine de l'Espinay.* Pierre Olivier doit être un parent de la comédienne Jeanne Olivier Bourguignon, femme de Jean Pitel, sieur de Beauval.

Item. Six fauteuils de bois de noyer tourné, à fond de paille, avec leurs coussins et dessus de toile peinte à l'indienne, prisés douze livres, ci. . . . . xii^{lt}.

Item. Un paquet de housses de chaires et siéges ployants, de toile à l'indienne, un tapis de table de serge jaune, un autre tapis de serge feuille morte; le tout prisé cent sols, ci. . . . . c^s.

Item. Deux tomes in-folio intitulés : les OEuvres de Balsac ; deux autres volumes des œuvres et vies de Plutarque, un autre des Essais de Montagne, un des Métamorphoses d'Ovide, un autre de Héliodore [1]? un autre d'Hérodote, deux autres de Diodore Sicilien, un autre de Valère le Grand. Quatre volumes in-quarto : l'un la Physique de Rohault[2], un Commentaire de César, un autre du Voyage du Levant[3], un autre volume d'Horace. Dix-huit autres volumes d'in-octavo et in-douze ; prisés ensemble trente livres, ci. . . . . xxx^{lt}.

Item. Un gros paquet de rideaux, tant de lit que d'alcôve, avec des pentes; le tout garni de frange et mollet de soie, contenant vingt lés ou environ de toile peinte, à fond rouge et petites fleurs blanches, prisé trente livres, ci. . . . . xxx^{lt}.

Item. Un autre gros paquet de plusieurs autres rideaux d'alcôve, de fenêtres, devants de cheminée et de lit, avec des pentes; le tout de toile blanche et imprimée de fleurs rouges, avec des cordons de soie et houppes; prisé trente livres, ci. . . . . xxx^{lt}.

Item. Deux rideaux de cresé[4] vert, de deux lés et un quart, sur une aune trois quarts de haut, prisé douze livres, [ci]. . . . . xii^{lt}.

Item. Un tapis de table de moquette, de deux aunes de long sur une et demie de large ; un autre tapis de table, brodé de brocatelle; une courte-pointe de taffetas peint à fleurs, façon de la Chine, doublée de toile rouge, avec un pavillon de serge rouge ; le tout prisé ensemble vingt-quatre livres, [ci]. . . . . xxiiii^{lt}.

Item. Deux matelas de futaine des deux côtés, remplis de bourre; un traversin de coutil rempli de plume, avec une paillasse ; le tout sur des planches et tréteaux de sapin, prisé quinze livres, ci. . xv^{lt}.

Item. Quatre porte-carreaux de bois de noyer avec six planches de sapin et quatre lés de jonc, de cinq aunes de long; le tout prisé ensemble douze livres, ci. . . . . xii^{lt}.

Item. Trois pots à œillets, trois cuvettes et trente-six pièces de

---

1. On lit : *Quisilidor*. Je dois cette interprétation à M. Victor Cousin.
2. *Traité de physique*, par Jacques Rohault. Paris, 1671, in-4°.
3. Plusieurs ouvrages publiés avant la mort de Molière portent ce titre : 1° *Relation du voyage du Levant*, par Henry de Beauvau, 1619, in-4°. — 2° *Voyage du Levant*, par le sieur D. C., 1624, in-4°. — 3° *Relation d'un voyage fait au Levant*, 1664, in-4°. — 4° *Observations curieuses sur le voyage du Levant*, 1668, in-4°. Je dois ces indications à mon ami M. Paul Lacroix.
4. On ne trouve ni dans Furetière ni dans des dictionnaires beaucoup plus modernes le mot *croisé*, par lequel on désigne une sorte d'étoffe.

porcelaine d'Hollande, tant pots, buires, assiettes, plats et bassins, prisés ensemble six livres, ci. . . . . vi^{lt}.

Ce fait, après avoir vaqué depuis le matin jusques à cinq heures de relevée, l'assignation a été continuée à samedi, deux heures de relevée, pour procéder à l'inventaire des papiers, et ont signé :

ARMANDE GRESINDE CLAIRE ESLISABET BEJART.
TACONNET. A. BOUDET.

Du samedi après midi, dix-huitième jour de mars, audit an mil six cent soixante-treize, en la présence que dessus, [a été] inventorié ce qui ensuit :

Premièrement. Le contrat de mariage d'entre ledit défunt sieur de Molière et ladite damoiselle sa veuve, passé par devant Ogier et Pain, notaires au Châtelet de Paris, le vingt-troisième janvier mil six cent soixante-deux[1], par lequel appert que lesdits lors futurs époux seroient communs de tous biens, meubles et conquêts immeubles, suivant la coutume de Paris, sans être tenus des dettes l'un de l'autre faites avant leur mariage, et si aucunes y avoit, seroient payées par celui qui les auroit faites et sur ses biens. En faveur duquel mariage damoiselle Marie Hervé, mère d'icelle damoiselle future épouse, auroit promis lui bailler, la veille desdites épousailles, la somme de dix mille livres, dont un tiers entreroit en ladite communauté et les deux autres tiers lui demeureroient propres et aux siens ; ledit lors futur époux auroit doué icelle damoiselle future épouse de quatre mille livres de douaire préfix pour une fois payé ; que le survivant d'eux prendroit, par préciput, jusques à la somme de mille livres, suivant la prisée de l'inventaire desdits biens et sans crue ou en deniers, à son choix ; avec la permission à ladite damoiselle, survivant ledit sieur de Molière et à leurs enfants, d'accepter ou renoncer à ladite communauté, et, faisant ladite renonciation, reprendre ce que ladite damoiselle auroit apporté et ce qui lui seroit échu par succession, donation ou autrement, avec ses douaire et préciput, le tout franchement et quittement, ainsi qu'il est porté audit contrat. Ensuite duquel est une quittance passée par devant les mêmes notaires, le vingt-quatre juin ensuivant, par laquelle ledit sieur de Molière confesse avoir reçu de ladite damoiselle Hervé les dix mille livres par elle promises par ledit contrat. Inventorié au bas de ladite quittance. . . . . Un.

Item. La grosse en parchemin d'un contrat passé par devant Charles et Gigault, notaires, le quatorzième décembre mil six cent soixante-

---

1. Document n° XXX. Pour ne rien retrancher de l'inventaire de Molière, j'ai reproduit textuellement l'analyse de toutes les pièces qui y sont mentionnées, y compris celles dont j'ai pu retrouver les minutes originales.

dix[1], par lequel le sieur Jean-Baptiste de Lulli, surintendant et compositeur de la musique de la chambre du Roi, et damoiselle Madeleine Lambert, sa femme, avoir constitué audit feu sieur de Molière cinq cent cinquante livres de rente, moyennant onze mille livres payées comptant et sous la faculté du rachat y mentionné, laquelle somme de onze mille livres lesdits sieur et damoiselle de Lulli auroient promis employer à partie du payement du bâtiment qu'ils faisoient construire sur une place de cent huit toises, sise et faisant l'une des encoignures des rues des Petits-Champs et de Sainte-Anne, ainsi qu'il est déclaré audit contrat, inventorié. . . . Deux.

Item. Une quittance passée par devant Lenormand et Gigault, notaires[2], le neuf août mil six cent soixante-neuf, par laquelle appert le sieur Pierre Berger, tant en son nom que comme tuteur de Anne-Françoise Berger, sa sœur, fille mineure de Jean Berger et Marguerite Fleurette, ses père et mère, et encore ledit Berger, procureur et curateur de ses autres frère et sœurs, avoir reçu dudit feu sieur de Molière et de ses deniers, tant en son acquit qu'en celui de ses co-héritiers en la succession de feu Jean Poquelin, son père, la somme de mille soixante-deux livres cinq sols, tant pour le principal qu'arrérages de cinquante livres de rente qui étoient à racheter de deux cent soixante-dix-sept livres quinze sols six deniers de rente, constituée audit défunt Berger par ledit feu sieur Poquelin père, Jean Poquelin le jeune, son fils, et André Boudet, par contrat passé par devant Buon et Le Roy, notaires, le quinze janvier mil six cent cinquante-cinq, ratifié par Marie-Madeleine Poquelin, femme dudit sieur Boudet, par acte y daté; avec laquelle quittance est attachée la grosse du contrat de constitution, en marge de laquelle sont les mentions desdits rachats; lesdites deux pièces inventoriées l'une comme l'autre. . . . . Trois.

Item. La grosse en parchemin d'un contrat passé par devant Lenormand et Gigault, notaires, le dernier août mil six cent soixante-huit[3], par lequel appert ledit sieur Jean Poquelin, tapissier et valet de chambre du Roi, père dudit feu sieur de Molière, avoir vendu et constitué à Mᵉ Jacques Rohault, professeur en mathématiques, quatre cents livres de rente, payables aux quatre quartiers, moyennant huit mille livres, par ledit sieur Poquelin reçues lors, lesquelles huit mille livres il auroit promis employer à la réédification qu'il faisoit faire en une maison sous les piliers des halles, où étoit autrefois l'image saint Christophe, ainsi qu'il est porté audit contrat, en suite duquel est une autre constitution par ledit sieur Poquelin audit

---

1. Document n° XXXVIII.
2. J'ai vainement cherché la minute de cette quittance chez les successeurs des notaires Lenormand et Gigault.
3. Documents n° XXXV et XXXVI.

sieur Rohault de cent livres de rente, moyennant deux mille livres que ledit sieur Poquelin reçût comptant, qu'il auroit promis employer comme dessus, comme il est aussi porté audit contrat, passé par devant les mêmes notaires, le vingt-quatre décembre ensuivant; avec lesquels contrats sont deux déclarations en suite l'une de l'autre, passées par devant lesdits notaires, lesdits jours dernier août et vingt-quatrième jour de décembre mil six cent soixante-huit, par lesquelles ledit sieur Rohault auroit déclaré que lesdites deux rentes appartenoient audit feu sieur de Molière, qui auroit fourni de ses deniers les sommes pour parvenir à icelles[1] ; lesdits contrats et déclarations inventoriées l'une comme l'autre. . . . . Quatre.

Item. Un brevet d'obligation passé par devant Ogier et ledit Gigault le dix-huitième octobre mil six cent soixante-douze, par laquelle Pierre Battas, huissier de salle de monseigneur le prince de Condé, et Marguerite Recollé, sa femme, demeurant à Auteuil, ont reconnu devoir solidairement audit feu sieur de Molière deux cents livres pour prêt, payables au jour de Saint-Jean-Baptiste prochain. Inventorié. . . . . Cinq.

Item. Une autre obligation par brevet, passée par devant lesdits Lenormand et Gigault[2], notaires, le dix-huitième avril mil six cent soixante-sept, par lequel Jacques Crosnier, sieur du Perche, et damoiselle Catherine Bidault, sa femme, ont confessé devoir solidairement audit défunt sieur de Molière la somme de mille livres pour prêt, pour employer à leurs affaires, payable au temps y porté, pour sûreté de laquelle somme ils lui auroient mis en sa possession les meubles et choses déclarées en ladite obligation, inventoriée. . Six.

Item. Un écrit sous seing privé, signé de Fontraelles? en date du vingt-troisième novembre mil six cent cinquante-neuf, par lequel le soussigné confesse devoir audit sieur de Molière cent cinquante livres pour prêt, payable à volonté. Inventorié. . . . . Sept.

Item. Un écrit sous seing privé, signé Boudet, en date du cinquième octobre mil six cent soixante-douze, par lequel le soussigné reconnoit devoir audit sieur de Molière onze cents livres payables à volonté ; avec lequel écrit sont deux autres écrits dudit sieur Boudet, en date des vingt-deux juillet et deux septembre mil six cent soixante-dix, portant récépissés de papiers concernant l'inventaire et succession de feu Marie Cressé, mère dudit sieur de Molière. Inventorié l'un comme l'autre. . . . . Huit.

Item. Un autre écrit sous seing privé, en date du seizième novembre mil six cent soixante-douze, signé Jean Ribou et Anne David, sa

---

1. Voir à la fin du document n° XXXVI, la mention du dépôt de ces pièces, fait par Armande Béjard, le 18 mars 1673, c'est-à-dire le jour même où elles sont comprises dans l'inventaire des papiers de Molière.

2. La minute de cette obligation manque chez les successeurs des notaires Lenormand et Gigault.

femme, par lequel les soussignés ont reconnu devoir audit défunt sieur de Molière, la somme de sept cents livres, valeur de lui reçue, qu'ils auroient promis solidairement lui payer en quatre payements égaux, de trois en trois mois, ainsi qu'il est porté audit écrit, inventorié................................ Neuf.

Item. Les lettres de provisions de la charge de tapissier et valet de chambre de Sa Majesté, en faveur dudit défunt sieur de Molière, en survivance dudit sieur Poquelin, son père, en date du quatorzième décembre mil six cent trente-sept, signées Louis, et plus bas de Loménie; à côté desquelles est la prestation de serment, en date du dix-huitième des mêmes mois et an; avec lesquelles lettres sont attachées trois pièces qui sont anciennes lettres et démissions[1]. Inventorié le tout l'un comme l'autre................ Dix.

Item. Une quittance sous seing privé, en date du sixième d'octobre mil six cent soixante-douze, signée Anne de Furnes, par laquelle la soussignée, veuve du sieur Bruslon, a reçu dudit feu sieur Molière la somme de sept cent soixante-quinze livres pour reste dû des loyers des lieux qu'il tenoit en sa maison, rue Saint-Thomas du Louvre. Inventorié................ Onze.

Item. Une quittance signée Vouet, du trois avril mil six cent soixante-douze, par laquelle le soussigné, procureur au Châtelet, a reçu dudit sieur de Molière trente-trois livres pour produire contre les héritiers Anne Tassin, dont il promettoit lui tenir compte. Inventorié................................ Douze.

Item. Une quittance passée par devant Plastrier et Dupuis, notaires, le treize mai mil six cent cinquante-neuf[2], par laquelle Jeanne Levé, marchande publique, femme de Michel Lecomte, maître paumier, avoir reçu dudit feu sieur Molière la somme de deux cent quatre-vingt-onze livres, pour les causes portées par ladite quittance dont y a minute vers ledit Dupuis, notaire. Inventorié...... Treize.

Item. Une liasse de soixante pièces qui sont : mémoires de parties de fournitures, faites tant audit feu sieur Molière qu'à ladite damoiselle, sa veuve, de marchandises; quittances d'ouvrages et autres choses, paraphées par première et dernière par Levasseur, l'un des notaires soussignés, et lesdites première et dernière inventoriées pour le tout........................ Quatorze.

Item. Une quittance sous seing privé du neuvième janvier mil six cent soixante-treize, signée Baudellet, par laquelle le soussigné confesse avoir reçu dudit sieur de Molière la somme de trois cent vingt-cinq livres pour la quittance de Noël dernier, des lieux que lesdits feu sieur et damoiselle Molière occupoient en la rue de Richelieu. Inventoriée........................ Quinze.

Item. Six pièces attachées ensemble qui sont comptes, quittance et

---

1. Voir le document n° XXXVII, cote quatre. — 2. Document n° XXVIII.

mémoires concernant la succession de feu M. Poquelin, père dudit sieur Molière, inventorié l'un comme l'autre. . . . . Seize.

Du lundi avant midi, vingtième jour dudit mois de mars audit an mil six cent soixante-treize, en continuant à la confection dudit inventaire, a été, à la requête et présence que dessus, inventorié ce qui ensuit :

Item. Une quittance sous seing privé, signée : De Beaufort, en date du troisième octobre mil six cent soixante-douze, par laquelle le soussigné confesse avoir reçu dudit sieur de Molière la somme de deux cents livres, pour une demie année échue au dernier septembre dernier, du loyer d'un appartement que ledit sieur de Molière tenoit dudit sieur de Beaufort, en sa maison d'Auteuil, sans préjudice de dix écus d'une chambre qu'il occupoit encore en ladite maison, ainsi qu'il est porté par ladite quittance, inventoriée. . . . . . Dix-sept.

Item. Le testament et ordonnance de dernière volonté de défunte damoiselle Madeleine Béjard[1], fille, sœur de ladite damoiselle de Molière, reçu par Ogier et Moufle, notaires, le neuvième janvier mil six cent soixante-douze, par lequel appert ladite damoiselle Béjard avoir donné et légué à Louis Béjard, son frère, à damoiselle Geneviève Béjard, femme du sieur de Villaubrun et à damoiselle Grésinde Béjard, femme dudit sieur de Molière, ses sœurs, à chacun d'eux trois, quatre cents livres de rente et pension viagère à prendre sur tous ses biens, qui commenceront à n'avoir cours qu'après que les deniers comptants et ceux qui proviendront de ses dettes actives auront été employés en acquisitions d'héritages ; lesquelles pensions demeureront éteintes par leur mort au profit des légataires universels d'icelle défunte qui auroit, par sondit testament, voulu que tous lesdits deniers comptants et ceux provenant de ses dettes actives soient employés en fonds d'héritages, et les revenus d'iceux reçus par ladite damoiselle Grésinde Béjard et sous ses quittances, sans en rendre aucun compte ; et après le décès de ladite damoiselle Grésinde Béjard icelle testatrice veut que Madeleine-Esprit Poquelin, sa nièce, fille desdits sieur et damoiselle de Molière, possède lesdits héritages pour en jouir par elle en usufruit pendant sa vie, et, après elle décédée, l'aîné de ses enfants mâles ou de ses filles, si elle n'avoit point de mâles, jouira en usufruit, aussi sa vie durant, de ses héritages que ladite damoiselle substitue audit aîné, et après lui à l'aîné mâle dudit aîné ou de l'aînée, les aînés mâles étant toujours préférés aux femelles ; et, en cas que lesdits sieur et damoiselle de Molière décédassent sans aucuns enfants nés d'eux deux, lesdits héritages retourneront aux enfants dudit sieur Louis Béjard et de ladite da-

---

1. Document n° XL.

moiselle de la Villaubrun, chacun par moitié. Le tout ainsi qu'il est plus au long mentionné par ledit testament, en suite duquel sont deux codiciles passés par devant lesdits notaires, le quatorzième février ensuivant, par lequel elle nomme pour exécuteur dudit testament Me Charles Cardé, trésorier de la Chancellerie, au lieu du sieur Châteaufort, et autres explications dudit testament, inventorié au bas de ses codiciles pour le tout.. . . . . Dix-huit.

Item. Un billet sous seing privé, signé De Brie, en date du dix-neuf mars dernier, par lequel la soussignée confesse devoir au feu sieur de Molière la somme de huit cent trente livres portée audit billet, inventorié.. . . . . Dix-neuf.

Item. Un extrait tiré des tablettes [1] dudit défunt, contenant plusieurs articles de ce que ledit feu sieur de Molière a déboursé pour ses meubles, inventorié. Vingt.

Déclarant ladite veuve que, sur les mille livres dues par le sieur du Perche et sa femme, contenues en leur obligation sus-inventoriée sous la cote six, elle en a reçu, du vivant de sondit mari, deux cents livres dont elle n'a donné quittance, et que partie des meubles qui ont été donnés en nantissement de ladite somme ne sont plus en pareil état qu'ils ont été donnés.

Plus déclare ladite damoiselle qu'il est dû par le sieur Baron, de la troupe, trente livres, ainsi qu'elle a appris.

Plus par les sieur et damoiselle de Beauval [2] la somme de cent dix livres.

---

1. *Tablette*, « espèce de petit livre ou agenda qu'en met en poche, qui a quelque peu de feuilles de papier ou de parchemin préparé, sur lesquelles on écrit les choses dont on veut se souvenir. » (*Furetière*).
On a souvent cité ce passage de *Zélinde* qui fait allusion aux tablettes dont Molière avait l'habitude de se servir : « Je l'ai trouvé, dit Argimont, appuyé sur ma boutique, dans la posture d'un homme qui rêve. Il avoit les yeux collés sur trois ou quatre personnes de qualité qui marchandoient des dentelles ; il paroissoit attentif à leurs discours, et il sembloit par le mouvement de ses yeux, qu'il regardoit jusques au fond de leurs âmes pour y voir ce qu'elles ne disoient pas : je crois même qu'il avoit des tablettes, et qu'à la faveur de son manteau, il a écrit, sans être aperçu, ce qu'elles ont dit de plus remarquable. — Peut-être, dit Oriane, que c'étoit un crayon, et qu'il dessinoit leurs grimaces, pour les faire représenter au naturel sur son théâtre. — S'il ne les a dessinées sur ses tablettes, reprend Argimont, je ne doute point qu'il ne les ait imprimées dans son imagination. » (*Zélinde, comédie, ou la véritable critique de l'École des femmes et la critique de la Critique*, 1663, in-12, scène VI.)

2. M. Parent de Rosan a bien voulu me communiquer encore l'acte suivant trouvé par lui sur les registres de la paroisse de Saint-Germain en Laye, à la date du 15 novembre 1670 : « Fut baptisée, Jeanne-Catherine, fille de Jean Pitel, officier du Roi, et de Jeanne Olivier, sa femme ; le parrain Jean-Baptiste Poquelin Molière, tapissier varlet [*sic*] de chambre ordinaire du

Par la Raviguotte d'Auteuil, jardinière du sieur de Beaufort, cent dix livres.

Déclare ladite damoiselle qu'il est dû, par ladite communauté et succession dudit défunt, ce qui ensuit :

Premièrement : Au sieur Gaultier, marchand, pour le deuil, deux cent soixante livres douze sols.

Au sieur Boucher, épicier, cent quinze livres.

Au sieur Dubut, franger, six cent soixante deux livres sept sols.

Au sieur His, serrurier, deux cent cinquante-quatre livres.

A la dame de Verteuille, lingère, soixante-sept livres.

A la d^e Laforest, tapissière, quarante-neuf livres xv^s.

Au sieur Baraillon, tailleur, quatre-vingt-dix-neuf livres, ci. 99^{tb}.

A la dame Rouen, trente-neuf livres xv^s. . . . . 39^{tb}15^s.

Au sieur Besnard, brodeur, trois cent quatre-vingt-trois livres 2 s.

A un vitrier, huit livres dix sols.

Au sieur Fontaine, marchand, soixante-dix livres.

Au sieur Le Comte, vingt-trois livres quinze sols.

A la dame Le Roy, couturière, vingt-sept livres.

Au sieur Locre, ébéniste, deux cent quarante-quatre livres.

Au sieur George May, vingt-cinq livres quatre sols.

Au sieur Gamart, cent quarante-trois livres, dix-neuf sols.

A la dame Lamour, quinze livres.

A la d^e de Lesclache, quatre-vingt-une livres.

A la blanchisseuse demeurant à Auteuil, neuf livres.

A Mlle Mareschal, soixante-six livres.

A Monsieur et Mlle Aubry, sa sœur, cent deux livres 10 s.

Aux sieurs Frapin et Dupré, apothicaires, cent soixante-six livres quatorze sols, d'une part, et vingt livres dix sols, d'autre.

Au sieur Carol, soixante-onze livres cinq sols.

Au sieur Juif, cent quarante livres.

Au sieur Courtois, rôtisseur, trois cent quatre-vingt-douze livres huit sols.

Sauf à régler, augmenter ou diminuer tous les articles ci-dessus, attendu que ladite damoiselle n'en a que des mémoires, dont partie d'iceux ne sont arrêtés.

Déclare encore ladite damoiselle qu'il est dû audit sieur Boudet, subrogé, ce qu'il justifiera par ses mémoires.

Plus : à Catherine et la Forest, les servantes, le reste de leurs gages.

Roi; la marraine Catherine Leclerc, femme d'André Villequain (*sic*), aussi officier de Sa Majesté, tous de la suite de la Cour. » On sait que Jean Pitel, sieur de Beauval, avait épousé Jeanne Olivier Bourguignon et qu'il en avait eu un grand nombre d'enfants. Il était entré dans la troupe de Molière dans la même année 1670, quelques mois avant la date de cet acte de baptême.

A la dame Louise, perruquière, et au sieur Legrand, tailleur, ce qu'ils justifieront par leurs mémoires.

Ce fait, tout le contenu audit inventaire a été délaissé en la possession de ladite damoiselle veuve Molière, qui s'en est chargée pour le tout représenter à qui et quand besoin sera, et ont signé :

ARMANDE GRESINDE CLAIRE ESLISABET BEJART.
A. BOUDET.
DE BEAUFORT. LEVASSEUR.

XLVI

1673. — 26 juillet.

TRANSPORT DE BAIL FAIT PAR LA VEUVE DE MOLIÈRE
AU COMTE DE LA MARK.

Minutes de Me Durant.

Fut présente damoiselle Claire-Armande-Grésinde Béjard, veuve de feu Jean-Baptiste Poquelin Molière, valet de chambre ordinaire du Roi, demeurant rue Saint-Honoré, paroisse Saint-Germain l'Auxerrois, laquelle a cédé et transporté à haut et puissant seigneur messire Henri-Robert de la Mark, chevalier, comte de la Mark et de Bresne, maréchal des camps et armées du Roi et colonel de son régiment de Picardie, de présent à Paris, logé à l'hôtel de Brissac, rue des Deux Écus, paroisse Saint-Eustache, à ce présent et acceptant, le droit de bail à loyer qui a été fait audit défunt sieur de Molière [et] à ladite damoiselle sa veuve, par le sieur René Baudellet, tailleur et valet de chambre de la Reine, des lieux mentionnés audit bail, passé par devant Routier et Pauyot, notaires au Châtelet de Paris, le 26 juillet 1672, et ce pour le temps qui en restera à expirer du jour Saint-Remy prochain en avant, qui sont cinq ans [1], et ce aux mêmes prix,

---

1. Le 21 mai 1679, Madeleine Dumont, veuve de René Baudellet, tailleur de la Reine, demeurant à Paris, rue de Richelieu, paroisse Saint-Eustache, baille à loyer à « haute et puissante dame Agnès de Bailleul, veuve de messire Henri Foucault, chevalier, marquis de Saint-Germain Beaupré, etc., demeurant rue Neuve-Saint-Honoré, paroisse Saint-Roch, les lieux qui ensuivent dépendant de la maison de ladite bailleresse, en laquelle elle est demeurante, sise en ladite rue de Richelieu », savoir : trois caves, une salle, une cuisine et une écurie au rez-de-chaussée avec la remise de carrosse, plus cinq chambres en entresol dont trois sur la rue et deux sur l'aile, les premier et second étage de ladite maison « en toute leur étendue avec

charges, clauses et conditions portées audit bail, dont copie lui en a été présentement fournie, que ledit seigneur preneur promet entretenir et exécuter de point en point, selon sa forme et teneur; et attendu que ledit seigneur entre dès à présent èsdits lieux en l'état qu'ils sont, il sera tenu de payer la moitié du présent quartier, qui écherra audit jour saint Remy, et après continuer de terme en terme, conformément audit bail. Ce fait en présence dudit sieur Baudellet, qui a eu le présent transport pour agréable, et consent que ledit seigneur de la Mark fasse, si bon lui semble, agrandir l'écurie de ladite maison, quoi faisant il abandonnera audit sieur Baudellet le second entresol en entrant par la galerie, où il n'y a de cheminée, attenant celui qu'il occupe, le tout sans augmentation ni diminution dudit loyer, comme aussi ledit seigneur se pourra servir de la remise de carrosse de ladite maison, pour et au lieu de celle qui servira à accroître ladite écurie, sans augmentation ni toutefois déroger audit bail. Fait et passé audit hôtel de Brissac, l'an mil six cent soixante-treize, le 26ᵉ juillet avant midi, et ont signé :

HENRY ROBERT DE LA MARK.
ARMANDE GRESINDE CLAIRE ESLISABET BEJART.
OGIER.   LEVASSEUR.

XLVII

1673. — 16 août.

LOCATION DE L'HÔTEL D'ARRAS PAR LA VEUVE DE MOLIÈRE.

Minutes de Mᵉ Durant.

Fut présent Mᵉ Claude Butin, avocat en Parlement, demeurant rue du Battoir, paroisse Saint-André des Arcs, au nom et comme tuteur onéraire de Nicolas et Jean-Louis Crespin, etc., propriétaires de l'hôtel ci-après déclaré, lequel sieur Butin, auxdits noms, confesse avoir baillé et délaissé à titre de loyer à prix d'argent, du jour saint Remy prochain venant jusques à six ans après ensuivant, finir et accomplir, etc., à damoiselle Claire-Élisabeth-Armande-Grésinde Béjard, veuve de feu Jean-Baptiste Poquelin de Molière, vivant valet de chambre du Roi, Jean-Baptiste Aubry, sieur des Carrières, paveur ordinaire des bâtiments du Roi, et damoiselle Geneviève Béjard, sa femme, demeurant rue Saint-Honoré, paroisse Saint-Germain

le grand grenier d'icelle,» moyennant quatorze cents livres et en se réservant une place pour mettre un cheval dans l'écurie. (*Minutes de Mᵉ Turquet.*)

Ce sont bien les termes du bail passé par Molière le 26 juillet 1672 (Document n° XLIII) et nous avons ici la preuve que cette maison avait au moins trois fenêtres sur la rue.

l'Auxerrois, à ce présents, etc., une maison, sise à Paris, rue de Seine, appelée l'hôtel d'Arras, consistant en deux corps de logis, savoir : un dans le milieu duquel dépend deux cuisines et une salle dans la première cour, et l'autre corps de logis dans le fond et sur le derrière de la seconde cour, toutes les caves, écuries, remises de carrosses, sans en rien excepter, ainsi que ladite maison se poursuit et comporte, et comme en a joui ci-devant le sieur de la Raynaie; ce présent bail fait moyennant douze cents livres de loyer par chacune desdites six années que lesdits sieur et damoiselles preneurs promettent, etc. Et a été accordé que lesdits sieur et damoiselles preneurs feront faire une ouverture de porte sur la montée du corps de logis de derrière, ou en tel autre lieu qui sera par eux avisé, pour avoir par eux communication au théâtre où l'on représente maintenant la comédie, dans le jeu de paume vis-à-vis la rue de Guénégaud[1], à la charge de rétablir les lieux et de les rendre en l'état qu'ils sont, en fin dudit bail; pourront aussi lesdits preneurs faire abattre la cheminée pour la faire refaire à leurs dépens à la moderne; sera permis auxdits sieur et damoiselles preneurs de faire dépaver en quelque endroit des cours, pour y pouvoir planter et avoir de la verdure, en rétablissant par eux, en fin des temps, le pavé desdites cours, etc. Fait et passé, etc., l'an mil six cent soixante-treize, le seizième août, etc.

XLVIII

1674. — 12 février.

ACQUISITION DE RENTES PAR LES HÉRITIERS DE MADELEINE BÉJARD.

Archives de l'Administration de l'Assistance Publique.
Hôpital général, n° 692.

Par devant les conseillers du Roi, notaires garde-notes de Sa Majesté au Châtelet de Paris, soussignés, fut présent Jean Mignot, bourgeois de Paris, y demeurant, rue de Bretagne, marais du Temple, paroisse Saint-Nicolas des Champs, lequel a reconnu et confessé avoir vendu, cédé et transporté, et promet garantir de tous troubles et empêchements généralement quelconques, fors des faits du Roi seulement, à damoiselle Armande-Grésinde-Claire-Élisabeth Béjard, veuve de feu Jean-Baptiste Poquelin, sieur de Molière, vivant tapissier et valet de chambre du Roi, demeurant à Paris, rue de Seine,

1. La troupe de l'hôtel Guénégaud, établie dans le jeu de paume dit *de la Bouteille*, avait ouvert son théâtre le dimanche 9 juillet 1673, par *le Tartuffe*. (*Histoire du Théâtre français*, par les frères Parfaict, tome XI, page 299).

paroisse Saint-Sulpice, en son nom comme légataire particulière et universelle de défunte damoiselle Madeleine Béjard, fille majeure, sa sœur, par ses testament et codicile des neuf janvier et quatorze février mil six cent soixante-douze [1], et encore comme tutrice de Madeleine-Esprit Poquelin, fille mineure dudit sieur Molière et d'elle, légataire universelle substituée de ladite défunte damoiselle Madeleine Béjard, sa tante, ladite damoiselle Molière à ce présente et acceptante, acquéreurs èsdits noms, en la présence et du consentement, tant du sieur Louis Béjard, bourgeois de Paris, y demeurant dite rue de Seine, paroisse Saint-Sulpice, Jean-Baptiste Aubry, sieur des Carrières, paveur ordinaire des bâtiments du Roi, et damoiselle Geneviève Béjard, sa femme, de lui autorisée à l'effet qui ensuit, auparavant veuve de Léonard de Loménie, sieur de la Villaubrun, demeurant aussi dites rue de Seine et paroisse Saint-Sulpice, lesdits sieur et damoiselle Geneviève Béjard, aussi légataires particuliers de ladite défunte damoiselle Madeleine Béjard, leur sœur, par sondit testament, que de Me Charles Cardé, conseiller du Roi, trésorier du sceau de la chancellerie de Paris, demeurant rue Plâtrière, paroisse Saint-Eustache, au nom et comme exécuteur desdits testament et codicile de ladite défunte, et du sieur Pierre Mignard, dit *le Romain*, peintre ordinaire du Roi, demeurant rue Saint-Honoré, paroisse Saint-Roch ; les rentes qui ensuivent, constituées par MM. les prévôt des marchands et échevins de cette ville de Paris, savoir : quatre cent vingt-six livres huit sols sur le Clergé, en trois parties réunies sous la première constitution qui est de cinq livres quatre sols de rente du 26e avril 1564, la seconde de vingt livres seize sols six deniers, constituée le 26e février 1568, et la troisième de quatre cents livres constituée le 4e septembre 1570. *Item* quatre cent soixante-quinze livres de rente en deux parties, la première de quatre cent soixante livres de rente, constituée le 17 mars 1622, et la deuxième de quinze livres de rente, constituée le 15e septembre 1553, à prendre sur les gabelles. *Item* quatre cent huit livres six sols huit deniers de rente sur les anciens aides, en six parties, dont cinq montant ensemble à cent cinquante-huit livres six sols huit deniers, sont réunies sous la première constitution qui est de dix livres de rente du 1er décembre 1537 ; la seconde de cinquante livres de rente, constituée le 15e octobre 1549 ; la troisième de quarante livres de rente, constituée le 17e avril 1554 ; la quatrième de vingt-cinq livres de rente, constituée le 30 mars 1551 ; la cinquième de trente-trois livres six sols huit deniers, constituée le 10e novembre 1567 ; et la sixième de deux cent cinquante livres de rente non réunie, constituée le 8e novembre 1570. *Item* deux cents livres de rente, constituée le 2e octobre 1551 sur les anciennes gabelles, cent livres de rente, constituée sur lesdites gabelles le

---

1. Document n° XL.

12ᵉ février 1552, et soixante-quinze livres aussi sur es anciennes gabelles, constituée sur les mêmes gabelles le 9ᵉ avril 1555. Toutes lesdites parties de rentes sus-énoncées, audit sieur Mignot appartenant, etc.; pour desdites rentes sus-déclarées, jouir, faire et disposer par ladite damoiselle Molière, èsdits noms, et autres personnes, comme il sera ci-dessous dit, à commencer la jouissance, savoir : de celles assignées sur le Clergé, du premier jour de juillet 1651, bureau ouvert, et pour celles assignées sur les aides et gabelles, du premier janvier dernier passé, se réservant ledit sieur Mignot les arrérages échus au précédent. Cette vente, cession et transport ainsi faits, moyennant la somme de treize mille quatre cent soixante-dix-sept livres dix-sept sols quatre deniers, qui est sur le pied du denier huit, que ledit sieur Mignard, du consentement de ladite damoiselle Molière, èsdits noms, sieur Béjard, sieur et damoiselle Aubry et dudit sieur Cardé, audit nom, promet et s'oblige payer audit sieur Mignot en sa demeure à Paris ou au porteur, après qu'il aura été obtenu lettres, en Chancellerie, de ratification du présent contrat, sans aucune opposition ; que l'immatricule èsdites rentes vendues aura été faite, conformément à ce qui sera ci-après mentionné, et après que par lesdits damoiselle Molière, sieur Béjard et damoiselle Aubry aura été touché le payement du premier quartier desdites rentes; les titres et contrats anciens concernant la propriété desquelles rentes, etc., icelui sieur Mignot promet et s'oblige fournir et mettre ès mains de ladite damoiselle acquéreur audit nom, etc., et ce faisant ledit sieur Mignard en demeurera bien et valablement déchargé, etc.; et sera le payement de ladite somme de treize mille quatre cent soixante-dix-sept livres dix sols quatre deniers fait par ledit sieur Mignard en déduction de celle de dix-sept mille six cents livres, procédant des deniers comptants trouvés après le décès de ladite défunte damoiselle Madeleine Béjard, lors de la confection de l'inventaire des biens par elle délaissés, fait par Mᵉˢ Claude Ogier et Moufle, l'un des notaires soussignés, daté au commencement du douze mars mil six cent soixante-douze[1], laquelle somme auroit été délivrée audit sieur Mignard par acte du dix-septième dudit mois de mars, passé par lesdits notaires, étant au bas de la minute dudit inventaire, déclarant lesdits damoiselle Molière, sieur Béjard, sieur et damoiselle Aubry que la présente acquisition desdites rentes sus-vendues est faite en conséquence de leurs avis et des autres parents et amis de ladite Madeleine-Esprit Poquelin, homologué par sentence dudit Châtelet de Paris du seize décembre mil six cent soixante-treize, reçu par Gaudion, greffier, pour faire l'emploi de partie desdits deniers étant ès mains dudit sieur Mignard et suivant ledit testament de ladite défunte damoiselle Béjard, par lequel ladite dé-

---

1. Document nº XLII.

funte ayant donné à ladite damoiselle Molière et auxdits sieur Louis et damoiselle Geneviève Béjard, ses frère et sœurs, et à chacun d'eux leur vie durant, quatre cents livres de rente et pension viagère, est accordé entre eux par ces présentes, conformément à ce qui est porté par ladite sentence d'homologation dudit avis de parents, qu'icelle damoiselle veuve Molière, sieur Louis Béjard et damoiselle Geneviève Béjard, femme dudit sieur Aubry, jouiront chacun par tiers tant desdites rentes présentement vendues, que d'autres en l'acquisition desquelles sera employé le restant desdites dix-sept mille six cents livres, jusques à ce qu'il ait été fait recouvrement du surplus des effets de la succession de ladite défunte damoiselle Béjard, pour faire le fonds suffisant pour la perception desdites quatre cents livres de rente et pension viagère léguées à chacun d'eux, lesquelles pensions viagères, pour le regard desdits sieur Louis Béjard et damoiselle Aubry, s'éteindront au profit de ladite damoiselle Molière, laquelle, après l'extinction desdites rentes et pensions viagères données auxdits sieur Béjard et damoiselle Aubry, jouira pendant sa vie de toutes lesdites rentes sus-déclarées et autres qui seront acquises comme il est dit ci-dessus, suivant le codicile de ladite défunte damoiselle Béjard, etc., sans qu'icelle damoiselle Molière puisse vendre, engager ni autrement disposer desdites rentes pour quelque cause et sous quelque prétexte que ce soit, d'autant qu'aux termes dudit testament, après le décès de ladite damoiselle Molière, ladite Madeleine-Esprit Poquelin, sa fille, doit jouir desdites rentes sa vie durant, etc. Fait et passé à Paris à l'égard dudit sieur Mignard en sa maison et demeure, et à l'égard des autres parties en l'étude de Moufle, l'un desdits notaires soussignés, l'an mil six cent soixante-quatorze, le douzième jour de février après midi, etc.

XLIX

1677. — 16 mars.

CONTRAT ENTRE LA VEUVE DE MOLIÈRE ET LES MARGUILLIERS
DE L'ÉGLISE SAINT-PAUL.

Archives de l'Administration de l'Assistance Publique.
Hôpital général, n° 692.

Par devant, etc., furent présents messire Pierre Larcher, chevalier, baron de Baye, seigneur d'Ormoy et autres lieux, conseiller du Roi en ses conseils, président en sa chambre des Comptes, M^r maître Charles Fizeau, conseiller du Roi, auditeur ordinaire en sa chambre des Comptes, nobles hommes Claude Lefebvre, avocat en Parlement, et François Maille, aussi avocat en Parlement, au nom et comme tous marguilliers de l'œuvre et fabrique de l'église et paroisse Saint-Paul, à Paris, d'une part; damoiselle Armande-Grésinde-Claire-Élisabeth de Béjard (*sic*), veuve de Jean-Baptiste Poquelin, sieur de Molière, tapissier et valet de chambre du Roi, demeurant à Saint-Germain des Prés lès Paris, rue de Seine, paroisse Saint-Sulpice, légataire particulière et universelle de défunte Madeleine Béjard, fille majeure, sa sœur, par ses testament et codicile [1], etc., et encore comme tutrice de Madeleine-Esprit Poquelin, fille mineure dudit défunt sieur Molière et d'elle, légataire universelle substituée de ladite défunte damoiselle Madeleine Béjard, sa tante, par ledit testament; et M̄ᵉ Charles Cardé, conseiller du Roi, trésorier du sceau de la chancellerie de Paris, y demeurant rue du Regard, paroisse Saint-Sauveur, au nom et comme exécuteur desdits testament et codicile, etc., d'autre part; disant lesdits damoiselle Molière et sieur Cardé que ladite défunte damoiselle Béjard auroit ordonné par son testament qu'il fût employé en acquisition de rentes ou héritages une somme suffisante, pour, des fruits et revenus qui en proviendroient, être payé par chacun jour à perpétuité cinq sols à cinq pauvres de ladite paroisse Saint-Paul de cette ville de Paris, en l'honneur des cinq plaies de notre seigneur Jésus-Christ, et lesdits damoiselle Molière et sieur Cardé, désirant satisfaire à l'intention de ladite défunte, ils auroient proposé auxdits sieurs marguilliers de passer contrat de fondation pour ce nécessaire, et, en ayant conféré avec eux, il auroit été jugé à propos de faire passer cette aumône au profit des pauvres honteux de la Charité de ladite paroisse Saint-Paul et des petites écoles des pauvres enfants de ladite Charité.

En conséquence de quoi a été fait entre lesdites parties ce qui ensuit : savoir est qu'après que ladite damoiselle Molière, èsdits noms, tant pour elle que pour les intéressés à l'avenir en la nomination desdits pauvres à eux déférée par ledit testament, s'est désistée et départie dès maintenant, pour toujours, d'icelle nomination, même qu'en tant que besoin seroit elle y a, èsdits noms et qualités, renoncé et renonce par ces présentes, et par ces mêmes présentes, du consentement dudit sieur Cardé, audit nom d'exécuteur dudit testament, cédé, transporté et délaissé, et promis èsdits noms solidairement garantir, etc., auxdits sieurs marguilliers, ce acceptant audit nom, deux cents livres de rente assignées sur le clergé de France, en deux parties, etc., lesquelles deux rentes ont été acquises par ladite damoiselle Molière, èsdits noms, d'Antoine Gaudet, sieur des Vaux, et damoiselle Charlotte le Hardy, sa femme, par contrat passé par-devant Mᵉˢ Bonot et Mousnier, notaires audit Châtelet, le quatrième

---

[1]. Document nᵒ XL.

mars mil six cent soixante-quinze, etc. Plus ladite damoiselle Molière cède aussi auxdits sieurs marguilliers, audit nom, tous les arrérages qui sont dus et échus desdites deux cents livres de rente depuis qu'elle a droit d'en jouir, etc., lesquels arrérages échus et qui seront perçus à l'avenir, à toujours, desdites deux cents livres de rente, seront employés à perpétuité par lesdits sieurs marguilliers, audit nom, au profit des pauvres honteux de la Charité de ladite paroisse Saint-Paul [1] et des pauvres enfants des petites écoles de ladite Charité, ès mains du secrétaire de la compagnie d'icelle Charité et sous ses quittances, pour l'exécution et accomplissement de l'intention de ladite défunte damoiselle Béjard et en conformité de sondit testament, etc.; et au moyen du présent contrat, ledit testament de ladite défunte est exécuté de la part de ladite damoiselle Molière et dudit sieur Cardé, èsdits noms, à cet égard. A ce faire est intervenu et fut présent messire André Hameau, conseiller du Roi en sa cour de Parlement, docteur en théologie de la maison et société de Sorbonne, et curé de ladite église et paroisse Saint-Paul, lequel a eu le présent contrat agréable, et en a consenti et consent l'exécution en tout son contenu, etc. Fait et passé à Paris, au bureau de ladite église Saint-Paul, l'an mil six cent soixante-dix-sept, le mardi avant midi seizième jour de mars, etc.

L

1677. — 28 mai.

LETTRES DE RATIFICATION DU CONTRAT PASSÉ ENTRE LA VEUVE DE MOLIÈRE ET LES MARGUILLIERS DE SAINT-PAUL.

Archives de l'Administration de l'Assistance Publique.
Hôpital général, n° 692.

Louis, par la grâce de Dieu, Roi de France et de Navarre, à tous ceux qui ces présentes verront, salut. Nos chers et bien-amés les

---

1. La paroisse de Sainte-Marguerite, faubourg Saint-Antoine, était alors réunie à la paroisse de Saint-Paul. Le 16 mars 1718, par partage passé devant Le Chanteur et Savalette, notaires au Châtelet, entre les marguilliers et le curé de Saint-Paul, d'une part, et le curé et les marguilliers de Sainte-Marguerite, d'autre part, « attendu la séparation de ladite paroisse Sainte-Marguerite d'avec celle de Saint-Paul, » il est délaissé aux écoles de Sainte-Marguerite, cinquante livres de rente sur les deux cents livres données en 1677 par la veuve de Molière, en exécution du testament de sa sœur; mais les noms de Madeleine et d'Armande Béjard ne paraissent plus dans cet acte de partage. (*Archives de l'Administration de l'Assistance Publique. Hôpital général*, n° 692.)

marguilliers de l'œuvre et fabrique de l'église paroissiale Saint-Paul, à Paris, nous ont fait remontrer que par contrat en forme de transaction passée par devant Foignart et Moufle, notaires au Châtelet de Paris, le seizième mars de la présente année mil six cent soixante-dix-sept, entre eux, d'une part ; et damoiselle Armande-Grésinde-Claire-Élisabeth de Béjard, veuve de feu Jean-Baptiste Poquelin, sieur de Molière, tapissier et valet de notre chambre, légataire particulière et universelle de feu Madeleine Béjard, sa sœur, tutrice de Madeleine-Esprit Poquelin, sa fille, et Charles Cardé, trésorier du sceau de la chancellerie de Paris, comme exécuteur du testament de ladite défunte, et pour satisfaire au legs fait par icelui en faveur des pauvres et accepté par lesdits sieurs marguilliers pour les pauvres de la Charité de ladite paroisse, ils ont acquis et accepté, audit nom de ladite damoiselle de Molière, du consentement dudit sieur Cardé, audit nom, deux cents livres de rente assignées sur le clergé de France, etc., pour jouir de laquelle rente par lesdits sieurs exposants, audit nom, et leurs successeurs marguilliers de ladite paroisse Saint-Paul de Paris, etc. ; ils nous ont très-humblement fait supplier leur vouloir accorder nos lettres de ratification sur ce nécessaires. A ces causes, de l'avis de notre conseil qui a vu ledit contrat d'acquisition, etc., nous avons icelui ratifié, approuvé et confirmé, etc. Car tel est notre plaisir ; en témoin de quoi nous avons fait mettre notre scel à cesdites présentes. Donné à Paris, le vingt-huitième jour de mai, l'an de grâce mil six cent soixante-dix-sept, et de notre règne le trente-cinquième, signé sur le repli : Par le Roi, de Guedeville, avec grille et paraphe.

LI

1677. — 29 mai.

CONTRAT DE MARIAGE ENTRE ISAAC-FRANÇOIS GUÉRIN ET ARMANDE BÉJARD, VEUVE DE MOLIÈRE.

Minutes de Me Defresne.

Par devant les conseillers du Roi, notaires garde-notes de Sa Majesté au Châtelet de Paris, soussignés, furent présents Isaac-François Guérin, officier de la maison du Roi et bourgeois de Paris, y demeurant cour du Palais, paroisse de la basse Sainte-Chapelle, fils de défunt Charles Guérin, vivant aussi officier du Roi, et de damoiselle Françoise Destrichey de Bradam, à présent sa veuve, de laquelle il a le consentement à l'effet des présentes, ainsi qu'il a fait apparoir par acte qu'il a représenté, passé par devant Audier et Gourdan, notaires royaux à Marseille, le vingt-troisième de mars dernier, demeuré annexé à ces présentes [1], après avoir été paraphé *ne varietur* par ledit sieur Guérin et par les notaires soussignés, d'une part; et damoiselle Armande-Grésinde-Claire-Élisabeth Béjard, veuve de défunt Jean-Baptiste Poquelin de Molière, valet de chambre ordinaire du Roi, demeurant dite cour du Palais, en la même paroisse de la basse Sainte-Chapelle, d'autre part.

Lesquelles parties, volontairement et en la présence et par l'avis et conseil d'Anne Guérin, tante paternelle dudit Guérin, veuve de Jean Ancelin, bourgeois de Paris; de Marie Ancelin, veuve de Antoine Poussepré, marchand franger à Paris, sa cousine germaine; Jean-Baptiste Aubry, paveur du Roi, beau-frère de ladite future épouse à cause de Geneviève Béjard, sa femme, et de M° Jacques Baudelot, conseiller du Roi, commissaire enquêteur et examinateur audit Châtelet, et de Jean Gandouin, marchand bourgeois de Paris, ami de ladite damoiselle; damoiselle Anne-Marie Martin, femme dudit sieur Aubry; et d'Anne Thomas, femme dudit sieur Gandouin, ont reconnu et confessé avoir fait entièrement de bonne foi les traité et conventions de mariage qui ensuivent : c'est à savoir que lesdits sieur Guérin et damoiselle Molière ont respectivement promis se prendre en foi et loi de mariage, etc., pour être, comme en effet lesdits sieur et damoiselle futurs époux seront, communs de biens meubles et conquêts immeubles, suivant la coutume de cette ville, prévôté et vicomté de Paris, etc.

Ladite damoiselle future épouse apportera audit futur époux, la veille de leurs épousailles, tous les meubles, ustensiles d'hôtel, linge, habits, vaisselle d'argent et d'étain, titres, papiers et effets contenus en l'inventaire fait à la requête de ladite damoiselle future épouse, après le décès dudit sieur de Molière, par Levasseur l'aîné et son collègue, notaires audit Châtelet, le. . . . jour de . . . . mil six cent soixante. . . .[2] et autres jours suivants, dont sera fait récollement incessamment par les notaires soussignés ; au pied duquel ledit sieur futur époux s'en chargera tant envers ladite damoiselle future épouse qu'envers damoiselle Marie-Madeleine-Esprit Poquelin, fille mineure dudit défunt sieur de Molière, et de ladite damoiselle sa veuve, dont ladite damoiselle veuve a la tutelle, et de laquelle ledit sieur futur époux se fera aussi élire tuteur, conjointement avec elle, aussitôt que leur mariage aura été célébré ; comme aussi ladite damoiselle future épouse apportera audit futur époux tous les autres

---

1. Cet acte est en effet annexé au contrat de mariage. La mère de Guérin y est nommée Françoise de Trichet de Bradam.

2. Document n° XLV. Ces lacunes existent dans la minute originale du contrat de mariage d'Armande Béjard avec Guérin.

biens et effets qu'elle a acquis depuis le décès dudit feu sieur son mari, dont sera aussi fait un état incessamment, au pied duquel ledit sieur futur époux s'en chargera.

De tous lesquels biens et effets qui se trouveront appartenir à ladite damoiselle future épouse, le tiers entrera en ladite communauté et les deux autres tiers sortiront nature de propre à ladite damoiselle future épouse et aux siens de son côté et ligne, ensemble tout ce qui lui adviendra et écherra pendant ledit mariage, par succession, donation, legs testamentaires ou autrement, tant en meubles qu'immeubles.

Ledit sieur futur époux a doué ladite damoiselle future épouse de cinq cents livres de rente par chacun an de douaire préfix, pour en jouir aussitôt qu'il y aura lieu, suivant la coutume de Paris. Le survivant desdits futurs époux aura et prendra par préciput et avantage, avant partage des biens de ladite communauté, tels qu'il voudra choisir, suivant la prisée de l'inventaire qui en sera fait et sans crue, jusqu'à la somme de trois mille livres ou ladite somme en deniers comptants, au choix dudit survivant; sera loisible à ladite damoiselle future épouse, à la fille de son précédent lit, et aux enfants qui naîtront dudit futur mariage d'accepter ladite communauté ou y renoncer, et, y renonçant, reprendre franchement et quittement tout ce que ladite damoiselle future épouse aura apporté audit futur mariage, etc.

Ladite damoiselle Marie-Madeleine-Esprit Poquelin de Molière sera nourrie, entretenue et fait instruire selon sa condition jusqu'à l'âge de vingt ans, aux dépens de ladite communauté, sur le revenu de son bien, sans lui en faire aucun autre profit jusqu'audit âge de vingt ans.

En faveur dudit futur mariage, ladite damoiselle future épouse a, par ces présentes, fait donation entre-vifs audit sieur futur époux, ce acceptant, tout ce que l'édit des secondes noces lui permet de donner de ses biens, tant meubles que immeubles et effets mobiliers, pour en jouir en pleine propriété comme de chose à lui appartenant, au cas qu'il survive ladite damoiselle, et qu'il n'y ait aucun enfant issu de leur mariage, vivant au jour de la dissolution d'icelui, et non autrement; et, réciproquement, en faveur dudit futur mariage a été convenu entre lesdits futurs époux que si ledit futur époux prédécède ladite future épouse sans enfant issu dudit futur mariage, vivant au jour de la dissolution d'icelui, en ce cas tous les biens et effets de ladite communauté, droits et actions généralement quelconques, appartiendront entièrement à ladite damoiselle future épouse, sans que les héritiers dudit futur époux puissent prétendre aucune chose auxdits biens, etc.

Fait et passé à Paris, en la maison de la dite damoiselle future épouse, le vingt-neuvième jour de mai, après midi, l'an mil six cent soixante-dix-sept, et ont signé, sauf ladite Anne Guérin, qui a déclarer ne savoir écrire ni signer:

 Izaac François Guerin.
 Armande Gresinde Claire Eslisabet Béjard.
 Marie Ancelin.
 Gandouin.   Baudelot.
 Anne Martin.   Aubry.
 Anne Thomas.
 Jullien.   Lemaistre.

LII

1691. — 30 juin.

RENONCIATION D'ESPRIT-MADELEINE POQUELIN MOLIÈRE A LA COMMUNAUTÉ ENTRE ELLE ET SA MÈRE.

Minutes de M° Turquet.

Par devant les conseillers du Roi, notaires au Châtelet de Paris, soussignés, fut présente damoiselle Esprit-Madeleine Poquelin, fille majeure, jouissant de ses biens et droits, demeurant comme pensionnaire au couvent des dames religieuses de la Conception, rue Saint-Honoré, fille unique et seule héritière de défunt sieur Jean-Baptiste Poquelin de Molière, tapissier, valet de chambre du Roi, laquelle, attendu la déclaration faite par Isaac-François Guérin, sieur du Triché, et damoiselle Armande-Claire-Élisabeth Béjard, sa femme, auparavant veuve dudit sieur de Molière, que ladite damoiselle Guérin pendant sa viduité, depuis le vingtième mars mil six cent soixante-treize, que l'inventaire fait à sa requête, après le décès dudit sieur de Molière, a été fini, jusqu'au trente juillet mil six cent soixante-quinze, jour de la clôture d'icelui, qui sont deux années quatre mois, n'a fait aucunes acquisitions, a icelle damoiselle Poquelin de Molière déclaré et déclare par les présentes qu'elle a renoncé, comme de fait elle renonce, à la continuation de la communauté qui a été entre ledit défunt sieur de Molière et ladite damoiselle Guérin, ses père et mère, depuis ledit jour vingt mars mil six cent soixante-treize jusqu'audit jour trente juillet mil six cent soixante-quinze, comme lui étant icelle continuation de communauté plus onéreuse que profitable, et accepte ladite communauté en l'état qu'elle étoit audit jour vingt mars mil six cent soixante-treize, et ce, sans préjudicier à tous ses droits et actions, dont et de quoi ladite damoiselle Poquelin de Molière a requis acte aux notaires soussignés, qu'ils lui ont octroyé, promettant, etc. Fait et passé à Paris, au parloir dudit couvent, l'an mil six cent quatre-vingt-onze, le trentième jour de juin, après midi, et a signé :

Esprit Madeleine Pocquelin.

De Villaine.   Desforges.

LIII

1692. — 6 janvier.

PROCURATION DE LA FILLE DE MOLIÈRE A CLAUDE DUPRÉ.

Minutes de Me Turquet.

Fut présente damoiselle Esprit-Madeleine Poquelin de Molière, fille majeure, jouissant de ses biens et droits, demeurant comme pensionnaire au couvent des dames religieuses de la Conception de Notre-Dame, rue Saint-Honoré, fille unique et seule héritière de défunt M. Jean-Baptiste Poquelin de Molière, son père, tapissier valet de chambre du Roi, laquelle, en continuant le pouvoir par elle ci-devant donné à Me Claude Dupré, procureur au Châtelet de Paris, y demeurant, rue Grande-Truanderie, paroisse Saint-Eustache, a d'abondant donné et donne pouvoir audit sieur Dupré, son procureur, pour terminer les débats et contestations formés au compte de tutelle et de communauté à elle rendu par Isaac-François Guérin, sieur du Triché, et damoiselle Armande-Claire-Élisabeth Béjard, son épouse, auparavant veuve dudit sieur Poquelin de Molière, et ceux du compte aussi rendu par lesdits sieur et damoiselle Guérin à ladite damoiselle constituante des biens mentionnés en l'inventaire fait après le décès de damoiselle Madeleine Béjard, décédée, fille majeure, rendu par un même compte par devant Me Jacques Baudelot, conseiller du Roi, commissaire enquêteur et examinateur au Châtelet de Paris, clos à la charge desdits débats, le [9 mars] dernier, qu'iceux débats soient décidés, réglés et terminés à l'amiable entre les parties, par l'avis unique et suffrage de Me François Pillon l'aîné, procureur audit Châtelet de Paris, demeurant rue Grenier-Saint-Lazare, paroisse Saint Nicolas des Champs, et lesquels débats seront par lui terminés et résolus sur la communication desdits comptes et postils qui contiennent lesdits débats à lui communiqués, et pièces qu'il trouvera nécessaires pour la décision, et à l'instant de laquelle que lesdits débats soient réformés aussi du consentement des parties sur chacun article en contestation, tirés, accordés, alloués, tenus pour bien repris ou rayés par ledit sieur commissaire Baudelot, sur l'avis dudit sieur Pillon, à la décision duquel ladite damoiselle constituante donne pouvoir audit sieur Dupré de se soumettre, comme arrêt de cour souveraine, et généralement faire par ledit sieur Dupré tout ce qu'il avisera bon être au sujet de ce que dessus; promettant avoir le tout pour agréable, obligeant, etc. Fait et passé à Paris, au parloir dudit couvent, l'an mil six cent quatre-vingt-douze, le sixième jour de janvier, avant midi, et a ladite damoiselle constituante signé:

Esprit Madeleine Pocquelin Moliere.
Desgranges.   Desforges.

LIV

1693. — 9 septembre.

AVIS ET EXPÉDIENT DONNÉ PAR FRANÇOIS PILLON ENTRE LA FILLE
ET LA VEUVE DE MOLIÈRE.

Minutes de Me Turquet.

Vu par François Pillon, ancien procureur au Châtelet de Paris, la sentence donnée au parc civil dudit Châtelet, le 30e décembre 1692, entre damoiselle Esprit-Madeleine Poquelin de Molière, fille majeure, héritière de Jean-Baptiste Poquelin de Molière, tapissier valet de chambre du Roi, et légataire substituée de damoiselle Madeleine Béjard, sa tante, demanderesse aux fins de l'exploit du 21e octobre audit an, tendant à ce que Isaac-François Guérin, sieur du Tricher, et damoiselle Armande-Grésinde-Claire-Élisabeth Béjard, sa femme, auparavant veuve dudit sieur Poquelin de Molière, à cause de la communauté de biens qui a été entre ledit défunt et elle, soient solidairement condamnés, suivant leurs offres de passer acte et consentement à ladite demanderesse, en bonne forme, par devant notaires, qu'elle jouira de moitié de deux rentes, l'une de 550^{lt}, et l'autre de 500^{lt}, mentionnées audit exploit, sinon que la sentence qui interviendra vaudra consentement, et défenderesse aux deux demandes incidentes desdits sieur et damoiselle Guérin, portées en leurs défenses et requête verbale, signifiées les 13 novembre et 3 décembre derniers, tendant à fin de condamnation de la somme de 5210^{lt}15^s et intérêts d'icelle d'une part, et 1513^{lt}13^{s}4^d d'autre, pour les arrérages y mentionnés, d'une part, et lesdits sieur et damoiselle Guérin, défendeurs audit exploit et incidemment demandeurs, suivant lesdites défenses et requête verbale desdits jours 13 novembre et 3 décembre, d'autre part; par laquelle sentence, du consentement des parties, elles ont été renvoyées par devant nous pour être réglées et en passer par notre avis. Vu aussi le compte rendu par lesdits sieur et damoiselle Guérin à ladite damoiselle de Molière de la communauté de biens qui a été entre ledit défunt sieur de Molière et ladite damoiselle Béjard et de la tutelle qu'elle et ledit sieur Guérin, son second mari, ont eue de la personne et biens de ladite damoiselle de Molière, présenté à Me Jacques Baudelot, commissaire audit Châtelet, le 9e mars 1691, clos après l'apurement des débats, le 12 juillet 1692; l'état de compte de la recette, dépense et reprise, rendu par lesdits sieur et damoiselle Guérin des biens délaissés par damoiselle Madeleine Béjard, dont ladite damoiselle a l'usufruit, à la charge de restituer le fonds à ladite damoiselle de Molière, sa fille, aussi clos et arrêté ledit jour 12e juillet 1692; par la clôture duquel compte de communauté et de tutelle, ladite damoiselle de Molière est rendue reliquataire de la somme de 5210^{tt}15^s et outre à reprendre sur les débiteurs dénommés au chapitre de reprise 3145^{tt}3^{s}4^d, et par la clôture dudit état des biens de ladite défunte damoiselle Béjard être dû par lesdits sieur et damoiselle Guérin 900^{tt}19^s, et la reprise se monter à 2600^{tt}; l'exploit d'assignation donnée à la requête de ladite damoiselle de Molière auxdits sieur et damoiselle Guérin, ledit jour 21 octobre 1692, aux fins de lui être passé consentement pour jouir des arrérages de la moitié de 550^{tt} de rente, à prendre sur les aides et gabelles, et de 500^{tt} de rente constituée par défunt sieur Jean Poquelin audit défunt sieur de Molière, son fils, pendant la communauté de biens d'entre ledit sieur de Molière et ladite damoiselle Béjard; les défenses fournies contre ladite demande par lesdits sieur et damoiselle Guérin, ledit jour 13e novembre 1692, contenant leur demande pour avoir condamnation desdits 5210^{tt}15^s de reliquat porté par la clôture dudit compte de communauté et tutelle et des intérêts, n'empêchant point que ladite damoiselle de Molière ne jouisse des arrérages de la moitié desdites deux rentes; mais faute de payement dudit reliquat, ont protesté de faire saisir ses revenus et déclaré que, sur toutes les demandes et contestations, ils consentent être renvoyés par devant nous; les répliques de ladite damoiselle de Molière et ses défenses à la demande incidente, contenant aussi consentement d'être renvoyée par devant nous; la requête verbale donnée par lesdits sieur et damoiselle Guérin, ledit jour 3e décembre 1692, à ce qu'attendu que par le 53e article du 3e chapitre de dépense dudit compte de communauté et tutelle, les arrérages des 250^{tt} appartenant à ladite damoiselle Guérin pour sa moitié desdites 500^{tt} de rente constituées par ledit sieur Jean Poquelin audit défunt son premier mari ont été alloués pour 1583^{tt}6^{s}8^d, pour le tiers de dix-neuf années des arrérages desdites 250^{tt}, dont ladite damoiselle de Molière est tenue personnellement, sauf leur action pour la répétition du total desdites 250^{tt} de rente; défenses au contraire et leur action étant encore indécise, ayant fait recette du total de ladite rente, quoiqu'ils n'en aient pas été payés, il est juste qu'ils soient payés de leur moitié, préférablement à ladite damoiselle de Molière sur les loyers de la maison, sise sous les piliers de la Tonnellerie des halles, en étant uns personnellement et hypothécairement pour le tout, ils ont conclu à ce que ladite damoiselle de Molière soit condamnée leur payer 1513^{tt}13^s4^d qui leur restent dus des arrérages desdites 250^{tt} de rente pendant dix-neuf ans, les arrérages depuis échus, en passer titre nouvel et payer les arrérages à l'avenir; les défenses de ladite damoiselle de Molière fournies contre ladite requête, le 24 dudit mois de décembre; la requête à nous présentée par icelle damoiselle de Molière, le 23 janvier 1693, signifiée le même jour, contenant demande à ce que le calcul et clôture dudit compte de communauté et tutelle soient réformés et procédé à nouveau calcul, conformément au postil sur le premier chef du débat général qui avoit été formé lors de l'examen dudit compte, dans lequel nouveau calcul entreront les intérêts des deniers oisifs, même les intérêts d'intérêts avec lesquels seroit fait compensation tant des intérêts du propre stipulé à ladite damoiselle Guérin que des arrérages ou intérêts du douaire employés en dépense jusques à somme concurrente; la requête à nous présentée par lesdits sieur et damoiselle Guérin, le 14 février 1693, signifiée le même jour, contenant leurs moyens, défenses et fins de non recevoir contre la demande de ladite damoiselle de Molière; les réponses d'icelle damoiselle de Molière, signifiées le 23 dudit mois de février; autre requête présentée par lesdits sieur et damoiselle Guérin, le 3e août dernier, signifiée le 4e du même mois, tendant à ce que la dépense de ladite damoiselle de Molière soit augmentée de 700^{tt} qu'ils lui ont payées en l'année 1687, et des intérêts de ladite somme; les défenses signifiées le 5e dudit mois d'août, contenant les offres de ladite damoiselle de Molière de tenir compte de ladite somme de 700^{tt} sur le reliquat, pour lui avoir été prêtées à différentes fois, et autres pièces des parties; icelles ouïes : Nous, après avoir fait calcul de la recette et dépense dudit compte de communauté et tutelle, depuis l'inventaire fait des biens dudit feu sieur de Molière, commencé le 13 mars 1673 jusques au dernier décembre audit an, et que la recette faite pendant le reste de ladite année contenue par les sept premiers articles du premier chapitre de recette dudit compte de communauté et tutelle; ce qui a été reçu des arrérages de la rente qui étoit due par le sieur de Lulli, employés au premier article du troisième chapitre; de trois quartiers en la moitié des 500^{tt} de rente due par le père dudit défunt sieur de Molière, employés au troisième article dudit troisième chapitre, et trois quartiers du tiers des loyers de ladite maison sous les piliers des halles, s'est trouvé monter à la somme de 10 469^{tt}10^s, et la dépense pendant le même temps et intervalle de ladite année

1673 à la somme de 11 312^{tt}6^s8^d, savoir : 850^{tt} pour partie de la dépense employée au premier chapitre ; 3 333^{tt}6^s8^d portés au premier article du deuxième chapitre de dépense pour les propres conventionnels de ladite damoiselle Béjard ; 131^{tt} pour les intérêts pendant neuf mois treize jours dudit propre, à compter depuis le 17 février 1673, jour du décès dudit sieur de Molière, jusques au dernier décembre audit an ; 4000^{tt} pour le fonds de son douaire employé au troisième article dudit second chapitre ; 157^{tt}3^s pour neuf mois treize jours des arrérages dudit douaire ; 2615^{tt}17^s pour partie de la dépense employée au troisième chapitre dudit compte de communauté, le surplus étant pour dépenses postérieures à ladite année 1673, et pour charges annuelles ; et 225^{tt} pour trois quartiers de pensions et entretiens de ladite damoiselle de Molière, faisant partie du premier article du cinquième chapitre de dépense ; et reconnu que par le moyen de la compensation, qui a dû être faite audit jour dernier décembre 1673, desdites recettes et dépenses, en procédant au calcul dudit compte de communauté, suivant ce qui avoit été réservé sur le premier chef dudit débat général en fin de la recette dudit compte, il ne restoit dû audit jour dernier décembre 1673, à ladite damoiselle Béjard, que 542^{tt}16^s8^d, de laquelle somme ayant été remboursée dans le cours de l'année suivante 1674, les intérêts du propre conventionnel employés au deuxième article dudit deuxième chapitre de dépense, et les arrérages dudit douaire employés au quatrième article du même chapitre, ont dû cesser ; et en conséquence, à présent, il doit être procédé à la réformation et nouvelle clôture dudit compte, et en ce faisant ledit deuxième article du second chapitre de ladite dépense être réduit et seulement tiré pour lesdites 131^{tt} que se montent les intérêts dudit propre, depuis ledit jour 17 février 1673 jusques au dernier décembre audit an ; et le quatrième article être aussi réduit et seulement tiré pour lesdits 157^{tt}3^s que montent les arrérages dudit douaire pendant le même temps, au moyen de quoi il n'y aura plus de reliquat sur ladite damoiselle de Molière, celui qui a paru par le calcul fait par ledit sieur commissaire étant composé des intérêts dudit propre et arrérages dudit douaire qui avoient été alloués à cause qu'il avoit été réservé à faire droit sur le premier chef du débat général, pour être ladite recette augmentée des intérêts des sommes principales, ou fait compensation des dépenses sur ladite recette ; et en conséquence, sur la demande desdits sieur et damoiselle Guérin pour le payement dudit reliquat, il y a lieu de mettre les parties hors de cour.

Et calcul aussi fait des autres recettes et dépenses, a été reconnu que les revenus de ladite damoiselle de Molière ont été suffisants pour payer et acquitter tant les charges annuelles que ce qui a été payé de ce qui restoit des dettes passives, même les frais de procès, voyages et contraintes contre le nommé Coiffier, et que ce qui a pu faire capital pour ladite damoiselle de Molière est seulement les 650ᵗᵗ contenues au huit, neuf et dixième articles du premier chapitre de recette, et lesdites sommes avoir été touchées ès années 1674, 1675 et 1676, montant ensemble à 2520ᵗᵗ, de laquelle somme de 2520ᵗᵗ seulement notre avis est que la recette dudit compte doit être augmentée des intérêts, à compter du 1ᵉʳ juillet 1677 jusques au temps que la dépense de ladite damoiselle de Molière aura diminué ledit fonds, ainsi qu'il sera ci-après remarqué ; et en conséquence ledit premier chef du débat général formé pour intérêts desdites sommes principales, deniers oisifs et intérêts d'intérêts, doit être rayé purement et simplement.

A l'égard de la demande formée par lesdits sieur et damoiselle Guérin, tant pour le payement de 1513ᵗᵗ 13ˢ 4ᵈ restant des arrérages des 250ᵗᵗ de rente appartenant à ladite damoiselle Guérin pour moitié des 500ᵗᵗ de rente constituées pendant la communauté de biens dudit feu sieur de Molière et d'elle, par Jean Poquelin, père d'icelui sieur de Molière, et continuation des arrérages desdites 250ᵗᵗ par an par ladite damoiselle de Molière personnellement, comme seule héritière dudit défunt son père, et hypothécairement pour le tout, ensemble pour en passer titre nouvel et reconnoissance, ayant été employé par le troisième article du troisième chapitre de recette, le total des arrérages desdites 250ᵗᵗ de rente, au lieu qu'il en devoit être fait confusion du tiers en ladite moitié ; notre avis est qu'en procédant à la réformation et nouveau calcul dudit compte, ledit troisième article du troisième chapitre de recette doit être réformé et seulement tiré pour 3166ᵗᵗ 13ˢ 4ᵈ faisant les deux tiers des arrérages de l'autre moitié desdites 500ᵗᵗ de rente, comme le tiers de ladite moitié, montant à 1583ᵗᵗ 6ˢ 8ᵈ, étant confus en la personne de l'oyante, et qu'au moyen de la dépense portée par le 53ᵉ article du troisième chapitre de dépense dudit compte de pareils 1583ᵗᵗ 6ˢ 8ᵈ pour le tiers de ladite moitié dus à ladite damoiselle Guérin, les parties doivent être mises hors de cour.

Sur la demande desdits sieur Guérin et sa femme, pour raison desdits 1583ᵗᵗ 6ˢ 8ᵈ, que pour faciliter le payement des arrérages desdites 250ᵗᵗ de rente dues à ladite damoiselle Guérin par ladite damoiselle, sa fille, et les cohéritiers dudit défunt sieur de Molière en la succession du sieur Jean Poquelin, son père, personnellement chacun par tiers, hypothécairement pour le tout, et éviter les recours et répétitions entre lesdits héritiers, lesdits sieur et damoiselle Guérin doivent être payés des arrérages desdites 250ᵗᵗ de rente sur les loyers de ladite maison, sise sous les piliers des halles, procédant de la succession dudit sieur Poquelin, échus à l'égard du tiers, personnellement dus par ladite damoiselle de Molière depuis le 13 mars 1692, et qui écherront ci-après, et qu'à cette fin lesdits sieur et damoiselle Guérin feront signifier un empêchement ès mains du principal locataire aux frais desdits héritiers, jusques à ce que ladite maison soit licitée ou vendue volontairement, lors de laquelle vente il sera pourvu à l'emploi du principal desdites 250^{tt} de rente au moyen de ce qui sera ci-après dit.

Que, suivant le consentement desdits sieur et damoiselle Guérin, ladite damoiselle de Molière jouira et recevra sous ses quittances, à commencer du 1er janvier prochain 1694, des arrérages de 275^{tt}, faisant moitié de 550^{tt} de rentes, constituées sur les aides et gabelles par contrats des 2 septembre et 26 octobre 1675, qu'à cette fin elle sera immatriculée, et pour les arrérages depuis le 1er janvier 1691, lesdits sieur et damoiselle Guérin les payeront à ladite damoiselle de Molière en deniers ou quittances valables.

Et à l'égard des 250^{tt} de rente faisant l'autre moitié desdites 500^{tt} de rente dues par la succession dudit sieur Jean Poquelin, dont un tiers est confus en la personne de ladite damoiselle de Molière, elle jouira et pourra recevoir les deux autres tiers desdites 250^{tt} de rente, à cette fin se pourvoiera contre les autres héritiers dudit sieur Jean Poquelin, et seront tenus lesdits sieur et damoiselle Guérin de mettre dès à présent ès mains de ladite damoiselle de Molière le contrat de création de ladite rente et autres pièces concernant icelle rente; et en conséquence desdites réformations, sur la réquisition des parties, a été par nous fait nouveau calcul dudit compte de communauté et tutelle, et par ledit nouveau calcul, le premier chapitre de recette se trouve de la somme de 12 606^{tt} 10^s, le deuxième de la somme de 1850^{tt}, et le troisième chapitre de recette, à cause de la distraction et déduction faite sur le troisième article dudit chapitre desdits 1583^{tt} 6^s 8^d, qui doivent demeurer confus en la personne de l'oyante, comme dessus est dit, la recette dudit chapitre n'est plus que de 11 875^{tt} 10^s 10^d, et lesdits trois chapitres ensemble se montent à 26 332^{tt} 10^d, à laquelle somme joignant celle de 1697^{tt} pour les intérêts des 2520^{tt} faisant partie de la recette ci-dessus réglée, et dont le fonds s'est trouvé ès mains desdits sieur et damoiselle Guérin à la fin de l'année 1676, lesdits intérêts à compter depuis le 1er juillet 1677 jusques au dernier décembre 1690, après lequel temps lesdits sieur et damoiselle Guérin ont avancé sur ledit fonds, tant par la provision payée à ladite damoiselle de Molière qu'à cause des revenus qui sont donnés en reprise audit compte.

Le total de ladite recette se trouve monter à 28 029^{tt} 10^d.

Le premier chapitre de dépense se monte à 1037^{tt} 10^s; le deuxième article du deuxième chapitre étant réduit à 131^{tt}, et le quatrième à 157^{tt} 3^s seulement, pour la portion des intérêts du propre et arrérages du douaire ci-dessus réglés, ledit compte est réduit à 7621^{tt} 9^s 8^d, le troisième chapitre de dépense pour 4817^{tt}, le quatrième pour 724^{tt} 9^s; le cinquième qui avoit été alloué et calculé pour 8500^{tt}, à quoi la dépense particulière des pensions et entretiens de la damoiselle de

Molière s'est trouvée monter, sera augmenté de 700^{tt} portées par la requête et nouvelle demande desdits sieur et damoiselle Guérin, du 3e août dernier, fournies à ladite damoiselle de Molière, en l'année 1687, et par ce moyen se monte ledit chapitre à 9200^{tt}; le sixième chapitre de dépense, qui est de reprise, à 3145^{tt} 3^s 9^d, et la part à porter par ladite damoiselle de Molière des frais de la dépense commune et frais du compte à 616^{tt} 10^s 4^d.

Le total de ladite dépense revenant à 27162^{tt} 2^s 4^d, et partant lesdits sieur et damoiselle Guérin se trouvant reliquataires envers ladite damoiselle de Molière de 866^{tt} 18^s 6^d, laquelle dernière somme demeurera auxdits sieur et damoiselle Guérin en déduction et jusques à somme concurrente sur ce qui leur est dû par les cohéritiers de ladite damoiselle de Molière, en la succession de Jean Poquelin, son ayeul, des arrérages des deux tiers des 250^{tt}, appartenant à ladite damoiselle Guérin, en faisant transport à ladite damoiselle de Molière de pareille somme et la subrogeant en ses droits sans garantie.

Et ayant égard à la condition mise sur le troisième article du deuxième chapitre de dépense, à cause de la reversion des 4000^{tt}, pour le principal et fonds du douaire constitué par ledit défunt sieur de Molière à ladite damoiselle Guérin, notre avis est que, dès à présent, lesdits sieur et damoiselle Guérin fassent cession et transport à ladite damoiselle de Molière des 500^{tt} que monte le principal desdites 250^{tt} de rente, à la réserve de l'usufruit des arrérages, la vie durant de ladite damoiselle Guérin, lesdites 5000^{tt} pour demeurer quittes par lesdits sieur et damoiselle Guérin envers ladite damoiselle de Molière, tant des 4000^{tt} pour la réversion dudit douaire que de 990^{tt} 19^s, dont ils sont reliquataires par l'état de compte des biens de damoiselle Madeleine Béjard envers ladite damoiselle de Molière et de laquelle somme ladite damoiselle Guérin doit aussi jouir par usufruit.

Et en conséquence, sur les autres demandes des parties, elles doivent être mises hors de cour, et leurs dépens des incidents compensés, les frais du présent expédient et réformation du compte payés par moitié. Fait et arrêté le neuvième jour de septembre mil six cent quatre-vingt-treize.

PILLON.

Aujourd'hui est comparu par devant les conseillers du Roi, notaires au Châtelet de Paris, soussignés, Charles Nezot, principal clerc de Me François Pillon, ancien procureur audit Châtelet, demeurant en sa maison, rue Grenier-Saint-Lazare, lequel a appporté à Desforges, l'un desdits notaires soussignés, l'avis et expédient ci-dessus donné par ledit Me François Pillon sur les contestations d'entre damoiselle Esprit-Madeleine Poquelin de Molière, le sieur Isaac-François Guérin, et damoiselle Armande-Grésinde-Claire-Élisabeth Béjard, sa femme, veuve en premières noces du sieur Jean-Baptiste Poquelin de Molière, en conséquence de la sentence dudit Châtelet du 30 décembre 1692, par laquelle les parties ont été renvoyées par devant ledit sieur Pillon pour être réglées et en passer par son avis et expédient, et le mettre au rang de ses minutes et en délivrer des copies et expéditions aux parties et à qui il appartiendra, etc. Fait et passé à Paris, en l'étude dudit Desforges, notaire, l'an mil six cent quatre-vingt-treize, le vingt-quatrième jour de septembre, après midi, et a signé :

Nezot.

De Villaine.   Desforges.

LV

1693. — 26 septembre.

TRANSACTION ENTRE GUÉRIN DU TRICHER, ARMANDE BÉJARD ET LA FILLE DE MOLIÈRE.

Minutes de M° Turquet.

Furent présents Isaac-François Guérin, sieur du Tricher, et damoiselle Armande-Grésinde-Claire-Élisabeth Béjard, sa femme, qu'il autorise pour l'effet des présentes, ladite damoiselle Béjard, veuve en premières noces de défunt Jean-Baptiste Poquelin de Molière, vivant tapissier valet de chambre du Roi, demeurant à Paris, rue de Touraine, paroisse Saint-Sulpice, d'une part ; et damoiselle Esprit-Madeleine Poquelin de Molière, fille majeure jouissant de ses droits, seule et unique héritière dudit défunt sieur Jean-Baptiste Poquelin de Molière, son père, et légataire substituée de damoiselle Madeleine Béjard, sa tante [1], demeurant à Paris, rue du Temple, paroisse Saint-Nicolas-des-Champs, d'autre part ;

Lesquelles parties, après avoir pris communication et que lecture leur a été présentement faite par l'un des notaires soussignés, l'autre présent, de l'avis et expédient donné par M° François Pillon, ancien procureur au Châtelet de Paris, le neuvième jour des présents mois et an, déposé pour minute ès mains de Desforges [2], l'un des notaires soussignés, par acte étant en suite, du vingt-quatrième jour desdits présents mois et an, en conséquence de la sentence dudit Châtelet, rendue entre les parties le trente décembre de l'année dernière, mil six cent quatre-vingt-douze, par laquelle elles ont été de leur

---

1. Document n° XL. — 2. Document n° LIV.

consentement renvoyées par devant ledit sieur Pillon pour être réglées et en passer par son avis sur leurs différends et contestations survenus en exécution de la clôture du compte qui a été présenté par lesdits sieur et damoiselle Guérin à ladite damoiselle Poquelin de Molière, clos et examiné pardevant le commissaire Baudelot, le douzième juillet de ladite année mil six cent quatre-vingt-douze ; volontairement ont dit et déclaré qu'ils acquiescent par ces présentes audit avis et expédient dudit sieur Pillon et consentent de part et d'autre qu'il soit exécuté de point en point, selon sa forme et teneur, et de fait lesdits sieur et damoiselle Guérin en exécutant icelui ont présentement baillé et payé à ladite damoiselle Poquelin de Molière, qui d'eux reconnoît et confesse avoir reçu, en louis d'or, d'argent et autres monnoies, le tout bon et ayant cours, comptés et délivrés à la vue des notaires soussignés, la somme de cinq cent soixante-quinze livres, faisant avec 250^{tt} que ladite damoiselle Poquelin de Molière a ci-devant reçues d'eux par quittance du 1er avril audit an 1692, celle de 825^{tt} pour trois années d'arrérages dus et échus à compter depuis le 1er janvier 1691 jusqu'au dernier décembre prochain, de 275^{tt} de rente qui appartiennent à ladite damoiselle Poquelin de Molière faisant moitié de 550^{tt} de rente constituées sur les aides et gabelles de France, dont le sieur Ledroit est payeur, le fonds et principal de laquelle rente provient du remploi de la somme de 11 000^{tt} pour le remboursement de 550^{tt} de rente qui étoient dus à la communauté d'entre ledit défunt sieur de Molière et ladite damoiselle Béjard, sa veuve, par défunt Jean-Baptiste de Lulli, au moyen de quoi lesdits sieur et damoiselle Guérin pourront recevoir, ainsi que ladite damoiselle de Molière le consent, les arrérages qui sont dus de ladite rente sur les aides et gabelles depuis ledit jour 1er janvier 1691, que l'on a cessé d'en faire recette dans ledit compte, jusques au 1er janvier 1694, duquel jour ladite damoiselle Poquelin de Molière jouira et recevra sous ses quittances les arrérages qui seront en avant desdites 275^{tt} de rente pour sadite moitié dans lesdites 550^{tt} de rente, pour laquelle jouissance et perception desdits arrérages, elle se fera immatriculer ainsi que lesdits sieur et damoiselle Guérin l'ont déjà consenti et le consentent d'abondant par cesdites présentes ; comme aussi en exécutant par lesdits sieur et damoiselle Guérin ledit avis et expédient dudit sieur Pillon, ils ont consenti et consentent par cesdites présentes que ladite damoiselle Poquelin de Molière touche encore et reçoive la somme de 540^{tt} de Pierre Gaubert, marchand fripier, à prendre sur les loyers de la maison sisé sous les piliers des halles, procédant de la succession de défunt Jean Poquelin, ayeul de ladite damoiselle de Molière, de laquelle maison ledit Gaubert est principal locataire, ladite somme de 540^{tt}, faisant avec celle de 2085^{tt} que lesdits sieur et damoiselle Guérin ont ci-devant reçues dudit sieur Gaubert la somme de 2 625^{lt}, que ladite damoiselle Guérin avoit droit de prendre sur lesdits loyers de ladite maison pour dix années six mois d'arrérages de 250^{lt} de rente qui lui sont dues par ladite damoiselle Poquelin de Molière, sa fille, conjointement avec ses cohéritiers, en la succession dudit défunt Jean Poquelin, son ayeul, faisant moitié de 500^{lt} aussi de rente en deux parties, l'une de 400^{lt} et l'autre de 100^{lt}, rachetables en principal de la somme de 10 000^{lt}, constituées par ledit défunt Jean Poquelin au profit de Me Jacques Rohault, professeur ès mathématiques, par deux contrats passés par devant Lenormand et Gigault, notaires audit Châtelet, les dernier août et 24 décembre 1668, lesquelles 500^{lt} de rente appartenoient audit défunt sieur Poquelin de Molière, en conséquence des déclarations que ledit sieur Rohault lui en avoit faites et passées devant les mêmes notaires, lesdits jours dernier août et 24 décembre 1668 [1]; lesdits arrérages à compter depuis le 13 mars 1683, attendu les diligences faites par lesdits sieur et damoiselle Guérin, en l'année 1686, pour le payement de ladite rente jusqu'au 13e jour du présent mois de septembre; et au moyen dudit consentement ci-dessus donné par lesdits sieur et damoiselle Guérin à ladite damoiselle Poquelin de Molière pour toucher ladite somme de 540^{lt} sur les loyers dus par ledit Gaubert, dont ils n'entendent toutefois être aucunement garants envers ladite damoiselle Poquelin de Molière, iceux sieur et damoiselle Guérin sont et demeurent quittes et déchargés envers ladite damoiselle de Molière, ainsi qu'elle les quitte et décharge, de pareille somme de 540^{lt} à déduire sur celle de 866^{lt} 18^s 6^d, à laquelle s'est trouvé monter le reliquat dudit compte, suivant le nouveau calcul fait par ledit avis et expédient dudit sieur Pillon; et pour le surplus de ladite somme montant à la somme de 326^{lt} 18^s 6^d, ladite damoiselle Poquelin de Molière reconnoît l'avoir reçue desdits sieur et damoiselle Guérin, qui lui ont icelle somme aussi présentement baillée, payée, comptée et délivrée en louis d'or, d'argent et monnoie, à la vue desdits notaires soussignés, dont elle est contente et les en quitte et décharge; comme aussi en exécution du même avis et expédient dudit sieur Pillon, pour demeurer par lesdits sieur et damoiselle Guérin dès à présent quittes de l'emploi des 4000^{lt} pour le fond du douaire compris dans la dépense dudit compte qui a été constitué par ledit défunt sieur Poquelin de Molière à ladite damoiselle Béjard par le contrat de leur mariage [2], reversible à ladite damoiselle Poquelin de Molière, sa fille, après le décès de ladite damoiselle Guérin, même de la somme de 990^{lt} 19^s pour le reliquat du compte des effets de ladite défunte damoiselle Madeleine Béjard dont lesdits

---

1. Documents n°s XXXV et XXXVI.
2. Document n° XXX.

sieur et damoiselle Guérin se sont aussi trouvés redevables par la clôture du compte dudit jour, 12 juillet 1692, iceux sieur et damoiselle Guérin ont cédé, transporté et délaissé par cesdites présentes sans aucune garantie, restitution de deniers ni recours quelconques, en quelque sorte et manière que ce soit et puisse être, sinon de leurs faits et promesses seulement, à ladite damoiselle Poquelin de Molière, ce acceptante, acquéreur pour elle, ses héritiers et ayant-cause, ladite rente de 250^{tt}, pour la moitié appartenant à ladite damoiselle Guérin, à cause de la communauté qui a été entre elle et ledit défunt sieur Poquelin de Molière, son premier mari, dans lesdites 500^{tt} de rente en deux parties, constituées par ledit défunt sieur Jean Poquelin par lesdits contrats ci-devant datés; à l'effet de quoi ils ont présentement fourni et délivré à ladite damoiselle Poquelin de Molière la grosse en parchemin desdits deux contrats de constitution étant en suite l'un de l'autre et l'expédition en papier des deux déclarations faites au profit dudit défunt sieur Poquelin de Molière par ledit sieur Rohault desdites rentes, délivrée par Lenormand et Gigault, notaires, le 18 mars 1673, duquel jour est l'acte de dépôt pour minute, fait audit Gigault, notaire, desdites deux déclarations, pour de ladite rente jouir, faire et disposer par ladite damoiselle Poquelin de Molière, sesdits héritiers et ayant-cause, tant en principal qu'arrérages, comme de chose leur appartenant au moyen des présentes, à commencer la jouissance desdits arrérages dudit jour, 13 du présent mois, et pourra, ladite damoiselle Poquelin de Molière, se faire payer et rembourser par ses cohéritiers en la succession dudit défunt sieur Jean Poquelin, son ayeul, des parts et portions dont ils sont tenus, tant des arrérages que du principal desdites 250^{tt} de rente présentement cédées, à l'effet de quoi pour exercer par elle son recours et répétition contre sesdits cohéritiers lesdits sieur et damoiselle Guérin l'ont mise et subrogée en leurs droits, privilége et hypothèque, sans aucune garantie que de leurs faits, comme dit est, transportant lesdits sieur et damoiselle Guérin à ladite damoiselle Poquelin de Molière tous droits de propriété qu'ils avoient sur ladite rente présentement cédée, dessaisissant, etc., reconnoissant lesdits sieur et damoiselle Guérin que ladite damoiselle Poquelin de Molière leur a payé et remboursé la somme de 9^{tt} 1^s pour composer avec ladite somme de 4000^{tt} pour le fond dudit douaire, et lesdits 990^{tt} 19^s pour ledit reliquat de compte des effets de ladite défunte damoiselle Béjard, la somme de 5000^{tt} à quoi monte le principal desdites 250^{tt} de rente présentement cédées, et, en cas de rachat desdites 250^{tt} de rente, ou en cas de vente de ladite maison des piliers des halles, ladite damoiselle Poquelin de Molière sera tenue de faire emploi solide, en présence desdits sieur et damoiselle Guérin, de ladite somme de 5000^{tt}, pour sûreté du payement et continuation des arrérages desdites 250^{tt} de rente dont ladite damoiselle

Guérin a droit de jouir pendant sa vie et jusques au jour de son décès, tant pour l'usufruit de sondit douaire que dudit reliquat de compte des effets de ladite damoiselle Madeleine Béjard dont elle demeure quitte envers ladite damoiselle de Molière par le moyen de ladite cession présentement faite, lesquelles 250^{tt} de rente ladite damoiselle Poquelin de Molière promet et s'oblige de bailler, payer et continuer par chacun an, de quartier en quartier, à compter dudit jour 13 du présent mois de septembre, pendant la vie seulement de ladite damoiselle Guérin et jusques au jour de sondit décès, duquel jour ladite rente demeurera éteinte et amortie, et ladite damoiselle Poquelin de Molière quitte et déchargée du cours et continuation d'icelle; auquel payement elle a affecté, obligé et hypothéqué spécialement lesdites 275^{tt} de rente à elle appartenant dans ladite rente de 550^{tt} sur les aides et gabelles, et la part et portion qu'elle a dans le fond et propriété de ladite maison sous les piliers des halles, et généralement tous et chacuns ses autres biens meubles et immeubles, présents et à venir, sans que lesdites obligations dérogent l'une à l'autre; et aussi sans déroger par lesdits sieur et damoiselle Guérin aux hypothèques à eux acquises sur les biens dudit défunt sieur Poquelin de Molière. Et pour faciliter le payement desdites 250^{tt} de rente par an, ladite damoiselle Poquelin de Molière consent que lesdits sieur et damoiselle Guérin les reçoivent de quartier en quartier sur les loyers de ladite maison par les mains dudit Gaubert[1] et autres subséquents locataires, desquels loyers jusqu'à concurrence desdites 250^{tt} par an ladite damoiselle Poquelin de Molière fait cession et transport avec toute garantie auxdits sieur et damoiselle Guérin ce acceptant; et au moyen des présentes tous les procès qui étoient entre les parties demeurent éteints et assoupis comme non avenus, sans aucuns dépens, dommages et intérêts prétendre de part et d'autre; car ainsi tout ce que dessus a été stipulé, convenu et accordé entre lesdites parties; et en ce faisant, lesdits sieur et damoiselle Guérin ont fait et donné plaine et entière main-levée des saisies et empêchements faits à leur requête entre les mains dudit Gaubert, des loyers de ladite maison sous les piliers des halles, consentant qu'elles soient et demeurent nulles et sans effet, comme non avenues, et qu'il paye et vide ses mains de ce qu'il doit et devra ci-après à ladite damoiselle Poquelin de Molière, sans préjudice toutefois auxdits sieur et damoiselle Guérin des 250^{tt} qu'ils doivent toucher annuellement sur lesdits loyers, en conséquence de la délégation ci-devant faite en leur faveur; et pour l'effet et exécution des présentes et dépendances lesdites parties ont élu leurs domiciles irrévocables en leurs demeures sus-déclarées, auxquels lieux, etc. Fait et passé à Paris en

---

1. Cette clause ne paraît pas avoir été remplie. Voir les documents n°s LVI et LVII.

l'étude dudit Desforges, notaire, l'an mil six cent quatre-vingt-treize, le vingt-sixième jour de septembre après midi, et ont signé :

    IZAAC FRANÇOIS GUERIN.
    ARMANDE GRESINDE CLAIRE ESLISABET BEJARD.
    ESPRIT MADELEINE POCQUELIN.
 DE VILLAINE.   DESFORGES.

Et le troisième juillet mil six cent quatre-vingt-quatorze ont comparu par devant les notaires soussignés lesdits Isaac-François Guérin, sieur du Tricher, et damoiselle Armande-Grésinde-Claire-Élisabeth Béjard, sa femme, qu'il autorise à l'effet des présentes, nommés au contrat de transaction ci-devant écrit : lesquels ont dit et déclaré que par ledit contrat de transaction fait entre eux et ladite damoiselle Esprit-Madeleine Poquelin de Molière, fille majeure, aussi y énoncée : Par erreur et inadvertance il a été dit qu'il appartient à ladite damoiselle Esprit-Madeleine Poquelin de Molière, 275^{tt} de rente faisant moitié de 550^{tt} de rente sur les aides et gabelles de France ; au lieu qu'il devoit être dit que lesdites 275^{tt} de rente qui appartiennent à ladite damoiselle de Molière étoient à prendre en 750^{tt} de rente constituées à ladite damoiselle Béjard sa mère, par deux contrats passés pardevant Caron et ses confrères, notaires à Paris, le 19e février 1682, l'un de 306^{tt} et l'autre de 444^{tt} ; au moyen de ce que les deniers provenant du remboursement des 550^{tt} de rente qui étoient dues à la communauté d'entre ledit défunt sieur de Molière et ladite damoiselle Béjard, sa veuve, par Jean-Baptiste de Lulli, sont entrés et font partie des principaux desdites deux parties de rente ; au moyen de quoi lesdits sieur et damoiselle Guérin en confirmant en tant que besoin seroit ladite transaction, consentent que ladite damoiselle Poquelin de Molière jouisse et reçoive sous ses quittances lesdites 275^{tt} de rente qui lui appartiennent à compter du premier jour de janvier dernier, qu'elle prendra en ladite partie de 444^{tt} de rente sur les gabelles, dont le sieur Ledroit est payeur ; et consentent qu'elle se fasse immatriculer sur ladite partie de rente pour lesdites 275^{tt} de rente qui lui appartiennent : dont le surplus sera touché et reçu sous les quittances desdits sieur et damoiselle Guérin ; ce qui a été accepté par ladite damoiselle Poquelin de Molière, pour ce présente ; sans au surplus déroger ni renoncer par lesdites parties aux autres clauses et conditions portées audit contrat de transaction qui demeure en son entier, force et vertu ; promettant, etc. Fait et passé à Paris à la demeure desdits sieur et damoiselle Guérin, dite rue de Touraine, lesdits jour et an, et ont signé :

    IZAAC FRANÇOIS GUERIN.
    ARMANDE GRESINDE CLAIRE ESLISABET BEJARD.
    ESPRIT MADELEINE POCQUELIN.
 BAILLY.   DESFORGES.

LVI

1695. — 24 janvier.

BAIL DE LA MAISON DES PILIERS DES HALLES, FAIT PAR LA FILLE
ET PAR LES NEVEUX DE MOLIÈRE.

Minutes de M° Turquet.

Esprit-Madeleine Poquelin de Molière, fille majeure, jouissant de ses droits, demeurant rue du Temple, paroisse Saint-Nicolas des Champs, propriétaire en partie d'une maison sise sous les piliers des halles, où est pour enseigne l'image saint Christophle, tant en son nom que comme se faisant fort de Jean-Baptiste Poquelin, bourgeois de Paris, propriétaire pour un tiers de ladite maison, et d'André et Jean-Baptiste Boudet, frères, bourgeois de Paris, propriétaires pour l'autre tiers de ladite maison, par lesquels elle promet faire ratifier les présentes, etc., baille et délaisse à titre de loyer, du 1er mars prochain jusques pour six ans, à Pierre Gaubert, marchand fripier à Paris, y demeurant en ladite maison, etc., ladite maison sise sous les piliers des halles, consistant en cave, boutique, cuisine et cour, deux corps de logis, l'un sur le devant de la halle et l'autre sur le derrière, cinq étages de chambres, etc. Ce bail fait moyennant sept cent cinquante livres par chacun an, etc.

Fait et passé à Paris en la maison de Me Claude Dupré, procureur au Châtelet, rue Truanderie, l'an mil six cent quatre-vingt-quinze, le vingt-quatrième janvier, et ont signé :

Esprit Madeleine Pocquelin.	Gaubert.
Prieur.	Desforges.

Aujourd'hui quatrième février mil six cent quatre-vingt-quinze sont comparus devant les notaires soussignés sieurs André et Jean-Baptiste Boudet, frères, bourgeois de Paris, y demeurant, cloître et paroisse Saint-Jacques de l'Hôpital, propriétaires pour un tiers de la maison sus-déclarée, lesquels après avoir pris communication du bail l'ont ratifié et approuvé, et ont signé [1] :

Sans préjudicier à mes droits,

André Boudet.	Boudet.
Prieur.	Desforges.

1. On lit au bas de cet acte : « Grossoyé pour M° Desforges, notaire, et de lui signé, et de nous, Claude Quinot, avocat en Parlement, conseiller du Roi, etc., ce jourd'hui cinquième avril mil sept cent deux, etc. »

LVII

1700. — 21 mai.

AUTRE BAIL DE LA MAISON DES PILIERS DES HALLES.

Minutes de M° Turquet.

Furent présents Jean-Baptiste Poquelin, avocat au Parlement, demeurant à Paris, rue de la Truanderie, paroisse Saint-Eustache, damoiselle Esprit-Madeleine Poquelin, fille majeure, demeurant rue du Petit-Lion, paroisse Saint-Sulpice, sieurs André et Jean-Baptiste Boudet, bourgeois de Paris, y demeurant, faubourg Saint-Honoré, paroisse de la Madeleine, lesquels ont conjointement donné à loyer pour six années, à commencer à Pâques prochain, à Pierre Gaubert, marchand fripier, et Anne Degat, sa femme, demeurant sous les piliers des halles, paroisse Saint-Eustache, à ce présents, etc., une maison sise sous les piliers, consistant en cave, boutique, arrière-boutique, cinq étages l'un sur l'autre, puits dans ladite maison, aisances et dépendances, une poulie de cuivre avec sa potence de fer attachée au cinquième étage ; ce bail fait moyennant la somme de neuf cents livres que lesdits preneurs s'engagent à payer, savoir : audit sieur Poquelin un tiers, à ladite damoiselle Poquelin pareil tiers et auxdits sieurs Boudet l'autre tiers, etc., même de donner à chacun desdits bailleurs un pain de sucre et deux livres de bougies au 1er janvier prochain, pour une fois payé seulement, etc.[1] Fait et passé à Paris ès études, l'an mil sept cent, le vingt-unième mai après midi, et ont signé, fors ladite Degat qui a déclaré ne savoir écrire ni signer, de ce interpellée :

POCQUELIN.
GAUBERT. BOUDET. BOUDET.
ESPRIT MADELEINE POCQUELIN.
TOUVENOT. DESFORGES.

---

1. La maison des piliers des halles fut ensuite louée, les 1er octobre 1703 et 31 mai 1711, au sieur Martin Feuchère, marchand tapissier suivant la cour, et à Marie-Anne Delan, sa femme, moyennant neuf cent dix livres par an. Elle fut en partie détruite par un incendie le 12 juillet 1705, ainsi que le constate un compte qui accompagne la transaction du 31 mai 1711 (Document n° LXI). Cette maison devait exister encore au moment du percement de la rue Rambuteau.

LVIII

1703. — 29 novembre.

ACTE DE PARTAGE ENTRE LA FILLE DE MOLIÈRE
ET GUÉRIN PÈRE ET FILS.

Minutes de Mᵉ Cottin.

Par devant, etc., furent présents Isaac-François Guérin, sieur du Tricher, officier du Roi, demeurant à Paris, rue des Fossés-Saint-Germain, paroisse Saint-Sulpice, d'une part;

Damoiselle Marie-Madeleine-Esprit Poquelin de Molière, fille majeure, usante et jouissante de ses biens et droits, héritière pour moitié de défunte damoiselle Armande-Grésinde-Claire-Élisabeth Béjard, sa mère, au jour de son décès femme dudit sieur Guérin, et auparavant veuve de défunt Jean-Baptiste Poquelin de Molière, vivant tapissier valet de chambre du Roi; et encore ladite damoiselle Poquelin de Molière, légataire universelle substituée de défunte damoiselle Madeleine Béjard, sa tante, suivant son testament et ordonnance de dernière volonté, reçu par Ogier et Moufle, notaires au Châtelet de Paris, le 9 janvier 1672, et codiciles reçus par les mêmes notaires le 14 février ensuivant[1], demeurant aussi à Paris, rue du Petit-Lion, faubourg Saint-Germain, susdite paroisse, d'autre part;

Et Nicolas-Armand-Martial Guérin, à présent majeur de vingt-cinq ans, fils dudit sieur Guérin et de ladite défunte damoiselle Armande-Grésinde-Claire-Élisabeth Béjard, ses père et mère, et héritier pour l'autre moitié de ladite défunte sa mère avec ledit sieur, son père, susdite rue des Fossés-Saint-Germain, encore d'autre part;

Lesquelles parties ont dit qu'après le décès de ladite damoiselle Armande-Grésinde-Claire-Élisabeth Béjard, ayant été fait inventaire des biens par elle délaissés par Bellanger le jeune[2] et son confrère, notaires au Châtelet de Paris, le 29 décembre 1700 et autres jours suivants, et ledit sieur Guérin père s'étant chargé de tout le contenu en icelui, il a rendu audit sieur Guérin fils et à ladite damoiselle de Molière deux comptes à l'amiable, le premier du mobilier contenu audit inventaire, lequel ils ont vu et examiné, et arrêté avec leurs conseils sous leurs seings privés le 18 septembre de la présente année 1703, par lequel ladite damoiselle de Molière est restée débi-

---

1. Document n° XL.
2. Cet inventaire ne se trouve pas chez M. Schelcher, successeur de Bellanger le jeune.

trice envers ledit sieur Guérin père de la somme de 459tt 3s 8d, et ledit sieur Guérin père débiteur envers le sieur Guérin, son fils, de la somme de 6097tt 18s, en ce non compris le chapitre de reprise dudit compte, suivant lequel ledit sieur Guérin fils et ladite damoiselle de Molière ont chacun à recouvrer sur les débiteurs y dénommés la somme de 524tt 7s, et le second des intérêts des sommes principales couchées dans les 1er, 2e, 3e et 4e chapitres de recette du précédent compte, et des arrérages par lui touchés, qui étoient dus lors de la clôture dudit inventaire et qui sont depuis échus, savoir : de rentes sur les aides et gabelles jusqu'au dernier décembre 1702, celles sur le Clergé jusques et compris les deux premiers quartiers de l'année 1669, lesdites rentes provenant tant dudit legs universel fait par ladite damoiselle Madeleine Béjard en faveur de ladite damoiselle Armande-Grésinde-Claire-Élisabeth Béjard, que des propres de ladite damoiselle Armande-Grésinde-Claire-Élisabeth Béjard et des conquêts de sa communauté avec ledit sieur Guérin, suivant les quittances qui ont été fournies aux payeurs desdites rentes; ledit compte aussi vu, examiné et arrêté comme le précédent, sous leurs seings privés, le 29 du présent mois de novembre 1703, par lequel ledit sieur Guérin père s'est trouvé reliquataire envers ladite damoiselle Molière de la somme de 2686tt 18s, et envers ledit sieur Guérin fils de celle de 1602tt 11s 3d; et voulant présentement liquider ce qui est dû tant à ladite damoiselle de Molière qu'audit sieur Guérin fils par la clôture desdits deux comptes, ladite damoiselle de Molière a fait déduction audit sieur Guérin père de la somme de 459tt 3s 8d dont elle s'est trouvée débitrice envers lui par le finito du premier compte sur celle de 2686tt 18s dont il s'est trouvé redevable envers elle par le finito du second, ainsi ledit sieur Guérin ne s'est plus trouvé son débiteur que de la somme de 2227tt 14s 4d, laquelle somme il lui a présentement baillée et payée; et à l'égard du sieur Guérin fils, joignant ensemble les sommes de 6097tt 18s et de 1602tt 11s 3d dont ledit sieur Guérin père s'est trouvé reliquataire envers lui par lesdits deux comptes, elles se sont trouvé monter à la somme de 7700tt 9s 3d, laquelle somme ledit sieur Guérin père promet et s'oblige payer audit sieur Guérin fils à sa volonté, à la déduction néanmoins des nourritures et entretiens, et sommes de deniers par lui aussi fournies audit sieur Guérin fils depuis le décès de ladite défunte sa mère, pour raison de quoi ils compteront ensemble.

Lesdites parties voulant ainsi procéder à la division et partage des biens immeubles délaissés par ladite damoiselle Armande-Grésinde-Claire-Élisabeth Béjard qui sont contenus audit inventaire, il en a été dressé l'état qui ensuit, à la décharge dudit inventaire :

Premièrement 1100tt de rente sur les aides et gabelles de France, au principal de 22400tt constituées par les sieurs prévôt des marchands et échevins de cette ville de Paris, au profit dudit sieur Guérin, par contrat passé par devant Lange et de Savigny, notaires au Châtelet de Paris, le 29 juillet 1698, lequel est inventorié sous la cote deux dudit inventaire, ci . . . . 22 400^{tt}.

Item. 1000^{tt} de rente sur lesdites aides et gabelles, au principal de 20 000^{tt}, constituées au profit du sieur Guérin par devant Clignet et Bellanger le 11 janvier 1700; inventorié sous la cote trois, ci. 20 000^{tt}.

Item. La maison et jardin situés à Meudon, acquis par ladite défunte damoiselle Guérin par deux contrats passés, le premier devant Le Secq de Launay et Guichard, notaires, le 30 mars 1676, et le deuxième devant Mousnier et ledit Le Secq de Launay le 25 mai 1677, qui sont inventoriés sous les cotes quatre et cinq dudit inventaire, que les parties n'ont souhaité estimer.

Item. 306^{tt} de rente sur les aides et gabelles au principal de 6120^{tt}, constituées au profit de ladite défunte damoiselle Guérin par les prévôt des marchands, etc., par contrat passé devant Besnard et Caron, le 19 février 1682; inventorié sous la cote six dudit inventaire, ci. . . . . 6120^{tt}.

Item. 440^{tt} de rente sur les aides et gabelles au principal de 8880^{tt}, constituées au profit de ladite défunte damoiselle Guérin, par contrat passé devant Besnard et Caron, le 19 février 1682; inventorié sous la cote sept dudit inventaire, ci. . . . . 8880^{tt}.

Item. 135^{tt} de rente sur les aides et gabelles au principal de 2700^{tt}, constituées au profit de ladite défunte damoiselle Guérin, par contrat passé devant Auvray et Caron, le 28 juin 1683; inventorié sous la cote huit dudit inventaire, ci. . . . . 2700^{tt}.

Item. Trois parties de rente sur le clergé de France, la première de 425^{tt} 6^s par chacune année qui est de vingt mois, constituée le 26e jour d'avril 1664, acquise par ladite défunte damoiselle Guérin, ès noms, du sieur Jean Mignot, par contrat passé devant Routier et Moufle, le 12 février 1674; la deuxième de 300^{tt} aussi par chacun an composé de vingt mois, acquise par ladite défunte damoiselle Guérin, ès noms, de Jeanne de Cressé, veuve Philibert Jolly, par contrat passé par devant Desnots et Mousnier, le 3 septembre 1675, etc.; et la troisième de 300^{tt} par chacun an de vingt mois, acquise par ladite damoiselle Guérin, ès noms, de Louis Jolly, par contrat passé par devant Desnots et Mousnier le 26 octobre 1675, etc.; lesdites pièces inventoriées sous la cote neuf dudit inventaire, lesdites trois parties de rente évaluées à la somme de. . . . . 10 250^{tt}.

Item. 8618^{tt} 17^s 2^d appartenant à la communauté d'entre ladite défunte et ledit sieur Guérin dans le fonds et superficie de l'hôtel de la Comédie, rue des Fossés-Saint-Germain, suivant les actes passés entre les comédiens du Roi les 22 septembre 1687 et 23 juin 1692.

Et après avoir par lesdits sieur Guérin père et fils et ladite damoiselle de Molière pris communication avec leurs conseils du présent état ci-dessus et des contrats et pièces contenus audit inventaire qui concernent la propriété des biens immeubles y mentionnés, ils ont reconnu et sont demeurés d'accord que distraction doit être faite, ainsi qu'elle a présentement été faite du consentement desdits sieurs Guérin père et fils, au profit de ladite damoiselle de Molière, à cause du legs fait par ladite défunte damoiselle Madeleine Béjard, sa tante, par son testament et codiciles devant datés :

Premièrement, des 444^{tt} de rente mentionnées audit état, qui sont constituées par devant Besnard et Caron, le 19 février 1682, au moyen de ce que les 8893^{tt}, qui font le principal de ladite rente, provenoient, ainsi qu'il est expliqué dans ledit contrat, du remboursement fait à ladite défunte damoiselle Guérin de plusieurs parties de rente sur les aides et gabelles qu'elle avoit acquises de M. Jean Mignot, bourgeois de Paris, par contrat passé par devant Routier et Moufle, le 12 février 1674[1], des deniers procédant dudit legs universel fait par ladite défunte damoiselle Madeleine Béjard.

Plus des 135^{tt} de rente constituées par devant Auvray et Caron, le 28 juin 1683, au moyen de ce que, suivant qu'il est expliqué audit contrat, les 2700^{tt} faisant le sort principal de ladite rente, proviennent du remboursement de 372^{tt} de rente sur les aides et gabelles, acquises de dame Anne Cadeau, épouse séparée quant aux biens de Jean Mathon, par contrat passé par devant Mousnier et son confrère le 9 avril 1675, des deniers provenant dudit legs universel.

Plus des 425^{tt} 6^s de rente sur le clergé de France, dont on est payé en vingt mois de la totalité, acquis par ladite défunte damoiselle Guérin dudit sieur Mignot, par contrat du 12 février 1674, passé par devant Routier et Moufle, des deniers provenant dudit legs universel.

Consentant lesdits sieurs Guérin père et fils que ladite damoiselle de Molière jouisse desdites parties de rente comme à elle appartenant au moyen du legs porté par les testament et codicile de ladite défunte damoiselle Madeleine Béjard, n'en ayant été ici parlé dans l'état précédent que pour la décharge de l'inventaire fait après le décès de ladite défunte damoiselle Guérin, et à cet effet ledit sieur Guérin père promet et s'oblige de remettre incessamment entre les mains de ladite damoiselle de Molière les contrats et pièces concernant la propriété desdites trois parties de rente, ainsi que ledit sieur Guérin fils l'a présentement consenti.

Ont aussi reconnu que les 306^{tt} de rente sur les aides de France, constituées, etc., par devant Besnard et Caron, le 19 février 1682, et les deux parties de rente de 300^{tt} chacune sur le Clergé, mentionnées audit état, proviennent des conquêts de la première communauté de biens qui a été entre ledit défunt sieur de Molière et ladite défunte, au moyen de ce qu'à l'égard desdites 306^{tt} de rente les 6120^{tt} qui en

---

1. Document n° XLVIII.

font le sort principal, procèdent du remboursement qui a été fait à ladite défunte damoiselle Guérin de trois parties de rente qu'elle avoit précédemment acquises de dame Jeanne de Cressé, veuve Philibert Jolly, et du sieur Louis Jolly, par contrats passés devant Desnots et Mousnier, les 3 septembre et 26 octobre 1675, de partie des deniers provenant des remboursements à elle faits lesdits jour par le sieur André Boudet de la somme de 11 000^{tt}, qu'elle lui avoit prêtée à constitution avec autres deniers, par contrat passé devant Lenormand et Gigault, notaires, le 14 juillet 1673, laquelle somme de 11 000^{tt} provenoit d'un premier remboursement à elle fait par les sieur et dame Lulli de ladite somme, que ledit défunt sieur de Molière leur avoit prêtée aussi à constitution, par contrat passé par devant Charles et Gigault, le 4 décembre 1670 [1]; et à l'égard desdites deux parties de rente de 300^{tt} chacune sur le Clergé, etc., acquises par ladite défunte damoiselle Guérin de ladite veuve Jolly et dudit sieur Louis Jolly, par les susdits deux contrats des 3 septembre et 26 octobre 1675, au moyen de ce que le prix qui en a été payé par ladite défunte provenoit, ainsi qu'il est expliqué dans lesdits deux contrats, du surplus desdites 11 000^{tt}, remboursées par ledit sieur Boudet, qui provenoient originairement du remboursement fait par les sieur et dame Lulli; et d'autant que suivant l'article 279 de la coutume de Paris et l'édit des secondes noces, ladite défunte damoiselle Guérin n'en a pu faire entrer quoi que ce soit dans sa seconde communauté avec le sieur Guérin, icelui sieur Guérin a déclaré ne rien prétendre dans lesdites trois parties de rente et a consenti qu'il fût procédé au partage d'icelles entre ledit sieur Guérin fils et ladite damoiselle de Molière.

A l'égard de la maison et jardin, situés à Meudon, acquis par ladite défunte, par lesdits deux contrats des 30 mars 1676 et 25 mai 1677, après la communication donnée par ledit sieur Guérin père de son contrat de mariage avec ladite défunte damoiselle Guérin, passé devant Jullien et Lemaistre, notaires au Châtelet de Paris, le 29 mai 1677 [2], les parties sont demeurées d'accord que ladite maison et jardin sont des acquêts faits par ladite défunte pendant sa viduité, que le tiers desdits maison et jardin est entré et fait partie des biens de la communauté d'entre ledit sieur Guérin et ladite défunte, et que les deux autres tiers sont restés propres à ladite défunte et doivent être partagés seulement entre ledit sieur Guérin fils et ladite damoiselle de Molière.

Et en conséquence, ledit sieur Guérin fils et ladite damoiselle de Molière ont présentement procédé entre eux au partage de ladite partie de rente de 306^{tt} sur les aides et gabelles, des deux parties de rente sur le Clergé de 300^{tt} chacune, et des deux tiers de maison et jardin situés à Meudon, ainsi qu'il ensuit:

Premièrement, à l'égard desdites 306^{tt} sur les aides et gabelles, il

---

1. Document n° XXXVIII. — 2. Document n° XLIX.

en appartient comme ledit sieur Guérin fils le reconnoît, à ladite damoiselle de Molière 275ᵗ par chacun an, par la transaction passée entre ladite défunte sa mère, devant Bailly et Desforges, notaires au Châtelet de Paris, le 26 septembre 1693[1] et ainsi qu'il est expliqué dans l'acte depuis passé entre elles devant de Villaine et ledit Desforges, le 3 juillet 1694, pour la moitié appartenant à ladite damoiselle de Molière dans les 550ᵗ de rente, dont a ci-devant été parlé, qui avoient été constituées au profit dudit défunt sieur de Molière par les sieur et dame Lulli, etc.; et ainsi il n'appartient plus à la succession de ladite défunte damoiselle Guérin que 31ᵗ de rente, ce qui feroit pour ledit sieur Guérin fils et ladite damoiselle de Molière 15ᵗ10ˢ de rente à chacun; mais comme le payement ne s'en pourroit faire à la Ville, et que ladite damoiselle de Molière a déjà 275ᵗ de rente à prendre dans lesdites 306ᵗ, sont convenus ledit sieur Guérin fils et elle que ladite rente de 306ᵗ sera et appartiendra entier à ladite damoiselle de Molière, pour en jouir à commencer du 1ᵉʳ janvier de la présente année 1703, à la charge de payer et continuer dudit jour à l'avenir audit sieur Guérin fils 15ᵗ10ˢ de rente par chacun an, jusques au rachat qu'elle en pourra faire à sa volonté; et à cet effet, ledit sieur Guérin père remettra incessamment ès mains de ladite damoiselle de Molière la grosse du contrat de 306ᵗ de rente.

Quant aux deux parties de rente sur le Clergé, qui sont de 300ᵗ chacune, il en a été fait deux lots, le premier des 300ᵗ acquises par ladite défunte damoiselle Guérin de Jeanne Cressé, le 3 septembre 1675, et le deuxième des autres 300ᵗ de rente acquises par ladite défunte de Louis Jolly, le 26 octobre 1675; et après avoir fait deux billets, le premier contenant : *Premier lot*, et le second : *Deuxième lot*, et iceux jetés au sort, celui contenant le premier lot est échu audit sieur Guérin fils et l'autre à ladite damoiselle de Molière, etc.; et à cet effet, ledit sieur Guérin père leur délivrera à chacun incessamment, ainsi qu'il s'y oblige, les pièces concernant la propriété de la rente à chacun d'eux échue.

Pour ce qui est des deux tiers de la maison et jardin, sis à Meudon, appartenant à ladite damoiselle de Molière et audit sieur Guérin fils, lesdits n'ont voulu les partager, et il en sera ci-après parlé au partage qui suit des biens de la communauté d'entre ladite défunte et ledit sieur Guérin père.

Au moyen des distractions ci-devant faites des biens immeubles provenant du legs universel fait par ladite défunte damoiselle Madeleine Béjard, et des biens propres de ladite défunte damoiselle Guérin, il ne reste plus de biens contenus au précédent état que ceux de la communauté d'entre ladite défunte et ledit sieur Guérin père, qui sont les deux parties de rente sur les aides et gabelles, la première

---

1. Document nº LV.

de 1120ᵗᵗ et la seconde de 1000ᵗᵗ, le tiers de la maison et jardin, situés à Meudon, et les 8618ᵗᵗ17ˢ2ᵈ de fonds dans l'hôtel de la Comédie, situé rue des Fossés-Saint-Germain, lesquels il faut partager entre ledit sieur Guérin père, ledit sieur Guérin fils et ladite damoiselle de Molière.

A l'égard desdites deux parties de rente sur les aides et gabelles, il en a été fait deux lots, le premier composé de la partie de 1120ᵗᵗ et le deuxième de celle de 1000ᵗᵗ, à la charge par celui ou ceux à qui écherra le premier lot de récompenser celui ou ceux à qui écherra le second; et, après avoir jeté au sort lesdits deux billets, le premier lot est échu audit sieur Guérin père et le deuxième audit sieur Guérin fils et à ladite damoiselle de Molière; et d'autant que ledit premier lot est trop fort de la somme de 2400ᵗᵗ qui excède le second, et qu'il appartient moitié dudit excédant audit sieur Guérin père, montant à 1200ᵗᵗ, ledit sieur Guérin père a promis et s'est obligé de bailler et payer à chacun desdits sieur Guérin fils et damoiselle Molière la somme de 600ᵗᵗ qui leur revient dans l'autre moitié dudit excédant; et ensuite pour subdiviser entre ledit sieur Guérin fils et ladite damoiselle de Molière ladite partie de 1000ᵗᵗ de rente à eux ci-devant échue, ils sont convenus d'en jouir à l'avenir chacun par moitié.

Pour ce qui est de la maison et jardin situés à Meudon, dans la totalité desquels ledit sieur Guérin fils et ladite damoiselle de Molière ont chacun un tiers et chacun un quart dans l'autre tiers, et ledit sieur Guérin l'autre moitié dudit tiers, à cause de sa communauté, ledit sieur Guérin père, ledit sieur Guérin fils et ladite damoiselle de Molière sont demeurés d'accord de les liciter entre eux ou de les vendre conjointement à l'amiable, pour le prix qui en proviendra être entre eux partagé suivant les parts et portions à eux appartenant, sur lequel prix ledit sieur Guérin père se réserve d'exercer ses actions pour raison de ce qu'il justifiera avoir payé depuis son mariage avec ladite défunte damoiselle Guérin du prix de l'acquisition, faite par ladite défunte avant son mariage, desdits maison et jardin.

Et quant aux 8618ᵗᵗ17ˢ2ᵈ de fonds dans l'hôtel de la Comédie, attendu qu'ils ne sont exigibles que lorsque ledit sieur Guérin père sortira de la troupe des comédiens, ou après son décès, suivant et conformément aux actes devant datés des 22 septembre 1687 et 23 juin 1692, les parties sont convenues qu'il n'en sera fait ici aucun partage, se réservant de partager ladite somme de 8618ᵗᵗ17ˢ2ᵈ lors du payement qui en sera fait, et a été convenu qu'en attendant l'échéance et payement d'icelle, il n'en sera payé aucun intérêt par ledit sieur Guérin audit sieur Guérin, son fils, et à ladite damoiselle de Molière, etc.

A l'égard des titres et papiers qui concernent la succession de ladite défunte damoiselle Madeleine Béjard, dont il est fait mention au chapitre de reprise du compte ci-devant rendu à ladite damoiselle de Molière de l'exécution du testament de ladite défunte damoiselle Béjard, devant le commissaire Baudelot, clos le 21 juillet 1692, ledit sieur Guérin a promis et s'est obligé les rendre à ladite damoiselle de Molière.

Et pour les titres et papiers mentionnés dans le chapitre de reprise du compte ci-devant rendu par ledit sieur Guérin à ladite défunte sa femme et à ladite damoiselle de Molière, devant ledit sieur commissaire Baudelot, de la communauté de biens qui avoit été entre ledit défunt sieur de Molière et ladite défunte damoiselle Guérin, et de la tutelle que ledit sieur Guérin père et ladite défunte avoient de ladite damoiselle de Molière, clos ledit jour 12 juillet 1692, du contenu desquels effets moitié appartient à ladite damoiselle de Molière comme héritière dudit défunt sieur de Molière, et moitié dans l'autre moitié comme héritière de ladite défunte sa mère, il a été convenu qu'ils seroient mis entre les mains de ladite damoiselle de Molière, dont elle se chargera pour en faire ce qu'elle avisera bon être, sans par elle demeurer garante d'aucuns événements, pas même du défaut de poursuites, car ainsi a été convenu, arrêté, accordé entre lesdites parties, etc., en l'étude de Guyot, l'un des notaires soussignés, l'an mil sept cent trois, le vingt-neuf novembre, etc. [1].

LIX

1705. — 29 juillet.

CONTRAT DE MARIAGE ENTRE CLAUDE DE RACHEL DE MONTALANT ET ESPRIT-MADELEINE POQUELIN MOLIÈRE.

Minutes de M° Robin.

Furent présents Claude de Rachel, écuyer, sieur de Montalant, demeurant à Paris, rue Christine, paroisse Saint-André des Arcs, fils de défunts Jean de Rachel, écuyer, sieur de Montalant, conseiller du Roi, commissaire ordinaire des guerres, et de dame Marie Dugats, ses père et mère, pour lui et en son nom, d'une part;

Et damoiselle Marie-Madeleine-Esprit Poquelin de Molière, majeure, usant et jouissant de ses biens et droits, demeurant à Paris, rue du Petit-Lion, faubourg Saint-Germain, paroisse Saint-Sulpice,

---

1. J'ai supprimé, dans cet acte très-long, quelques détails et quelques redites inutiles à reproduire.

fille de défunts Jean-Baptiste Poquelin de Molière, tapissier valet de chambre du Roi, et de damoiselle Armande-Grésinde-Claire-Élisabeth Béjard, son épouse au jour de son décès, femme en secondes noces d'Isaac-François Guérin, sieur du Tricher, officier du Roi, pour elle et en son nom, d'autre part.

Lesquelles parties, en la présence, de l'avis et conseil de leurs amis ci-après nommés, savoir : de la part dudit sieur de Montalant, de Me Gilles le Masson, caissier général des États de Bretagne; de François-Louis de Troheou-Musnier, et de Me Claude Dupré, procureur au Châtelet de Paris, ses amis ; et de la part de ladite damoiselle Poquelin de Molière, de dame Marie le Camus, épouse de Me Jean-René de Bazan, marquis de Flamenville, lieutenant général des armées du Roi; de Pierre d'Argouges, écuyer, sieur de Saint-Malo, et de dame Louise Largillier Dalencey, son épouse, ses amis; ont reconnu et confessé avoir fait et font ensemble le traité de mariage, douaire et conventions qui ensuivent, c'est à savoir que ledit sieur de Montalant et ladite damoiselle de Molière se sont promis et promettent réciproquement se prendre pour mari et femme par nom et loi de mariage, et icelui faire et solenniser en face de notre mère sainte Église catholique, apostolique et romaine, dans le plus bref temps que faire se pourra, sera avisé et délibéré entre eux, aux clauses et conditions suivantes :

Premièrement, qu'il n'y aura aucune communauté de biens entre lesdits sieur et damoiselle futurs époux, nonobstant la coutume de cette ville de Paris et toutes autres coutumes contraires, auxquelles est expressément dérogé et renoncé pour ce regard, ains lesdits sieur et damoiselle futurs époux jouiront à part et divis des biens et droits à chacun d'eux appartenant, et qui leur adviendront et écherront pendant leur mariage, par succession, donation, legs testamentaires ou autrement, à quelque titre que ce soit, et en disposeront par vente, donation ou autrement, ainsi et comme chacun d'eux avisera bon être ; à l'effet de laquelle jouissance, perception des fruits et revenus, disposition et aliénation des fonds appartenant à ladite damoiselle future épouse, même pour vendre et engager ses biens meubles et immeubles présents et à venir, de quelque nature qu'ils puissent être, recevoir tous rachats et sorts principaux de rentes, emprunter toutes sommes de deniers soit par billets, promesses, obligations ou constitutions de rentes, sans la présence et consentement dudit sieur futur époux, icelle damoiselle future épouse en est et demeure dès à présent autorisée, comme, pour le surplus, de la régie et administration de tous ses biens généralement quelconques, sans aucune exception ni réserve, ainsi que ledit sieur futur époux l'autorise dès à présent, sans qu'il soit besoin ci-après, en quelque occasion et sous quelque prétexte que ce puisse être, d'une plus particulière autorisation.

Au moyen de quoi lesdits sieur et damoiselle futurs époux ne seront aucunement tenus des dettes et hypothèques l'un de l'autre, faites et créées tant avant que pendant et constant ledit mariage, et si aucunes y a, elles seront payées et acquittées par celui qui les aura faites et créées, et sur son bien, sans que celui de l'autre en soit aucunement tenu.

Ladite damoiselle future épouse tiendra à loyer la maison qui sera convenable pour leur habitation commune, et fera la dépense du ménage, de ses deniers et à ses frais; pour raison de quoi ledit sieur futur époux lui payera une pension annuelle, telle qu'elle sera convenue et arbitrée entre eux.

Pour éviter la confusion des biens et droits appartenant à chacun desdits sieur et damoiselle futurs époux, il en a été fait et dressé deux états séparés, l'un de ceux appartenant audit sieur futur époux, l'autre de ceux appartenant à ladite damoiselle future épouse, l'un comme l'autre en présence de l'un et de l'autre desdits sieur et damoiselle futurs époux, lesquels états, à la réquisition desdits sieur et damoiselle futurs époux, sont demeurés annexés à ces présentes pour y avoir recours, après avoir été, d'eux et des notaires soussignés, à leur réquisition, paraphés *ne varietur;* ne prétendant pas ledit sieur futur époux aucun droit dans tous les biens meubles et immeubles compris en l'état de ceux qui appartiennent à ladite damoiselle future épouse ci-annexé, ni même dans tous les autres effets qui pourroient se trouver dans la maison qu'il occupera avec ladite damoiselle future épouse, à moins qu'il n'en rapporte titres de propriété, d'acquisition en son nom et à son profit seul, passés par devant notaires, en bonne et due forme; quand bien même lesdits biens meubles et effets ne se trouveroient compris en l'état de ladite damoiselle future épouse ci-annexé, qui seront réputés appartenir à ladite damoiselle future épouse, laquelle aura la liberté de changer et réformer lesdits meubles et effets à elle appartenant, et en acquérir de nouveaux, sans être obligée d'en prendre aucune quittance en son nom par devant notaire, ainsi qu'il est usité en fait de femme non commune en biens, étant une des clauses les plus expresses sous les conditions desquelles ladite damoiselle future épouse entend contracter ledit futur mariage, et sans laquelle elle n'y auroit consenti, d'autant que ledit sieur futur époux ne possède, comme dit est, que ce qui est compris dans son état de biens ci-annexé.

Ledit sieur futur époux a doué et doue ladite damoiselle future épouse de la somme de dix mille livres de douaire préfix, une fois payée et sans retour, à l'avoir et prendre sitôt que douaire aura lieu sur tous les biens meubles et immeubles présents et à venir dudit sieur futur époux, pour par elle en jouir en pleine propriété, du jour du décès dudit sieur futur époux.

Et pour l'étroite et singulière amitié que ladite damoiselle future épouse porte audit sieur futur époux, voulant lui en donner des marques certaines, icelle damoiselle future épouse a donné et donne par ces présentes, par donation faite entre-vifs, pure et simple et irrévocable, en la meilleure forme que donation puisse valoir, et pour plus de validité d'icelle, promet et s'oblige garantir de tout troubles, évictions et autres empêchements généralement quelconques audit sieur futur époux ce acceptant, tous et chacuns les biens meubles, propres acquêts et conquêts immeubles qui, au jour du décès de ladite damoiselle future épouse, se trouveront lui appartenir, en quelques lieux et endroits que lesdits biens se trouvent dus, situés et assis, et à quelque somme que le tout puisse monter, consister et valoir; sans en rien retenir, excepter ni réserver, fors seulement la somme de trois mille livres dont ladite damoiselle future épouse se réserve la faculté de disposer par testament, donation ou autrement, en faveur de qui bon lui semblera, à condition toutefois qu'en cas qu'au jour du décès d'icelle damoiselle future épouse, elle n'ait disposé de ladite somme de trois mille livres ou partie d'icelle, que ladite somme de trois mille livres ou ce qu'elle n'aura pas disposé d'icelle demeurera compris en la présente donation et appartiendra audit sieur futur époux pour par ledit sieur futur époux jouir, faire et disposer de tous les biens ci-dessus donnés, et après lui ses hoirs et ayant cause, en toute propriété, du jour du décès de ladite damoiselle future épouse, qui jusqu'à ce s'en est réservé l'usufruit et jouissance sa vie durant, etc.; et en outre est la présente donation faite en cas que ledit sieur futur époux survive ladite damoiselle future épouse sans enfants dudit mariage, et arrivant que ledit sieur futur époux décède avant ladite damoiselle future épouse, ou qu'il y ait enfants dudit mariage, la présente donation demeurera nulle et sans effet, comme non faite ni avenue; mais néanmoins si, au jour du décès de ladite damoiselle future épouse, il y a des enfants dudit mariage et qu'ils viennent à décéder avant ledit sieur futur époux et avant que d'avoir, en âge de majorité, disposé de leurs biens, la présente donation reprendra sa première force et vertu, et sortira son plein et entier effet en faveur dudit sieur futur époux, etc.

Fait et passé à Paris, en l'étude de Gaillardie, l'un des notaires soussignés, l'an mil sept cent cinq, le vingt-neuvième jour de juillet, après midi, et ont signé :

DE RACHEL MONTALANT.
M. M. ESPRIT POCQUELIN MOLIERE.
D'ARGOUGES.   LARGILLIER D'ARGOUGES.
MARIE LE CAMUS DE FLAMENUILLE.
LE MASSON.   DE TROHEOU MUSNIER.
   DUPRÉ.
BAILLY.   GAILLARDIE.

État des biens de Claude de Rachel, écuyer, sieur de Montalant, fait en la présence de damoiselle Marie-Madeleine-Esprit Poquelin de Molière, majeure, etc., pour parvenir à leur contrat de mariage auquel le présent état sera annexé.

Premièrement, 25ᵗᵇ de rente, dite de tontine, au principal de 300ᵗᵇ, constituée à son profit par contrat passé par devant Carnot et Moufle, notaires à Paris, le 20 mars 1690, lequel principal ne sera ici tiré hors ligne, attendu la nature de cette constitution, dont le fonds périt par le décès dudit sieur de Montalant.

Item. 30ᵗᵇ de rente, dite de tontine, etc. [1] par contrat passé devant Moullineau et Moufle, le 5 juin 1696.

Item. 30ᵗᵇ de rente, dite de tontine, par contrat passé devant de Lambon et Moufle, le 31 juillet 1696.

Item. 30ᵗᵇ de rente, dite de tontine, par contrat passé devant Legrand et Moufle, le 6 novembre 1696.

Item. 100ᵗᵇ de rente viagère, par contrat passé devant Fortier et Moufle, le 8 janvier 1698.

Item. 50ᵗᵇ de rente viagère, par contrat passé devant Renard et Moufle, le 3 juin 1701.

Item. 100ᵗᵇ de rente viagère, par contrat passé devant Clignet et Moufle, le 20 décembre 1703.

Item. 50ᵗᵇ de rente viagère, par contrat passé devant Marsaud et Moufle, le 27 mai 1704.

Item. 25ᵗᵇ de rente, au principal de 500ᵗᵇ qui lui doivent être constituées sur la loterie royale, dont le contrat doit être passé par ledit Moufle, notaire ; ci pour le principal de ladite rente. . . 500ᵗᵇ.

Somme totale de tous les effets certains contenus au présent état, cinq cents livres.

Paraphé *ne varietur*, au desir du contrat de mariage passé par devant lesdits notaires soussignés, cejourd'hui, vingt-neuvième juillet mil sept cent-cinq.

    DE RACHEL MONTALANT.
    M. M. ESPRIT POCQUELIN MOLIERE.
    BAILLY.   GAILLARDIE.

---

1. Il est inutile de reproduire pour cet article et pour ceux qui suivent, y compris l'avant-dernier, des détails qui ne sont que la répétition de ce qui est stipulé dans le premier article. Dans l'état des biens de la fille de Molière, j'ai aussi résumé ce qui est relatif à la batterie de cuisine, au linge et à des objets sans importance.

État des biens appartenant à damoiselle Marie-Madeleine-Esprit Poquelin de Molière, majeure, usant et jouissant de ses droits, etc., fait en la présence de Claude Rachel, écuyer, sieur de Montalant, pour parvenir à leur contrat de mariage, auquel le présent état sera annexé, avec lequel sieur de Montalant l'appréciation desdits biens a été faite à l'amiable, suivant et ainsi qu'il ensuit :

MEUBLES.

Dans la cuisine.

Chenets, pelle, pincettes, etc., prisé le tout . . . . 12ᵗᵗ.
Fontaine, poissonnière, etc. . . . . 30ᵗᵗ.
Chaudrons, poêlons, etc. . . . . 5ᵗᵗ.
Bas d'armoire à deux volets, chaises de paille, etc. . . . . 3ᵗᵗ.
Chandeliers et martinet. . . . . 1ᵗᵗ.

Dans la salle à manger.

Chenets, pelle, pincette de fer poli, soufflet . . . . 3ᵗᵗ.
Treize aunes ou environ de tapisserie de futaine, dix chaises et un fauteuil de bois de noyer, couvert de velours à la Turque . . 120ᵗᵗ.
Petite fontaine et cuvette de cuivre rouge . . . . 36ᵗᵗ.
Armoires et tables. . . . . 66ᵗᵗ.
Cinq tableaux peints sur toile, dans leurs bordures dorées, représentant portraits la plupart de famille, un autre petit tableau, miniature, garni de sa bordure de bois doré, avec un verre au devant . 50ᵗᵗ.
Une garniture de cheminée et une garniture de dessus d'armoire, de plusieurs pots de fayence . . . . 3ᵗᵗ.
Un devant de cheminée peint sur toile, représentant une perspective, sans bordure, et deux petits bras de cuivre doré. . . . . 3ᵗᵗ.
Deux portières de serge verte drapée, rideau de toile blanche, tapis de table de pareille serge . . . . 5ᵗᵗ.
Un petit lit en tombeau garni de sa couche de bois de noyer, etc., le tour du lit en tombeau, de serge verte drapée . . . . . . 100ᵗᵗ.

Dans le corridor ou passage pour entrer en ladite salle à manger.

Deux rideaux de fenêtre de toile blanche et un portrait de famille avec une vieille bordure dorée . . . . 2ᵗᵗ.

Dans la chambre où couche ladite damoiselle.

Grille, pelle, pincettes et tenailles de fer poli, avec leurs pommes argentées et un petit soufflet . . . . 26ᵗᵗ.
Six chaises, deux fauteuils, deux tabourets de bois de noyer tourné,

couverts de serge bleue, une petite table de bois de rapport garnie de son tiroir, une autre petite table à jouer couverte de serge verte ; quinze aunes ou environ de tapisserie de pareille serge bleue, garnies par bandes de petits rubans blancs ; deux portières de pareille serge. Un lit à la duchesse, de bois de noyer, garni de son enfonçure, un sommier de crin couvert de toile bleue, deux matelas de laine, lit et traversin et trois petits oreillers de coutil, deux couvertures de laine blanche fine, un couvre-pied de toile indienne piquée dessus et dessous ; un autre couvre-pied de satin blanc piqué, doublé de taffetas couleur de rose, le tour dudit lit de pareille serge que la tapisserie, orné de falbalas, avec les soubassements bordés de rubans blancs ; prisé ensemble . . . . 450 lt.

Deux miroirs dont un grand, à bordure de glace . . . . . . 70 lt.

Sept tableaux peints sur toile représentant des paysages, avec leurs bordures de bois doré ; un autre tableau aussi peint sur toile représentant la Madeleine, avec sa bordure de bois doré ; quatre autres tableaux, portraits de famille, dans leurs bordures dorées, prisés . . . . 300 lt.

Une petite pendule, ouvrage de Claude Raillart, de Paris, sur son pied de bois doré ; trois petites consoles de bois doré, à l'une desquelles est une pagode et aux deux autres des rouleaux de fayence de Hollande, et au-dessus de la porte une urne et deux tasses de porcelaine, et deux tasses de métal doré, sur leurs piédestaux de bois doré . . . . 100 lt.

Un pot à thé et dix tasses de porcelaine, avec deux petits bras de cheminée, de cuivre argenté . . . . 20 lt.

Un rideau de fenêtre de toile de coton . . . . 3 lt.

Dans la salle.

Une petite armoire de bois de noyer . . . . 3 lt.

Une tenture de tapisserie, verdure de Flandres, à petits personnages, contenant quatre pièces doublées en plein de toile verte, de treize aunes ou environ de cours sur deux aunes un tiers ou environ, de haut, très-fine, prisée . . . . 1100 lt.

Deux portières de panne bleue, à bandes de tapisserie, doublées de toile indienne, avec leurs tringles de fer poli, un canapé de bois de noyer couvert de pareille panne bleue à bandes de semblable tapisserie, six fauteuils, quatre chaises et quatre tabourets de bois de noyer, couverts de pareille panne bleue avec les fonds et les dossiers en carré de tapisserie ; quatre rideaux de fenêtre de taffetas cramoisi et quatre rideaux de fenêtre de toile damassée ; prisé . . . . 700 lt.

Un petit bureau d'écaille tortue, à plusieurs tiroirs fermant à clef ; un trumeau de trois glaces fines avec sa bordure de bois doré ; un devant de cheminée de deux glaces, une autre glace en retour et une autre petite à l'autre retour de ladite cheminée, dans leurs bordures de bois doré; quatorze pièces de porcelaine faisant la garniture de ladite cheminée, dont huit couvertes, avec leurs piédestaux dorés, deux petits pots à fleurs et deux seaux de fayence; prisé. . 550tt.

Un tableau peint sur toile représentant une scène de *l'École des Maris*, avec sa bordure, et cinq porcelaines fines sur la porte, prisés ensemble . . . . 30tt.

Dans un petit cabinet.

Chenets, pelle, etc. . . . . 5tt.

Seau de fayence et onze pièces tant fayence que porcelaine faisant la garniture de la cheminée. . . . . 12tt.

Un petit lit de repos en bois de noyer, garni de crin, avec son matelas de laine couvert de tapisserie de point à la Turque et les parements de point d'Angleterre; un petit traversin et le dossier de même. Deux chaises, deux tabourets de même tapisserie; huit aunes ou environ de tapisserie d'étoffe de soie, fond céladon et couleur de feu par bandes de tapisserie de point d'Angleterre . . . . 250tt.

Deux rideaux de fenêtre de taffetas bleu à falbalas; deux autres rideaux de toile de coton blanc avec leurs tringles . . . . . . 40tt.

Une petite bibliothèque de marqueterie de cuivre, fond d'écaille, à deux volets de fil d'archal, fermant à clef, garnie de rideaux de taffetas vert; une petite crèche garnie de verre blanc avec l'Enfant Jésus de cire, et soixante volumes de livres traitant de plusieurs sujets . . . . 120tt.

Petite table de toilette, de sapin, avec sa toilette composée d'un dessous de toilette d'étoffe de soie avec un dessus de toilette de mousseline à falbala, un miroir, deux boîtes à poudre, un petit coffret, une boîte de la Chine; le dessus de toilette d'étoffe de soie bleue en broderie des Indes; deux flacons garnis d'argent . . . . 200tt.

Un moyen miroir à bordure de bois doré. . . . . 40tt.

Un grand tableau peint sur toile représentant un paysage. 50tt.

Un autre tableau d'enfant, portrait de famille; deux autres petits tableaux, miniatures, représentant deux femmes; deux autres petits portraits, miniatures, avec leur bordure dorée . . . . 30tt.

Sept pièces de fayence d'Hollande au haut de la cheminée . 25tt.

Dans le garde-meubles.

Un lit de bois de noyer, garni d'une courte-pointe de taffetas des Indes, deux couchettes, douze aunes de tapisserie de Bergame, six tabourets, trois rideaux, un cabinet d'ébène à l'antique, une table de bois de noyer, un miroir de toilette, six couteaux à manche d'ivoire . . . . 250tt.

Ensuit le linge.

Draps, service de table, douze serviettes et trois nappes, dix douzaines de serviettes, quatre douzaines de torchons, etc. . . . 385ᵗᵗ.

Ensuit la vaisselle d'argent.

Plats, assiettes, jattes, cuillers et fourchettes d'argent blanc, poinçon de Paris, la quantité de cinquante-un marcs, une once, quatre gros. . . . . 1692ᵗᵗ12ˢ.
Flambeaux, couteaux, réchauds, écuelles, gobelets, tasses et autres ustensiles d'argent blanc. . . . . 663ᵗᵗ15ˢ.

Bijoux.

Bague d'or dans laquelle est enchâssé un diamant jaune brillant. . . . . 800ᵗᵗ.
Boucle de ceinture d'argent, où sont enchâssés six gros diamants et seize très-petits, le tout fin. . . . . 200ᵗᵗ.
Un diamant blanc, brillant, déchâssé. . . . . 300ᵗᵗ.
Vingt autres petits diamants, petits rubis et autres pierres fines déchâssées . . . . 100ᵗᵗ.

Habits et linge.

Hardes à l'usage de ladite demoiselle . . . . 800ᵗᵗ.

BIENS IMMEUBLES.

Premièrement, par partage passé par devant Guyot et son confrère, notaires à Paris, le 29 novembre 1703[1], il a été distrait au profit de ladite damoiselle et lui est échu 306ᵗᵗ de rente au principal de 6120ᵗᵗ, constituée sur les aides et gabelles de France par contrat passé par devant Besnard et Caron, notaires à Paris, le 19 février 1682; ci pour ledit principal. . . . . 6120ᵗᵗ.

Item. 300ᵗᵗ de rente sur l'ancien clergé de France, constitués le 31 octobre 1573, évalués par ledit partage sur le pied du denier dix; ci pour le principal de ladite rente . . . . 3000ᵗᵗ.

Item. 500ᵗᵗ de rente au principal de 10 000ᵗᵗ faisant moitié de 1000ᵗᵗ de rente au principal de 20,000ᵗᵗ constituées sur les aides et gabelles, par contrat passé par devant Clignet et Bellanger, notaires à Paris, le 11 janvier 1700 ; ci. . . . . 10 000ᵗᵗ.

Item. 916ᵗᵗ13ˢ4ᵈ de principal restant dus à ladite damoiselle par le sieur Delaunay, qui a acquis la maison de Meudon, énoncée audit partage, de celle de 2916ᵗᵗ 13ˢ 4ᵈ qui appartenoit à ladite da-

---

1. Document nº LVIII.

moiselle dans les 7000^{tt}, prix de ladite vente, à proportion des parts qu'elle avoit dans ladite maison, ci. . . . . 916^{tt}13^{s}3^d.

Item. Appartient encore à ladite damoiselle par ledit partage la somme de 2154^{tt} 14^s 3^d pour sa part dans les 8618^{tt} 17^s 2^d de fonds des bâtiments de l'hôtel de la Comédie françoise, qui seront payés dans le temps et ainsi qu'il est dit audit partage; ci . 2154^{tt}14^{s}3^d.

Effets distraits par ledit partage au profit de ladite damoiselle et provenant de la succession de Madeleine Béjard, sa tante.

Premièrement, 444^{tt} de rente au principal de 8880^{tt}, constituées sur les aides et gabelles, par contrat passé devant Besnard et Caron, notaires à Paris, le 19 février 1682; ci. . . . . 8880^{tt}.

Item. 135^{tt} de rente au principal de 2700^{tt}, constituées sur les aides et gabelles par contrat passé par devant Auvray et Caron, notaires à Paris, le 28 juin 1683.; ci. . . . . 2700^{tt}.

Item. 425^{tt} 6^s de rente sur l'ancien clergé, constitués le 26 avril 1564, estimés par ledit partage sur le pied du denier dix; ci. 4250^{tt}.

Succession dudit Jean-Baptiste Poquelin de Molière, père de ladite damoiselle.

Premièrement le tiers au total d'une maison sise à Paris sous les piliers des halles, où étoit anciennement pour enseigne l'image saint Christophe, louée 900^{tt} par an, provenant de la succession de Jean Poquelin, père dudit sieur de Molière et ayeul de ladite damoiselle, ledit tiers estimé 6000^{tt}, ci . . . . 6000^{tt}.

Item. 500^{tt} de rente au principal de 10 000^{tt} dues à ladite damoiselle comme seule héritière de son père, à prendre dans le surplus des deux autres tiers de ladite maison pour les causes déclarées en la transaction passée entre elle, ledit sieur Guérin et ladite damoiselle Armande-Grésinde-Claire-Élisabeth Béjard, par devant Desforges et son confrère, notaires, le 26 septembre 1693 [1]; ci. 10 000^{tt}.

Biens acquis par ladite damoiselle.

Premièrement, 300^{tt} de rente viagère, constituées à son profit sur les aides et gabelles, par contrat passé devant Ogier et Simon Moufle, notaires à Paris, le 18 mars 1704, moyennant 3000^{tt}, lequel principal ne sera ici tiré, attendu la nature de cette constitution dont le fonds périt par le décès de ladite damoiselle.

Item. 100^{tt} de rente au principal de 2000^{tt} qui doivent être incessamment constituées au profit de ladite damoiselle sur les aides et gabelles, du nombre de celles créées par édit du mois de décembre

---

1. Document n° LV.

1704, lequel fond a été porté au Trésor royal dès le mois de juin dernier par ledit M⁰ Simon Moufle, notaire, qui en doit expédier le contrat, ci. . . . . 2000ᵗᵗ.

Item. Autres 100ᵗᵗ de rente viagère que doivent produire lesdites 100ᵗᵗ de rente héréditaires, au terme de l'édit de création desdites rentes, du mois de décembre 1704, et dont le contrat sera incessamment expédié par ledit M⁰ Simon Moufle, n'étant ici fait aucun état du fond de ladite rente viagère, par rapport à sa création et que ladite rente doit être éteinte au jour du décès de ladite damoiselle.

Item. Et finalement 21ᵗᵗ 8ˢ 6ᵈ de rente aussi viagère, dite de la tontine, constitués au profit de ladite damoiselle par contrat passé par devant Legrand et ledit Moufle, notaires, le 6 novembre 1696, moyennant 300ᵗᵗ, lequel principal ne sera ici tiré, etc.

Somme totale de tous les effets certains contenus au présent état qui se monte à la somme de soixante-cinq mille sept cent soixante-quinze livres, quinze sols, six deniers, ci. . . . . . 65 775ᵗᵗ 15ˢ 6ᵈ.

Paraphé *ne varietur* au desir du contrat de mariage passé par devant les notaires soussignés, ce jourd'hui vingt-neuf juillet mil sept cent cinq.

DE RACHEL MONTALANT.
M. M. ESPRIT POCQUELIN MOLIERE.
BAILLY.   GAILLARDIE.

LX

1705. — 5 août.

ACTE DE MARIAGE DE CLAUDE RACHEL DE MONTALANT
AVEC ESPRIT-MADELEINE POQUELIN MOLIÈRE.

Archives de la Préfecture de la Seine.
Registre des mariages de la paroisse de Saint-Sulpice.

Le cinquième août mil sept cent cinq a été fait et solennisé le mariage de Claude de Rachel, écuyer, sieur de Montalant, âgé de cinquante-neuf ans, veuf de demoiselle Anne-Marie Alliamet, de la paroisse de Saint-André des Arcs, avec demoiselle Esprit-Madeleine Poquelin de Molière, âgée de quarante ans, fille de défunts Jean-Baptiste Poquelin de Molière, vivant valet de chambre du Roi, et demoiselle Claire Béjard, de cette paroisse, demeurant rue du Petit-Lion, chez le sieur Frontier, maître sellier; les fiançailles ayant été faites le jour précédent, un ban publié auparavant de part et d'autre, et la dispense des deux derniers obtenue de Son Éminence monseigneur le cardinal de Noailles, archevêque de Paris, en date du vingt-septième juillet dernier passé, et insinuée le vingt-huit du même mois, au greffe des insinuations ecclésiastiques de ce diocèse, par Batellier, greffier; le tout sans aucune opposition et dûment contrôlé. Ledit mariage célébré en présence de François-Louis Musnier de Troheou, bourgeois de Paris, demeurant rue Bourtibourg, paroisse Saint-Paul, à l'hôtel Nicolaï, de M° Gilles le Masson, caissier général des États de Bretagne, demeurant audit hôtel Nicolaï, amis de l'époux; de messire Pierre d'Argouges, écuyer, sieur de Saint-Malo, demeurant rue Sainte-Avoie, paroisse Saint-Médéric, et de M° Claude Dupré, procureur au Châtelet de Paris, demeurant rue Grande-Truanderie, paroisse Saint-Eustache, amis de l'épouse, tous lesquels nous ont certifié le domicile desdites parties; légitimement contracté comme ci-dessus et leur liberté parfaite pour le présent mariage, et ont signé :

De Rachel Montalant.   De Troheou Musnier.
Esprit Madeleine Pocquelin. Le Masson.
Dargouges.   Dupré.
                             Nicolau *vic*.

LXI

1711. — 31 mai.

TRANSACTION ENTRE MADAME DE MONTALANT ET LES HÉRITIERS POQUELIN.

Minutes de M° Gatine.

Furent présents dame Esprit-Madeleine Poquelin de Molière, épouse, non commune en biens et autorisée par son contrat de mariage, de Claude de Rachel, écuyer, sieur de Montalant, et de lui, à ce présent, en tant que besoin seroit derechef autorisée, demeurant rue des Fossoyers, paroisse Saint-Sulpice, ladite dame de Montalant seule et unique héritière de Jean-Baptiste Poquelin de Molière, son père, et en cette qualité créancière de cinq cents livres de rente de la succession de Jean Poquelin, son ayeul paternel, vivant tapissier valet de chambre du Roi, suivant les contrats ci-après énoncés, et encore ladite dame audit nom d'héritière dudit sieur de Molière, qui étoit héritier pour un tiers dudit Jean Poquelin, son père, propriétaire pour un tiers d'une maison située en cette ville, sous les piliers des halles, où pend pour enseigne l'image saint Christophle, d'une part;

Mᵉ Jean-Baptiste Poquelin, avocat en Parlement, demeurant rue Beaurepaire, paroisse Saint-Sauveur, aussi héritier pour un tiers dudit Jean Poquelin, son ayeul paternel, par représentation d'autre Jean Poquelin, son père, et en cette qualité pareillement propriétaire pour un tiers de ladite maison d'autre part;

Et le sieur André Boudet, ci-devant lieutenant d'une compagnie de milice de l'île de Cayenne en Amérique, demeurant à Courbevoie, de présent à Paris, héritier pour l'autre tiers dudit Jean Poquelin, son ayeul, tant par représentation de dame Marie-Madeleine Poquelin, sa mère, au jour de son décès femme du sieur André Boudet, que comme seul héritier du sieur Jean-Baptiste Boudet, son frère, et en ces qualités aussi propriétaire pour un tiers de ladite maison, encore d'autre part.

Lesquelles parties, èsdits noms, ont reconnu que ladite dame de Montalant, en ladite qualité de seule et unique héritière du sieur Poquelin de Molière, son père, a droit de prendre sur le total de ladite maison, située sous les piliers des halles, cinq cents livres de rente par chacun an, constituées en deux parties par ledit Jean Poquelin, ayeul commun, au profit de Mᵉ Jacques Rohault, etc., pour quoi lesdits sieur Poquelin et Boudet sont obligés personnellement, chacun pour un tiers en ladite qualité d'héritiers pour pareille portion dudit Jean Poquelin, ayeul, et hypothécairement pour le tout, comme propriétaires aussi chacun pour un tiers de ladite maison, à payer et continuer lesdites cinq cents livres de rente par chacun an, aux quatre quartiers accoutumés.

A l'égard des arrérages échus depuis la constitution jusqu'au 1ᵉʳ octobre de l'année 1703, les parties sont convenues qu'ils demeureront compensés avec les loyers de ladite maison, étant de la succession dudit Jean Poquelin, premier débiteur de la rente, qui ont été reçus par ladite dame de Montalant et par ses tuteurs, en conséquence de la sentence rendue au Châtelet, le 15 février 1690, en sorte que lesdites parties ne pourront plus se demander aucun compte desdits loyers et arrérages jusques audit jour, dont elles se quittent respectivement.

Quant aux arrérages desdites cinq cents livres de rente, échus depuis ledit jour 1ᵉʳ octobre 1703 jusques au 1ᵉʳ avril dernier, qui sont sept ans et demi, etc., il reste actuellement dû desdits arrérages à ladite dame de Montalant la somme de deux mille quatre cent cinquante livres, sur quoi lesdits sieur Poquelin et Boudet consentent qu'elle reçoive les mille livres qui restent dus desdits loyers échus jusques au 1ᵉʳ avril dernier, etc., pour faciliter le payement de laquelle somme de mille livres et des arrérages desdites cinq cents livres de rente à prendre sur ladite maison, à compter dudit jour

1er avril dernier, il a été convenu que ladite dame de Montalant recevra seule les loyers de ladite maison, etc.

Quand il ne sera plus dû à ladite dame de Montalant que les arrérages courant desdites cinq cents livres, alors ladite dame ne recevra seule les loyers de ladite maison que jusques à concurrence desdites cinq cents livres de rente par chacun an, à prendre par préférence sur ladite maison et dont le locataire sera expressément chargé par son bail, et le surplus, après le payement des réparations, quand il en conviendra faire, sera payé auxdits sieurs Poquelin et Boudet et à ladite dame de Montalant, chacun par tiers, comme propriétaires pour pareille portion de ladite maison, etc.

A été convenu que des présentes une grosse d'icelles pour ladite dame de Montalant et une expédition pour lesdits sieurs Poquelin et Boudet seront payées par ladite dame de Montalant, dont il lui sera tenu compte par lesdits sieurs Poquelin et Boudet sur les loyers à échoir, car ainsi, etc. Fait et passé à Paris, en la demeure desdits sieurs et dame de Montalant, l'an mil sept cent onze, le dernier jour de mai avant midi, et ont signé :

BOUDET.   POCQUELIN.
DE RACHEL MONTALANT.
ESPRIT MADELEINE POCQUELIN.
THOUIN.   LE SEMELIER.

LXII

1734. — 11 janvier.

PREMIER TESTAMENT DE CLAUDE DE RACHEL DE MONTALANT.

Minutes de Me Arsène Vassal.

Fut présent Claude Rachel, écuyer, sieur de Montalant, demeurant à Paris, rue du Four, paroisse Saint-Sulpice, trouvé assis en son fauteuil, en une chambre au premier étage, ayant vue sur la rue, dépendante d'une maison située à Paris susdite rue du Four, dont la damoiselle Mazeline est propriétaire ; ledit sieur de Montalant étant en assez bonne santé de corps, mais très-sain d'esprit et d'entendement, ainsi qu'il est apparu aux notaires soussignés par ses discours et actions ; lequel, dans la vue de la mort, après avoir recommandé son âme à Dieu, a fait son présent testament qu'il a dicté et nommé aux notaires soussignés de la manière qui suit :

Premièrement, desire qu'il ne soit employé aux frais de son enterrement que la somme de deux cents livres, se rapportant au surplus à la prudence et discrétion de son exécuteur testamentaire ci-après nommé, lui recommandant seulement de faire célébrer, s'il est possible, une messe haute son corps présent.

Desire pareillement qu'il soit employé la somme de cent livres à faire prier Dieu pour le repos de l'âme dudit sieur testateur.

Veut et entend que la nommée Meunier[1], sa gouvernante, qui est entrée à son service le vingt mai mil sept cent vingt-trois, sur le pied de cent livres de gages par an, ait, outre sesdits gages, cent livres par chacune des années qu'elle se trouvera avoir demeuré chez ledit sieur testateur en ladite qualité, dont il lui fait don et legs pourvu qu'elle soit encore au service dudit sieur testateur, au jour de son décès.

Donne et lègue au sieur Breton, son cousin germain, ancien officier réformé, demeurant aux Invalides, la somme de cinq cents livres une fois payée.

Donne et lègue à la damoiselle Poquelin, femme du sieur Pierre Chapuis[2], bourgeois de Paris, une action et trois dixièmes d'action sur la Compagnie des Indes, avec le grand portrait de la défunte femme dudit sieur testateur qui étoit cousine germaine de ladite damoiselle Chapuis.

---

1. Dans la quittance de son legs donnée par elle le 2 mars 1739, elle est nommée Marguerite Cousin, veuve de Benoît Meunier, tapissier. (*Minutes de Me Arsène Vassal.*) Il est à remarquer que cette gouvernante était entrée au service de M. de Montalant au moment de la mort de la fille de Molière, décédée à Argenteuil le 23 mai 1723, suivant son acte de décès dont voici la teneur :

« Le lundi 24e mai 1723, Esprit-Madeleine Poquelin de Molière, âgée de cinquante-sept ans et demi, épouse de M. Claude Rachel, écuyer, sieur de Montalant, décédée le jour précédent, en sa maison d'Argenteuil, rue de Calée, a été inhumée dans l'église dudit lieu, en présence d'André Pothron, maçon de la maison, soussigné.

ANDRÉ POTHRON.   DE PEYRAS, vicaire. »

2. Dans un *Album et Memorandum*, manuscrit du dix-septième siècle qui a appartenu successivement à un gentilhomme danois nommé Justin Hog, et à Gilles Macé, négociant à Marseille, on trouve inscrits les noms de Jean Poquelin, de Paris, et d'un jeune apprenti portant le nom de Chapuis. Voici l'article qui les concerne :

« Du dimanche 7 de mars 1655. Jean Poquelin de Paris est venu demeurer aveq moy en payant pension telle que je reygleray qui sera deux centz livres. » Gilles Macé n'a divulgué sa profession dans aucune de ses notes, mais il paraît s'être livré au commerce du Levant. Plusieurs jeunes gens vinrent demeurer chez lui de 1633 à 1654 *pour apprendre la vertu et la vacation* ou *pour y manger et pour y servir au contouer*, entre autres et postérieurement à 1654 « le petit Chapuys, à 200 livres de pension par an. » (*Description raisonnée d'une collection choisie d'anciens manuscrits*, etc., réunis par les soins de M. J. Techener, 1re partie, 1862, in-8°, pages 2 à 5.)

Donne et lègue à ladite damoiselle Chapuis et à la damoiselle Poquelin, sa sœur, fille majeure, le fond et propriété d'une rente de deux cent cinquante livres, au principal de dix mille livres, constituée audit sieur testateur sur les aides gabelles, par contrat du dix-neuf juillet mil sept cent quinze, pour par elles en jouir lorsque le douaire de la damoiselle Guignard, veuve en premières noces du sieur Guérin et en secondes du sieur Belin, sera éteint; entendant ledit sieur testateur qu'au cas que ladite damoiselle Chapuis vienne à décéder avant lui, ses enfants aient dans le legs de ladite rente la même part qu'auroit eue leur mère, comme aussi qu'ils profitent en entier du legs ci-dessus fait à ladite damoiselle Chapuis seule, à l'effet de quoi il leur en fait du tout don et legs; et en cas que ladite damoiselle Poquelin, sœur de ladite damoiselle Chapuis, vienne à décéder avant ledit sieur testateur, il entend que sa part accroisse à ladite demoiselle Chapuis, sa sœur, ou à son défaut à ses enfants, leur en faisant pareillement don et legs.

Donne et lègue au sieur de Saint-Gelais le portrait de feu M. Molière qu'il lui a déjà délivré [1].

Donne et lègue audit sieur Breton la jouissance, sa vie durant, de deux parties de rentes de soixante-douze livres chacune, appartenant audit testateur, sur le Clergé.

Et quant au surplus de tous ses biens meubles et immeubles ledit sieur testateur les donne et lègue à la dame veuve des Lèzes, sa nièce, à la damoiselle Davenne, sa cousine issue de germaine, épouse du sieur Astier, à la fille qu'elle a de son mariage avec ledit sieur Astier, et aux enfants qui pourront naître d'elle en légitime mariage, et aux quatre enfants de défunte damoiselle Davenne, épouse du sieur Corel, sœur de ladite damoiselle Astier, qu'il nomme et institue ses légataires universels [2], etc.

---

1. Le portrait de Molière, peint par Mignard, se trouvait en 1730 chez la comtesse de Feuquières. (*La Vie de Pierre Mignard*, par l'abbé de Monville; Paris, 1730, in-12, page 141.)

2. Suivent diverses dispositions qu'il est inutile de reproduire. Mme des Lèzes mourut à Argenteuil chez son oncle, le 4 mars 1737; voici son acte de décès, extrait des registres de la paroisse Saint-Denis d'Argenteuil:

« Le mardi cinquième mars mil sept cent trente-sept, dame Marie-Louise de Rachel de Montalant, veuve de messire Jean Picon, écuyer, seigneur des Lèzes, conseiller du Roi, président trésorier général de France au bureau de finances de la généralité de Limoges, décédée le jour précédent, âgée d'environ soixante ans, a été inhumée dans cette église paroissiale, à la descente de la chapelle de saint Claude, dans la nef du saint nom de Jésus, en présence de messire Louis de Séronville, avocat en Parlement et bailli de ce lieu, de Philippe-Ambroise Le Tavernier, bourgeois de Paris, y demeurant rue de Bourbon, paroisse Saint-Sulpice, de Maximilien Du Bas, chevalier de l'ordre de Saint-Louis, capitaine aux gardes suisses, de Claude-Denis Saboureux, écuyer, sieur de Boneterie, aussi chevalier de

Et pour exécuter le présent testament ledit sieur testateur a nommé le sieur de La Salle, son bon ami, qu'il prie d'en prendre la peine et de veiller à l'emploi qui sera fait du mobilier dudit sieur testateur en immobilier, voulant que son exécution dure jusqu'à ce que ledit emploi soit fait, le priant d'agréer un diamant de la valeur de mille livres dont il lui fait don et legs, révoquant tous testaments et codiciles qu'il pourroit avoir faits avant le présent testament, auquel seul il s'arrête comme étant son intention et dernière volonté. Ce fut ainsi fait, dicté et nommé par ledit sieur testateur auxdits notaires soussignés, et à lui, par l'un d'eux l'autre présent, relu, qu'il a dit avoir bien entendu et y a persévéré, à Paris, en ladite chambre sus-déclarée, l'an mil sept cent trente-quatre, le onze janvier, à une heure après midi, et a signé :

RACHEL MONTALANT.

TOURNOIS. BOIVIN.

LXIII

1736. — 5 juillet.

DONATION FAITE PAR CLAUDE DE RACHEL DE MONTALANT AUX AUGUSTINS D'ARGENTEUIL.

Titre de propriété de M. Récappé et minutes de M° Arsène Vassal.

Par devant le conseiller du Roi, notaire au Châtelet de Paris, et les témoins ci-après nommés, soussignés, furent présents : Claude Rachel, écuyer, sieur de Montalant, demeurant à Argenteuil, rue de Calais, paroisse Saint-Denis d'Argenteuil, d'une part ;

l'ordre de Saint-Louis, ancien chevau-léger de la garde de Sa Majesté, et d'Étienne Duny, marchand épicier, ancien marguillier qui ont signé avec nous, etc. »

L'inventaire fait le 6 mars 1737 par Onuphre Thuillier, greffier et tabellion du bailliage d'Argenteuil « en la maison où est demeurant ledit sieur de Montalant, sise en ce lieu, rue de Calais, où est décédée ladite dame des Lèzes », mentionne « le contrat de mariage de ladite défunte passé devant Armand, notaire à Toulon, le 24 décembre 1696 », indique que son mari possédait les terres et seigneuries des Lèzes et de Chasseneuil, et qu'il était mort en 1720. Le 3 avril 1737, M. de Montalant déclare « que son âge de quatre-vingt onze années et son état d'infirmité ne lui permettant pas d'entrer dans la discussion des biens et affaires de la succession de ladite défunte dame sa nièce, et le Seigneur, par sa grâce, l'ayant mis hors d'état d'en avoir besoin, » il renonce « à la succession de ladite défunte. » (*Minutes de M° Dessain, notaire à Argenteuil*)

Et le révérend père Joachim de Sainte-Anne, prieur, révérends pères Philippe de Sainte-Madeleine, Léon de Saint-Antoine, Raphaël de Sainte-Clotilde, Jérôme de Sainte-Monique, Germain de Notre-Dame des Victoires, tous prêtres religieux du couvent des révérends pères Augustins déchaussés, au bourg d'Argenteuil, assemblés au son de la cloche en la manière accoutumée, dans la salle du Chapitre, où ils délibèrent ordinairement de leurs affaires, assistés, autorisés et du consentement, en tant que besoin est, du révérend père Ambroise de Sainte-Félicité, prêtre provincial de la province de France, actuellement audit Argenteuil, pour ce présent, d'autre part.

Lesquelles parties ont dit, savoir : ledit sieur de Montalant que, pour la gloire de Dieu, il auroit fait construire la chapelle ci-après énoncée, à ses frais et dépens, qu'il est dans le dessein de donner auxdits religieux, avec les dépendances ci-après expliquées seulement, comme en effet il a, par ces présentes, aux conditions suivantes, donné par donation entre vifs, pure et simple, et irrévocable, en la meilleure forme que donation puisse avoir lieu, au couvent et auxdits religieux Augustins déchaussés dudit Argenteuil, ce acceptant par lesdits religieux comparants, assistés et autorisés par ledit révérend père Ambroise de Sainte-Félicité, provincial, une chapelle sous l'invocation du Saint-Esprit, que ledit sieur de Montalant a fait construire à neuf sur un terrain à lui appartenant, donnant sur la rue de Calais, à côté de sa maison, ensemble une petite sacristie à côté de l'autel de ladite chapelle, et une petite salle attenant ladite sacristie, dans laquelle sera ouverte une porte pour entrer par icelle sacristie. La porte de ladite salle qui donne sur la petite cour sera murée aux dépens desdits religieux après le décès dudit sieur de Montalant, et seront tenus, pour entrer dans ladite chapelle, de faire aussi à leurs frais ouvrir une porte sur ladite rue de Calais; et à l'égard de la porte qui est dans ladite petite cour pour entrer dans ladite chapelle, elle y restera et il y aura deux serrures et deux clefs différentes, dont une demeurera ès mains dudit sieur de Montalant et à ceux auxquels la maison appartiendra après lui, pour y entrer toutes fois et quand on dira la messe, et l'autre clef restera entre les mains desdits religieux. Et pour la tribune que ledit sieur de Montalant a fait construire sur la porte cochère en entrant dans sa maison, qui donne dans la dite chapelle, le droit d'icelle tribune demeurera à perpétuité attaché à ladite maison sans pouvoir le lui disputer, à laquelle tribune néanmoins il sera loisible auxdits religieux de faire mettre, après le décès dudit sieur de Montalant, une grille à grands carreaux, les vues tant de ladite chapelle que desdites sacristie et petite salle resteront grillées comme elles sont actuellement. Tenant ladite chapelle d'un côté sur ladite rue de Calais, d'autre sur ladite petite cour, d'un bout sur la grande cour, et d'autre sur Michel David, vigneron, ainsi que ladite chapelle, sacristie et petite salle se comportent, sans réserve.

Est compris dans la présente donation toutes les boiseries, tableaux, chandeliers et autres ornements au long détaillés dans le mémoire qui est demeuré annexé, etc., lesquels ornements resteront toujours dans ladite chapelle sans pouvoir par lesdits religieux les déplacer; pour, par lesdits religieux et leurs successeurs, jouir, faire et disposer de ladite chapelle, sacristie et petite salle, comme de chose leur appartenante, aux charges ci-devant expliquées, et d'entretenir ladite chapelle en bon état, tant de grosses que de menues réparations, à commencer la jouissance de ce jourd'hui.

Cette donation ainsi faite auxdites conditions ci-dessus et aux autres charges ci-après expliquées, et encore de payer les cens et redevances, si aucuns sont dus par ladite chapelle, sacristie et petite salle, aux seigneurs de qui elles relèvent, transportant ledit sieur de Montalant, sous lesdites conditions ci-dessus et ci-après, auxdits religieux, tous droits de propriété, dessaisissant, etc.

Et voulant ledit sieur de Montalant, pour la plus grande gloire de Dieu, fonder à perpétuité dans ladite chapelle une messe basse et un *De profundis*, à l'intention dudit sieur de Montalant et, après son décès, pour le repos de son âme et de celles de ses proches, laquelle messe sera célébrée à onze heures du matin tous les dimanches et fêtes de l'année, dans lesquelles fêtes sera compris le jour de saint Claude, patron dudit sieur de Montalant, icelui sieur de Montalant auroit proposé auxdits religieux de leur payer une fois seulement, la somme de quatre mille livres, à la charge par eux d'en faire un emploi en acquisition de terre ou héritage, pour sûreté de l'exécution de ladite fondation, et de payer à ses frais les droits d'amortissement dûs à cause de la présente fondation, à la charge par eux de faire dire et célébrer à perpétuité ladite messe basse et ledit *De profundis* à onze heures du matin, lesdits jours de dimanches et fêtes de l'année, et ledit jour de saint Claude, et de fournir pour ce, pain, vin, luminaire et autres ornements nécessaires; plus de payer audit révérend père Germain de Notre-Dame des Victoires quarante livres de rente et pension viagère sa vie durant, laquelle le suivra dans tous les couvents où il pourra aller demeurer par la suite.

Lesquelles propositions lesdits religieux ont acceptées, ce faisant, se sont obligés tant pour eux que pour leurs successeurs de faire dire et célébrer à perpétuité lesdites messes et ledit *De profundis*, aux intentions ci-dessus marquées et aux jours et heures, de fournir tous ornements nécessaires, à commencer du jour de dimanche prochain, huit du présent mois de juillet, et de payer ladite pension audit père Germain de Notre-Dame des Victoires, comme il est ci-devant marqué.

En conséquence de quoi ledit sieur de Montalant a présentement baillé, payé, compté et réellement délivré, présents témoins et le notaire soussignés, en louis d'or et d'argent, et monnoie ayant cours, auxdits religieux qui le reconnoissent, ladite somme de quatre mille livres, dont ils en sont contents et en quittent et déchargent ledit sieur de Montalant; et à l'instant ladite somme a été mise et déposée ès mains de Boivin, notaire soussigné, pour par lui la garder jusqu'à ce qu'il ait été trouvé un emploi solide pour sûreté de ladite fondation; expédition du contrat d'acquisition qui sera faite de ladite somme, en bonne forme, sera fournie audit sieur de Montalant.

Plus s'oblige ledit sieur de Montalant de payer ce qu'il conviendra pour le droit d'amortissement et autres droits de la présente fondation, incessamment, et faire en sorte que, pour raison de ce, lesdits religieux n'en soient inquiétés ni recherchés en façon quelconque, etc. La présente fondation faite sous la condition expresse sans laquelle lesdits religieux reconnoissent que ledit sieur de Montalant n'eût fait les présentes donation et fondation, qui est que toutes les conditions ci-dessus seront ponctuellement exécutées, sans quoi qu'il sera permis à M. le curé d'Argenteuil et à ses successeurs, curés, de se mettre en possession de ladite chapelle et des biens destinés à l'exécution de ladite fondation, pour la faire exécuter suivant et relativement aux conditions ci-devant expliquées, et lesdits religieux demeureront déchus tant de la donation de ladite chapelle que de ladite fondation, sans, sous quelque prétexte que ce soit, y pouvoir revenir, ledit sieur de Montalant donnant, du consentement en tant que besoin est ou seroit desdits religieux, tout pouvoir nécessaire audit sieur curé et à ses successeurs de ce faire; sans aussi que la présente clause puisse passer pour comminatoire, mais comme condition essentielle expressément réservée par ledit sieur de Montalant, sans quoi les présentes n'eussent été faites.

Plus s'obligent lesdits religieux de faire poser à leurs frais et dépens, dans ladite chapelle, une épitaphe de marbre sur laquelle sera inscrite les présentes donation et fondation, même de les faire inscrire sur les registres des actes de leur communauté.

Car ainsi a été accordé et convenu entre les parties, et pour l'exécution des présentes lesdites parties ont élu leurs domiciles en leurs demeures audit bourg d'Argenteuil, auxquels lieux nonobstant, etc. Fait et passé audit Argenteuil, à l'égard dudit sieur de Montalant en sa maison sus-déclarée, et à l'égard desdits religieux en ladite salle de leur Chapitre, en la présence du sieur Philippe-Ambroise Le Tavernier de La Salle, bourgeois de Paris, y demeurant rue de Bourbon, paroisse Saint-Sulpice, et du sieur Pierre Chapuis, aussi bourgeois de Paris, y demeurant rue des Gravilliers, paroisse Saint-Nicolas des Champs, tous deux de présent audit lieu d'Argenteuil, témoins pour ce appelés, l'an mil sept cent trente-six, le cinquième jour de juillet après midi, et ont signé la minute des présentes demeurée à Mᵉ Boivin, notaire soussigné, etc.[1].

LXIV

1737. — 13 août.

DEUXIÈME TESTAMENT DE CLAUDE DE RACHEL DE MONTALANT.

Minutes de Mᵉ Arsène Vassal.

Fut présent Claude Rachel, écuyer, sieur de Montalant, demeurant ordinairement à Argenteuil, étant ce jour à Paris, en bonne santé de corps, étant expressément venu en l'étude de Mᵉ Boivin, l'un des notaires soussignés, où Mᵉ Bellanger, son confrère, s'est transporté, et sain d'entendement, esprit, mémoire et bon jugement, ainsi qu'il est apparu aux notaires soussignés par ses discours et entretiens ; lequel, dans la vue de la mort, après avoir recommandé son âme à Dieu, a fait, dicté et nommé auxdits notaires soussignés son testament ainsi qu'il suit :

Desire ledit sieur testateur être inhumé dans l'église des RR. PP. Augustins déchaussés, établis à Argenteuil, lesquels il prie de vouloir bien recevoir son corps après qu'il aura été porté à sa paroisse, et de le placer au milieu de leur église, proche la balustrade ; veut en outre que sur la muraille de ladite église il soit placé une tenture de drap noir d'environ six aunes, et trois aunes de velours, où seront ses armoiries, et qu'ensuite il soit mis au même endroit une pierre de marbre noir qui fera mention de la donation faite par ledit sieur testateur auxdits religieux RR. PP. Augustins d'une chapelle, sise audit Argenteuil, rue de Calais, le tout écrit en lettres d'or ; plus qu'il soit dit dans l'église desdits RR. PP. Augustins un annuel de messes pour le repos de son âme ; pour tous lesquels objets ci-dessus, ensemble pour les droits qui seront dus à la paroisse, ledit sieur testateur veut qu'il soit payé auxdits religieux Augustins, la somme de quinze cents livres pour une fois seulement.

Donne et lègue à la veuve Meunier, son ancienne gouvernante, qui est entrée à son service le 20 mai 1723 sur le pied de cent livres de gages, cent livres d'augmentation par chacune des années qu'elle se

---

1. A la suite de cet acte se trouvent un *État des ornements, meubles et linge étant dans la chapelle de M. de Montalant à Argenteuil*, puis quelques modifications apportées le 2 septembre 1736 aux clauses du contrat de donation.

trouvera avoir demeuré chez ledit sieur testateur en ladite qualité, pourvu qu'elle soit à son service au jour de son décès; sans préjudice des gages qui se trouveront dus à ladite veuve Meunier.

Donne et lègue à Jean-Baptiste Lhérault, son domestique, outre les gages qui se trouveront lui être dus, la somme de six cent livres une fois payée, qu'il entend être employée à rembourser une rente due par ledit Lhérault à l'église d'Argenteuil sur la maison qui lui appartient audit lieu.

Donne et lègue aux quatre enfants de la feue damoiselle Davenne, épouse du sieur Corel, pour partager également entre eux, deux cent-cinquante livres de rente au principal de cinq mille livres, etc.

Donne et lègue aux enfants de la damoiselle Davenne, épouse du sieur Astier, cent-vingt-cinq livres de rente au principal de deux mille cinq cents livres, etc.

Donne et lègue à damoiselle Angélique Blondy, fille du sieur Blondy et de Marie Dugats[1], la somme de quatre mille livres une fois payée avec six petits tableaux de miniature qui sont dans l'antichambre dudit sieur testateur.

Donne et lègue au sieur de La Salle, son ancien ami, intendant de M. le comte d'Aubeterre, la somme de mille livres une fois payée.

Donne et lègue à M. de Cornille, chevalier de Saint-Louis, demeurant à Metz, la somme de quatre mille livres une fois payée.

Donne et lègue à Mme d'Aubigny, sœur dudit sieur de Cornille, la somme de quatre mille livres une fois payée.

Donne et lègue à M. Breton, demeurant à Metz, la somme de quatre mille livres une fois payée.

Donne et lègue à la damoiselle épouse du sieur Jaquesson, avocat au parlement de Metz, et sœur dudit sieur Breton, la somme de quatre mille livres une fois payée.

Donne et lègue à Mme de la Hamardière, sœur dudit sieur Breton et de la dame Jaquesson, la somme de quatre mille livres une fois payée.

Donne et lègue à Jeanne-Perrette Dradelet, épouse du sieur Henry Delo, marchand à Sedan, la somme de quatre mille livres une fois payée.

Donne et lègue à Jeanne-Thérèse Dradelet, sœur de ladite damoiselle Delo, la somme de quatre mille livres une fois payée.

Donne et lègue auxdits RR. PP. Augustins d'Argenteuil les trois habits que ledit testateur a achetés à l'inventaire de Mme des Lèzes, savoir un bleu et argent, un vert et or, et un autre brun et or, pour faire des ornements d'église, au cas que ledit testateur n'en ait pas disposé avant son décès.

---

1. La mère de M. de Montalant se nommait aussi Marie Dugats. (Document n° LIX.)

Et quant au surplus de tous ses biens, meubles et immeubles, ledit sieur testateur donne et lègue ledit surplus au sieur Pierre Chapuis, bourgeois de Paris, qu'il institue son légataire universel et le prie d'exécuter le présent testament, révoque ledit sieur testateur tous autres testaments, codiciles et dispositions qu'il auroit pu faire avant le présent, auquel il s'arrête comme étant son intention et ordonnance de dernière volonté.

Ce fut ainsi fait, dicté et nommé par ledit sieur testateur auxdits notaires soussignés et à lui, par l'un d'eux l'autre présent, lu et relu, qu'il a dit avoir bien entendu et y persévérer, à Paris, en l'étude dudit Me Boivin, notaire, le treize août mil sept-cent-trente-sept, sur les onze heures du matin et a signé :

C. Rachel Montalant.

Bellanger. Boivin.

LXV

1738. — 15 et 16 septembre.

INVENTAIRE FAIT A ARGENTEUIL APRÈS LE DÉCÈS DE M. DE MONTALANT.

Minutes de Me Arsène Vassal.

L'an mil sept cent trente-huit, le quinzième septembre, au mandement du sieur Pierre Chapuis, ci-après nommé et qualifié, Me Claude Boivin, conseiller du Roi, notaire au Châtelet de Paris, soussigné, accompagné de M. Jean-Joseph Guichard, commissaire-priseur, vendeur de biens meubles au Châtelet de Paris, s'est exprès transporté de Paris au lieu d'Argenteuil, dans une maison sise audit lieu, rue de Calais, où est décédé le sieur de Montalant[1], ci-après nommé, où étant, en présence des témoins ci-après nommés et à la requête du sieur

---

1. Le 4 juin 1738. Voici l'acte d'inhumation inscrit sur les registres de la paroisse Saint-Denis d'Argenteuil :

« Le vendredi, sixième juin mil sept cent trente huit, le corps de Claude Rachel, écuyer, sieur de Montalant, âgé de quatre vingt treize ans ou environ, décédé le quatre du présent mois, a été apporté dans l'église de cette paroisse et, après la messe solennelle chantée, a été conduit par le clergé de ladite paroisse en l'église des Pères Augustins de ce lieu pour y être inhumé, ainsi qu'il l'avoit demandé, et ce en présence du sieur Pierre Chapuis, bourgeois de Paris, y demeurant rue des Gravilliers, paroisse Saint-Nicolas des Champs, exécuteur du testament dudit sieur de Montalant, d'Étienne Duny, ancien marguillier de cette église, etc. »

Pierre Chapuis, demeurant ordinairement à Paris, rue des Gravilliers, paroisse Saint-Nicolas des Champs, étant aussi ce jour audit Argenteuil, au nom et comme exécuteur testamentaire et encore comme légataire universel dudit Claude Rachel, écuyer, sieur de Montalant, reçu par Bellanger et ledit Boivin, notaires à Paris, soussignés, le 13 août 1737, suivant qu'il appert par une expédition d'icelui vue au greffe des insinuations dudit Argenteuil le 4 juin dernier, ladite expédition représentée et rendue ; et encore à la requête de M⁰ Claude Dalichamp, procureur au Châtelet, au nom et comme procureur de Charles Astier, maître cordonnier à Paris, et de Françoise Davenne, sa femme, héritière en partie dudit défunt sieur de Montalant, son cousin issu de germain, et en la présence de M⁰ Blaise Denise, procureur fiscal dudit baillage d'Argenteuil, y demeurant, appelé pour l'absence de dame Marie-Nicole-Thérèse Dugats, épouse du sieur Michel Blondy, pensionnaire du Roi, et de tous les autres héritiers présomptifs, etc., va être par ledit Boivin, en présence des témoins ci-après nommés, fait bon, fidèle inventaire et description exacte de tous les biens, meubles meublants, batterie de cuisine, habits, linges, hardes, titres, papiers, etc., étant de la succession dudit défunt sieur de Montalant, trouvés et étant dans ladite maison où il est décédé, sise audit lieu d'Argenteuil, rue de Calais, appartenant à ladite succession, lesdits effets montrés, représentés et mis en évidence par ledit sieur Chapuis qui a promis, après serment par lui fait ès mains de M⁰ Louis de Séronville, avocat en Parlement et bailli dudit lieu d'Argenteuil, qui a apposé les scellés, etc. Et à l'instant ledit sieur Chapuis a donné pouvoir à M⁰ Bonnin, procureur au Parlement, de pour lui être présent à la confection du présent inventaire [1].

Dans une petite salle ayant vue sur le jardin. Trois tableaux peints sur toile représentant l'un des chiens avec un amour donnant du cor, le second des livres, et le troisième Léda, dans leur bordure dorée. — Cinq morceaux de tapisserie verdure Auvergne, en partie pourrie [2].

Sous le vestibule. Une chaise à porteurs, doublée d'un vieux velours à ramage fond blanc, à fleurs blanches, avec ses bâtons.

Dans une salle de conversation par bas, ayant vue sur le jardin et sur la cour. Deux chenets de fer et neuf vases de fayence ancienne de Hollande, miroir, lustre à huit branches en bois doré ; deux petites commodes de bois de noyer, vieille table octogone, un siège de trois places, de bois de noyer, deux chaises, quatre autres couvertes

---

1. Suivent la description et la prisée des objets trouvés *dans la cave*, *dans une cuisine*, etc., qu'il serait inutile de reproduire. J'ai seulement extrait de cet inventaire ce qui pouvait provenir des successions de Madeleine Béjard et de Molière.

2. Voir l'inventaire de Molière, page 270.

de tapisserie à l'aiguille, deux autres chaises; rideaux, tenture de tapisserie de coutil peint.

Dans un office à côté. Armoire, quatre chaises, deux vieilles épinettes, un petit clavecin avec clavier sur leurs pieds.

Deux tableaux peints sur toile, l'un représentant une bergère et l'autre des fleurs et des fruits, dans leur bordure de bois doré « et n'a été fait description ni prisée de sept autres tableaux, attendu qu'ils sont de famille, mais seulement tiré ici pour mémoire. »

Dans la chambre où ledit sieur de Montalant est décédé, sur le jardin. Couche à bas piliers, de bois de noyer, avec son enfonçure, garnie d'un sommier de crin, un matelas, etc., fauteuils, chaises, tapisserie en serge bleue, fauteuil couvert de tapisserie à l'aiguille.

Dans un cabinet ayant vue sur la rue. Deux cent vingt-cinq volumes in-8° et in-12, qui sont : *Les Vies des saints, Ambassade du Japon, Histoire de Louis XIV, OEuvres de Molière,* « et autres livres pour la plupart dépareillés et qui ne méritent description. »

Sept cent vingt-cinq louis d'or de vingt-quatre livres pièce, faisant ensemble la somme de dix-sept mille quatre cents livres, et en écus de six et trois livres la somme de mille six cent deux livres.

Dans le grand cabinet ayant vue sur la cour. Vieux cabinet de bois d'ébène, fauteuil, seaux à rafraîchir en fayence, deux consoles de bois doré, morceau de tapisserie de vieux gros de Tours et de point de Hongrie.

Dans une chapelle au premier, ayant vue sur le jardin. Table d'autel, deux vases à fleurs en bois doré, trois guéridons, prie-Dieu, devant d'autel de moire rose, garni de dentelle et d'un Saint-Esprit d'argent, six petites consoles de bois doré, deux petits chandeliers, deux tabourets de tapisserie.

Sept tableaux peints sur toile et sur bois représentant : le premier des anges qui tiennent un livre de plain-chant; le deuxième la Vierge et l'Enfant Jésus qui dort; le troisième une Madeleine; le quatrième une Crèche; le cinquième un Christ; le sixième saint Antoine et le dernier la Madeleine, dans leur bordure de bois doré.

Dans une chambre ensuite, ayant même vue. Table de bois verni peint, représentant des fleurs. — Six petits tableaux miniature, représentant : le premier l'enlèvement de Proserpine; le deuxième un homme à cheval; le troisième une femme au bain; le quatrième une dormeuse; le cinquième une danse de village; le sixième un portrait d'homme tenant un livre posé sur un pupitre, tous sous verre blanc dans leur bordure de bois doré. — Dix tableaux peints sur toile, dont les deux premiers représentent des fleurs et un perroquet; le troisième une Nativité; le quatrième un ange; le cinquième un portrait d'une femme de cour; le sixième saint Joseph et l'Enfant Jésus; le septième la Charité chrétienne; le huitième un portrait d'une femme de cour avec une morisque; le neuvième une

Sainte-Famille et le dixième la conversion de saint Paul, dans leur bordure de bois sculpté doré. — Tenture de vieille tapisserie de verdure Auvergne.

Dans une autre chambre à côté, ayant vue sur le jardin. Garniture de cheminée composée de neuf vases de porcelaine de fayence (sic) bleue et blanche, trumeau de glace, tapisserie à l'aiguille, un petit bureau antique couvert d'écaille, à deux corps de tiroirs, un clavecin à clavier sur son pied antique [1]. — Couche à colonnes avec son enfonçure, sommier de crin, lit, traversin de coutil, courte-pointe de satin jaune piqué, les pentes, soubassement et bonne grâce de tapisserie à l'aiguille, les grands rideaux de tapisserie à l'aiguille et de panne verte par bandes, avec des pommes sur l'impériale, garnies de plumes. — Tenture de tapisserie à personnages, fabrique d'Anvers, représentant l'histoire de Persée et d'Andromède, prisée cinq cent cinquante livres [2].

Au second étage. Un tableau peint sur toile représentant des gueux à table, dans sa bordure dorée. « Il n'a été fait aucune description ni prisée de quatre autres tableaux, attendu que ce sont des portraits de famille, le plus grand desquels représente feu Mme de Montalant, tiré ici pour mémoire. »

Un tableau peint sur toile, représentant des sacrifices, dans sa bordure de bois doré.

Ensuit la vaisselle d'argent. Soixante jetons d'argent, douze cuillères et douze fourchettes, une grande cuillère, un tire-moelle, un plat, un réchaud, deux petits chandeliers de toilette, une poivrière, une tasse à deux anses, deux gobelets, six manches de couteaux, une tasse de vermeil.

Du 16, mardi. *Dans un grenier.* Une estampe représentant Mezzetin, sous verre blanc, dans sa bordure dorée.

Dans la chambre de la veuve Meunier. Un petit tableau représentant un paysage ; un tableau sans bordure représentant Mme des Lèzes, et non prisé comme portrait de famille. — Quatre volumes de livres d'estampes, dont *La vie de Notre-Seigneur.*

Au-dessus de la tribune. Deux tableaux représentant des fleurs ; deux autres petits tableaux, miniatures sous verre, représentant des fleurs ; un autre tableau représentant des fruits ; deux autres sur toile représentant l'un saint Pierre et l'autre saint François. Un autre tableau représentant un évêque, sous verre, dans sa bordure ovale de bois doré. Deux petites estampes de dévotion, sous verre, dans leur bordure de bois doré. Quatre tableaux peints sur toile représentant des paysages dans leur bordure de bois doré. Un grand tableau peint sur toile représentant des fleurs et des fruits. Dix autres

---

1. Ce clavecin se trouve dans l'inventaire de Molière, page 268.
2. Voir le document XL, page 270 et celui n° LIX, page 333.

de différentes grandeurs, tant sur bois que sur toile, représentant des paysages, des fleurs et des fruits. Quatre autres tableaux, l'un représentant l'*École des Maris* [1] et les trois autres sont portraits, tous dans leur bordure dorée.

Dix volumes de livres in-12, reliés en parchemin qui sont musique et autres.

Deux petits tableaux peints sur toile, représentant une danse et une femme qui se baigne dans l'eau.

Suivent les papiers.

Premièrement l'original en papier de l'extrait baptistaire dudit défunt sieur de Montalant, délivré par le sieur Darnaudin, curé de Saint-Martin de l'Étré [2], par lequel il paroît que ledit défunt est né le 23 février 1646.

La seconde est l'expédition en parchemin du contrat de mariage dudit défunt sieur de Montalant et de damoiselle Marie-Madeleine-Esprit Poquelin de Molière, sa femme, passé devant Gaillardie, notaire qui en a minute, et son confrère, le 29 juillet 1705 [3], insinué le 14 août suivant, par lequel il a été dit qu'il n'y auroit aucune communication de biens entre les futurs époux; que pour distinguer la confusion des biens des deux parties il seroit distingué deux états qui sont demeurés annexés à la minute dudit contrat; que la future seroit douée de dix mille livres de douaire préfix; ladite future épouse auroit donné audit sieur, lors son futur époux, la propriété de tous ses biens.

La troisième est un desdits états, annexé audit contrat, par lequel il paroît que ladite damoiselle, lors future épouse, apporta en dot audit sieur futur époux, en faveur dudit mariage, soixante-cinq mille sept cent soixante-quinze livres, quinze sols, six deniers.

La quatrième et dernière est le second desdits états des biens dont ledit sieur Rachel jouissoit lors dudit mariage, qui montoient lors à cinq cents livres de rente viagère; lesdites quatre pièces inventoriées l'une comme l'autre. . . . . Une.

Item. Une liasse de douze pièces, dont les onze premières sont anciens titres de rente sur l'ancien clergé, et la douzième et dernière est une liquidation de ladite rente en date du 10 octobre 1720, au profit de ladite Esprit-Madeleine Poquelin, sur le pied du denier quarante, au principal de 3 600 lt; inventorié. . . . . Deux.

Item. Cinq pièces dont les quatre premières sont aussi anciens

---

1. Ce tableau est mentionné dans l'inventaire de Molière, page 273, et dans l'état des biens de sa fille, page 334.
2. Saint-Martin-Lestra ou d'Estréaux, village du Forez, diocèse de Lyon.
3. Document n° LXIX.

titres de propriété d'une rente sur l'ancien clergé, et la cinquième et dernière est aussi en date du 10 octobre 1720, au principal de 3 600 tt, laquelle rente étoit aussi au profit de ladite Poquelin de Molière; inventorié. . . . . Trois.

En procédant est comparù Me Antoine Laurenteau, procureur au bailliage d'Argenteuil, y demeurant, lequel a représenté trois pièces dont deux lui avoient été remises par ledit défunt sieur de Montalant, qui sont : la première un billet signé Nicolas de Fresne, en date du 3 janvier 1737, par lequel le soussigné a reconnu devoir audit défunt la somme de 25 tt qu'il a promis lui payer dans le temps y porté; la seconde autre billet signé dudit de Fresne, en date du 23 avril 1737, par lequel le soussigné a reconnu devoir audit défunt la somme de 24 tt qu'il a promis lui payer à sa volonté; et le troisième et dernier est un exploit donné à la requête dudit défunt audit de Fresne, pour se voir condamner à payer le contenu auxdits billets; ledit exploit, daté du 23 mai dernier, inventorié. . Quatre.

Item. Treize pièces : les douze premières sont anciens titres d'une partie de rente sur le clergé, et la dernière est une liquidation de la rente ci-après, en date du 10 octobre 1720, au principal de 5103^{tt}18^s; inventorié . . . . Cinq.

Item. La grosse en parchemin d'un contrat de constitution par MM. les prévôt des marchands et échevins de la ville de Paris, au profit de ladite défunte dame de Montalant, passé devant Mesnil et Gaillardie, le 27 avril 1714, de 356 tt de rente, au principal de 8900 tt, à prendre sur les aides et gabelles; inventorié. . . . . Six.

Item. La grosse en parchemin d'un autre contrat passé devant lesdits Mesnil et Gaillardie, notaires à Paris, le 27 avril 1714, portant constitution par MM. les prévôt des marchands etc. au profit de ladite dame de Montalant, de 108 tt de rente au principal de 2 700 tt; inventorié . . . . Sept.

Item. Une copie non signée d'un acte passé devant Meunier qui en a minute, et son confrère le 11 janvier 1726, ledit acte portant donation par ledit défunt sieur de Montalant au sieur de Loménie[1] de 290 tt de rente au principal de 11 600 tt, constituée par les deux contrats ci-dessus inventoriés, et 127^{tt}11^{s}11^d de rente au principal de 5103^{tt}18^s sur l'ancien clergé; inventorié. . . . . Huit.

Item. Une copie d'un acte passé devant Fromont et Vatry qui

---

1. Le 6 août 1739, Philippe de Loménie, porte-manteau de S. A. R. Mgr le duc d'Orléans, demeurant à Saint-Cloud près Paris, reconnaît que Pierre Chapuis, légataire universel dudit sieur de Montalant, lui a remis les deux grosses en parchemin de deux contrats portant constitution de rente par MM. les prévôt et échevins de la ville de Paris sur les aides et gabelles, passées le 27 avril 1714 devant Gaillardie et son confrère, donation faite desdits contrats par le sieur de Montalant au sieur de Loménie. (*Minutes de Me Arsène Vassal.*)

en a minute, notaires à Paris, le 12 janvier 1724, portant vente par ledit défunt sieur de Montalant à M⁰ Jean Gagnat, procureur au Parlement, de la moitié d'une maison située sous les piliers des halles, vis-à-vis le pilori, moyennant la somme de 8200^{tt}; inventorié . . . . Neuf.

Item. Une action de la Compagnie des Indes, avec ses six dividendes, en date du 22 janvier dernier; laquelle action a été inventoriée sans cote ni paraphe, attendu sa nature. . . . . Dix.

Item. Trois actions de la même Compagnie, datées du 2 janvier 1737 avec leurs six dividendes; lesquelles ont été aussi inventoriées sans cote ni paraphe, attendu leur nature. . . . . Onze.

Item. Trois pièces dont la première est la grosse d'un ancien contrat remboursé; la seconde l'expédition d'une procuration par les prévôt des marchands et échevins de Lyon à M⁰ Claude Bronod, avocat ès conseils, et la troisième est la grosse d'un contrat passé devant Bronod, qui en a minute, et son confrère, le 15 mai 1736, portant constitution par ledit sieur Bronod, avocat, comme procureur desdits prévôt des marchands et échevins de la ville de Lyon, au profit dudit sieur de Montalant de 1 000^{tt} de rente, au principal de 20 000^{tt}, à prendre sur les effets y énoncés; inventorié. . . Douze.

Item. La grosse en parchemin d'un contrat passé devant Boivin, notaire qui en a minute, et son confrère, le 10 juillet 1737, portant constitution par M. Philippe-Michel Deschamps, avocat au Parlement et dame Elisabeth-Françoise Cauzele, son épouse, au profit dudit feu sieur de Montalant, de 375^{tt} de rente au principal de 7050^{tt}, etc.; inventorié. . . . . Treize.

Item. La grosse en parchemin d'un contrat passé devant ledit Boivin qui en a minute, et son confrère le 5 avril dernier, portant constitution par ledit sieur Chapuis, au nom et comme procureur de M. Pierre Godard, chevalier, marquis de Belbeuf, et dame Augustine-Hélène Lepelletier, son épouse, au profit dudit défunt sieur de Montalant de 276^{tt}13^{s}4^d de rente au principal de 5535^{tt}6^{s}8^d ; inventorié. . . . . Quatorze.

Item. La grosse en parchemin d'un contrat passé par devant Marchand et Moufle, notaires à Paris, le 27 mai 1704, portant constitution par MM. les prévôt des marchands et échevins de Paris au profit dudit défunt sieur de Montalant, de 50^{tt} de rente viagère à prendre sur les aides et gabelles, ladite rente réduite à 37^{tt}10^s par an; inventorié. . . . . Quinze.

Item. Autre contrat passé devant Moullineau et ledit Moufle, le 5 juin 1696, portant constitution par MM. les prévôt des marchands, etc., au profit dudit sieur de Montalant, de 30^{tt} de rente, dite tontine, avec accroissement. Inventorié. . . . . Seize.

Item. Une liasse de sept pièces attachées ensemble, qui sont sept lettres missives écrites par ledit sieur Chapuis audit sieur de Montalant, datées des 11 décembre 1737, 19 juin 1737, 12 janvier 1735, 1er janvier 1735, 27 octobre 1734, 10 juillet 1737 et 31 juillet 1737. Inventorié. . . . . Dix-sept.

Item. Autre contrat passé devant Moufle, qui en a minute, et son confrère, le 20 décembre 1703, portant constitution par MM. les prévôt des marchands, etc., de 100^{tt} de rente viagère à prendre sur les aides et gabelles, ladite rente réduite à 75^{tt}. Inventorié. Dix-huit.

Item. Autre contrat passé devant ledit Moufle, qui en a minute, le 20 mars 1690, etc., de 25^{tt} de rente viagère, dite tontine. Inventorié. . . . . Dix-neuf.

Item. Autre contrat passé devant ledit Moufle, le 3 juin 1701, etc., de 50^{tt} de rente viagère sur les aides et gabelles. Inventorié. Vingt.

Item. Autre contrat passé devant ledit Moufle, le 8 janvier 1698, etc., de 120^{tt} de rente viagère, dite tontine. Inventorié. . . . Vingt-un.

Item. Autre contrat passé devant ledit Moufle, le 31 juillet 1696, etc., portant constitution de 30^{tt} de rente viagère, dite tontine. Inventorié. . . . . Vingt-deux.

Item. Autre contrat passé devant ledit Moufle, le 16 novembre 1696, etc., portant constitution de 30^{tt} de rente viagère, dite tontine. Inventorié. . . . . Vingt-trois.

Item. Autre contrat passé devant de Savigny, qui en a minute, et son confrère, notaires à Paris, le 15 mai 1724, portant constitution par MM. les commissaires du conseil au profit dudit défunt sieur de Montalant, pour jouir de la rente ci-après énoncée sur la tête de Marie-Madeleine de Rachel, dite de Mareuil, religieuse professe au couvent du Saint-Sacrement de Saint-Augustin-sur-Loir, savoir 44^{tt} de rente viagère à prendre sur les tailles, ladite rente réduite à 22^{tt} par an. Inventorié. . . . . Vingt-quatre.

Item. Autre contrat passé devant de Savigny, le 15 mai 1724, etc., pour jouir de la rente ci-après énoncée sur la tête de Marie de Rachel, dite de Mareuil, religieuse au diocèse de Comminges, savoir 44^{tt} de rente viagère, etc. Inventorié . . . . Vingt-cinq.

Item. Acte passé devant Lemoyne et de Savigny, qui en a minute, le 31 mars 1728, par lequel ledit défunt sieur de Montalant déclare que s'il venoit à décéder avant dame Marie de Rachel, dite de Mareuil, religieuse au couvent de Saint-Laurent, diocèse de Comminges, et dame Marie-Madeleine de Rachel, dite de Mareuil, religieuse au couvent des filles du Saint-Sacrement, dites de Saint-Augustin, établies à Châtillon-sur-Loir, au profit de chacune desquelles a été constitué, par les commissaires dûment nommés par Sa Majesté, 44^{tt} de rente viagère sur les tailles, par les contrats ci-dessus inventoriés, qui s'est réduite à 22^{tt} par an chacune, il n'a jamais entendu et n'entend point encore que ses héritiers en jouissent après son décès, et que du jour d'icelui, il entendoit que les arrérages qui s'en trouveroient lors dus appartiennent à chacune desdites religieuses, qui en jouiront leur vie durant et sur leur quittance Inventorié.................................... Vingt-six.

Item. Autre contrat passé devant Gervais et Masson l'aîné, notaires à Paris, le 19 juillet 1715, portant constitution par MM. les prévôt des marchands et échevins de Paris, au profit d'Isaac-François Guérin, officier du Roi, pour l'usufruit sa vie durant, et pour le fonds et propriété après son décès, à dame Madeleine Poquelin, épouse non commune en biens dudit défunt sieur de Montalant, de 400^{tt} de rente annuelle, au principal de 10 000^{tt} à prendre sur les aides et gabelles; en marge de laquelle est une mention qui réduit ladite rente au denier quarante, pour n'avoir plus cours que pour 250^{tt} par an. Inventorié..................................... Vingt-sept.

Item. Deux pièces, la première desquelles est un billet signé Élie de Fresne, du 9 avril 1738, par lequel le soussigné reconnoît devoir audit défunt la somme de 30^{tt} qu'il a promis lui payer à sa volonté; la deuxième un autre billet signé de Villesne, en date du 3 mars 1729, par lequel le soussigné reconnoît devoir audit sieur de Montalant la somme de 54^{tt}, qu'il a promis lui rendre à Pâques lors prochain. Inventorié.................................. Vingt-huit.

Item. Une liasse de onze pièces, qui sont anciens titres de la maison sise à Argenteuil, rue de Calais, où est décédé ledit défunt, permission de l'archevêque de Paris de dire la messe dans ladite maison, et la dernière, expédition en parchemin d'un contrat passé devant Courtois et Dupuis, notaires à Paris, le 1er octobre 1713, insinué à Argenteuil, le 5 octobre 1713, et ensaisiné le 17 dudit mois, portant vente par Jean-François Charpentier, bourgeois de Paris, comme curateur de la succession vacante d'André Baudouin, gentilhomme servant de Madame la duchesse d'Orléans, au profit de dame Esprit-Madeleine Poquelin de Molière, épouse non commune en biens dudit défunt sieur de Montalant de deux maisons joignantes l'une l'autre et jardin derrière, rue de Calais, moyennant la somme de 4000^{tt}, etc. Inventorié................... Vingt-neuf.

Item. Expédition du contrat du 5 juillet 1736[1], portant donation aux RR. PP. Augustins d'une chapelle, etc. Inventorié... Trente.

Item. Cinq pièces relatives à la succession de la dame des Lèzes. Inventorié.. Trente-un.

Item. Sept pièces. La première, du 31 août 1668, est la grosse d'un contrat de constitution passé devant Gigault et son confrère, notaires à Paris, de 400^{tt} de rente au principal de 8000^{tt}, par Jean Poquelin à Me Jacques Rohault, avec déclaration d'emploi au payement de pareille somme pour la réédification d'une maison sous les piliers des halles, en suite duquel est un contrat de constitution passé devant les mêmes notaires, du 24 décembre audit an[2], de 100^{tt} de

---

1. Document n° LXIII. — 2. Documents n°^{s} XXXV et XXXVI.

rente, par le même au profit du même. La seconde, des mêmes jours, est une expédition en papier des déclarations passées devant les mêmes notaires, par ledit Rohault, desdites rentes au profit de Jean-Baptiste Poquelin. La troisième, du 9 avril 1710, est une sentence du Châtelet obtenue par Madeleine Poquelin, épouse dudit défunt sieur de Montalant, comme héritière dudit sieur Jean-Baptiste Poquelin, son père, contre Jean-Baptiste Poquelin, héritier de Jean Poquelin, leur ayeul, qui déclare lesdits contrats exécutoires. La quatrième du 21 juillet 1710 est autre sentence du Châtelet qui déclare les saisies faites pour le payement des arrérages desdites rentes bonnes et valables. La cinquième, du dernier mai 1711[1], est une expédition en parchèmin d'un acte passé par devant Le Semelier et son confrères, notaires à Paris, passé entre lesdites parties au sujet desdites rentes. La sixième, du 27 mars 1726, est un mémoire de réparation faite dans ladite maison, arrêté par ledit feu sieur de Montalant et ledit sieur Chapuis ; et la septième est la quittance du 9 février 1734, de 111^{lt} pour les droits de centième denier qui étoient dus par ledit sieur de Montalant pour ladite maison, à cause de la donation à lui faite par la dame son épouse. Inventorié. . . . . Trente-deux.

Item. Un petit livre contenant l'état et la recette des revenus dudit feu sieur de Montalant, ceux de l'année 1737 montant à 33 057^{lt}8^{s}11^{d}. Inventorié. Trente-trois.

Item. Cinquante-une pièces, qui sont les titres concernant la filiation dudit défunt sieur de Montalant. Inventorié . . Trente-quatre.

Item. Cent cinquante-trois pièces, mémoires, quittances et autres. Inventorié. Trente-cinq.

Item. Un petit livre couvert en parchemin, gages reçus des domestiques. Inventorié.. . . . . Trente-six.

Item. Un autre registre relié en parchemin. Inventorié. Trente-sept.

Déclare, ledit sieur Chapuis, qu'il est dû à ladite succession environ 10 000^{lt} des revenus dudit sieur de Montalant, des six derniers mois 1737, ensemble ceux échus depuis le 1er janvier 1738 jusqu'au jour du décès dudit sieur de Montalant, et qu'il n'a point de connoissance qu'il soit rien dû par la succession, sinon les gages des domestiques, etc.

1. Document n° LXI.

FIN.

TABLE DES MATIÈRES.

Introduction.. 1

RECHERCHES.

I. 1621-1642. — Mariage de Jean Poquelin et de Marie Cressé; maison qu'ils habitaient; naissance de Molière et de leurs autres enfants. — Jean Poquelin achète de son frère Nicolas la charge de tapissier ordinaire du Roi. — Mort de Marie Cressé; tutelle de ses enfants; caractère élevé de la mère de Molière; chambre des époux Poquelin; luxe de leur intérieur; commerce prospère de Jean Poquelin; maison de Louis de Cressé à Saint-Ouen; rapports physiologiques entre Molière et sa mère. — Second mariage de Jean Poquelin; il achète une maison sous les piliers des halles. — Serment de Molière pour la charge de tapissier valet de chambre du Roi. — Éducation de Molière; le cours de philosophie et les lettres de licencié en droit. — Probabilité du voyage de Molière à la suite de Louis XIII...................... 11

II. 1643-1657. — Proximité de la boutique de Jean Poquelin et de l'hôtel de Bourgogne. — La confrérie de la Passion et son doyen Pierre Dubout, tapissier ordinaire du Roi. — Les maîtres de la confrérie se réservaient pour leurs parents et amis une loge et le lieu appelé *le paradis*. — Comédiens de l'hôtel de Bourgogne. — Molière abandonne la profession et la charge de son père pour se joindre aux associés de l'Illustre Théâtre; composition de cette troupe; le jeu de paume des Métayers près de la porte de Nesle; date de l'ouverture de l'Illustre Théâtre. — Mort de Joseph Béjard le père; sa veuve Marie Hervé renonce à sa succession au nom de ses cinq enfants: Joseph, Madeleine, Geneviève, Louis et une fille non baptisée. — Détails sur la famille Béjard; époque de la naissance d'Armande, future épouse de Molière. — Les associés de l'Illustre Théâtre. — Probabilité d'une anecdote racontée par Charles Perrault. — Engagement d'un danseur; Molière chef de la troupe. — Nicolas Desfontaines et les titres de ses tragi-comédies. — L'Illustre Théâtre entretenu par Gaston, duc d'Orléans. — Dettes contractées par les comédiens; ils quittent le faubourg Saint-Germain pour le quartier Saint-Paul; le jeu de paume de la Croix-Noire. — La comédie au Luxembourg et l'*Artaxerce* de Magnon. — Emprunt fait par Molière. — Responsabilité de Molière comme chef de la troupe ; il est saisi par les créanciers de l'Illustre Théâtre et détenu au grand Châtelet. — Léonard Aubry se rend caution pour Molière. — Diminution de la troupe avant son départ pour la province. — Retour momentané de Molière à Paris. — Passage de Madeleine Béjard à Montélimart, à Montpellier et à Nîmes.. 26

III. 1651-1656. — La famille Poquelin. — Mariage de Madeleine Poquelin avec André Boudet. — Le frère puîné de Molière a le titre de tapissier valet de chambre du Roi ; il achète le fonds de commerce de Jean Poquelin et prend à loyer la maison des piliers des halles. — Mariage de Jean Poquelin le jeune avec Marie Maillard. — Prise de voile de Catherine Poquelin, sœur utérine de Molière, et d'une autre de ses parentes aux Visitandines et aux Bénédictines de Montargis ; question soulevée par cette circonstance à propos des derniers moments de Molière... 50

IV. 1658-1672. — Retour de la troupe de Molière à Paris. — Molière acquitte sa dette envers Jeanne Levé. — Mort du comédien Joseph Béjard et de Jean Poquelin le jeune ; Molière reprend le titre de tapissier valet de chambre du Roi. — Mariage de Molière avec Armande Béjard. — Animosité des comédiens de l'hôtel de Bourgogne contre Molière ; ils le calomnient et lui enlèvent Brécourt. — Engagements de comédiens de campagne. — Mariage de Geneviève Béjard avec Léonard de Loménie ; Mignard, ami des Béjard. — Mort de Madeleine Poquelin. — Désintéressement de Molière vis-à-vis de son père ; il lui abandonne sa part de la succession de Marie Cressé et se sert de l'entremise de Rohault pour aider Jean Poquelin à reconstruire la maison des piliers des halles. — Mort de Jean Poquelin le père ; contestations entre ses héritiers ; caractère du père de Molière. — Prêt fait par Molière à Lulli. — Mort de Marie Hervé, veuve Béjard. — Maladie et mort de Madeleine Béjard ; ses fondations pieuses ; son amitié pour sa sœur Armande ; fortune de Madeleine Béjard ; ses relations avec MM. de Modène et de l'Hermite. — Second mariage de Geneviève Béjard avec Jean-Baptiste Aubry.............................. 55

V. 1672-1675. — Molière va demeurer rue Richelieu ; sa mort ; le confesseur de Molière et de Léonard de Loménie. — Enterrement de Molière. — Tutelle de sa fille mineure. — Intérieur de Molière ; ses servantes ; sa chambre ; son appartement de parade ; ses habits de théâtre ; ses tableaux ; son argenterie ; son appartement d'Auteuil. — Bibliothèque de Molière ; ses papiers de famille et d'affaires ; ses nombreux prêts d'argent. — La veuve de Molière quitte la rue Richelieu pour demeurer au faubourg Saint-Germain. — Troupe de l'hôtel Guénégaud. — Exécution du testament de Madeleine Béjard. — Mort de Geneviève Béjard.. 77

VI. 1677-1738. — Second mariage d'Armande Béjard avec Guérin du Tricher. — Contestations entre la fille de Molière, sa mère et son beau-père. — La maison des piliers des halles. — Mort d'Armande Béjard. — Guérin du Tricher et son fils. — Mariage de la fille de Molière avec Claude de Rachel, sieur de Montalant. — Les manuscrits et la bibliothèque de Molière. — Contestations entre la fille de Molière et les héritiers de Jean Poquelin. — Mme de Montalant achète une propriété à Argenteuil; mort de la fille de Molière. — Relations de M. de Montalant avec la famille de sa femme; il fonde une chapelle pour le repos de son âme et de celles de ses proches et en fait donation aux Augustins d'Argenteuil. — Mort de M. de Montalant. — Restes de la succession de Molière... 100

VII. Conclusion... 117

DOCUMENTS.

I.	Contrat de mariage entre Jean Poquelin et Marie Cressé......	127
II.	Inventaire fait après le décès de Marie Cressé...............	130
III.	Acquisition par Jean Poquelin d'une maison sous les piliers des halles..	147
IV.	Transaction entre Nicolas et Jean Poquelin pour l'office de tapissier du Roi...	148
V.	Bail de l'hôtel de Bourgogne..................................	150
VI.	Inventaire des titres et papiers de l'hôtel de Bourgogne........	151
VII.	Recette et dépense de la confrérie de la Passion..............	166
VIII.	Renonciation de Marie Hervé pour ses enfants à la succession de Joseph Béjard, leur père....................................	172
IX.	Marché passé entre Léonard Aubry et les comédiens de l'Illustre Théâtre..	173
X.	Promesse de Daniel Mallet aux comédiens de l'Illustre Théâtre...	175
XI.	Obligation de Germain Clérin à Sébastien Chanteloup..........	176
XII.	Première obligation des comédiens de l'Illustre Théâtre à François Pommier...	177
XIII.	Deuxième obligation des comédiens de l'Illustre Théâtre à François Pommier...	178
XIV.	Accord entre les comédiens de l'Illustre Théâtre..............	181
XV.	Obligation de François Pommier à Louis Baulot................	182
XVI.	Marché passé entre Antoine Girault et les comédiens de l'Illustre Théâtre..	183
XVII.	Obligation de Molière à Jeanne Levé..........................	185
XVIII.	Première requête de Molière au lieutenant civil Dreux d'Aubray...	186
XIX.	Sentence du lieutenant civil Dreux d'Aubray entre Molière et François Pommier...	187

TABLE DES MATIÈRES.

XX.	Acte de caution de Léonard Aubry pour Molière............	188
XXI.	Deuxième requête de Molière au lieutenant civil Dreux d'Aubray..	189
XXII.	Obligation des comédiens de l'Illustre Théâtre à Léonard Aubry.	189
XXIII	Quittance de François Pommier à Catherine Bourgeois.......	191
XXIV.	Cession par Jean Poquelin père à Jean Poquelin le jeune de son fonds de commerce...................................	192
XXV.	Bail par Jean Poquelin père à Jean Poquelin le jeune de sa maison des piliers des halles............................	193
XXVI.	Accord entre Jean Poquelin père et la famille Fleurette......	195
XXVII.	Contrat de mariage entre Jean Poquelin le jeune et Marie Maillard...	197
XXVIII.	Quittance de Jeanne Levé à Molière........................	201
XXIX.	Acquisition par Madeleine Béjard de la grange de la Souquette...	202
XXX.	Contrat de mariage entre Molière et Armande-Grésinde-Claire-Élisabeth Béjard..	203
XXXI.	Contrat de société entre les comédiens de l'hôtel de Bourgogne, Brécourt et sa femme......................................	205
XXXII.	Contrats de société entre des comédiens de campagne......	210
XXXIII.	Contrat de mariage entre Léonard de Loménie et Geneviève Béjard..	212
XXXIV.	Arrêté de compte entre Jean Poquelin père et André Boudet.	215
XXXV.	Prêts à constitution de rente faits par Jacques Rohault à Jean Poquelin père..	216
XXXVI.	Déclarations de Jacques Rohault à Molière.................	218
XXXVII.	Inventaire fait après le décès de Jean Poquelin père.........	220
XXXVIII.	Prêt à constitution de rente fait par Molière à Jean-Baptiste Lulli...	239
XXXIX.	Procuration des héritiers de Marie Hervé à Madeleine Béjard.	242
XL.	Testament et codicile de Madeleine Béjard..................	243
XLI.	Procuration de Molière à Armande Béjard...................	247
XLII.	Inventaire fait après le décès de Madeleine Béjard..........	248
XLIII.	Bail fait par René Baudellet à Molière......................	258
XLIV.	Contrat de mariage entre Jean-Baptiste Aubry et Geneviève Béjard...	260

TABLE DES MATIÈRES.

XLV.	Inventaire fait après le décès de Molière....................	262
XLVI.	Transport de bail fait par la veuve de Molière au comte de la Mark...	292
XLVII.	Location de l'hôtel d'Arras par la veuve de Molière..........	293
XLVIII.	Acquisition de rentes par les héritiers de Madeleine Béjard....	294
XLIX.	Contrat entre la veuve de Molière et les marguilliers de l'église Saint-Paul...	297
L.	Lettres de ratification du contrat passé entre la veuve de Molière et les marguilliers de Saint-Paul.....................	299
LI.	Contrat de mariage entre Isaac-François Guérin et Armande Béjard, veuve de Molière................................	300
LII.	Renonciation d'Esprit-Madeleine Poquelin Molière à la communauté entre elle et sa mère.........................	303
LIII.	Procuration de la fille de Molière à Claude Dupré.............	304
LIV.	Avis et expédient donné par François Pillon entre la fille et la veuve de Molière.......................................	305
LV.	Transaction entre Guérin du Tricher, Armande Béjard et la fille de Molière..	312
LVI.	Bail de la maison des piliers des halles, fait par la fille et par les neveux de Molière..................................	318
LVII.	Autre bail de la maison des piliers des halles...............	319
LVIII.	Acte de partage entre la fille de Molière et Guérin père et fils..	320
LIX.	Contrat de mariage entre Claude de Rachel de Montalant et Esprit-Madeleine Poquelin Molière......................	327
LX.	Acte de mariage de Claude de Rachel de Montalant avec Esprit-Madeleine Poquelin Molière...........................	337
LXI.	Transaction entre Mme de Montalant et les héritiers Poquelin...	338
LXII.	Premier testament de Claude de Rachel de Montalant.........	340
LXIII.	Donation faite par Claude de Rachel de Montalant aux Augustins d'Argenteuil...	343
LXIV.	Deuxième testament de Claude de Rachel de Montalant........	347
LXV.	Inventaire fait à Argenteuil après le décès de M. de Montalant..	349

FIN DE LA TABLE DES MATIÈRES.

INDEX ALPHABÉTIQUE.

A

Abbeville (comédiens à), 61, 210.
Acloque (M.), notaire, 7, 147, 202, 203.
Aduet (Claude), danseur de corde, 157.
Aimé-Martin, son édition des OEuvres de Molière, 93.
Allard (Jean), notaire, 152.
Alliamet (Marie-Anne), première femme de Claude de Rachel de Montalant, 107, 337.
Amants magnifiques (les), 277.
Ambroise (le P.), de Sainte-Félicité, 344.
Amour médecin (l'), 270, 276.
Amphitryon, 275.
Ancelin (Jean), 301.
Ancelin (Marie), veuve d'Antoine Poussepré, 301, 303.
Andresy (sieur d'). *V.* Lisle.
Angleterre (histoire d'), 92, 280.
Angoulême (comédiens du duc d'), 162.
Angoulevant. *V.* Joubert.
Angran, 237.
Anne d'Autriche, reine de France, 56, 82, 266.
Antiquités romaines, 93, 269.
Archives de l'Administration de l'Assistance publique, 151, 294, 297, 299.
Archives de l'Empire, 6, 34, 36, 142, 172, 174, 186-189, 195.
Archives d'Orléans, 53.
Archives de la Préfecture de police, 43.

Archives de la Préfecture de la Seine, 206, 337.
Argent (hôtel d'), 155.
Argenterie, 15, 91, 137, 224, 252, 281, 335, 352.
Argenteuil (maison d'), 2-4, 112, 114, 357.
Argentin (d'), 145.
Argouges (Pierre d'), sieur de Saint-Malo, 108, 328, 330, 338.
Armand, notaire à Toulon, 343.
Arménienne (habit de l'), 90, 280.
Arnoult, charpentier, 171.
Arras (comédiens à), 61, 210, 211.
Arras (hôtel d'), 98, 293, 294.
Artaxerce, tragi-comédie, 42.
Asselin (Agnès), religieuse bénédictine à Montargis, 53, 195.
Asselin (Louise), veuve de Simon Lescacheux, 128, 130.
Asselin (Marie), femme de Louis de Cressé, grand'mère de Molière, 16, 127-130, 139.
Asselin (Sébastien), marchand tapissier, 128, 130, 195.
Astier (Charles), maître cordonnier, 342, 348, 350.
Aubigny (Mme d'), 348.
Aubray (d'), commissaire au Châtelet, 159.
Aubray (Dreux d'), seigneur d'Offemont et de Villiers, lieutenant civil en la prévôté de Paris, 44, 186-189.
Aubry (M.), notaire honoraire de Paris, 7.

Aubry (Anne), femme de Pierre le Viez, 260, 262.
Aubry (Barbe), sœur de la précédente, 260, 262.
Aubry (Jean-Baptiste), sieur des Carrières, paveur des bâtiments du roi et auteur dramatique, 33, 75, 78, 79, 98, 100, 260, 262, 291, 293, 295-297, 301.
Aubry (Léonard), paveur des bâtiments du roi, père des précédents, 29, 33, 45-47, 64, 76, 173-175, 188-190, 227, 228, 260, 262.
Aubry (Marie), fille du précédent, 260, 262.
Aubry (Sébastien), frère de la précédente, 260, 262.
Audier, notaire à Marseille, 301.
Auger (Louis-Simon), son édition des Œuvres de Molière, 12, 50, 57, 107, 119, 127, 128, 132.
Aumont-Thiéville (M.), notaire, 7, 185.
Auteuil (maison habitée par Molière à), 91, 282-285, 289.
Autissier (Jean), juré du roi en œuvres de maçonnerie, 128, 130.
Autruchon (Françoise), veuve Etienne Bechet, 231.
Auvray, notaire, 322, 323, 336.
Avare (l'), 41, 110, 270, 276.

B

Bachelier (Antoine), marchand à Beauvais, 197.
Bailleul (Agnès de), marquise de Saint-Germain-Beaupré, 98, 292.
Bailly, notaire, 317, 325, 330, 331, 337.
Bailly (Chrétienne), veuve de Mathieu Bourlon, 198, 199.
Baloré (Marguerite), comédienne, femme de Josias de Soulas, 205, 206, 208, 210.
Balsac (les œuvres de), 92, 284.
Bara (Agnès), femme de Noël Gastine, 230.
Baraillon, tailleur, 291.
Baralier (Antoine), receveur des tailles à Montélimart, 48, 254.

Baraud (M.), propriétaire à Auteuil, 282.
Baret (Pierre), bourgeois de Paris, 172.
Baron, comédien et auteur dramatique, 53, 83, 96, 110, 290.
Baron, sergent, 234.
Bastelard (Geneviève), femme de Sébastien Asselin, 195.
Batelet (Marguerite), femme de Pierre Dubourg ou Dubout, 27, 62, 212, 214.
Battas (Pierre), huissier de salle du prince de Condé, 96, 287.
Baudellet (René), tailleur et valet de chambre de la reine, 77, 78, 83, 98, 258, 259, 288, 292, 293.
Baudelot (Jacques), commissaire au Châtelet, 102, 301, 303, 304, 306, 313, 327.
Baudouin (André), gentilhomme servant de la duchesse douairière d'Orléans, 112, 357.
Baudry (M. Frédéric), bibliothécaire à la bibliothèque de l'Arsenal, 21.
Bauldry, notaire, 180.
Baulot (Louis), maître d'hôtel du roi, 40, 41, 44, 45, 178, 182, 183, 187.
Baume (Marguerite de la), première femme d'Esprit de Raimond, comte de Modène, 72.
Bauves (Charlotte de), baronne de la Ferté, 229.
Bauyn (Prosper), maître de la chambre aux deniers, 240.
Bavase (Denis), maître d'hôtel, 180.
Bazan (Jean-René de), marquis de Flamanville, 328.
Bazin (A.). Ses *Notes historiques sur la vie de Molière*, 1, 2, 16, 34, 122.
Beauchâteau. *V.* Chastellet et Du Pougeait.
Beauchesne. *V.* Loseu (Antoine et Jean).
Beaufeu (M.), notaire, 7.
Beaufort (de), notaire, 80, 229, 263, 292.
Beaufort (Jacques de Grou, sieur de), porte-manteau du duc d'Orléans, 81, 282, 289.
Beaulieu. *V.* Marcoureau (Pierre).

INDEX ALPHABÉTIQUE.

Beaupré, comédien du duc d'Angoulême, 621.
Beaupré (la), comédienne, 37.
Beauvais (de), notaire, 62, 229.
Beauvais (famille Poquelin, à), 197.
Beauval. *V.* Olivier-Bourguignon et Pitel.
Beauvau (Henry de), 284.
Bechet (Etienne), 231.
Bedeau (Simon), maître sellier, 31, 172, 173.
Bedeaux (François), comédien, 150, 165.
Bedeaux (Julien), comédien, 150, 165.
Beffara (L.-F.), ses recherches sur Molière, 1, 2, 11-13, 17, 18, 24, 31-34, 50, 51, 57, 59, 62, 71, 72, 74, 78, 99-101, 105, 116, 119, 121, 127, 128, 131, 132.
Beguet (Marguerite), comédienne, femme de Claude Deschamps, sieur de Villiers, 60, 207.
Béjard (Armande-Grésinde-Claire-Elisabeth), comédienne, femme de Molière, puis de Guérin du Tricher, 5, 30, 31, 33, 34, 53, 57-59, 62, 63, 65, 69-71, 74-76, 78, 80, 82, 83, 85, 86, 89-91, 93, 95, 97-103, 105, 106, 112, 115, 172, 203-205, 212, 214, 220, 241-249, 251, 253, 256-263, 269, 272, 278, 281, 282, 285, 288, 289, 291, 292, 294-300, 302-317, 320-325, 327, 328, 336, 337.
Béjard (Bénigne-Madeleine), sœur de la précédente, 31, 34.
Béjard (Elisabeth), sœur des précédentes, 33.
Béjard (Geneviève), comédienne, sœur des précédentes, femme de Léonard de Loménie de la Villaubrun, puis de Jean-Baptiste Aubry, 27, 31, 33, 37, 40, 46, 47, 58, 61, 62, 69, 70, 75-77, 98-100, 113, 172, 174, 175, 177-183, 185, 190, 212, 214, 242, 244, 245, 248, 249, 251, 253, 256, 257, 260, 262, 289, 291, 293, 295, 296, 301.
Béjard (Joseph), écuyer, sieur de Belleville, procureur au Châtelet, puis huissier des eaux et forêts, 30, 31, 33, 57, 62, 69, 73, 105, 172, 173, 179, 203, 212, 260.
Béjard (Joseph), comédien, fils aîné du précédent, 29, 31, 32, 46, 47, 57, 172, 174, 189, 190.
Béjard (Louis), dit *l'Éguisé*, comédien, puis ingénieur du roi, frère cadet du précédent, 31, 33, 58, 62, 69, 70, 74, 76, 99, 101, 172, 204, 205, 212, 214, 242, 244, 245, 248, 257, 260, 262, 289, 295-297.
Béjard (Madeleine), comédienne, sœur du précédent, 5, 21, 29, 31-35, 37, 39-42, 46-49, 58, 62, 69-75, 77, 79, 96, 99, 101, 102, 106, 109, 172, 174, 175, 177-183, 185, 190, 202-205, 242-257, 261, 289, 295-300, 304-306, 311, 312, 315, 316, 320, 321, 323, 325, 327, 336, 350.
Béjard (Pierre), procureur au Châtelet, frère de Joseph Béjard le père, 31, 172, 173.
Belin (le sieur), 111, 342.
Bellanger, notaire, 320, 322, 335, 349, 350.
Bellay (le sieur du), 232.
Belleroche. *V.* Francœur et Poisson.
Bellerose. *V.* Le Messier.
Belleville. *V.* Béjard (Joseph) et Legrand (Henri).
Bellier (Louis), 228.
Bénard (Anne), femme de Hubert Guilminault, 198.
Benoist (Gilles), frère cellerier du monastère de Montmajour-lès-Arles, 256.
Benoist (René), curé de Saint-Eustache, 152.
Benoit-Champy (M.), président du Tribunal civil de la Seine, 7.
Bérenger, procureur, 31, 36, 173.
Berger (Anne-Françoise), 286.
Berger (Jacques ou Jean), marchand de fer, 195-197, 199, 226, 227, 286.
Berger (Pierre), fils du précédent, 286.
Bernard, prêtre de Saint-Germain-l'Auxerrois, 79, 261.
Bernier, 19.
Bertelin (Louis), sieur de Lisle, 75, 256.

Berthault (jeu de paume de), 163.
Bertrand (Jean), confrère de la Passion, 151.
Besenval (de), trésorier de l'artillerie, 230.
Besnard, brodeur, 291.
Besnard, notaire, 322, 323, 335, 336.
Beuchot, son édition des *OEuvres de Voltaire*, 119.
Beys (Denis), comédien, 29, 34, 35, 40, 42, 47, 174, 175, 177, 178, 180-183, 185.
Bible (la), 14, 92, 115, 134, 280.
Bibliothèque de Molière, 92.
Bidault (Catherine), femme de Jacques Crosnier, 95, 287, 290.
Bierne (Jean du), notaire, 238.
Biet (Marie), comédienne, femme de Jean de Hilleret dit de Boncourt, 211.
Bijoux, 15, 91, 138, 139, 253, 282, 335.
Billet (Pierre-Paul), sieur de Solaire, comédien, 211, 212.
Billy (Philippe de), 144, 225.
Blanchart, 225.
Blondy (Angélique), 348.
Blondy (Michel), 348, 350.
Boileau-Despréaux (Nicolas), 13, 118.
Boileau-Puymorin (Pierre), 78.
Boismartin (Anne de). *V.* Martin (Anne-Marie).
Boivin, notaire, 3, 4, 343, 346, 347, 349, 350, 355.
Boncourt. *V.* Hilleret.
Bonenfant (Nicolas), clerc de procureur, puis comédien, 29, 36, 37, 47, 174, 175.
Bonnard (François), vendeur de poisson, 166.
Bonnardot (M.), 174, 184.
Bonnin, procureur, 350.
Bonot, notaire, 298.
Bordier (M. Henri), 151, 197.
Bosse (Abraham), graveur, 14.
Boucher, épicier, 291.
Boucher (Fiacre), bourgeois de Paris, 153.
Boudet (André), marchand tapissier, beau-frère de Molière, 51, 58, 62, 63, 66, 67, 78, 80, 96, 97, 99, 101, 197, 199, 203, 205, 215, 216, 220, 221, 226-228, 233, 235-239, 241, 263, 269, 272, 278, 281, 282, 285-287, 292, 324.
Boudet (André), fils du précédent, neveu de Molière, 66, 104, 112, 220, 221, 318, 319, 339, 340.
Boudet (Jean-Baptiste), frère du précédent, neveu de Molière, 62, 66, 104, 112, 220, 221, 318, 319, 339.
Bougenat (François), 231.
Boulanger (Le). *V.* Le Boulanger de Chalussay.
Boulin (Adrien), 231.
Boullanger (Marie), veuve de Pierre Marcoureau, 61, 206, 210.
Bouquet (Pierre), avocat, 184.
Bourdon (Sébastien), peintre, 273.
Bourg l'Abbé (jeu de paume de la rue), 157.
Bourgeois (Catherine), comédienne, 29, 37, 40, 46, 47, 174, 175, 177-183, 190, 191.
Bourgeois (Robert), père de la précédente, 37, 47, 191.
Bourgeois gentilhomme (le), 69, 87, 89, 275, 276.
Bourgogne (hôtel de), 26, 28, 58, 59, 150-172, 206.
Bourgogne (Marie-Adelaïde de Savoie, duchesse de), 110.
Bourgogne (portraits des ducs et des duchesses de), 90, 281.
Bourguignon. *V.* Olivier.
Bourlon (Charles), évêque de Césarée, puis de Soissons, 52, 198-200.
Bourlon (Charlotte), veuve de Jean Joly de Fleury, 198, 199.
Bourlon (Mathieu), conseiller-maître de la cour des Comptes, 198, 199.
Bourlon (Nicolas), conseiller au Parlement, 198, 199.
Boursault, 58.
Bouteille (jeu de paume de la), 294.
Bouteville (Jean), concierge de l'hôtel de Bourgogne, 168.
Boyvin, docteur en théologie, 80.
Boyvin (Martin), confrère de la Passion, 151, 165.
Bozuin (Nicolas), confrère de la Passion, 151.

INDEX ALPHABÉTIQUE.

Brac (Nicolas de), maître maçon, 236.
Bradam. *V.* Trichet.
Brandon (Nicolas), confrère de la Passion, 151.
Brécourt. *V.* Marcoureau et Urlis.
Bresson (Jeanne), veuve de Pierre Hazard, femme de Jean des Urlis, 206.
Breton (le sieur), officier réformé, 341, 242, 348.
Breton (Noël), sieur de Hauteroche, comédien, 59, 206, 208, 210.
Brie (de). *V.* Wilquin.
Brie (Mlle de). *V.* Leclerc (Catherine).
Brière (M.). Son édition des *OEuvres de Molière*, 123.
Brillard (Anne), femme de Marin Prévost, 74.
Brillard (Daniel), chapelier, 74, 256.
Brisart (P.), graveur, 88.
Brissac (Charles de Cossé, duc de), 229.
Brissac (Louise d'Ongnies, maréchale de), 229.
Brisse (Philippe), gouverneur de la confrérie de la Passion, 150, 151.
British Museum (autographe de Molière, au), 61.
Bronod, notaire, 355.
Bronod (Claude), avocat, 355.
Brossard (François), marchand, 212, 214, 260, 262.
Brossette, 118.
Bruguet, notaire, 152.
Bruslé, procureur, 159.
Bruslon (le sieur), 213.
Bruslon (veuve). *V.* Furnes (Anne de).
Buat (Hélène), 233.
Buon, notaire, 167, 193, 194, 196, 199, 200, 216, 221, 227, 229, 233, 234, 236-239, 286.
Buot (Jean), écuyer, contrôleur du guet, 40, 183.
Burin (Antoine), avocat, 228.
Bussy. *V.* Vivensan.
But (du). *V.* Du But.
Butaye (Robert), confrère de la Passion, 151.
Butin (Claude), avocat, 293.
Buyars (Jacques), 173.

C

Cabaret (M.), notaire, 7.
Cadeau (Anne), femme de Jean Mathon, 323.
Cailly (Claude), procureur, 228.
Calepin (Ambroise), 93, 269.
Calprenède (la), 269.
Camus, notaire, 162.
Camus (Marie le), marquise de Flamanville, 107, 328, 330.
Cappelle (le sieur de la), 231.
Cardé (Charles), trésorier de la chancellerie de Paris, 71, 246, 248, 249, 253, 256, 257, 290, 295, 296, 298-300.
Cardelin, 38, 176.
Caritidès (habit de), 277.
Carnot, notaire, 331.
Carol (le sieur), 291.
Caron, notaire, 317, 322, 323, 335, 336.
Cassiodore, 92, 269.
Cauzèle (Élisabeth-Françoise), femme de Philippe-Michel Deschamps, 355.
César (les Commentaires de), 92, 284.
Chalussay. *V.* Le Boulanger.
Chambry (M.), 273.
Champluisant. *V.* Roger.
Chanteloup (Sébastien), maître paveur, 176.
Chantereau (Étienne), juré-priseur, 249.
Chapelain, notaire, 143, 149, 160, 176.
Chapelle, 19.
Chapellier (M.), notaire, 7, 127.
Chapuis (le petit), 341.
Chapuis (Pierre), 3, 4, 113, 114, 116, 341, 346, 349, 350, 354, 355, 358.
Charavay (M.), 273.
Charles VI, 152.
Charles IX, 152.
Charles, notaire, 5, 214, 240-242, 285, 324.
Charpentier (Jean-François), 357.
Charron (Colombe le). *V.* Plessis-Praslin.
Chasles (M. Philarète), son édition des *OEuvres de Molière*, 123.

24

Chasseneuil. *V.* Picon.
Chastellet (François), sieur de Beauchâteau, comédien, 35, 59, 206, 208, 210.
Chastillon (André de), 145.
Châteaufort (de), auditeur des comptes, 71, 245, 246, 290.
Châtelet (archives du), 6, 33, 36, 43, 142, 172, 174, 186-189, 195.
Chevallier (J.), 197, 199.
Chevallier (Jean), marchand, 198, 199.
Chevet (Vincent), maître tailleur, 144.
Choart (Gabrielle), femme de Prosper Bauyn, 240.
Chrétien (Jeanne), 24, 230.
Chussac (Gilles), valet des pages de la chambre, 233, 234.
Cinq-Mars (procès de), 24.
Clarac (le comte de), 56.
Clément (le sieur), 146.
Clément (M. Pierre), ses *Lettres de Colbert*, 52, 68.
Clément (Pierre), apothicaire, 276.
Clément de Ris (M. le comte), 62.
Clerge (Léonard), confrère de la Passion, 151.
Clérin (Élisabeth-Edmée), comédienne, 35.
Clérin (Germain), comédien, 29, 35, 39, 40, 46, 47, 174-183, 185, 190.
Clervaux (Jeanne de), veuve d'Adrien Boulin, 231.
Clignet, notaire, 322, 331, 335.
Clitidas (habit de), 277.
Cluzeaux (des). *V.* Raymond.
Cocu imaginaire (le), 278.
Coiffier (François), huissier au grand Conseil, 260, 262.
Coiffier (le nommé), 308.
Colas, notaire, 186, 199-201, 208, 210-212.
Collé, notaire, 127, 130, 143.
Comédie-Française (hôtel de la), 106, 322, 326, 336.
Comédies française, italienne et espagnole (livres de), 92, 269.
Comtesse d'Escarbagnas (la), 49.
Condé (comédiens du prince de), 157, 162.
Confrérie de la Passion. *V.* Passion.

Conti (Armand de Bourbon, prince de), 19, 55, 56.
Cordelle (Denis), avocat, 172.
Corel (le sieur), 342, 348.
Corneille (Pierre), 92, 206, 269.
Cornille (de), 348.
Corret (Pierre ou Jean), vigneron, 143, 225.
Corrozet, 225.
Cossé (la maréchale de), 229.
Cossé (M. de), 229. *V.* Brissac et Meilleraye.
Cottau (Pierre), 162.
Cottin (M.), notaire, 5, 7, 320.
Couillard (Jean), confrère de la Passion, 151.
Courbial. *V.* Monneron.
Courcelle, 144.
Courcelles (Jeanne de), 147.
Courot (M. Armand), notaire, 7.
Courot (M. Ferdinand), notaire, 7, 212, 213.
Courtin (Simon), 32, 172.
Courtin de la Dehors (Marie), femme de Jean-Baptiste de l'Hermite, 73, 75, 202, 203, 255.
Courtois, notaire, 357.
Courtois, rôtisseur, 291.
Cousin (M. Victor), 284.
Cousture (La). *V.* La Cousture.
Cousturier (Marie), femme de Pierre Olivier, 283.
Coutellier, notaire, 208, 210.
Couthon, gentilhomme, 79.
Créquy (Charles, duc de), premier gentilhomme de la chambre du roi, 59.
Crésinde, prénom, 33.
Crespin (Jean-Louis), 293.
Crespin (Nicolas), 293.
Crespy (Daniel), marchand plumassier, 127, 130.
Cressé (Jeanne de), veuve de Philibert Jolly, 322-325.
Cressé (Louis de), marchand tapissier, grand'père maternel de Molière, 12, 13, 16, 19, 28, 127-131, 137, 139, 142, 143, 147, 195.
Cressé (Louis de), le jeune, marchand tapissier, frère du précédent, 131, 195, 197.
Cressé (Marie), première femme de

INDEX ALPHABÉTIQUE. 371

Jean Poquelin, mère de Molière, 11-17, 51, 53, 63-65, 67, 92, 115, 127-131, 135, 136, 142, 143, 147, 192, 221, 224, 225, 238, 287.
Cresty, notaire à Nanterre, 144.
Critique de l'École des Femmes (la), 82.
Croisy (du), *V.* Gassaud.
Croix-blanche (jeu de paume de la), 47, 48.
Croix-noire (jeu de paume de la), 41, 46, 184, 190.
Crosnier (Jacques), sieur du Perche, 95, 287, 290.
Cumin (Gaucher), 235, 236.
Cyrus (le grand), 111.

D

Dangeau (Journal de), 110.
Danière (Pierre), marchand, 229.
Darnaudin, curé de Saint-Martin-Lestra, 353.
Davenne (Françoise), femme de Charles Astier, 342, 348, 350.
Davenne (la demoiselle), femme du sieur Corel, 342, 348.
David (Anne), femme de Jean Ribou, 287.
David (Michel), vigneron, 345.
De Brie. *V.* Wilquin.
Debrie (Mlle). *V.* Leclerc (Catherine).
Deffita (Jacques), avocat, 228.
Defresne (M.), notaire, 5, 7, 300.
Degat (Anne), femme de Pierre Gaubert, 319.
Dehors (la). *V.* Courtin.
Delaballe, notaire, 200.
Delafoi (M.), notaire à Argenteuil, 7.
Delambon, notaire, 331.
Delan (Marie-Anne), femme de Martin Feuchère, 319.
Delapalme (M. Émile), notaire, 7.
Delapalme (M. Jules), notaire, 7.
Delaporte (M.), notaire 7.
Delarue, notaire, son *Registre des offices et pratiques*, 4.
Delaunay (le sieur), 335.
Delespine, maçon, 171.
Delo (Henry), marchand à Sedan, 348.

Denis (François), commissaire au Châtelet, 247, 249.
Denise (Blaise), procureur du bailliage d'Argenteuil, 350.
Desbarres (Adrien), dit d'Orgemont, comédien, 28, 150.
Deschamps (Claude), sieur de Villiers, comédien et auteur dramatique, 59, 206, 208, 210.
Deschamps (Philippe-Michel), avocat, 355.
Descombes, opérateur grec, 159.
Desfontaines (Nicolas), comédien et auteur dramatique, 38, 40, 47, 175-178, 180-183, 185.
Desforges, notaire, 5, 304, 305, 311, 312, 317-319, 325, 336.
Desgranges, notaire, 305.
Desidières, opérateur grec, 159.
Desnots, notaire, 255, 322, 324.
Desnots (Nicolas), confrère de la Passion, 151.
Des Œuillets. *V.* Faviot (Alix) et Vin (Nicolas de).
Desprez (M.), notaire, 7.
Desprez (Michel), notaire, 227.
Desquatrevaux, notaire, 143, 343.
Dessain (M.), notaire à Argenteuil, 3, 7, 343.
Dessalles (Madeleine), femme de Claude Jennequin, 282.
Destrichey. *V.* Guérin et Trichet.
Des Urlis. *V.* Urlis.
Devès (M.), notaire, 7.
De Vin. *V.* Vin (Nicolas de).
Dimanche (M.), 276.
Diodore de Sicile, 92, 284.
Dioscoride, 92, 269.
Don Garcie de Navarre, 88, 277.
Don Juan, 276, 277.
Dradelet (Jeanne-Perrette), femme d'Henry Delo, 348.
Dradelet (Jeanne-Thérèse), 348.
Dreux, 235.
Drouart, 225.
Du Bas (Maximilien), capitaine aux gardes françaises, 312.
Dubois, bourgeois de Paris, 179.
Dubois (Jean), valet de chambre du roi, 154, 157.
Dubourg, linger, 45, 189.
Dubourg (Pierre) ou Dubout, 62, 212.

Dubout (Pierre), tapissier du roi, doyen de la confrérie de la Passion, 27, 28, 62, 151, 152, 165, 171.
Dubuc (Pierre), comédien, 152.
Dubut, franger, 291.
Du But (Jules), 231.
Duchesnay. *V.* Guillemois.
Duchesne, procureur au Châtelet, 208.
Duclos (le sieur), 230.
Du Croisy. *V.* Gassaud.
Dufour (Guillaume), confrère de la Passion, 151.
Dufour (Pierre), confrère de la Passion, 151.
Dugats (Marie), femme de Jean de Rachel, sieur de Montalant, 107, 327, 348.
Dugats (Marie-Nicole-Thérèse), femme de Michel Blondy, 348, 350.
Du Guerner (Raoul), chef du gobelet du roi, 172.
Dumont (Madeleine), femme de René Baudellet, 258, 292.
Duny (Étienne), épicier, 343, 349.
Du Parc (Marie-Anne), comédienne, 283.
Dupont (Pierre), confrère de la Passion, 151.
Dupont (Thomas), marchand de fer, 128, 130.
Du Pougeait (Madeleine), comédienne, femme de François Chastellet dit Beauchâteau, 59, 206, 208, 210.
Dupré, apothicaire, 97, 291.
Dupré (Claude), procureur, 103, 107, 304, 305, 318, 328, 330, 338.
Dupuis, 145, 237.
Dupuis, notaire, 201, 288, 357.
Durant (M.), notaire, 6, 7, 142, 147, 173, 175-178, 181-183, 189, 191, 227, 242, 260-262, 276, 292, 293.
Du Rossay, comédien du duc d'Angoulême, 162.
Du Rousset (M.), notaire, 7.
Dussigny-Sailly, 144.
Du Tricher. *V.* Guérin.
Duval, 231.

E

École des Maris (*l'*), 90, 109, 115, 116, 273, 278, 334, 353.
Eguisé (l'). *V.* Béjard (Louis).
Élomire hypocondre, 22, 85, 87.
Émery (Salomon), procureur, 228.
Enghien (Henri-Jules de Bourbon, duc d'), 59.
Espagne (histoire d'), 92, 269, 280.
Espinay (de l'). *V.* Racine.
Essars (des). *V.* Saint-Basile.
Estissac (Benjamin de la Rochefoucauld, baron d'), 145.
Estriché (d'). *V.* Guérin.
Étoile (jeu de paume de l'), 106.
Étourdi (*l'*), 278.
Eurymédon ou *l'Illustre Pirate*, tragi-comédie, 38.

F

Fâcheux (*les*), 88, 276.
Faiseau-Lavanne (M.), notaire, 7, 201.
Faure (Pierre), sieur de Villatte, 212, 214.
Fausser (Antoine), maître chandelier, 43, 186.
Fauveau (Antoine), confrère de la Passion, 151, 152, 171.
Faviot (Alix), comédienne, veuve de Nicolas de Vin, sieur des Œuillets, 206-208, 210.
Femmes savantes (*les*), 277.
Ferrand, notaire à Saint-Germain en Laye, 164.
Ferrand (Antoine), lieutenant civil, 31, 156, 172, 173.
Ferret, notaire, 261.
Ferté (la), 233.
Ferté (Henri de Saint-Nectaire, baron, puis duc de la), 229.
Festin de Pierre (*le*), 277.
Feuchère (Martin), tapissier, 319.
Feuquières (comtesse de). *V.* Mignard (Catherine).
Fillerin (André), maître en fait d'armes, 276.
Fillon (M. Benjamin), 80.

Fizeau (Charles), auditeur des comptes, 297.
Flamanville (marquise de). *V.* Camus (Marie le).
Fléchelles. *V.* Guéru (Hugues).
Fleurant (M.), 276.
Fleurette (Antoine), marchand de fer, 195, 196.
Fleurette (Catherine), seconde femme de Jean Poquelin, belle-mère de Molière, 17, 50, 52, 67, 195.
Fleurette (Christophe), marchand, 195, 196.
Fleurette (Eustache), marchand, 195.
Fleurette (Marguerite), femme de Jacques Berger, 195, 196, 286.
Fleury, sergent, 187.
Floridor. *V.* Soulas (Josias de).
Foignart, notaire, 300.
Fontaine, marchand, 291.
Fontenelle, 104.
Fontraelles (le sieur de), 95, 287.
Fortia d'Urban (le marquis de), ses *Lettres sur la femme de Molière*, 73, 74, 119, 121, 256.
Fortier, notaire, 331.
Foubert (Denise), veuve d'Eustache Fleurette, 195, 196.
Foucault (Joseph), 89.
Foucault (Nicolas-Joseph), ses *Mémoires*, 21.
Fourault (Jean), 173.
Fourille (marquis de), 146.
Fournier (M. Édouard), 69, 78, 123, 258.
Fournique (sieur de). *V.* Le Blanc.
Fovard (M.), notaire, 7.
France (histoire de), 92, 280.
Francœur (Ange), sieur de Belleroche, comédien, 61, 211, 212.
François Iᵉʳ, 27, 152.
François II, 152.
François, notaire, 226.
Françoise, fille naturelle de Madeleine Béjard, 32, 72, 73.
Frapin, apothicaire, 97, 291.
Fresne (Élie de), 357.
Fresne (Nicolas de), 354.
Freyal (Jean), maître tailleur, 173.
Froissant (Claude), avocat, 254.
Fromont, notaire, 355.
Frontier, maître sellier, 337.

Furetière, son *Dictionnaire*, 14, 131-138, 142, 173, 222, 223, 251, 252, 263-265, 269, 271-273, 275, 276, 278, 281, 284, 290.
Furnes (Anne de), veuve Bruslon, 288.

G

Gaboureau (Jeanne), femme d'Ambroise Plantin, 147.
Gagnat (Jean), procureur, 113, 355.
Gaillardie, notaire, 5, 330, 331, 337, 353, 354.
Galland, 225.
Gallien (Louis), dit Saint-Martin, comédien, 28, 164, 165.
Gamard (Marin), maître tailleur, 128, 130.
Gamard (Nicolas), 228.
Gamart (le sieur), 291.
Gandouin (Jean), marchand, 301, 303.
Gassaud (Philibert), sieur du Croisy, comédien, 89.
Gassendi, 19.
Gastine (Noël), maître maréchal, 230.
Gaston-Jean-Baptiste de France, duc d'Orléans, nommé *Son Altesse Royale*, protecteur de l'Illustre Théâtre, 32, 39, 41, 42, 47, 55, 56, 72, 176-178, 182, 183, 186, 187, 189.
Gastrau (Nicolas), comédien du prince de Condé, 157.
Gatiné (M.), notaire, 7, 192, 193, 195, 215, 220, 258, 338.
Gaubert (Pierre), marchand fripier, 104, 313, 314, 316, 318, 319.
Gaucher (le). *V.* Robin.
Gaudet (Antoine), sieur des Vaux, 298.
Gaudion, greffier, 262, 296.
Gaultier, marchand, 291.
Gaultier (Philippe), imprimeur, 163.
Gaultier (veuve), 163, 164.
Gautier-Garguille. *V.* Guéru (Hugues).
Gauvin (Catherine), femme de François Pommier, 48, 64, 177, 178, 182, 187, 228.

Gavelle, horloger, 84, 268.
Gazette de France, 39, 42, 56.
Génin (M.), son *Lexique de la langue de Molière*, 122.
George Dandin, 275.
Georges, opérateur grec, 159, 160.
Germain (le P.), de Notre-Dame des Victoires, 344, 345.
Gervais, notaire, 357.
Gigault, notaire, 5, 62, 217-221, 232, 236, 237, 239, 241, 242, 285-287, 314, 315, 324, 357.
Gil-Blas, 20.
Girault (Antoine), maître charpentier, 41, 183-185.
Giroust (Claude), président à Soissons, 157.
Godard (Pierre), marquis de Belbeuf, 355.
Godefroy, trésorier de l'artillerie, 233.
Gourdan, notaire à Marseille, 301.
Granouilhet (Jean de), sieur de Sablières, intendant de la musique du duc d'Orléans, 260, 262.
Grésinde ou Crésinde, prénom, 33.
Grignon (sieur de). *V.* Soyer.
Grimarest, sa *Vie de Molière*, 24, 26, 34, 36, 53, 58, 83, 85, 89, 97, 104, 106, 107, 109, 110, 117-119.
Gros-Guillaume. *V.* Guérin (Robert).
Grumière (Antoine), fourrier du corps du roi, 172.
Gruois (Pierre), marchand, 230.
Guedeville (de), 300.
Guénégaud (troupe de l'hôtel), 98, 100, 294.
Guérard (Noël), 231.
Guérin (Anne), veuve de Jean Ancelin, 301, 303.
Guérin (Charles), comédien, 100, 300.
Guérin (Isaac-François), sieur du Tricher, fils du précédent, 5, 100, 102, 105, 106, 109, 111, 300-307, 309-317, 320, 322-328, 336, 357.
Guérin (Nicolas-Armand-Martial), fils du précédent, 105, 109-111, 320, 321, 323, 325, 342.
Guérin (Robert), dit La Fleur et *Gros-Guillaume*, comédien, 28, 154, 156, 158, 161-164.

Guérin (Victoire), comédienne, femme de Rémond Poisson, sieur de Belleroche, 206, 210.
Guéru (Hugues), dit Fléchelles et *Gautier-Garguille*, comédien, 28, 157, 160, 162-164.
Guéru (Nicolas), jardinier du château du Louvre, prince des Sots, 158-160.
Guichard, notaire, 322.
Guichard (Jean-Joseph), commissaire-priseur, 349.
Guignard (la damoiselle), veuve Guérin, veuve Belin, 111, 342.
Guilbert (Nicolas), secrétaire du Roi, 226, 227.
Guillemois-Duchesnay (Jean), dit Rozidor, comédien, 210.
Guillemot (Laurent), 230.
Guillot-Gorju. *V.* Hardouin de Saint-Jacques.
Guilminault (Hubert), commis au greffe de la Chambre des comptes, 52, 197-200.
Guilminault (Perrette), femme d'Eutrope Maillard, 197, 200.
Guise (Henri de Lorraine, IIe du nom, duc de), 34, 42, 73.
Guyet, greffier au Châtelet, 198, 199.
Guyot, notaire, 5, 327, 335.

H

Haguemer, notaire, 153, 154, 156, 159, 160, 165.
Halles (maison des piliers des), 17, 18, 51, 63, 65, 66, 68, 103, 104, 112, 147, 193, 215-218, 225, 236, 286, 307, 315, 318, 319, 336, 339, 355, 358.
Hamardière (Mme de la), 348.
Hameau (André), curé de la paroisse de Saint-Paul, 299.
Hardouin de Saint-Jacques (Bertrand), dit *Guillot-Gorju*, comédien, 28, 150, 165.
Harménienne (habit de l'), 280.
Hauteroche. *V.* Breton.
Havoyer (Denise), femme de Jacques Le Brun, 147.

Haye (François de la), maréchal des salles des demoiselles d'honneur de la reine, 143.
Hazard (Pierre), comédien, 206.
Héliodore, 92, 284.
Hénault (le président), ses *Mémoires*, 88.
Hennebault (Mathieu d'), 206.
Henri II, 152.
Henri III, 152.
Henri IV, 21, 153.
Henriette d'Angleterre, duchesse d'Orléans, nommée *Madame*, 59.
Hermite (Jean-Baptiste de l'), sieur de Vauselle, 72, 73, 75, 202, 203, 255.
Hermite de Souliers (Madeleine de l'), fille du précédent, seconde femme d'Esprit de Raimond, comte de Modène, 75.
Hérodote, 92, 284.
Héron, 225.
Hervé (Marie), veuve de Joseph Béjard, 30-34, 40, 57, 58, 62, 69, 73, 105, 172, 173, 179, 180, 203, 205, 212, 214, 242, 260, 285.
Hesnaut, 19.
Hilleret (Jean de), sieur de Boncourt, comédien, 211, 212.
His, serrurier, 291.
Histoires de France, d'Espagne et d'Angleterre, 92, 280.
Hog (Justin), gentilhomme danois, 341.
Hôpital des Fous (l'), tragi-comédie, 34.
Horace, 92, 284.
Hôtel de Bourgogne. *V.* Bourgogne.
Huart, notaire, 153, 154, 156, 159, 160, 164, 165.
Hubault (Laurent), lieutenant des Sots, 158, 160.
Huesce (Marguerite), 230.
Huet (Lambert), tapissier et valet de chambre du Roi, 235.
Humbelot (Claude), avocat, 228.
Hunant (Marguerite), femme de Claude Froissant, 254.
Hureau, notaire à Montargis, 195.
Husson (Claude), dit Longueval, comédien, 155, 157.

I

Illustre Bassa (la suite de l'). *V.* Perside.
Illustre Comédien (l'), ou le *Martyre de saint Genest*, tragi-comédie, 38.
Illustre Olympie (l'), *V.* Saint-Alexis.
Illustre Pirate (l'). *V.* Eurymédon.
Illustre Théâtre (l'), 29, 34-48, 174-190.
Illustres Fous (les), tragi-comédie, 34.
Impromptu de l'hôtel de Condé (l'), comédie, 59.
Impromptu de Versailles (l'), 59.

J

Jabelaye (La), 231.
Jacob (Antoine), dit Montfleury, auteur dramatique, 59.
Jacob (Françoise), comédienne, femme de Mathieu d'Hennebault, 206, 208, 210.
Jacob (Zacharie), sieur de Montfleury, comédien, 28, 59, 150, 206, 208, 210.
Jal (M. A.), Son *Dictionnaire historique* inédit, 30-33, 57, 59.
Jaquesson, avocat, 348.
Javelle (Guillaume), confrère de la Passion, 151, 152, 165.
Jennequin (Claude), comédien, 282, 283.
Jennequin (Geneviève), 283.
Jennequin (Jean-Baptiste-Claude), filleul de Molière, 282.
Jérôme (le P.) de Sainte-Monique, 144.
Jeunesse (principauté de la), 157.
Jeux de paume de Berthault, de la rue Bourg l'Abbé, de la Bouteille, de la Croix-Blanche, de la Croix-Noire, de l'Étoile, des Métayers, du Marais, de la Salamandre. *V.* Berthault, etc.
Joachim (le P.) de Sainte-Anne, 344.

Joly (Jean), sieur de Fleury, conseiller au grand Conseil, 198.
Jolly, notaire, 127, 130, 143, 146.
Jolly (Louis), 322, 324.
Jolly (Philibert), 322, 324.
Joubert (Nicolas), sieur d'Angoulevant, prince des Sots, 156.
Jourdain (M.), 276.
Jozon (M. Émile), notaire, 7, 75, 243, 247, 247.
Juif (le sieur), 291.
Jullien, notaire, 5, 303, 324.
Juvénal, 92, 269.
Juvenon (François), sieur de La Fleur, comédien, 206, 208, 210.

L

Laborde (M. le comte Léon de), 6, 138.
Labron (Pierre), 232.
La Chappe (Jeanne de), comédienne, femme de Zacharie Jacob, sieur de Montfleury, 206, 208, 210.
La Cousture (le sieur de), comédien, 211.
Lacroix (M. Paul), 35, 110, 122, 269, 284.
La Dehors. *V.* Courtin.
La Faye (Gaspard de), marchand, 230.
La Fleur. *V.* Guérin (Robert) et Juvenon.
La Fontaine. *V.* Rufin.
Laforest (la dame), tapissière, 97, 291.
Laforêt (Renée Vannier, dite), servante de Molière, 81, 97, 263, 291.
La Grange. *V.* Varlet.
Lagrenay, sergent, 229, 232.
Lamarre. *V.* Le Roy.
Lamarre (André de), procureur des comédiens de l'Illustre Théâtre, 44, 186-190.
Lambert (Madeleine), femme de Jean-Baptiste Lulli, 69, 239, 241, 286.
Lamoignon (le président de), 106.
La Mothe Le Vayer, 92, 269.
Lamour (la dame), 291.

Lampérière (Marie), femme de Pierre Corneille, 206.
Laneau (Marie), veuve de Pierre Morin, 167.
Lange, notaire, 240, 322.
Langlois (Geneviève), 231.
Lap (Jean de), 179.
La Plesse. *V.* Ozou et Sallary.
La Porte. *V.* Le Febvre.
Larcher (Pierre), baron de Baye, seigneur d'Ormoy, 297.
Larger (héritiers du sieur), 17, 148.
Largillier-Dalencey (Louise), femme de Pierrre d'Argouges, 108, 328, 330.
La Roche (Claude de), femme d'Antoine Paradis, 167.
La Roche (Marie), servante, 131.
La Salle (Philippe-Ambroise Le Tavernier de), 342, 343, 346, 348.
La Thorillière. *V.* Lenoir (François).
Laulne (de), 255.
Laurenteau, procureur, 354.
Lauze (Léonard de), prieur de Marzanes, 212, 214.
La Vallée. *V.* Poirier.
Laverdet (M.), 118.
Lavocat (M.), notaire, 7.
Lazarot (Baptiste), comédien italien, 153.
Lebel (le sieur), 24, 232.
Lebeuf, notaire, 212.
Le Blanc (Pierre), seigneur de la Rouvière et de Fournigue, 254.
Le Boulanger de Chalussay, 22, 85.
Le Brun (Jacques), marchand mercier, 147, 225.
Lecamus (la damoiselle), 167.
Lecat, notaire, 225, 230.
Lechanteur, notaire, 299.
Lechat, prêtre de Saint-Eustache, 79.
Leclerc (Catherine), comédienne, femme d'André Wilquin, sieur de Brie, 60, 96, 290, 291.
Lecomte (Hiérôme), opérateur grec, 159, 160.
Le Comte (le sieur), 291.
Lecomte (Michel), maître paumier, 201, 288.
Lecomte (Valleran), comédien, 154, 155, 160.
Lecoq. *V.* Mangot.
Le Coutrier, 144.

INDEX ALPHABÉTIQUE. 377

Ledoux (Marguerite), femme de Laurent Guillemot, 230.
Ledroit, payeur de rentes, 317.
L'Éguisé. *V.* Béjard (Louis).
Lefebvre (Claude), avocat, 298.
Le Febvre (Mathieu), dit Laporte, comédien, 155.
Le Fouin, notaire, 74.
Le Gaucher. *V.* Robin.
Legay, notaire, 156, 228.
Legrand, notaire, 337.
Legrand, tailleur, 292.
Legrand (Henri), dit Belleville, et *Turlupin*, 28, 57, 158, 160, 161, 163-165.
Legros (Faron), confrère de la Passion, 151, 152, 171.
Legros (Henri), confrère de la Passion, 151.
Le Hardy (Charlotte), femme d'Antoine Gaudet, 298.
Leleu (Jean), confrère de la Passion, 165, 171.
Lemaistre, notaire, 5, 303, 324.
Lemaistre (Claude), maître brodeur, 147.
Lemaistre (M. Félix), son édition des *OEuvres de Molière*, 123.
Le Masson (Gilles), caissier général des États de Bretagne, 107, 328, 330, 338.
Lemercier, notaire, 131, 147, 148, 149, 224, 225, 230, 238.
Le Messier (Pierre), dit Bellerose, comédien, 28, 150, 160-165.
Lemoyne, notaire, 356.
Lemoyne (Catherine), servante de Molière, 81, 97, 263, 291.
Le Muret, 233.
Lenfant, prêtre de Saint-Eustache, 79.
Lenoir (Alexandre), 105.
Lenoir (Charles), comédien, 163-165.
Lenoir (François), sieur de la Thorillière, comédien, 123.
Le Noir (Françoise), veuve d'Antoine Baralier, 254.
Lenormand, notaire, 217-220, 286, 287, 314, 315, 324.
Léon (le P.) de Saint-Antoine, 344.
Lepautre, graveur, 88.
Lepelletier (Augustine-Hélène), femme de Pierre Godard, marquis de Belbeuf, 355.
Léperon (Antoinette), 231.
Leroux, notaire, 48, 225, 227, 230.
Leroy, notaire, 156, 180, 196, 227, 286.
Le Roy (Anne), comédienne, fille de Nicolas Le Roy, dit de la Marre, 211.
Leroy (Catherine), 230.
Le Roy (Claire), comédienne, femme d'André Trochon, 211.
Leroy (héritiers de Claude), 242.
Le Roy (la dame), couturière, 291.
Le Roy (Nicolas), sieur de la Marre, comédien, 61, 211, 212.
Lesage (Geneviève), femme de Quentin Marais, 230.
Lescacheux (Denise), aïeule et marraine de Molière, 12, 128, 130.
Lescacheux (Simon), 128.
Lesclache (la dame de), 291.
Lescuyer, notaire, 255.
Le Secq de Launay, notaire, 322.
Le Semelier, notaire, 193, 194, 216, 238, 233, 340, 358.
Lesguillon (Françoise), femme d'Étienne des Urlis, 206.
Lespée (Jean de), 258.
Lespérance (le sieur de), 233.
Lespinay (Pierre de), trésorier des Menus, 234.
Le Tavernier de la Salle. *V.* La Salle.
Levant (voyage du), 93, 284.
Le Vasseur (Claude), veuve de Jean Mazuel, 12, 128, 130.
Levasseur (Claude et Jean), notaires, 5, 6, 48, 76, 78, 80, 101, 150, 175, 176, 178, 180-183, 185, 190, 191, 227, 229-231, 235, 236, 240, 242, 253-256, 261-263, 288, 292, 293, 301.
Levé (Jeanne), marchande, femme de Michel Lecomte, 42, 43, 56, 94, 185, 201, 288.
Lévesque, avocat au Parlement, 167.
Le Viez (Pierre), médecin de l'ordre du Saint-Esprit de Montpellier, 260, 262.
Lèzes (sieur et dame des). *V.* Picon et Rachel.
Lhérault (Jean-Baptiste), domestique, 348.

Liancourt (la dame de), 237.
Liancourt (le sieur de), 148.
Lisle (de). V. Bertelin.
Lisle (Joachim de), sieur d'Andresy, 237.
Livres, 14, 84, 90, 92, 93, 109, 134, 269, 280, 284, 334, 351, 353.
Locre, ébéniste, 291.
Loges (le sieur des), 232.
Loiseau (Jean-François), 62.
Loménie (Antoine de), secrétaire d'État, 19, 142, 146, 288.
Loménie (Jean-Baptiste de), fils de Geneviève Béjard, 75, 261.
Loménie (Léonard de), bourgeois de Limoges, 61, 212.
Loménie (Léonard de), sieur de la Villaubrun, fils du précédent, 61, 62, 75, 77, 79, 212-214, 242, 248, 249, 260-262, 295.
Loménie (Philippe de), porte-manteau du duc d'Orléans, 113, 354.
Longeais (de), 145.
Longueval. V. Husson.
Loret, notaire, 225, 238.
Loseu (Antoine), sieur de Beauchesne, comédien, 210, 211.
Loseu (Jean), sieur de Beauchesne, comédien, père du précédent, 210, 211.
Louandre (M. Charles), son édition des OEuvres de Molière, 123.
Louis XIII, 13, 19, 24, 25, 146, 156, 158, 160, 288.
Louis XIV, 56, 59, 88, 98, 110, 299.
Louise (la dame), perruquière, 292.
Louvain (de), notaire, 253.
Louvre (palais du), 56.
Lucas (Jeanne), femme de Pierre Corret, 143, 225.
Lucien, 92, 269.
Lude (le comte du), 235.
Lulli (Jean-Baptiste), 5, 68, 69, 96, 98, 99, 103, 239-242, 286, 313, 317, 324, 325.
Luvanne (de), 230.
Luxembourg (palais du), 39, 42.

M

Macé (Gilles), négociant à Marseille, 341.

Madame. V. Henriette d'Angleterre.
Magnin (Simon), marchand, 230.
Magnon, auteur dramatique, 42.
Maheu, notaire à la suite de la Cour, 207.
Maillard (Éloi), 198.
Maillard (Eutrope), 67, 197, 200.
Maillard (Marie), fille du précédent, femme de Jean Poquelin le jeune, belle-sœur de Molière, 52, 66, 67, 197-201, 220, 221, 227, 228, 235, 237, 239.
Maillard (Nicolas), frère de la précédente, 67, 198-200, 237, 239.
Maille (François), avocat, 298.
Maisons d'Argenteuil, d'Auteuil, des piliers des halles, de Montfermeil, de Saint-Ouen. V. Argenteuil, Auteuil, Halles, etc.
Maissar, 254.
Malade imaginaire (le), 78, 88, 264, 276.
Malingre (Adrien), maître menuisier, 37.
Malingre (Madeleine), comédienne, 29, 37, 40, 47, 174-183, 185.
Mallet (Daniel), danseur, 38, 39, 175, 176.
Manchon, notaire, 186, 201.
Mancini (Hortense), 237.
Mangot (Charles), dit Lecoq, comédien, 210, 211.
Manneville (Louis de), seigneur d'Ozonville, 167.
Marais (jeu de paume du), 165.
Marais (Quentin), 230.
Marais (théâtre du), 37, 41, 98, 100, 184, 210.
Marchand, notaire, 152, 355.
Marchant (Pierre), marchand tapissier, 198, 199.
Marchedieu, orfévre, 137, 139.
Marcoureau (Guillaume), sieur de Brécourt, comédien, 37, 59, 60, 205-208, 210.
Marcoureau (Marie), comédienne, 61, 210, 211.
Marcoureau (Pierre), sieur de Beaulieu, 61, 206, 210.
Mareau, notaire, 228, 230, 233.
Mareschal (Mlle), 291.
Maret (Jean), 165.
Mareuil. V. Rachel.

Mariage forcé (le), 90, 276, 280.
Mark (Henri-Robert de la), comte de la Mark et de Bresne, maréchal de camp, 98, 292, 293.
Marsaud, 331.
Marsillac (de), 144, 225.
Martin (Anne-Marie), seconde femme de Jean-Baptiste Aubry, 301, 303.
Martin (Jacques), 61, 62.
Martin (Michel), procureur, 187, 188.
Mascranni (Paul), seigneur de la Verrière, 240.
Massion (M.), notaire, 7.
Massiot (Guillaume), archer, 162.
Masson, notaire, 357.
Mathon (Jean), 323.
Maupré (M.), archiviste du département du Loiret, 53.
May (George), 291.
Mazarin (Armand-Charles de la Porte, duc de), 237.
Mazarin (le cardinal), 56.
Mazeline (la damoiselle), 340.
Mazuel (Agnès), femme de Jean Poquelin, grand'mère de Molière, 127, 129, 130, 226, 229.
Mazuel (Jean), violon ordinaire du Roi, 12, 128.
Médecin malgré lui (le), 87, 90, 278, 279.
Médecins (les). V. *Amour médecin (l')*.
Méder, 230.
Meignen (M.), notaire, 7.
Meilleraye (Charles de la Porte, duc de la), 234.
Meilleraye (Marie de Cossé-Brissac, maréchale de la), 234.
Meindre (Julien), sieur de Rochesauve, 254.
Mélicerte, 110, 111.
Ménage, 135.
Ménard, notaire, 229, 236.
Mercier, maître tailleur, 142.
Méric (M. du), 146.
Meslier (Charlotte), comédienne, femme de Jean Guillemois-Duchesnay, 210, 211.
Mesnil, notaire, 354.
Mestayer (Noël), marchand bonnetier, 128, 130.
Métayers (jeu de paume des), 29, 41, 174, 184.

Métayer (Louis), 174.
Métayer (Martin), maître paumier, 174.
Métayer (Nicolas), entrepreneur général de la terre de Paloiseau, 174.
Meudon (maison de la veuve de Molière à), 105, 322, 324-326, 335.
Meunier, notaire, 323.
Meunier (Benoît), tapissier, 341.
Meunier (Marguerite Cousin, veuve), 341, 347, 348.
Mezzetin, 352.
Mignard (Catherine), comtesse de Feuquières, 78, 118, 342.
Mignard (Pierre), dit *le Romain*, peintre du roi, 62, 71, 75, 90, 118, 212, 214, 244, 256, 257, 295-297, 342.
Mignot (Jean), 294, 296, 322, 323.
Misanthrope (le), 87, 276.
Modène (Esprit de Raimond, comte de), 32, 33, 39, 72-75, 101, 202, 255, 256.
Modène (François de Raimond, seigneur de), père du précédent, 202, 203.
Moessac, 144.
Molière (Esprit-Madeleine Poquelin), femme de Claude de Rachel, sieur de Montalant, 2-5, 70, 74, 80, 89, 99, 101-109, 111-116, 241, 244, 245, 247, 262, 270, 273, 289, 295-298, 300-332, 335-337, 339-341, 353, 354, 357, 358.
Molière (Jean-Baptiste-Armand Poquelin), frère cadet de la précédente, 78, 245.
Molière (Louis Poquelin), frère aîné du précédent, 59.
Monbenault, notaire, 165.
Monjot, 22.
Monmerqué (M. de), 21.
Monneron, sieur de Courbial, 212, 214.
Monneron (Catherine), femme de Léonard de Loménie le père, 212.
Monsieur. V. Gaston et Philippe de France.
Montaigne (les Essais de), 92, 94, 284.
Montalant (le sieur de). V. Rachel (Claude de).

Montalant (Mme de). *V.* Molière (Esprit-Madeleine Poquelin).
Montargis (couvents de), 53, 195, 196.
Montélimart (acte passé à), 49, 254.
Montfermeil (maison de Jean Poquelin le jeune, à), 200.
Montfleury. *V.* Jacob.
Montpellier (acte passé à), 49, 254.
Montpensier (Mlle de), 56.
Monville (abbé de), sa *Vie de Pierre Mignard*, 118, 119, 342.
Moreau (Jean), juré-priseur, 221.
Moreau (Michel), lieutenant civil, 164, 172.
Morel, notaire, 143, 144, 147, 175, 176, 178, 180-183, 185, 190, 191.
Moret (André), vigneron, 144.
Morin (Elisabeth), femme de Noël Guérard, 231.
Morin (Pierre), 167.
Morpaus (Sébastienne), femme de Claude Le Maistre, 148.
Motet, notaire à Montpellier, 254.
Mothe (de la), 146.
Mothe le Vayer (la). *V.* La Mothe.
Mouchet (M.), notaire, 7, 227.
Moufle, notaires, 5, 75, 150, 230, 231, 235, 245-249, 254-257, 261, 289, 296, 300, 322, 323, 331, 336, 337, 355, 356.
Moullineau, notaire, 331, 355.
Mousnier, notaire, 298, 322, 324.
Musée de Beauvais, 197.
Musée de Cluny, 14.
Musée du Louvre, 14, 56.
Musée de Versailles, 197.
Musnier. *V.* Troheou.
Myrtil et Mélicerte, pastorale, 110.

N

Nanteuil (Robert), graveur, 266.
Narbonne (acte passé à), 42.
Narbonne (voyage de Louis XIII à), 24.
Nauroy (le sieur), 237.
Neufchâteau (François de), 78.
Nezot (Charles), clerc de procureur, 311, 312.
Nicolau, vicaire de Saint-Sulpice, 338.
Nîmes (acte passé à), 49, 254.
Nisard (M.), 90.
Noailles (le cardinal de), archevêque de Paris, 338.
Nourel (Claude), notaire, 153.
Noury (le sieur), 167.
Nouveau (Arnoul de), général des postes, 147.

O

O (chevalier d'), 232.
Œuillets (des). *V.* Faviot (Alix) et Vin (Nicolas de).
Ogier, notaire, 5, 131, 147, 176, 203, 205, 224, 242, 245-249, 255-257, 261, 262, 285, 287, 289, 293, 296, 336.
Olivier (Jeanne-Thérèse), 283.
Olivier (Pierre), père de la précédente, 283.
Olivier - Bourguignon (Jeanne), femme de Jean Pitel, sieur de Beauval, 96, 283, 290, 291.
Orange (comédiens du prince d'), 158-160.
Orfévrerie. *V.* Argenterie et Bijoux.
Orgemont (d'). *V.* Desbarres.
Orléans (duc d'). *V.* Gaston-Jean-Baptiste de France et Philippe de France.
Orléans (duchesse d'). *V.* Henriette d'Angleterre.
Orléans (écoles de droit à), 20-23.
Ovide (les Métamorphoses d'), 92, 284.
Ozou (Nicolas), sieur de la Plesse, comédien, 61, 210, 211.
Ozou de la Plesse (François), comédien, fils du précédent, 61, 211.

P

Pain, notaire, 74, 203, 205, 255, 256, 285.
Palais-Royal (Salle du), 57, 98.
Palanquin (Philippe), notaire, 152.

INDEX ALPHABÉTIQUE. 381

Papillon (Anne), femme de Léonard Aubry, 260, 262.
Paquier (Antoine), confrère de la Passion, 151.
Paradin (Claude), 93, 269.
Paradis (Antoine), 167.
Parent de Rosan (M.), 59, 282, 283, 290.
Parfaict (les frères), leur *Histoire du Théâtre françois*, 28, 34, 35, 37, 38, 42, 46, 83, 98, 102, 105, 106, 111, 294.
Paringault (M.), 122.
Paris (M. Paulin), 21, 34, 37, 59, 122, 206.
Parque, notaire, 229, 235-237.
Passion (confrérie de la), 27, 28, 150-172.
Patelle, huissier, 153.
Paulmier (la femme). *V.* Gauvin.
Pauyot, notaire, 259, 292.
Paysant, prêtre de Saint-Eustache, 79.
Pellevé (Marie de), femme de Joachim de Lisle, 237.
Perche (sieur du). *V.* Crosnier.
Péricaud (M.), 122.
Périer (Toussaint), marchand linger, 128, 130.
Pernay (Anne), femme de Georges Pinel, 35, 229.
Perrault (Charles), 19, 20, 22, 23, 36.
Perrault (Claude), 57.
Perside, ou la suite de l'Illustre Bassa, tragi-comédie, 38.
Petit-Bourbon (hôtel du), 56, 57.
Peyras (de), vicaire de Saint-Denis d'Argenteuil, 341.
Philippe de France, duc d'Anjou puis d'Orléans, nommé *Monsieur*, frère de Louis XIV, 55, 56, 201.
Philippe (le P.), de Sainte-Madeleine, 344.
Philosophie (Dictionnaire et traités de), 92, 269, 280.
Philosophie (programme du cours de), 21.
Picard, auteur dramatique, 119.
Picon (Jean), seigneur des Lèzes et de Chasseneuil, 107, 342, 343.
Picquet (Jacques), 179, 180.
Pillon (François), procureur, 103, 304, 305, 311-314.
Pillon (Pierre), procureur, 31, 173.
Pinedde (Jacques), maître tailleur, 144.
Pinel (Georges), maître écrivain, puis comédien, 29, 35, 36, 40, 47, 174-183, 185, 229.
Pitel (Jean), sieur de Beauval, comédien, 96, 283, 290, 291.
Pitel (Jeanne-Catherine), fille du précédent, 290.
Plantin (Ambroise), maître brodeur, 147.
Plastrier, notaire, 160, 201, 288.
Plesse (la). *V.* Ozou.
Plessis-Praslin (Colombe le Charron, maréchale du), 59.
Plutarque, 14, 92, 115, 134, 269, 284.
Poësies (livres de), 92, 280.
Poirier (Thomas), dit La Vallée, comédien, 154.
Poisson (Rémond), sieur de Belleroche, comédien, 206, 208, 210.
Pommier (François), 39-41, 44-47, 177, 178, 180-184, 187, 188, 190, 191.
Poquelin (Agnès), femme de François Rozon, 132.
Poquelin (Catherine), religieuse visitandine à Montargis, sœur utérine de Molière, 50, 52, 195, 196.
Poquelin (Jean), marié à Anne de Faverolles, 12.
Poquelin (Jean), de Paris, 341.
Poquelin (Jean), marchand tapissier, grand-père de Molière, 127, 129, 130, 226, 229.
Poquelin (Jean), tapissier et valet de chambre du roi, fils du précédent et père de Molière, 5, 11-13, 15-20, 24, 25, 27, 28, 35, 36, 47, 48, 50-53, 58, 63-68, 95, 96, 104, 112, 127-131, 134, 135, 137, 142-150, 192-195, 197, 203, 205, 215-221, 223-239, 286-289, 306, 309, 310, 314, 315, 336, 338, 339, 357, 358.
Poquelin (Jean), le jeune, tapissier et valet de chambre du roi, fils du précédent et frère cadet de Molière, 13, 50-52, 57, 63, 96, 131, 192-194, 197-200, 220, 224, 226, 227, 232, 235, 237, 238, 286.
Poquelin (Jean-Baptiste), avocat au

Parlement, fils du précédent et neveu de Molière, 66, 104, 112, 113, 318, 220, 221, 319, 339, 340, 358.
Poquelin (Jeanne), femme de Toussaint Périer, 128, 228.
Poquelin (la damoiselle), femme de Pierre Chapuis, 4, 111, 113, 341, 342.
Poquelin (la damoiselle), sœur de la précédente, 111, 113, 342.
Poquelin (le P. Alexandre), de Beauvais, 197.
Poquelin (Louis), administrateur de l'hôpital de la Trinité, 151.
Poquelin (Louis), tapissier à Beauvais, puis à Paris, 197.
Poquelin (Marie), femme de Marin Gamard, 128.
Poquelin (Marie-Madeleine), sœur de Molière, femme d'André Boudet, 13, 16, 50, 51, 63, 131, 139, 193, 204, 215, 220, 224, 226, 227, 237, 286, 339.
Poquelin (Martin), marchand à Beauvais, 197.
Poquelin (Nicolas), frère de Molière, 13, 50, 131, 224.
Poquelin (Nicolas), oncle de Molière, 13, 18, 146, 148-150, 226, 228, 233.
Poquelin (Robert), docteur en théologie, 12.
Poquelin (Simone), femme d'Antoine Bachelier, marchand de Beauvais, 197.
Poquelin-Molière. *V.* Molière.
Porcher (Claude), maître vitrier, 153.
Porte (marquise de la), 231. *V.* Meilleraye.
Portrait du peintre (le), comédie, 58.
Portrait de Molière, 113, 342; de sa fille, 113, 115, 341, 352.
Portraits, 109, 115, 332-334, 351, 352.
Pothonnier (François ou Laurent), 180, 182.
Pothron (André), maçon, 112, 341.
Potrau (Nicolas), comédien, 153.
Pougeait (Du). *V.* Du Pougeait.

Pourceaugnac (M. de), 61, 275.
Poussepin, conseiller au Châtelet, 154.
Poussepré (Antoine), marchand franger, 301.
Praslin (duc de), 282.
Predo (Jean-Baptiste), architecte, 68, 240, 241.
Prestat (M.), notaire, 7.
Prévost (Claude), 198, 199.
Prévost (Grésinde-Louise), 74.
Prévost (Marin), 74.
Prieur, notaire, 211, 318.
Prieur (Charles), 47, 179, 180, 191.
Primefosse. *V.* Soulas.
Princesse d'Élide (la), 88, 90, 279.
Privasac ou Pruiesac (de), 145.
Psyché, 88, 89, 115, 278, 279, 281.

Q

Quarré, notaire, 233.
Quartier (François), curé de Puisieux, 167.
Quinot (Claude), avocat, 318.

R

Rabel (Germain), comédien, 46, 47, 190.
Rachel (Claude de), écuyer, sieur de Montalant, 2-4, 102, 107-109, 111-116, 270, 273, 327-332, 337, 340-358.
Rachel (Jean de), écuyer, sieur de Montalant, père du précédent, 107, 327.
Rachel (Marie de), dite de Mareuil, religieuse à Saint-Laurent de Comminges, 107, 356.
Rachel (Marie-Louise de), femme de Jean Picon, seigneur des Lèzes, 3, 107, 113-115, 342, 343, 348, 352, 357.
Rachel (Marie-Madeleine de), dite de Mareuil, religieuse à Saint-Augustin-sur-Loir, 107, 356.
Racine (Jean), 13, 59, 283.

INDEX ALPHABÉTIQUE.

Ragueneau, pâtissier puis comédien, 35.
Raillard (Claude), horloger, 84, 109, 268, 333.
Raimond (Gaston-Jean-Baptiste de), 72, 73. *V.* Modène.
Rallu, notaire, 226.
Raphaël (le P.) de Sainte-Clotilde, 144.
Raviguotte (la), jardinière à Auteuil, 96, 291.
Raymond (Louis), sieur des Cluzeaux, garde de la prévôté de l'hôtel, 260, 262.
Raymond (M. Emmanuel), son *Histoire des pérégrinations de Molière*, 24, 43, 122.
Raynaie (le sieur de la), 294.
Raynaud (M. Maurice), son livre sur *les Médecins au temps de Molière*, 122.
Rebours (de), 145.
Récappé (M.), membre du Conseil général de Seine-et-Oise, 3, 4, 343.
Récollé (Marguerite), femme de Pierre Battas, 287.
Regnault (Daniel), procureur, 208.
Regnault (Laurent), procureur, 142, 226, 227.
Regnier (M. Adolphe), 123.
Renard, notaire, 331.
Renard (Gabriel), sieur de Sainte-Marie, 31, 173.
Ribou (Jean), libraire, 96, 287.
Richard, marchand tapissier, 197, 199.
Richelieu (le cardinal de), 57, 165.
Richer (Michel), 131.
Robin (Étienne), maître paumier, 157, 158.
Robin (M.), notaire, 5, 7, 327.
Robin (Philibert), dit le Gaucher, comédien, 164.
Rochefoucauld (François V, duc de la), 146, 237. *V.* Estissac.
Rochesauve (sieur de). *V.* Meindre.
Rocquemartene, 74, 256.
Roger (Claude), 231.
Roger (Mathieu de), sieur de Champluisant, 156, 157.
Rohault (Jacques), 65, 68, 84, 89, 92, 216-220, 268, 284, 286, 287, 314, 315, 339, 357, 358.
Rohin (du), 145.
Rolet (Jeanne), femme de Jules du But, 231.
Roque (M. l'abbé Adrien de la), sa *Vie de Jean Racine*, 13.
Rouen (la dame), 291.
Rouleau (Agnan), tapissier et valet de chambre du roi, 235.
Rousseau (Françoise), 61.
Roussel, notaire, 162, 231.
Roussel (le sieur), 232.
Routier, notaire, 259, 292, 322, 323.
Rouvière (sieur de la). *V.* Le Blanc.
Rozidor. *V.* Guillemois-Duchesnay.
Rozon (Agnès), femme de Louis Bellier, 228.
Rozon (François), juré-priseur, 131, 137, 142.
Rufin (Étienne), dit La Fontaine, comédien, 157.

S

Sablières (sieur de). *V.* Granouilhet.
Saboureux (Claude-Denis), sieur de Boneterie, 342.
Saint Alexis ou *l'Illustre Olympie*, tragi-comédie, 38.
Saint-Basile (Jacques de), dit des Essars, comédien, 211, 212.
Saint-Esprit (chapelle du), à Argenteuil, 3, 4, 113, 114, 344-347, 357.
Saint-Gelais (sieur de), 113, 342.
Saint Genest (le Martyre de). *V.* *Illustre comédien (l')*.
Saint-Germain-Beaupré. *V.* Bailleul.
Saint-Jacques. *V.* Hardouin.
Saint-Malo (sieur de). *V.* Argouges.
Saint-Martin. *V.* Gallien.
Saint-Ouen (maison de Louis de Cressé à), 16, 142.
Saint-Remy (de), 233.
Saint-Simon (Claude de), premier gentilhomme de la chambre de Louis XIII, 146.
Saint-Vaast (Charles Favenselle), notaire, 164.
Sainte-Beuve (M.), 43, 120.

Salamandre (jeu de paume de la), 174.
Sallary (Marie), comédienne, femme de Nicolas Ozou, dit la Plesse, 61, 210, 211.
Sarat (Agnan), comédien, 152.
Saulnois (le sieur de), 167.
Sauvageot (collection), 14.
Sauval, ses *Antiquités de Paris*, 37.
Savalette, notaire, 299.
Savigny (de), notaire, 322, 356.
Scelerier (Hiérôme), comédien, 162.
Schelcher (M.), notaire, 7, 216, 218, 239, 320.
Scudéry (Georges de), 92, 269.
Scudéry (Madeleine de), 111.
Sehais (Jean), comédien anglais, 153.
Sénèque, 92, 269.
Séronville (Louis de), bailli d'Argenteuil, 342, 350.
Sicilien (le), 90, 277.
Solaire. *V.* Billet.
Soleirol (H.-A.), son livre sur *Molière et sa troupe*, 122.
Son Altesse Royale. *V.* Gaston-Jean-Baptiste de France.
Sottise (principauté de la), 156, 158, 16.
Soulas (Gédéon de), 206.
Soulas (Josias de), sieur de Primefosse, dit Floridor, comédien, 34, 59, 205, 206, 208, 210.
Souquette (grange et terre de la), 73, 202, 255, 256.
Souvré (Jean de), premier gentilhomme de la chambre de Louis XIII, 13, 146.
Soyer (François), sieur de Grignon, 231.
Suze (Françoise de la), 225.
Suze (René de la), 144.

T

Tableaux, 15, 67, 84, 90, 109, 115, 134, 224, 268, 273, 280, 281, 332-334, 348, 350, 351, 353.
Tabouret (Martin), sieur de Tarny, 254, 255.
Taconnet (Jacques), huissier-priseur, 81, 263, 269, 285.
Tallemant (Gédéon), maître des requêtes, 59, 205, 206.
Tallemant des Réaux, ses *Historiettes*, 21, 37, 59, 205.
Tapisseries, 15, 83, 84, 90, 109, 114, 115, 134, 140, 141, 222, 250, 268, 270, 271, 280, 333, 350-352.
Tarny (sieur de). *V.* Tabouret.
Tartuffe (le), 275, 294.
Taschereau (M. J.), son *Histoire de la vie et des ouvrages de Molière*, 2, 3, 12, 31, 33, 53, 69, 74, 78, 102, 105-107, 112, 114, 116, 121, 122, 131, 261.
Tassin (héritiers d'Anne), 96, 288.
Techener (M. J.), 341.
Tellay (du), 144.
Térence, 92, 93, 269.
Thibault (Marie), femme de Gilles Chussac, 233.
Thierry (M. Edouard), 123.
Thomas (Anne), femme de Jean Gandouin, 301, 303.
Thomas (M.), président de la Chambre des notaires, 7, 130, 147.
Thou (François-Auguste de), maître des requêtes, 161, 164.
Thouin, notaire, 340.
Thuillier (Onuphre), tabellion du bailliage d'Argenteuil, 343.
Ticquet (Claude), marchand à Beauvais, 197, 199.
Tierselin (Etienne), tapissier et valet de chambre du roi, 235.
Tite Live, 92, 269.
Tonnellerie (maison des piliers de la), 18, 307. *V.* Halles.
Tosteré (Denis), marchand lapidaire, 128, 130.
Toubel (Romain), 74, 254, 255.
Tournois, notaire, 343.
Toutain, notaire, 152, 165-167, 171.
Touvenot, notaire, 319.
Treton ou Triton, procureur, 177, 180.
Tricher (du). *V.* Guérin.
Trichet (Françoise de), ou Destrichey de Bradam, femme de Charles Guérin, 100, 300, 301.
Trochon (André), comédien, 211.

INDEX ALPHABÉTIQUE.

Troheou - Musnier (François-Louis de), 107, 328, 330, 338.
Troyes (de), notaire, 213, 214.
Truinet (M.), 122.
Turenne (le maréchal de), 83, 266.
Turgis, notaire, 143, 144, 147.
Turlupin. *V.* Legrand (Henri).
Turpin (Marie), femme du sieur Lévesque, 167.
Turquet (M.), notaire, 7, 37, 128, 142, 148, 150, 151, 166, 174, 197, 201, 205, 206, 226, 227, 258, 293, 303, 304, 305, 312, 318, 319.

U

Urlis (Catherine des), comédienne, 29, 37, 47, 59, 174, 175, 206.
Urlis (Étienne des), commis au greffe du conseil privé du roi, 206.
Urlis (Étiennette des), comédienne, femme de Guillaume Marcoureau, sieur de Brécourt, 37, 59, 60, 206, 207.
Urlis (Jean des), comédien, 37, 206.

V

Valdor (Jean), 92, 269.
Valère-Maxime, 92, 284.
Vallon (Arnault), notaire, 255.
Vannier (Renée). *V.* Laforêt.
Vanoten (Marie), 233.
Varet, grand vicaire de l'archevêque de Sens, 22.
Varet (Jeanne), femme de Nicolas Poquelin, 226, 228.
Varlet (Charles), sieur de la Grange, comédien, 110, 111, 122, 123.
Vassal (M. Arsène), notaire, 4, 7, 340, 341, 343, 347, 349, 354.
Vatry, notaire, 355.
Vauconsains (André de), gouverneur de la confrérie de la Passion, 150-152, 165, 171.
Vaudran (Gabriel), notaire à Modène, 202.
Vaudrot (François), notaire à Montélimart, 254.

Vaultier, notaire, 235.
Vaultray (François), comédien, 156, 157.
Vaupotrau (le sieur de), 167.
Vauselle (sieur de). *V.* Hermite (Jean-Baptiste de l').
Venallot (Nicolas), confrère de la Passion, 151.
Vengeance des marquis (la), comédie, 59.
Venier (Marie), comédienne, femme de Mathieu Lefebvre, 155.
Verteuille (la dame de), lingère, 291.
Vigan (M. le baron de), son édition des *Mémoires du président Hénault*, 88.
Viguier (le président), 165.
Villaine (de), notaire, 304, 312, 317, 325.
Villatte (sieur de). *V.* Faure.
Villaubrun (sieur de). *V.* Loménie.
Villequain. *V.* Wilquin.
Villesne (de), 357.
Villiers (de). *V.* Beguet et Deschamps.
Villoutreys (Anne de), femme de Benjamin de la Rochefoucauld, 145.
Vin (Nicolas de), sieur des Œuillets, 206.
Vinot, 122.
Virgile, 92, 269.
Visé (de), 118.
Vivensan (André de), seigneur de Bussy, 260, 262.
Voltaire, sa *Vie de Molière*, 66, 104, 116, 118, 119.
Vouet, procureur au Châtelet, 96, 288.
Voyages, 93, 269, 284.

W

Wilquin (André ou Edme), sieur de Brie, comédien, 291.

Zlinde, Myrtille, 274, 290.

FIN DE L'INDEX ALPHABÉTIQUE.

PARIS. — IMPRIMERIE DE CH. LAHURE
Rue de Fleurus, 9

www.ingramcontent.com/pod-product-compliance
Lightning Source LLC
Chambersburg PA
CBHW071910230426
43671CB00010B/1552